Martha
123
New
U.S.A.

Aurelia A. Stella
Sept. 29, 1981

BRAZILIAN PORTUGUESE GRAMMAR

BRAZILIAN PORTUGUESE
GRAMMAR

BY MARIA DE LOURDES SÁ PEREIRA

Barnard College, Columbia University
Research Director for Portuguese Studies in the
Curriculum Service Bureau for International Studies

WITH PHONETIC INTRODUCTION AND TRANSCRIPTION
BY ROBERT A. HALL, JR.
CORNELL UNIVERSITY

D. C. HEATH AND COMPANY, BOSTON

Copyright, 1948, by D. C. Heath and Company

No part of the material covered by this copyright may be reproduced in any form without written permission of the publisher. Printed in the United States of America (5 B 4)

Offices:	BOSTON	NEW YORK	CHICAGO
ATLANTA	SAN FRANCISCO	DALLAS	LONDON

FOREWORD

THE SUN never sets upon Americans who work, live, study, or travel in countries whose languages differ radically from their own. The ever-increasing use of air travel brings all parts of the world close together and makes it necessary for more and more Americans every day to know languages other than their native tongue.

In the Eastern Hemisphere, as one travels through Europe to Asia and to the islands of the Pacific, one hears many languages such as French, German, Swedish, Italian, Spanish, Portuguese, Finnish, Russian, Turkish, Persian, Hindustani, Arabic, China's Mandarin and Cantonese, Japanese, Tagalog, and Pidgin English. These, however, are just a few of the hundreds of different languages and dialects spoken throughout this area. Add the languages of Africa to those given above and it is apparent that America is living in an age in which the knowledge of foreign tongues is advantageous if our people are to take their part in the world of tomorrow.

In the Western Hemisphere there are fewer language barriers. English is spoken by approximately 160 million people, Spanish by 105 million people, Portuguese by 50 million people, and in addition, there are other languages such as French and Dutch which are spoken by about four million people. Spanish and French are already in our schools, but Portuguese — the language of Brazil, Portugal, and many other portions of the globe — should also be receiving consideration.

For a long time, good trade relations between the United States and Brazil have existed, and in recent years cultural relations between the countries have been greatly improved, as evidenced by the fact that Brazilian artists, teachers, students, and men of science have been coming to North American educational institutions in increasing numbers and North Americans have been going to South American institutions to study. English is taught in the schools of Brazil, and we are beginning to reciprocate by including Brazilian Portuguese in the curricula of our schools. However, more Portuguese should be taught in our secondary schools and colleges. Furthermore, we should learn much more than just the Portuguese language. We should know something of the history of the language as well as the geography, history, economics, politics, music, art, crafts, folklore, and customs of Brazil.

With these facts in mind, the Horace Mann-Lincoln School in 1942 offered one course in Brazilian Portuguese. It was not until the summer of 1943, however, that the offerings in this field were made at all extensive, and from that time the school has been working on the development of suitable materials in this area. During the summer of 1943 and the academic year 1943–44 the first experimental edition of *Brazilian Portuguese Grammar* by Maria de Lourdes Sá Pereira was prepared. During the academic year 1944–45 this grammar was used experimentally in eighteen colleges in the United States, including Barnard College, Carleton College at Ottawa, Canada, Connecticut College, Harvard University, Indiana University, New School of Social Research, Northwestern University, United States Military Academy at West Point; University of California at Los Angeles, University of Cincinnati, University of Colorado, University of Michigan, and Yale University. Criticisms and suggestions received from the professors using the book were incorporated in a new edition which was again tried out in many institutions during the academic year 1945–46.

We are deeply indebted to the many teachers who used this material and so generously offered suggestions leading to the improvement of the book. In addition, we owe a debt of gratitude to Mrs. Ana Vasquez Rodriguez, instructor in Spanish at Hunter College, for preparing all the stencils used in both the first and second editions. We also wish to thank Miss Mary M. Wheeler, secretary at the Horace Mann-Lincoln School, who assisted very materially in many aspects in connection with the preparation of the two experimental editions.

Brazilian Portuguese Grammar was written with the hope that it will help in a small way to a better understanding between the people of the United States and the people of Brazil, and to this end we dedicate this volume.

GORDON R. MIRICK
Executive Director
Curriculum Service Bureau for
International Studies, Inc.

PREFACE

THIS BOOK is primarily intended for students of Portuguese interested in Brazil. The readings introduce situations typical to Brazilian culture, and Brazilian pronunciation is indicated throughout. This fact, however, does not attempt to establish Brazilian Portuguese as a language apart from Continental or Colonial Portuguese. The language spoken in Brazil and Portugal presents variations due to geographical position and environment. The variations are similar to those noticeable in the English spoken in the various territories of the British Empire and the English spoken in the United States, or the Spanish of Europe and the Spanish of Spanish America, although the variations in Portuguese are more pronounced.

The lessons are balanced in order to avoid monotony. Special care was taken to give students full opportunity for active cooperation in the learning-teaching process. The grammatical explanations in this book are based directly on Portuguese usage, without reference to Spanish or any other language. Particular care has been taken to word these rules according to the best usage in the American classroom. Each rule is worded in simple, direct language which the student can easily understand and remember.

The orthography used is that of the Pequeno Vocabulário Ortográfico da Língua Portuguesa, Academia Brasileira de Letras, December 8, 1943, Imprensa Nacional, Rio de Janeiro.

The lessons are divided as follows: vocabulary, grammar, reading with related questions, two exercises based on the new vocabulary and points of grammar, idiomatic expressions, and an assignment consisting generally of one exercise in Portuguese and one translation from English into Portuguese. The lessons are obviously too long to be covered in one fifty-minute class period. Several years of experimenting with the grammar have helped to work out the following procedure: Divide the lesson into two parts, each part covering one fifty-minute period. The first part consists of vocabulary, grammatical section, reading, questionnaire, and two exercises. The second part comprises reading and using the idiomatic expressions and the two exercises of the assignment, together with a brief review of the vocabulary and grammar. The lessons should be prepared in advance by the students. For the first part they are asked to memorize the vocabulary, to study carefully the points of grammar, to go through the reading and prepare the answers for the questionnaire, and to write down the two exercises to be corrected in class. The answers in the questionnaire are always based directly on the reading and the students are allowed to read them from the text, thus avoiding the unnecessary strain of memorizing details and allowing more assurance for oral expression. For the second part the students are asked to read the idiomatic expressions so as to be able to use them in original sentences in class, and to write down the two exercises of the assignment. Reviews of the material covered are given periodically as monthly tests.

The author wishes to express her sincere gratitude to Mr. Gordon R. Mirick, Assistant Director of Teachers College Schools and School Experimentation, and Executive Director of the Curriculum Service Bureau for International Studies, Inc., for all the assistance and encouragement that rendered possible the writing of this book. She also wishes to extend her warmest thanks to the following scholars for their valuable suggestions and constructive criticism of the experimental editions of the book: Professor M. A. Zeitlin, University of California, Los Angeles; Lieutenant Colonel Francis W. Haskell, Lieutenant Colonel L. V. H. Durfee, Lieutenant Colonel Ralph H. Mercer, United States Military Academy, West Point; Professor Ralph E. Warner, University of Colorado; Professor William Berrien, Harvard University; Professor J. H. Parker, Carleton College, Ottawa, Canada; Professor Glen D. Willbern, Indiana University; Mr. Alexander R. Prista and Mr. José Famadas, Columbia University.

Maria de Lourdes Sá Pereira

CONTENTS

	PAGE
INTRODUCTION	3

LESSON

1. Definite article. Indefinite article. Plural of nouns. Interrogative form. Present indicative of **ter**. Forms of address. Negative form. Idiomatic expressions with **ter**. — 25

2. Gender of nouns. Idiomatic expressions with **ter** (cont.). — 31

3. Present indicative of **ser** and **estar**. Uses of **ser**. Uses of **estar**. Uses of **ser** and **estar** combined. Contractions of articles and prepositions. Idiomatic expressions with **estar**. — 37

4. Present indicative of **haver**. Nouns, formation of the plural. Interrogative words, **quem**, **que**, and **qual**. — 44

5. Days of the week. Most usual expressions of location. Common questions. Present indicative and progressive form of **falar**. Conjugations. Present participle. Comparatives and superlatives. Comparison of equality. "Than" before numerals. Absolute superlative. — 50

6. Months of the year. Numbers. Demonstrative words. Contractions of the demonstratives. Present indicative of **aprender**. — 58

7. Seasons of the year. Numbers (cont.). Radical-changing verbs. Third conjugation. Contractions of the definite articles with the preposition **a**. Expression of time. — 65

8. Ordinal numbers. Forms of **pôr** and **dispor**. Possessive adjectives and pronouns. Omission of the article with the possessives. Contractions of prepositions and pronouns. Substitutes for **seu**, **sua**, **seus**, **suas**. Use of possessives. — 73

9. Preterite indicative of regular and auxiliary verbs. Feminine of adjectives. Plural of adjectives. Agreement of adjectives. Position of adjectives. Contractions of articles with **por**. — 81

CONTENTS

PAGE

10. Preterite indicative (cont.). Verbs **ir** and **vir**. Special uses of the definite article. Omission of the indefinite article. **Vir** with a present participle. Personal pronouns. Uses of subject pronouns. Positions of subject pronouns. — 90

11. Personal pronouns (cont.). Uses of object pronouns. Forms of **dizer, dar,** and **querer**. Idiomatic expressions with **dar**. — 99

12. Forms of **dormir** and **cobrir**. Combined forms of personal pronouns. Changes in the object pronoun forms when following the verb. Position of object pronouns. Rules on the position of pronouns. Idiomatic expressions with **dar-se**. — 110

13. The relative pronoun **que**. Forms and uses of other relative pronouns. The interrogative "whose." Forms of **voltar**. Idiomatic expressions with **pegar**. — 120

14. The future indicative. Object pronouns with the future. Future of **dizer**. Forms of **fazer** and **trazer**. Interrogative words, **quem, de quem, que,** and **qual**. Idiomatic expressions with **fazer**. — 128

15. The imperfect indicative. Imperfect of irregular verbs, **ser, ter, vir,** and **pôr**. Uses of the imperfect indicative. Idiomatic expressions with **mal**. — 138

16. Forms of **poder** and **saber**. Meanings of **saber**. Uses of **por** and **para**. — 146

17. Indefinite adjectives and pronouns. Use of **tudo**. Forms of **ouvir, sentir,** and **ver**. Idiomatic expressions with **sentir** and **ver**. — 155

18. Conditional. Conditional of **dizer, fazer,** and **trazer**. Orthographic changes in verbs ending in –**car** and –**gar**. Uses of the verbs **ficar** and **chegar**. Indefinite adjectives and pronouns (cont.), **algum, alguém, algo**. Negative adjectives and pronouns, **nenhum, ninguém, nada**. Idiomatic expressions with **ficar**. — 164

19. Orthographic changes in verbs ending in –**cer, esquecer,** and in –**çar, começar**. Indefinite adjectives and pronouns (cont.), **outro, muito, pouco, tanto**. Idiomatic expressions with **atender** and **fazer**. — 174

CONTENTS   xiii

                                                                                                                                           PAGE

20. The simple pluperfect indicative. Past participle. Compound pluperfect indicative. Uses of the pluperfect. Indefinite adjectives and pronouns (cont.), **quanto, tanto quanto, quanto antes, cada qual, cada um, qualquer, ambos**.   182

21. The perfect indicative. Uses of the perfect indicative. Diminutive and augmentative endings: meaning, form. Forms of **vestir** and **despir**.   193

22. Forms of **medir, pedir**, and **servir**. Exclamatory words, **como** and **que**. Various meanings of **servir**. Idiomatic expressions with **tratar**.   202

23. Forms of the present subjunctive, verbs **falar, aprender, partir, levar, trazer**, and **vestir**; of the irregular verbs **dar, estar, ser, ir, haver, saber**, and **querer**. Uses of the present subjunctive. Relative clauses. Forms of **perder, cair**, and **preferir**. Idiomatic expressions with **passar**.   211

24. Uses of the subjunctive. Verbs in –**ear** and –**iar**. Orthographic changes in verbs ending in –**car** and –**gar**. Verbs ending in –**çar**. Verbs ending in –**guir**. Forms of **valer**. Idiomatic expressions with **faltar**.   220

25. The imperfect subjunctive. Uses of the imperfect subjunctive. Idiomatic expressions with **levar**.   229

26. The future subjunctive. Uses of the future subjunctive. Forms of **subir** and **ler**. Idiomatic expressions with **querer dizer, querer bem**, and **tirar**.   237

27. The infinitive. Uses of the infinitive. The infinitive for the English present participle. The infinitive as a substantive. Forms of **sair**.   246

28. Compound tenses of the subjunctive. Uses of the perfect subjunctive. Sequence of tenses. Forms of **caber** and **correr**. Orthographic changes in verbs ending in –**ger** and –**gir**. Idiomatic expressions with **caber** and **dirigir**.   255

29. The imperative. Uses of the imperative. Forms of **construir**. Verbs **descobrir, consentir**, and **despedir-se**. Idiomatic expressions with **fazer** and **dar**.   266

CONTENTS

	PAGE
30. The reflexive construction. Use of the reflexive. The reflexive to express reciprocal actions. Use of the impersonal reflexive. The present participle. Forms of **distribuir** and **consumir**. Orthographic changes in verbs ending in –**gar**.	275
31. Conditional sentences. Future perfect. Conditional perfect. Forms of **divertir-se**. Orthographic changes in verbs ending in –**gir**. Forms of **estrear**.	286
32. Conjunctions governing the subjunctive. Forms of **sacudir** and **atrair**.	296
33. The passive voice. The reflexive for the passive.	306
34. Dependent infinitives. Idiomatic expressions with **ligar**.	314
35. Adverbs. Past participles used as adjectives.	323
APPENDIX	331
VOCABULARY	347
INDEX	401

PHOTOGRAPHS

BETWEEN PAGES

Rio de Janeiro — Tropical trees in the Botanical Gardens.   14–15
— Botanical Gardens
— A typical young Brazilian standing in front of a Chinese umbrella hut in the Botanical Gardens.

Rio de Janeiro — View of the Corcovado from Leblon.   46–47
— View of Gaviota from Leblon.
Porto Alegre — A gaucho's main food is *churrasco* or barbecued meat cooked over an open fire.
Three Lions
Caxias — Skilled young workman busy over a hand-tooled cross at the Eberle plant in Caxias, famous for religious objects.
Three Lions

Rio de Janeiro — Christus Redemptor, the statue at the   78–79
top of the Corcovado, overlooking the bay.
São Salvador — The Bahians are among the most picturesque of all Brazilians, reminiscent of the colonial and Dom Pedro I eras.
Three Lions

Porto Alegre — A colorful gaucho of Rio Grande do Sul   110–111
drinking maté.
Three Lions
Belo Horizonte — The tops of these curious pillars of earth mark the levels before the laborers cut the roadway.
Brazil — Falls of Paulo Alfonso on the São Francisco River.
Sawders from The Workshop

São Paulo — The imposing main entrance to the Art Palace   142–143
Cinema.
Three Lions
São Paulo — Interior view, with part of the audience-hall and the stage in the Art Palace Cinema.
P.P.C.

PHOTOGRAPHS

BETWEEN PAGES

RIO DE JANEIRO — Municipal opera house and theater. 142–143
Three Lions
SÃO SALVADOR — An excellent example of the rich ornamentation of São Salvador's colonial homes.
Three Lions

RIO DE JANEIRO — One of the many sidewalk cafés on the 174–175
Avenida Rio Branco, Rio's main thoroughfare.
GUARUJA — Casa Guaruja night club at Guaruja Beach. The spiral staircase leads up to a dance pavilion overlooking the beach.
Three Lions
PETRÓPOLIS — The summer palace of Dom Pedro II was constructed in the mid-nineteenth century in the mountains near Rio.
Three Lions

SÃO PAULO — Catholic nun escorts boys to school. 206–207
Three Lions
PETRÓPOLIS — Beautiful Quitandinha Hotel as seen from the lakeside dining porch.
Three Lions
RIO DE JANEIRO — Fairyland Capital
Jackie Martin

The coast of *Paquetá*, an island only two hours away from 238–239
Rio de Janeiro.
P.P.C.
SÃO PAULO — Ipiranga Monument.
Jackie Martin
SÃO PAULO — The Martinelli Building.
Three Lions
SÃO PAULO — The Materazzo Building.
Three Lions
BELO HORIZONTE — The back of Igreja de São Francisco da Pampulha is decorated with this huge blue and white tile mural, designed by Candido Portinari and executed by the studios of Paulo Rossi Ossir.
Three Lions

PHOTOGRAPHS

BETWEEN PAGES

São Paulo — The mailman delivers a letter to a young girl at her door.   270–271
Three Lions
Mato Grosso Cowboy.
Jackie Martin
Guaiba — Oxen are used almost exclusively in Guaiba's rice industry.
Three Lions

Rio de Janeiro — Monroe Palace, the Senate Chamber.   302–303
Brazil — Drying cocoa beans.
James Sawders
Santa Luzia — Here, a tile is thrown from the ground to a worker on the roof, who puts it in place.
Three Lions
Brazil — View of Rio de Janeiro by night, with the lights of Jardim da Glória and Guanabara Bay.
Three Lions
São Paulo — Stadium
Jackie Martin
Rio de Janeiro — The cable car spins along like a giant spider on its web to Rio's famous Sugar Loaf.
Three Lions

Rio de Janeiro — Ribeiro House.   334–335
Museum of Modern Art, New York
Apartments, Praia do Flamengo, 322, Rio de Janeiro
Museum of Modern Art, New York
Amazon Valley, Belterra — A rubber plantation, showing workers' homes and hospital.

BRAZILIAN PORTUGUESE GRAMMAR

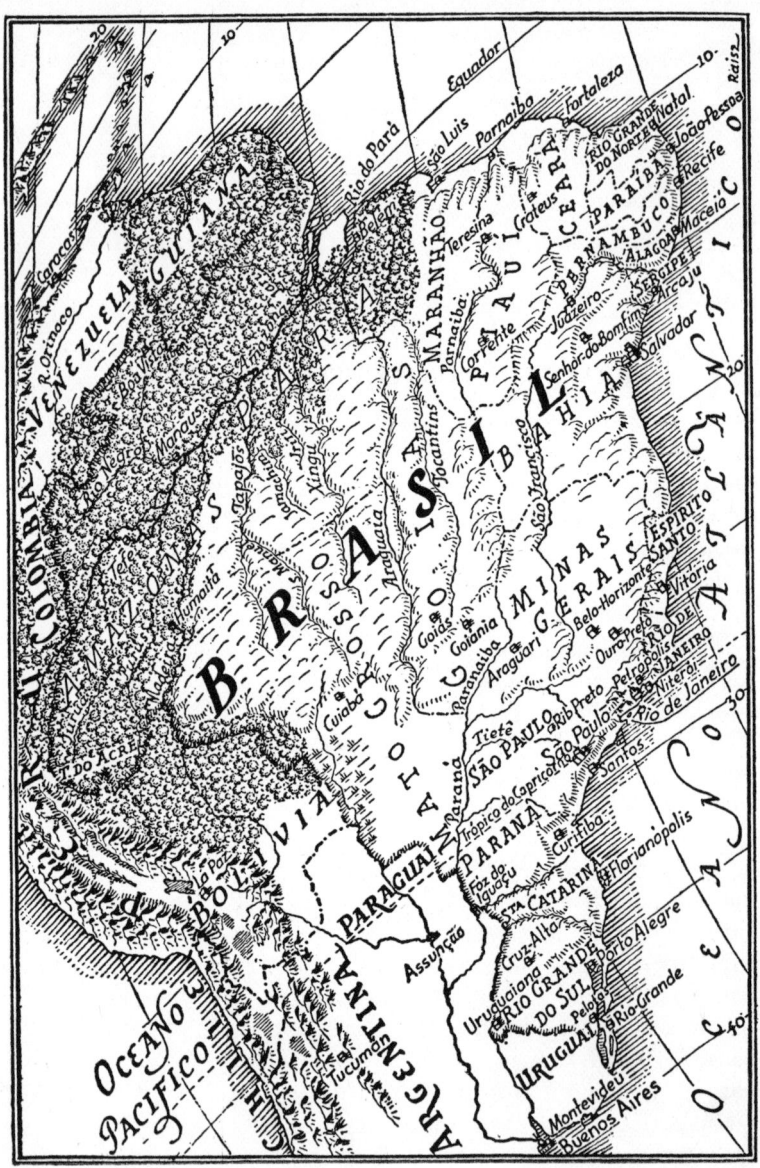

INTRODUCTION

BRAZILIAN PORTUGUESE PHONETICS AND ORTHOGRAPHY

By Robert A. Hall, Jr.

IN DISCUSSING the sounds and spelling of Brazilian Portuguese, we shall first outline briefly the physiological mechanism by which the sounds of speech are produced, and shall then classify the sounds of Brazilian Portuguese, with a discussion of their production and of their representation in Brazilian orthography. Following sections will treat of the structure of syllables, phenomena of juncture, and the pronunciation of individual letters in conventional spelling.

To symbolize the sounds, a phonetic transcription will be used, employing in general the symbols of the International Phonetic Alphabet [IPA], enclosed in square brackets: [ ]. This transcription will be used in this section and will also be given with the vocabulary in individual lessons and in the final Portuguese-English glossary.

1. *The Production of Speech Sounds.* As the breath used in making speech sounds moves to or from the lungs, it passes through the mouth, nasal passages, pharynx, and trachea (or windpipe). These and other closely related parts of the body (such as the tongue and lips) are termed the *organs of speech.* As the stream of breath used in speaking (normally outgoing) passes through the organs of speech, it may be modified at various points by the action of one or more organs; these modifications give their individual character to the various speech-sounds.

DIAGRAM I

THE ORGANS OF SPEECH

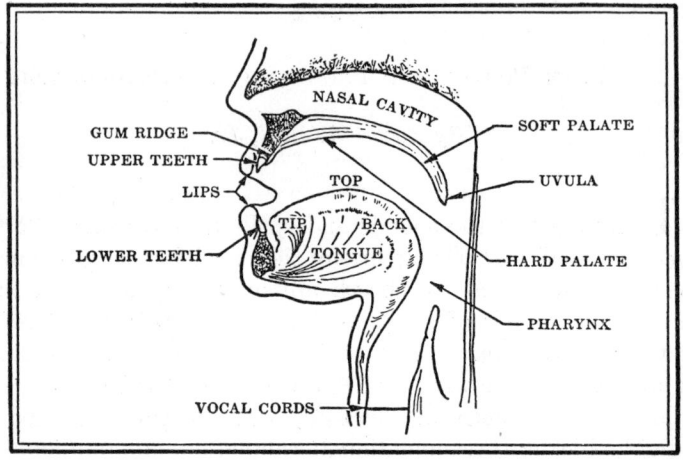

1.1. *Voicing.* In the larynx, or 'Adam's apple,' there are two membranes called the *vocal cords*. A speaker may stretch and bring together the vocal cords so that they vibrate as the breath-stream passes between them; the resultant sound is called *voice*. Or he may allow them to remain lax and apart so that no voice is produced with the passage of the breath.[1] If a sound is accompanied, in its pronunciation, by the production of voice, it is said to be *voiced*, as are the English and Portuguese sounds *b, d, v*; if it is not accompanied by voice, it is termed *unvoiced*, as are English and Portuguese *p, t, f*.

1.2. *Oral and Nasal Modifications.* When the column of breath passes beyond the trachea, it enters the pharynx (see Diagram I, The Organs of Speech) and thence passes into the

---

[1] A good way to test one's pronunciation of a sound for the presence of voice is to hold the hands over the ears; if a loud buzzing is heard (as, say, in pronouncing *z* as opposed to *s*) voice is being produced.

mouth (*oral cavity*) and/or the nose (*nasal cavity*). The breath-stream may be directed entirely into the oral cavity by the raising of the velum and the complete shutting off of the nasal passages at their back entrance; a sound thus produced is termed *oral*. Or the breath may be allowed, by the lowering of the velum, to enter the nasal cavity, which then serves as a resonance-chamber; a sound accompanied by nasal resonance is called *nasal* or *nasalized*.

After its entrance into the oral cavity, the breath-stream may be further modified by the shape assumed by this cavity. The major factor in the alterations of the oral cavity is the *tongue*, whose tip, top, or back may be raised or lowered, in the front, middle, or back part of the mouth. Other factors that may be utilized in this connection are the *lips* (which may be rounded or unrounded) and the *lower jaw* (which may be raised or lowered).

As the breath-stream is modified in its passage through the organs of speech, a varying amount of audible *friction* may be produced. This friction may be almost nil: sounds thus produced are termed *vowels*. Sounds produced with audible friction are called *consonants*. An intermediate class is that of *semi-vowels* or *semi-consonants*, pronounced with tongue-positions corresponding to those of vowels, but with audible friction.

2. *Vowels* are classified by the position of the top of the tongue and the lips in their pronunciation. The top of the tongue may be in the *front*, *central* part, or *back* of the mouth; at the same time, it may be raised *high* in the mouth, or may be in *mid* or *low* position. The lips may be *rounded* or drawn back (*unrounded*). In general, the higher the top of the tongue is raised in pronouncing a vowel, the higher the lower jaw is raised at the same time, and the more sharply rounded or drawn back are the lips. Furthermore, the muscles may be *tense* or *lax* in the articulation of the vowel, and the vowel may be *oral* or *nasalized*. The vowels of Brazilian Portuguese are the following [1]:

DIAGRAM II

THE VOWELS OF BRAZILIAN PORTUGUESE

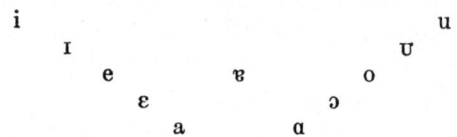

The vowels [i e ɐ o u] occur also nasalized.

2.1. Oral Vowels

Phonetic Symbol	Description and Examples	Spelling
[i]	High front tense unrounded: similar to *i* in English *machine*. Does not occur before [ł] or [u] in same syllable. Examples: *aqui* [ɐ'ki] "here": *lápis* ['lapis] "pencil."	*i*; unstressed *e* at end of words and occasionally elsewhere
[ɪ]	High front lax unrounded: like *i* in English *mill*. Occurs only before [ł] or [u] in same syllable. Examples: *mil* ['mɪł] "thousand"; *riu* ['rrɪu] "he laughed."	*i*
[e]	High-mid front unrounded: like *ai* in English *bait*, but without off-glide. Examples: *mesa* ['mezɐ] "table"; *ser* ['ser] "to be"; *você* [vo'se] "you."	*e, ê*
[ɛ]	Low-mid front unrounded: like *e* in English *bet*. Examples: *pé* ['pɛ] "foot"; *ela* ['ɛlɐ] "she."	*e, é*
[a]	Low front unrounded: like *a* in French *là*.	*a, á*

[1] Vowel sounds borrowed from other languages occasionally are found in foreign loan-words in upper-class speech, e.g. the mid front rounded [œ] in *tailleur* [ta'jœr] "suit," or the low front nasal [æ̃] in *soutient* [su'tjæ̃] "brassière."

Phonetic Symbol	Description and Examples	Spelling
	In colloquial speech, occurs only in stressed syllables and not before [m], [n], [ɲ], nor before [ɫ] or [u] in the same syllable. Examples: *pa* ['pa] "shovel"; *falar* [fɐ-'lar] "to speak."	
[ɑ]	Low back unrounded: like *a* in French *pas* or in general American (not New England) *father*. Occurs only before [ɫ] or [u] in the same syllable. Examples: *mal* ['mɑɫ] "evil"; *pau* ['pɑu] "wood."	*a*
[ɐ]	Mid central, slightly rounded: similar to English *u* in *but* or *a* in *sofa*, but with slight lip-rounding. Occurs in unstressed syllables; in stressed syllables before [m], [n] or [ɲ]. Examples: *cama* ['kɐmɐ] "bed"; *manhã* [mɐ'ɲẽ] "morning"; *escada* [es'kadɐ] "stairs."	*a, â*
[ɔ]	Low-mid back rounded: like *o* in English *for*. Examples: *avó* [ɐ'vɔ] "grandmother"; *próximo* ['prɔsimu] "near"; *corar* [kɔ'rar] "to color"; *solto* ['sɔɫtu] "I release."	*o, ó*
[o]	High-mid back rounded: like *o* in English *mote*, but without off-glide. Examples: *avô* [ɐ'vo] "grandfather"; *côr* ['kor] "color"; *soltar* [soɫ'tar] "to release."	*o, ô*
[ʊ]	High back lax rounded: like *oo* in English *book*. Occurs only before [ɫ] in same syllable. Example: *pulga* ['pʊɫgɐ] "flea."	*u*
[u]	High back tense rounded: like *oo* in English *toot*, or *u* in *Peru*, but without off-glide. Does not occur before [ɫ] in same syllable. Examples: *angu* [ẽ'ᵑgu] "angu" (Brazilian food); *julho* ['ʒuʎu] "July."	*u; o* unstressed at end of word and occasionally elsewhere

2.2. *Nasal Vowels* are indicated in phonetic transcription by a mark [~] placed over the symbol for the vowel. A nasal vowel is normally represented in spelling by the vowel letter followed by *m* at the end of a word or before *p* and *b*, and by *n* elsewhere; and in a few instances by the vowel letter with the mark ~ over it; cf. § 8. The following nasal vowels occur:

Phonetic Symbol	Description and Examples	Spelling
[ĩ]	Nasalized high front tense unrounded. Examples: *assim* [ɐ'sĩ] "thus"; *inverno* [ĩ'vɛrnu] "winter."	*im, in*
[ẽ]	Nasalized high-mid front unrounded. Examples: *ensinar* [ẽsi'nar] "to teach"; *emprêgo* [ẽ'ᵐpregu] "employment."	*em, en*
[ɐ̃]	Nasalized mid central rounded. Examples: *amanhã* [ɐmɐ'ɲɐ̃] "morning"; *canja* ['kɐ̃ʒɐ] "chicken soup"; *campo* ['kɐ̃ᵐpu] "field."	*am, an, ã*
[õ]	Nasalized high-mid back rounded. Examples: *bom* ['bõ] "good"; *conforme* [kõ'fɔrmi] "according."	*om, on, õ*
[ũ]	Nasalized high back rounded. Examples: *comum* [ko'mũ] "common"; *juntos* ['ʒũⁿtus] "together."	*um, un*

3. *Semi-Vowels* occur only before a following full vowel, and are two in number in Brazilian Portuguese:

Phonetic Symbol	Description and Examples	Spelling
[j]	High front unrounded, corresponding to the vowel [i] and taking its place when unstressed before another vowel: similar to English *y*. Examples: *piano* ['pjɐnu] "piano"; *história* [is'tɔrjɐ] "history."	*i*

Phonetic Symbol	Description and Examples	Spelling
[w]	High back rounded, corresponding to the vowel [u] and taking its place when unstressed before another vowel: similar to English *w*. Examples: *quadro* [ˈkwadru] "picture"; *água* [ˈagwɐ] "water."	*u*

4. *Diphthongs* are combinations of semi-vowel + vowel, or of vowel + unstressed [i] or [u], functioning as single vowels in the structure of a syllable (§ 6).

4.1. *Semi-Vowel + Vowel*. The semi-vowels [j] and [w] may occur before any vowel except their own corresponding vowels [i] and [u] respectively.

Phonetic Symbol	Examples	Spelling
[je]	*série* [ˈsɛrje] "series"	*ie*
[jɛ]	*dieta* [ˈdjɛtɐ] "diet"	*ie*
[ja]	*diabo* [ˈdjabu] "devil"	*ia*
[jɐ]	*piano* [ˈpjɐnu] "piano"	*ia*
[jɔ]	*miolos* [ˈmjɔlus] "brains"	*io*
[jo]	*miolo* [ˈmjolu] "crumb"	*io*
[ju]	*canário* [kɐˈnarju] "canary"	*io, iu*
[wi]	*cuidado* [kwiˈdadu] "care"	*ui*
[wɛ]	*cueca* [ˈkwɛkɐ] "shorts"	*ue*
[wa]	*guarda* [ˈgwardɐ] "he keeps"	*ua*
[wɐ]	*quarenta* [kwɐˈrẽntɐ] "forty"	*ua*
[wɔ]	*quota* [ˈkwɔtɐ] "quota"	*uo*

4.2. *Vowel + Unstressed* [i] *or* [u]. Any vowel except [i] forms a diphthong with a following unstressed [i]; and any except [u], with a following unstressed [u] (subject to the limitations of occurrence mentioned under the individual vowels, § 2). In a diphthong whose first element is a nasalized vowel, the second vowel is also automatically nasalized.

Phonetic Symbol	Examples	Spelling
[ui]	*intuito* [ĩ'ⁿtuitu] "purpose"	*ui*
[oi]	*boi* ['boi] "ox"	*oi*
[ɔi]	*herói* [e'rɔi] "hero"	*ói*
[ai]	*mais* ['mais] "but"	*ai*
[ɛi]	*papéis* [pɐ'pɛis] "papers"	*éi*
[ei]	*rei* ['rrei] "king"	*ei*
[ũĩ]	*muito* ['mũĩⁿtu] "much"	*ui*
[õĩ]	*lições* [li'sõĩs] "lessons"	*õe*
[ɐ̃ĩ]	*mãe* ['mɐ̃ĩ] "mother"	*ãe*
[ẽ(ĩ)]	*bem* ['bẽ(ĩ)] "well"; *homens* ['ɔmẽ(ĩ)s] "men"	*em, en*
[ɪu]	*riu* ['rrɪu] "he laughed"	*iu, io*
[eu]	*meu* [meu] "my"	*eu*
[ɛu]	*céu* ['sɛu] "sky"	*éu*
[au]	*mau* ['mau] "bad"	*au*
[ou]	*vou* ['vou] "I go"	*ou*
[ɐ̃ũ]	*chão* ['ʃɐ̃ũ] "ground"; *falam* ['falɐ̃ũ] "they speak"	*ão; am* in unstressed 3. pl. verb endings

4.3. *Triphthongs* are combinations of the two types of diphthongs discussed in §§ 4.1 and 4.2., i.e. of semi-vowel + stressed vowel + unstressed [i] or [ĩ], [u] or [ũ].

Phonetic Symbol	Examples	Spelling
[jei]	*fieis* ['fjeis] "that you spin"	*iei*
[jɛi]	*fiéis* ['fjɛis] "faithful" (*pl.*)	*iéi*
[jai]	*leais* ['ljais] "loyal" (*pl.*)	*eái*
[jau]	*miau* ['mjau] "meow"	*iáu*
[jõĩ]	*leões* ['ljõĩs] "lions"	*eõe*
[uei]	*poeira* ['pueirɐ] "dust"	*oei*

5. *Consonants* are classified according to three criteria: the *manner* in which the breath-stream is obstructed, the *place* in the mouth where the obstruction is formed, and the presence or absence of *voice*.

The following manners of consonant pronunciation are relevant for Brazilian Portuguese:

a. PLOSIVE, involving complete stoppage of the breath-stream for a fraction of a second.
b. FRICATIVE, involving partial stoppage of the breath-stream, and producing a continuous "rubbing" type of sound.
c. NASAL, involving stoppage of the breath-stream in the mouth, followed by sudden release, with simultaneous use of the nasal cavity as a resonance-chamber.
d. SIBILANT, with passage of air through a trough-like depression along the center of the tongue, making a hissing sound.
e. LATERAL, with passage of air over one or both sides of the tongue.
f. TRILLED, with either a single flap or repeated vibration of tongue or uvula in the breath-stream.

The types of sound according to the places in the mouth where obstruction is made in Brazilian Portuguese are:

a. BILABIAL, in which both lips are brought together.
b. LABIO-DENTAL, in which the upper teeth are placed against the lower lip.
c. DENTAL, in which the tip of the tongue is placed against the inside of the upper front teeth.
d. PALATAL, in which the top of the tongue is placed against the hard palate.
e. VELAR, in which the back of the tongue is placed against the soft palate (also called *guttural*).
f. UVULAR, involving the use of the uvula.

DIAGRAM III

Brazilian Portuguese Consonants

		Bilabial	Labio-Dental	Dental	Palatal	Velar	Uvular
Plosive	Unvoiced	p		t		k	
	Voiced	b		d		g	
Fricative	Unvoiced		f			(x)	
	Voiced		v				
Sibilant	Unvoiced			s	ʃ		
	Voiced			z	ʒ		
Nasal (voiced)		m		n	ɲ		
Lateral (voiced)				l	ʎ	ł	
Flap (voiced)			r				
Trill (voiced)				rr			(ʀ)

5.1. *Plosive Consonants* are articulated without following aspiration.

Phonetic Symbol	Description and Examples	Spelling
[p]	Unvoiced bilabial plosive: similar to English *p*. Examples: *pai* ['pai] "father"; *mapa* ['mapɐ] "map."	*p*
[b]	Voiced bilabial plosive: similar to English *b*. Examples: *belo* ['bɛlu] "beautiful"; *nabo* ['nabu] "turnip."	*b*
[t]	Unvoiced dental plosive: similar to English *t*, but with tip of tongue against teeth, not gum ridge. Examples: *ter* ['ter] "to have"; *rato* ['rratu] "rat."	*t*

Phonetic Symbol	Description and Examples	Spelling
[d]	Voiced dental plosive: similar to English *d*, but with tip of tongue against teeth, not gum ridge. Examples: *dados* ['dadus] "dice"; *verdade* [ver'dadi] "truth."	*d*
[k]	Unvoiced velar plosive: similar to English *k*.	*q* before *u* standing for [w]
	Examples: *quatro* ['kwatru] "four"; *orquestra* [ɔr'kɛstrɐ] "orchestra"; *cachorro* [kɐ'ʃorru] "dog." [1]	*qu* before *e, i* *c* elsewhere
[g]	Voiced velar plosive: similar to English "hard *g*." Examples: *guerra* ['gɛrrɐ] "war"; *governador* [governɐ'dor] "governor." [2]	*gu* before *e, i* *g* elsewhere

5.2. *Fricative Consonants*

Phonetic Symbol	Description and Examples	Spelling
[f]	Unvoiced labio-dental fricative: like English *f*. Examples: *facilitar* [fɐsili'tar] "to facilitate"; *sofá* [so'fa] "sofa."	*f*
[v]	Voiced labio-dental fricative: like English *v*. Examples: *varão* [vɐ'rẽũ] "man"; *fava* ['favɐ] "bean."	*v*

[1] For the palatalization of the three preceding sounds ([t d k]) before the vowel [i], see § 7.2.
[2] The voiced plosives [b d g] do not have in Brazil the fricative variants [ƀ đ ǥ] between vowels. These latter sounds have, on the Iberian Peninsula, spread into continental Portuguese from Castilian Spanish.

5.3. Nasal Consonants

Phonetic Symbol	Description and Examples	Spelling
[m]	Voiced bilabial nasal: like English *m*. Examples: *mãe* ['mẽĩ] "mother"; *momento* [mo'mẽⁿtu] "moment."	**m**
[n]	Voiced dental nasal: like English *n*, but with tip of tongue against teeth instead of gum ridge. Examples: *não* ['nẽũ] "no, not"; *piano* ['pjɐnu] "piano."	**n**
[ɲ]	Voiced palatal nasal: close to the *ng* of English *sing*, but with a release like English *y*. Examples: *senhora* [si'ɲɔrɐ] "lady"; *nenhum* [ne'ɲũ] "no one."	**nh**

5.4. Sibilant Consonants

Phonetic Symbol	Description and Examples	Spelling
[s]	Unvoiced dental sibilant: like English *s*. Examples: *sim* ['sĩ] "yes"; *classe* ['klasi] "class"; *céu* ['sɛu] "sky"; *nascer* [nɐ'ser] "to be born"; *aço* ['asu] "steel."	*s* at beginning of words; *ss* elsewhere; also (*s*)*c* before *e*, *i*; (*s*)*ç* before *a*, *o*, *u*
[z]	Voiced dental sibilant: like English *z*. Examples: *cousa* [k'o(u)zɐ] "thing"; *zêlo* ['zelu] "zeal"; *dizer* [di'zer] "to say."	*z* at beginning of words; *z*, *s* elsewhere
[ʃ]	Unvoiced palatal sibilant: like English *sh*. Examples: *chão* ['ʃẽũ] "ground"; *achar* [ɐ'ʃar] "to find."	**ch**
[ʒ]	Voiced palatal sibilant: like English *z* in *azure* or *s* in *measure*. Examples: *jantar* [ʒẽ'ⁿtar] "to dine"; *loja* ['lɔʒɐ] "store"; *gente* ['ʒẽⁿti] "people."	*j* before *a, o, u*; *g* before *e, i*

RIO DE JANEIRO.
Tropical trees in the Botanical Gardens.

RIO DE JANEIRO — Botanical Gardens.

RIO DE JANEIRO — A typical young Brazilian standing in front of a Chinese umbrella hut in the Botanical Gardens.

5.5. Lateral Consonants

Phonetic Symbol	Description and Examples	Spelling
[l]	Voiced dental lateral (so-called "front" or "bright" *l*). Does not occur at the end of a syllable. Examples: *lado* ['ladu] "side"; *falar* [fɐ-'lar] "to speak."	*l*
[ɫ]	Voiced velar lateral (so-called "back" or "dark" *l*). Occurs only at the end of a syllable. Examples: *mil* [mıɫ] "thousand"; *faltar* [faɫ'tar] "to be lacking."	*l*
[ʎ]	Voiced palatal lateral, with release like English *y*: similar to Spanish [ʎ] (*ll*) or Italian [ʎ] (*gli*). Examples: *mulher* [mu'ʎɛr] "woman"; *trabalho* [trɐ'baʎu] "work."	*lh*

5.6. Trilled Consonants

Phonetic Symbol	Description and Examples	Spelling
[r]	Voiced dental flap: a single tap of the tip of the tongue against the inside of the upper front teeth, somewhat similar to the *d* of American English *model*. Does not occur at the beginning of words. Examples: *caru* ['karu] "dear"; *parte* ['parti] "part"; *mar* ['mar] "sea."	*r*
[rr]	Voiced dental trill. A repeated tap or trill of the tongue against the inside of the upper front teeth. Often replaced, especially in Rio, by voiced or unvoiced uvular trill [ʀ] (repeated gargle-like vibration of uvula in outgoing breath-stream) or by unvoiced guttural fricative [x] like *ch* in German *Bach*. Examples: *rir* ['rrir] "to laugh"; *carro* ['karru] "car."	*rr* between vowels *r* elsewhere

6. *The Syllable*, in Portuguese, normally has as its chief constituent or *center* a vowel, diphthong, or triphthong. The center of the syllable may be preceded by one or two consonants, and may also be followed by one or two consonants. A single consonant sound (including a semi-vowel) between two vowels belongs with the syllable of the following vowel, in pronunciation and in writing: *fa-lar* [fɐ|'lar] "to speak"; *di-zer* [di|'zer] "to say." In writing, combinations of two letters representing a single consonant sound (digraphs) of course also belong to the syllable of the following vowel: *a-char* [ɐ|'ʃar] "to find"; *vi-nho* ['vi|ɲu] "wine"; *tra-ba-lho* [trɐ|'ba|ʎu] "work"; *na-scer* [nɐ|'ser] "to be born."

A *cluster* of two consonants, of which the first is a plosive or fricative, and the second is *r* or *l*, also belongs, in speech and writing, with the syllable of a following vowel: *a-brir* [ɐ|'brir] "to open"; *so-gra* ['sɔ|grɐ] "mother-in-law"; *entrar* [ẽ|'ⁿtrar] "to enter"; *a-fli-gir* [ɐ|fli|'ʒir] "to afflict"; *li-vra-ria* [li|vrɐ|'ri|ɐ] "bookstore." Other clusters of two or more consonants are divided in speech and writing, the first consonant belonging with the vowel of the preceding syllable, and the following consonant(s) to the vowel of the following syllable: *ros-to* ['rros|tu] "face"; *mos-trar* [mos|'trar] "to show"; *mes-mo* ['mez|mu] "same." In writing, the letters *n* or *m* at the end of a syllable (indicating that the preceding vowel is nasalized, cf. § 2.2) are subject to the same rule: *man-dar* [mɐ̃|'ⁿdar] "to order"; *em-pre-ga-do* [ẽ|ᵐpre|'ga|du] "clerk."

6.1. *Stress.* Each syllable of a Portuguese word is pronounced on one of two levels of stress: *weak* or *strong*. Strong stress is indicated in the phonetic transcription by a superior vertical stroke ['] written before the syllable which is thus stressed: *abrir* [ɐ'brir] "to open"; *fazenda* [fɐ'zẽⁿdɐ] "farm"; *mandar* [mɐ̃'ⁿdar] "to order." Syllables not marked as having strong stress are understood to be weakly stressed (or *unstressed*).

7. *Juncture* is the term applied to the manner in which sounds are joined in speech. Sounds pronounced in immediate and unbroken succession are said to be in *close juncture*. Within a single phrase all sounds are normally in close juncture, and the phrase is uttered as if it were a single word: *as boas mães* "the good mothers," normally pronounced [ɐz'boɐz'mẽɪs]. But for the sake of clarity, the individual elements ("words") within a phrase will be separated in our transcription by dashes (which, be it noted, have nothing to do with the hyphens used to separate syllables in conventional orthography): *as boas mães* [ɐz-'boɐz-'mẽɪs].

There are, further, certain phenomena which occur in connection with juncture in Brazilian Portuguese, which will be discussed in the following sections.

7.1. *Pre-Nasalization.* When a nasal vowel is followed by a plosive consonant, the plosive is *pre-nasalized*, that is, the opening of the nasal cavity for the vowel (by the lowering of the velum) is continued for a fraction of an instant into the pronunciation of the plosive. The effect thus produced is that of a brief [m], [n], or [ŋ] (velar nasal, like the *ng* of English *sing*) preceding the plosive, but in the same syllable. This pre-nasalization will be symbolized by a raised [ᵐ], [ⁿ], or [ᵑ], written before the phonetic symbol for the plosive consonant: *branco* ['brẽᵑku] "white"; *limpo* ['liᵐpu] "clean"; *mandar* [mẽ'ⁿdar] "to order."

7.2. *Palatalization.* When [t], [d], and [k] are followed by [i], and also when [k] is followed by [e] in some speakers' pronunciation, the palatal character of the vowel is anticipated by a palatal release of the plosive, which may range from a *y*-like release for all three: [tʲ dʲ kʲ], like English *ty*, *dy*, *ky*, to a full *sh*-like sound after [t] and [d]: [tʃ dʒ], like English *tsh* and *dj*: *tive* ['tʲivi, 'tʃivi] "I had"; *verdade* [ver'dadʲi, ver'dadʒi] "truth"; *quinze* ['kʲĩzi] "fifteen"; *quente* ['kẽⁿti, [ᵢkⁱẽⁿti]. Because of its regional character, this palatalization will not be indicated in the transcription.

7.3. *Effects of Pausal Position.* A sound coming before a pause in speech is said to be in *pausal position*. Nasal vowels in pausal position may be followed by closure of the oral cavity, by the raising of the back of the tongue against the soft palate, producing a faint *ng*-like sound [ŋ]. This is especially evident in the pronunciation of [ẽ]; many speakers do not use the diphthong [ẽĩ] (§ 4.2), but use the pure nasal vowel [ẽ] instead, and pronounce this with a clear following [ŋ] before a pause: *bem* ['bẽĩ] or ['bẽŋ] "well."

7.4. *Consonant Clusters.* In many Brazilians' pronunciation, groups of consonants consisting of [p], [b], [t], or [k] + a following consonant are separated by a transitional sound, like a whispered unvoiced [ɪ]: *apto* ['aptu] or ['apɪtu] "apt"; *abstrato* [ɐbs'tratu] or [ɐbɪs'tratu] "abstract."

7.5. *Limitations on* [s] *and* [z]. In Brazilian Portuguese, the unvoiced sibilant [s] at the end of a word is automatically replaced by the voiced sibilant [z] when it comes to stand between two vowels in a phrase (cf. § 7.1): *os* [us] "the" + *homens* ['ɔmẽ(ĩ)s] "men" = *os homens* [uz-'ɔmẽ(ĩ)s] "the men." Conversely, [z] is automatically replaced by [s] when it comes before a pause: *vozes* ['vozis] "voices," but *voz* ['vos] "voice."

In the speech of Rio, the dental sibilants [s] and [z] do not occur at the end of a syllable, whether before a following consonant or before a pause: in these positions they are automatically replaced by [ʃ] and [ʒ], respectively: *rosto*, in Rio speech ['ʀoʃtu] "face"; *homens* ['ɔmẽĩʃ] "men"; *os pais* [uʃ-'paiʃ] "the fathers"; *as boas mães* [ɐʒ-'boɐʒ-'mẽĩʃ] "the good mothers."

8. *The Alphabet and its Sound Values.* The current alphabet of Brazilian Portuguese contains the following letters: *a b c ç d e f g h i j l m n o p q r s t u v x z.*

The written accent marks used are the acute (´), circumflex (^), and grave (`), in addition to the til (~) and diaeresis (¨). The acute accent indicates an open vowel (normally stressed) in *á* [a], *é* [ɛ], and *ó* [ɔ], and simply stress in *í* and *ú*. The circumflex indicates a close vowel (normally stressed) in *â* [ɐ], *ê* [e], and *ô* [o]. The til indicates nasalization: *ã* [ɐ̃], *õ* [õ]. The grave accent or the diaeresis indicate an unstressed semi-vowel before a following vowel: *equèstre, eqüestre* [e'kwɛstri] "equestrian."

8.1. *Letters and digraphs* have the following sound values:

Letter or Digraph	Sound Value	Examples
a	[a] before *l* or *u* in same syllable	*faltar* [faɫ'tar] "be lacking"; *mau* ['mau] "evil"
	[ɐ] unstressed, elsewhere	*fazer* [fɐ'zer] "to do"; *porta* ['pɔrtɐ] "door"
	[ɐ] stressed, before nasal consonant	*cama* ['kɐmɐ] "bed"; *aranha* [ɐ'rɐɲɐ] "spider"
	[a] stressed, in positions not already mentioned	*lado* ['ladu] "side"; *casa* ['kazɐ] "house"
á	[a] stressed	*pá* ['pa] "shovel"
â	[ɐ]	*unânime* [u'nɐnimi] "unanimous"
am	[ɐ̃] before *p, b*	*ambos* ['ɐ̃mbus] "both"
	[ɐ̃ũ] in unstressed 3. pl. verb endings	*falam* ['falɐ̃ũ] "they speak"
an	[ɐ̃]	*branco* ['brɐ̃ŋku] "white"
b	[b]	*belo* ['bɛlu] "beautiful"
c	[s] before *e, i*	*cesta* ['sɛstɐ] "basket"; *cigarro* [si'garru] "cigarette"
	[k] elsewhere	*cachorro* [kɐ'ʃorru] "dog"; *cultura* [kuɫ'turɐ] "culture"
ç	[s]	*cabeça* [kɐ'besɐ] "head"
ch	[ʃ]	*chão* ['ʃɐ̃ũ] "ground"
d	[d]	*dados* ['dadus] "dice"

Letter or Digraph	Sound Value	Examples
e	[e]	ser ['ser] "to be"
	[ɛ]	festa ['fɛstɐ] "feast"
	[i] unstressed, at end of words and sometimes elsewhere	unânime [u'nɐnimi] "unanimous"; bezerro [bi'zerru] "calf"
ê	[ɛ]	pé ['pɛ] "foot"
ê	[e]	mês ['mes] "month"
em, en	[ẽ(ĭ)] stressed; [ẽ] elsewhere, at end of word	em [ẽ(ĭ)] "in"; empregado [ẽmpre'gadu]; entrar [ẽ'ⁿtrar] "to enter"; senso ['sẽsu] "sense"
f	[f]	facilitar [fɐsili'tar] "to facilitate"
g	[ʒ] before e, i	gesto ['ʒɛstu] "gesture"
	[g] elsewhere	gás ['gas] "gas"; grande ['grẽⁿdi] "great"
gu	[g] before e, i	guerra ['gɛrrɐ] "war"
	[gw] before a, o, u	guarda ['gwardɐ] "he keeps"
h	silent	homem ['ɔmẽ(ĭ)] "man"
i	[ɪ] before l or u in same syllable	mil ['mɪł] "thousand"; riu ['rrɪu] "he laughed"
	[j] before another vowel	piano ['pjɐnu] "piano"
	[i] elsewhere	tupi [tu'pi] "Tupi" (an Indian language of Brazil); dizer [di'zer] "to say"
í	[i] stressed	saía [sɐ'iɐ] "I went out"
im, in	[ĩ]	assim [ɐ'sĩ] "thus"; limpo ['lĩmpu] "clean"; inventar [ĩvẽ'ⁿtar] "to invent"
j	[ʒ]	juntos ['ʒũⁿtus] "together"
k	[k]	occurs only in foreign words
l	[ł] at end of syllable	sol ['sɔł] "sun"
	[l] elsewhere	lã ['lɐ̃] "wool"; planta ['plɐ̃ⁿtɐ] "plant"
lh	[ʎ]	trabalho [trɐ'baʎu] "work"

Letter or Digraph	Sound Value	Examples
m	[m] at beginning of syllable	*mamãe* [mɐˈmẽĩ] "mother"
	Nasalization elsewhere	*membro* [ˈmẽᵐbru] "member"
n	[n] at beginning of syllable	*não* [ˈnẽũ] "not"
	Nasalization elsewhere	*pensar* [pẽˈsar] "to think"
nh	[ɲ]	*sonho* [ˈsoɲu] "dream"
o	[o]	*flor* [ˈflor] "flower"
	[ɔ]	*bola* [ˈbɔlɐ] "ball"
	[u] unstressed, at end of words and sometimes elsewhere	*lado* [ˈladu] "side"; *colher* [kuˈʎɛr] "spoon"
ó	[ɔ]	*avó* [ɐˈvɔ] "grandmother"
ô	[o]	*avô* [ɐˈvo] "grandfather"
õ	[õ]	*lições* [liˈsõĩs] "lessons"
om, on	[õ]	*bom* [ˈbõ] "good"; *conta* [ˈkõⁿtɐ] "bill"
p	[p]	*pai* [ˈpai] "father"
qu	[k] before *e, i*	*quente* [ˈkẽⁿti] "hot"
	[kw] before *a, o, u*	*quatro* [ˈkwatru] "four"
qù, qü	[kw]	*eqùestre, eqüestre* [eˈkwɛstri] "equestrian"
r	[rr] at beginning of word	*rosto* [ˈrrostu] "face"
	[r] elsewhere	*parte* [ˈparti] "part"; *caru* [ˈkaru] "dear"
rr	[rr]	*carro* [ˈkarru] "car"
s	[z] between vowels and before voiced consonants	*cousa* [ˈko(u)zɐ] "thing"; *os homens* [uzˈɔmẽ(ĩ)s] "men"; *rasgo* [ˈrrazgu] "trait"
	[s] elsewhere	*só* [ˈsɔ] "only, alone"; *insulto* [ĩˈsuɫtu] "insult"; *as alunas* [ɐzɐˈlunɐs] "the (girl) pupils"; *festa* [ˈfɛstɐ] "feast"

Letter or Digraph	Sound Value	Examples
sc, sç, ss	[s]	*nascer* [nɐ'ser] "be born"; *necessário* [nese'sarju] "necessary"
t	[t]	*tanto* ['tẽⁿtu] "so much"
u	[ʊ] before *l* in same syllable	*pulga* ['pʊɫgɐ] "flea"
	[w] before another vowel	*quadro* ['kwadru] "picture"
	[u] elsewhere	*chuva* ['ʃuvɐ] "rain"
um, un	[ũ]	*algum* [aɫ'gũ] "some, any"; *juntos* ['ʒũⁿtus] "together"
v	[v]	*vários* ['varjus] "several"
w	[w]	occurs only in foreign names
x	[ʃ]	*xarope* [ʃɐ'rɔpi] "syrup"; *peixe* ['pe(i)ʃi] "fish"; *Félix* ['fɛliʃ] "Felix"
	[s]	*próximo* ['prɔsimu] "next, near"
	[z]	*exame* [e'zɐmi] "examination"
	[ks]	*sexo* ['seksu] "sex"; *tóxico* ['tɔksiku] "toxic"
y	[i]	occurs only in foreign names
z	[s] before pause	*voz* ['vos] "voice"; *rapaz* [rrɐ'pas] "boy"
	[z] elsewhere	*zebra* ['zebrɐ] "zebra"; *zona* ['zonɐ] "zone"; *azul* [ɐ'zʊɫ] "blue"

FAMILIAR EXPRESSIONS

Bom dia. ['bõ-'diɐ] Good morning.
Boa tarde. ['boɐ-'tardi] Good afternoon.
Boa noite. ['boɐ-'noiti] Good evening. Good night.
Até logo. [ɐ'tɛ-'lɔgu] I'll see you later.
Até já. [ɐ'tɛ-'ʒa] I'll be seeing you.
Até amanhã. [ɐ'tɛ-ɐmɐ'ɲẽ] I'll see you tomorrow.
Até a vista. [ɐ'tɛ-ɐ-'vistɐ] Until we meet again.

INTRODUCTION 23

Adeus. [ɐ'deus] Good-bye.
Adeusinho. [ɐdeu'ziɲu] Bye-bye.
Como vai você? ['komu–'vai–vo'se] How are you?
Como vai o senhor? (**a senhora?**) ['komu–'vai–u–si'ɲor (ɐ–si'ɲorɐ)] How are you?
Como vão as coisas? ['komu–'vɐ̃ũ–ɐs–'koizɐs] How is everything?
Vou bem, obrigado(a). ['vo(u)–'bẽ(ĩ), obri'gadu (obri'gadɐ)] I am well, thank you.
Que calor! ['ke–kɐ'lor] How hot it is!
Que frio! ['ke–'friu] How cold it is!
Está muito calor hoje. [es'ta–'mũĩⁿtu–kɐ'lor 'oʒi] It is very hot today.
Está muito frio hoje. [es'ta–'mũĩⁿtu–'friu 'oʒi] It is very cold today.
Que tempo está fazendo hoje? ['ke–'tẽᵐpu–es'ta–fɐ'zẽⁿdu 'oʒi] How is the weather today?
Está bom tempo. [es'ta–'bõ–'ⁿtẽᵐpu] It is nice weather.
Está mau tempo. [es'ta–'mau–'tẽᵐpu] It is bad weather.
Está chovendo. [es'ta–ʃo'vẽⁿdu] It is raining.
Está fazendo sol. [es'ta–fɐ'zẽⁿdu–'sɔɫ] The sun is out.
Está quente. [es'ta–'kẽⁿti] It is hot.
Está frio. [es'ta–'friu] It is cold.
Entre, faz favor. ['ẽⁿtri, 'fas–fɐ'vor] Come in, please.
Sente-se, faz favor. ['sẽⁿti–si, 'fas–fɐ'vor] Take a seat, please.
Com licença. [kõ–li'sẽsɐ] Excuse me (*asking permission*).
Pois não. ['poiz–'nɐ̃ũ] Of course.
Desculpe-me. [dis'kuɫpi–mi] Excuse me (*apologizing*).
Não foi nada. ['nɐ̃ũ–'foi–'nadɐ] It wasn't anything.
Muito obrigado *m.* ['mũĩⁿtu–obri'gadu] } Thank you very much.
Muito obrigada *f.* ['mũĩⁿtu–obri'gadɐ]
Não há de quê. ['nɐ̃ũ–'a–di–'ke] You're welcome. Don't mention it.

LIÇÃO

I

VOCABULARY

a aluna [ɐ-ɐ'lunɐ] student, pupil f.
o aluno [u-ɐ'lunu] student, pupil m.
as alunas [ɐz-ɐ'lunɐs] students, pupils f.
os alunos [uz-ɐ'lunus] students, pupils m.
uma aula [umɐ-'aulɐ] a lesson, a class
o caderno [u-kɐ'dɛrnu] notebook
uma caneta [umɐ-kɐ'netɐ] a penholder
a carteira [ɐ-kɐr'te(i)rɐ] desk
as carteiras [ɐs-kɐr'te(i)rɐs] desks
a classe [ɐ-'klasi] class
de [di] from, of, by
e [i] and
grande ['grẽⁿdi] large, big
a janela [ɐ-ʒɐ'nelɐ] window
um lápis [ũ-'lapis] a pencil
uns lápis [ũz-'lapis] some pencils
um livro [ũ-'livru] a book
uns livros [ũz-'livrus] some books

mas [mas] but
a mesa [ɐ-'mezɐ] table
as mesas [ɐz-'mezɐs] tables
não ['nẽu] no, not
ou [o] or
uma pena [umɐ-'penɐ] a pen
umas penas [umɐs-'penɐs] some pens
pequeno, -a [pi'kenu, pi'kenɐ] small, little
a porta [ɐ-'pɔrtɐ] door
português [portu'ges] Portuguese
o professor [u-profe'sor] teacher, instructor, professor m.
a professora [ɐ-profe'sorɐ] teacher, instructor, professor f.
o quadro negro [u-'kwadru-'negru] blackboard
a sala de aula [ɐ-'salɐ-di-'aulɐ] classroom
sim ['sĩ] yes
também [tɐ̃'ᵐbẽ(ĩ)] also
ter ['ter] to have

25

Grammar

1. Definite article. The singular forms of the definite article are **o** [u] for the masculine and **a** [ɐ] for the feminine.

    o livro, *the book*   a caneta, *the penholder*

The plural forms are **os** [us] for the masculine and **as** [ɐs] for the feminine.

    os livros, *the books*   as canetas, *the penholders*

2. Indefinite article. The singular forms of the indefinite article are **um** [ũ] for the masculine and **uma** [umɐ] for the feminine.

    um aluno, *a boy student*   uma aluna, *a girl student*

The plural forms are **uns** [ũs] for the masculine and **umas** [umɐs] for the feminine.

    uns alunos, *some boy students*   umas alunas, *some girl students*

3. Plural of nouns. The plural of a noun is determined by its singular form. Nouns ending with a vowel (oral or nasal) other than **ão** [ẽũ] form their plural by adding **s**.

    o aluno, *the student*   os alunos, *the students*
    a menina, *the girl*   as meninas, *the girls*

4. Interrogative form. The interrogative may be formed from the regular statement by a simple intonation of the voice.

    A professora está na sala?   Is the teacher in the room?

The interrogative may also be formed by placing the subject after the verb, as in English.

    Está a professora na sala?   Is the teacher in the room?

The direct form is much more common in conversation than the inversion of subject and verb.

What? used interrogatively is generally translated by **que**. The forms **o que** or **o que é que** are also very frequent in conversation.

Que é isso?	What is that?
O que é isso?	What is that?
O que é que ela disse?	What did she say?

5. Present indicative of *ter*

TER to have

eu tenho ['eu–'teɲu] *I have*
tu tens ['tu–'tẽs] *you have*
êle tem ['eli–'tẽ(ĩ)] *he has*
ela tem ['ɛlɐ–'tẽ(ĩ)] *she has*

nós temos ['nɔs–'temus] *we have*
vós tendes ['vɔs–'tẽⁿdis] *you have*
êles têm ['elis–'tẽ(ĩ)] ⎫
elas têm ['ɛlɐs–'tẽ(ĩ)] ⎭ *they have*

você tem
  [vo'se–'tẽ(ĩ)]
o senhor tem
  [u–si'ɲor–'tẽ(ĩ)]   *you have*
a senhora tem
  [ɐ–si'ɲɔrɐ–'tẽ(ĩ)]

vocês têm
  [vo'ses–'tẽ(ĩ)]
os senhores têm
  [us–si'ɲoris–'tẽ(ĩ)]   *you have*
as senhoras têm
  [ɐs–si'ɲɔrɐs–'tẽ(ĩ)]

6. Forms of address.

The second person singular form **tu** is seldom used in Brazil. Only the inhabitants of the state of Rio Grande do Sul, in the south, use it in conversation. Elsewhere one says **você** when addressing persons with whom the speaker is on familiar terms. In speaking to persons less familiar the forms **o senhor** and **a senhora** are used.

The same rule applies to the second person plural form **vos**, which is used only when speaking at an extremely formal assembly or when writing a very formal letter. Otherwise the plural pronouns used are: **vocês, os senhores, as senhoras**.

In deciding which form to choose, use **você** when speaking to any person you would call by his or her first name in English and **o senhor** or **a senhora** when speaking to anyone you would address as *Mr.*, *Mrs.*, or *Miss*.

7. Negative form. In order to form the negative, **não** is placed before the verb.

Não tenho frio.	I am not cold.
A professora não tem um caderno.	The teacher does not have a notebook.
O menino não tem um livro.	The boy does not have a book.

Leitura

Os alunos têm livros. O professor tem uma mesa. Você tem um caderno e eu também tenho um caderno. Eu tenho um lápis e uma pena. Nós temos um quadro negro. Tenho uma carteira pequena, mas uma mesa grande. As alunas têm
5 lápis, penas, cadernos e livros. A sala de aula tem uma porta grande. A classe tem alunos e alunas. A sala de aula tem janelas.
  A professora tem uma carteira? Não, ela tem uma mesa. Os alunos têm mesas? Não, êles têm carteiras. Tenho um
10 lápis grande e umas canetas pequenas. O senhor tem um caderno? Tenho. A sala de aula tem uma porta pequena? Não, tem uma porta grande.
  Vocês têm um professor ou uma professora? Temos uma professora. Os alunos têm uma aula de português. Os senhores
15 têm livros e cadernos? Sim, temos livros e cadernos mas não temos penas.

PERGUNTAS

1. A professora tem uma mesa? 2. O que é que os alunos têm? 3. A sala de aula tem uma porta grande? 4. Vocês têm um professor ou uma professora de português? 5. A sala de aula tem janelas? 6. Você tem um caderno? 7. A professora tem uma mesa grande ou pequena? 8. A classe tem alunas? 9. Nós temos um quadro negro? 10. Temos uma aula de português? 11. Os alunos têm livros? 12. Você tem um lápis?

Drill

CLASSROOM EXERCISES

1. *Fill in blanks with the correct form of the verb* **ter:**

   1. O aluno —— um livro. 2. As alunas —— livros e penas. 3. Eu —— uma caneta e um lápis. 4. Nós —— uma aula. 5. Você —— umas canetas e uns cadernos. 6. A sala —— uma porta grande. 7. A professora —— uma mesa e os alunos —— carteiras. 8. A sala de aula —— janelas. 9. Nós —— uma pedra na sala. 10. Vocês —— livros, cadernos, lápis e canetas. 11. O senhor —— um livro e eu —— um caderno. 12. As senhoras —— canetas e penas. 13. A senhora —— uma mesa grande. 14. Os alunos —— uns livros e umas penas. 15. O professor não —— uma carteira, êle —— uma mesa grande. 16. A sala de aula —— um quadro negro. 17. Os meninos —— uma aula de português. 18. Nós —— um professor e uma professora. 19. A sala de aula —— uma porta e uma janela também. 20. Eu —— um livro de português.

2. *Place the definite article before the following nouns:*

carteiras	alunos	canetas	aluna	professoras
mesa	caneta	professor	penas	aulas
sala	classes	professora	mesas	janela
quadro negro	caderno	livros	pedra	cadernos

3. *Place the indefinite article before the following nouns:*

mesa	livros	carteiras	professoras	aulas
salas	classe	quadro negro	professor	porta
aluno	professora	penas	lápis	janelas
cadernos	aluna	alunos	livro	caneta

IDIOMATIC DRILL

Study the following expressions with **ter** *and use them in original sentences:*

ter fome, to be hungry

Tenho fome.   I am hungry.

ter sorte, to be lucky

Tenho sorte.   I am lucky.

ter mêdo, to be afraid
Ela tem mêdo. She is afraid.

ter frio, to be cold
Tenho frio. I am cold.

ter sêde, to be thirsty
Êle tem sêde. He is thirsty.

ter razão, to be right
Nós temos razão. We are right.

ASSIGNMENT

1. *Put the following sentences into the negative form:*

    1. Tenho fome. 2. Temos frio. 3. O senhor tem mêdo? 4. Êles têm livros e cadernos. 5. A sala tem uma porta grande. 6. A classe tem alunos e alunas. 7. As alunas têm razão. 8. Você tem pena dêle. 9. Temos sorte. 10. O aluno tem mêdo do professor. 11. Tenho vergonha. 12. A sala tem um quadro negro? 13. A professora tem uma mesa grande? 14. A sala tem janelas e portas. 15. Os senhores têm sorte. 16. O aluno tem um lápis e umas canetas. 17. A professora e os alunos têm uma aula de português. 18. A senhora tem um caderno pequeno? 19. Ela tem sêde. 20. O aluno tem um lápis grande.

2. *Fill in the blanks with the definite or indefinite article:*

    1. —— classe tem —— quadro negro. 2. —— professora tem —— mesa. 3. —— alunos têm —— canetas e —— lápis. 4. —— aluna tem —— caderno e —— pena. 5. Tenho —— livros e —— caneta. 6. A sala tem —— carteiras e —— quadro negro. 7. —— sala de aula tem —— porta e janelas também. 8. Tenho —— caneta pequena mas —— lápis grande. 9. Você tem —— livro ou —— caderno? 10. O senhor tem —— penas, —— livros, —— caneta e —— lápis. 11. —— alunas têm —— aula de português. 12. —— alunos têm —— cadernos, —— carteira, —— lápis e —— penas.

LIÇÃO 2

VOCABULARY

agora [ɐ'gɔrɐ] now
o armário [u-ɐr'marju] cupboard
o banco [u-'bẽⁿku] bench
a borracha [ɐ-bo'rraʃɐ] eraser
a cadeira [ɐ-kɐ'deirɐ] chair
o chão [u-'ʃẽu] floor, ground
o colégio [u-ko'lɛʒju] school
a escola [ɐ-es'kɔlɐ] school
a lâmpada [ɐ-'lẽᵐpɐdɐ] bulb, lamp
o mapa [u-'mapɐ] map
a menina [ɐ-me'ninɐ] girl
o menino [u-me'ninu] boy
muito ['mũĩⁿtu] adv. very, much
muito, -a [mũĩⁿtu, mũĩⁿtɐ] adj. much, many
a página [ɐ-'paʒinɐ] page
o papel [u-pɐ'pɛł] paper
a parede [ɐ-pɐ'redi] wall
quantos, -as ['kwẽⁿtus, 'kwẽⁿtɐs] how many
quatro ['kwatru] four
o teto [u-'tɛtu] ceiling, roof
a tinta [ɐ-'tĩⁿtɐ] ink
o tinteiro [u-tĩ'ⁿteiru] inkwell

Grammar

8. Gender of nouns. In Portuguese all nouns have gender, either masculine or feminine. There are no neuter nouns. The following nouns are masculine:

a. All nouns applied to male beings.

Paulo, *Paul*   galo, *rooster*
pai, *father*   juiz, *judge*

b. Names of seas, rivers, lakes, winds, and months.

o Atlântico, *the Atlantic*   o Amazonas, *the Amazon*
o Pacífico, *the Pacific*   o furacão, *the hurricane*

o Mediterrâneo, *the Mediterranean*   fevereiro, *February*

NOTE: Generally names of months are not preceded by the article.

c. Names of the letters of the alphabet, numbers, and musical notes.

o **b,** *the "b"*   o *quatro, the "four"*
o **c,** *the "c"*   o *lá, the "la"*

d. Most nouns ending in:

unstressed **o**	o banco, *the bench*	**om**	o som, *the sound*
	o lago, *the lake*		o dom, *the gift*
im	o fim, *the end*	**um**	o álbum, *the album*
	o marfim, *the ivory*	**en**	o abdômen, *the abdomen*

NOTE: Nouns ending in **en** are very rare in Portuguese.

The following nouns are feminine:

a. All nouns applied to female beings.

Maria, *Mary*   rainha, *queen*
mulher, *woman*   galinha, *hen, chicken*

b. Names of continents and islands.

a Europa, *Europe*   a Sicília, *Sicily*
a América, *America*   a Austrália, *Australia*
a Ásia, *Asia*

c. Most nouns ending in unstressed **a.**

a casa, *the house*   a mesa, *the table*

NOTE: There are important exceptions to the rule, especially words of Greek origin:

o programa, *the program*   o mapa, *the map*
o cinema, *the movies*   o telegrama, *the telegram*

d. Nouns ending in:

| **gem** | a folhagem, *the foliage* | **ice** | a tolice, *silliness* |
| | a imagem, *the image* | | a meiguice, *tenderness* |

dade a bondade, *the kindness*	**ção** a função, *the function*
a caridade, *charity*	a imaginação, *the imagination*

NOTE: The rule applies only to abstract nouns. Concrete nouns ending in **ção** may be either masculine or feminine.

The student should always memorize the nouns with the articles in the vocabulary in order to learn the genders. The preceding list should be used as general reference.

Leitura

Eu agora tenho uma borracha e um livro. O tinteiro tem tinta. A sala de aula tem quatro paredes e um chão. O colégio tem meninos e meninas. Os livros têm muitas páginas. Quantas lâmpadas tem a sala? A sala tem quatro lâmpadas. A professora tem um lápis, uma caneta e papel também. A escola tem alunos e alunas. Nós temos umas carteiras grandes.

A professora tem uma mesa mas não tem uma carteira. Nós não temos um banco, temos uma cadeira. Você tem um lápis? Não, eu tenho uma caneta. O senhor tem um livro? Sim, tenho um livro e um caderno também. A sala de aula tem um quadro negro grande. A sala de aula também tem um teto. Os alunos têm uma aula de português agora.

Tenho um lápis muito pequeno mas uma caneta grande. O tinteiro não tem muita tinta. A escola não tem muitas meninas mas tem muitos meninos. A senhora tem um banco ou uma cadeira? Eu tenho uma cadeira mas você tem um banco.

A sala de aula tem um teto? Sim, a sala de aula tem um teto e tem um chão também. O colégio tem um mapa? Sim, o colégio tem um mapa. O livro tem muitas páginas? Não, o livro não tem muitas páginas. Eu não tenho papel mas a professora tem. Os alunos têm um banco mas as alunas têm cadeiras. A sala de aula tem portas e janelas. Nós não temos muitas penas mas temos muitos lápis. Maria tem um lápis e um caderno.

PERGUNTAS

1. O que é que eu tenho agora? 2. O que é que o tinteiro tem? 3. Quantas paredes a sala de aula tem? 4. O que é que o colégio tem? 5. Os livros têm muitas páginas? 6. Quantas lâmpadas tem a sala de aula? 7. O que é que a professora tem? 8. A escola tem alunos ou alunas? 9. Nós temos carteiras grandes ou pequenas? 10. O que é que a professora tem, uma mesa ou uma carteira? 11. O que é que nós temos, um banco ou uma cadeira? 12. Você tem um lápis? 13. A sala de aula tem um quadro grande ou pequeno? 14. O que é que a sala de aula tem também? 15. O que é que os alunos têm agora? 16. Tenho um lápis grande ou pequeno? 17. O tinteiro tem muita tinta? 18. A escola tem meninos ou meninas? 19. A professora tem um banco ou uma cadeira? 20. A sala de aula tem um teto? 21. O que é que a sala de aula tem também? 22. O colégio tem um mapa? 23. O livro tem muitas páginas? 24. Você tem papel? 25. Os alunos têm um banco ou uma cadeira? 26. As alunas têm uma cadeira ou um banco? 27. O que é que a sala de aula tem? 28. Os senhores têm muitas penas?

Drill

CLASSROOM EXERCISES

1. *Place the indefinite articles before the following:*

livros	canetas	classe	páginas	lâmpada
janela	caderno	armários	tinta	colégio
classe	mesas	borracha	teto	escola
alunas	quadro negro	chão	tinteiro	banco
professoras	carteira	meninas	paredes	mapa
aula	penas	menino	papel	aluno

2. *Place the definite articles before the following:*

banco	galos	programa	dom	juiz
galinhas	pai	marfim	meiguice	mapas
Europa	Austrália	cinema	som	quatro
Atlântico	casas	álbum	telegrama	
furacão	mesas	função	lá	
rainhas	fim	folhagem	Pacífico	

LIÇÃO DUAS

3. *Fill in blanks with the correct form of the verb **ter**:*

1. Nós —— uma lição de português agora. 2. A sala de aula —— um armário. 3. Os alunos —— livros e cadernos. 4. A sala —— quatro lâmpadas. 5. O colégio não —— muitos alunos. 6. Os meninos —— mapas. 7. Eu —— um caderno grande mas não —— um livro. 8. O livro —— muitas páginas. 9. Os senhores —— uma borracha? 10. Eu não —— papel e a professora não —— lápis. 11. A menina —— quatro livros grandes e os meninos —— cadernos pequenos. 12. O tinteiro —— muita tinta. 13. Vocês —— uma cadeira ou um banco? 14. Nós —— um banco mas as meninas —— cadeiras. 15. A sala —— quatro paredes. 16. Quantos livros os senhores ——? 17. Nós não —— muitos livros. 18. A sala de aula —— teto e chão. 19. Quantas páginas —— o livro? 20. O livro —— muitas páginas.

IDIOMATIC DRILL

*Study the following additional expressions with **ter** and use in original sentences:*

    ter sono, to be sleepy

A menina tem sono.   The girl is sleepy.

    ter raiva, to be angry

Nós temos raiva.   We are angry.

    ter pressa, to be in a hurry

O professor tem pressa.   The teacher is in a hurry.

    ter vergonha, to be ashamed, be bashful

Tenho vergonha.   I am ashamed. I feel bashful.

ASSIGNMENT

Translate into Portuguese:

1. We have a Portuguese lesson now. 2. The classroom has the ceiling and the floor. 3. The students have many erasers but they do not have many books. 4. The girl has a pencil and a notebook. 5. The boys have the bench and the girls have the chairs. 6. The book does not have many pages. 7. How many lamps does the classroom have?

8. How many students does the class have? 9. The inkwell has ink. 10. He has a very large book. 11. The teacher has a map and a Portuguese book. 12. The school has many boys. 13. Do you have paper? 14. No, I do not have paper but I have a pencil. 15. The classroom has four walls. 16. Do the teachers have a table or a desk? 17. Does the classroom have many windows? 18. No, the classroom does not have many windows. 19. The students have a blackboard but they do not have notebooks. 20. I have four books; how many books do you have, teacher?

LIÇÃO 3

VOCABULARY

a **América** [ɐ-ɐ'mɛrikɐ] America
americano, –a [ɐmeri'kɐnu, ɐmeri'kɐnɐ] American
aquilo [ɐ'kilu] that
atrás [ɐ'tras] behind, after
a **caneta-tinteiro** [ɐ-kɐ'netɐ-tĩ-'ⁿteiru] fountain pen
o **canivete** [u-kɐni'vɛti] penknife
dentro ['dẽⁿtru] in, inside, within
diante de ['djẽⁿti-di] in front of
em baixo de [ẽ-'ᵐba(i)ʃu-di] under, below
em cima de [ẽ-'simɐ-di] on, above
fora de ['fɔrɐ-di] out, outside
isso ['isu] that (*near the person spoken to*)
isto ['istu] this
lá ['la] there
mais ou menos ['maiz-u-'menus] more or less
onde ['õⁿdi] where, wherein, in which
o **pau** [u-'pau] wood
quem ['kẽ(ĩ)] who (*interr.*)
que pena! ['ke-'penɐ] what a shame, what a pity
sob [sob] under
sôbre ['sobri] on, upon, about

Grammar

9. Forms of *ser* and *estar*

Indicativo Presente (*Present Indicative*)

SER to be

eu sou ['sou] *I am*	nós somos ['somus] *we are*
tu és ['ɛs] *you are*	vós sois ['sois] *you are*
êle é ['ɛ] *he is*	êles são ['sẽũ] ⎫ *they are*
ela é ['ɛ] *she is*	elas são ['sẽũ] ⎭
você é ['ɛ] ⎫	vocês são ['sẽũ] ⎫
o senhor é ['ɛ] ⎬ *you are*	os senhores são ['sẽũ] ⎬ *you are*
a senhora é ['ɛ] ⎭	as senhoras são ['sẽũ] ⎭

ESTAR to be

eu estou [es'tou] *I am*	nós estamos [es'tamus] *we are*
tu estás [es'tas] *you are*	vós estais [es'tais] *you are*
êle está [es'ta] *he is*	êles estão [es'tẽũ] ⎱ *they are*
ela está [es'ta] *she is*	elas estão [es'tẽũ] ⎰
você está [es'ta] ⎫	vocês estão [es'tẽũ] ⎫
o senhor está [es'ta] ⎬ *you are*	os senhores estão [es'tẽũ] ⎬ *you are*
a senhora está [es'ta] ⎭	as senhoras estão [es'tẽũ] ⎭

10. Uses of *ser*

a. Expressions which classify or identify a subject require the verb **ser**.

Ela é minha irmã.	She is my sister.
Meu pai é professor.	My father is a professor.
Que é isto? É uma carta.	What is this? It is a letter.
Êle é inglês.	He is English.

b. Expressions which characterize the subject, citing its qualities and attributes, require the verb **ser**.

Esta moça é bonita.	This girl is pretty.
A sala é grande.	The room is large.
O inglês é difícil.	English is difficult.
O lápis é de pau.	The pencil is made of wood.

c. Impersonal expressions generally require the verb **ser**.

É verdade.	It is true.

d. Expressions which denote possession require the verb **ser**.

O filho é meu.	The son is mine.
O lápis é dela.	The pencil is hers.

e. Expressions which denote origin require the verb **ser**.

Ela é do Brasil.	She is from Brazil.
Eu sou do Rio e meu irmão é de São Paulo.	I am from Rio and my brother is from São Paulo.

f. Sentences in which the verb is followed by a pronoun generally require the verb **ser**.

É êle.	It is he.
Somos nós.	It is we.

11. Uses of *estar*

a. Sentences which express location require the verb **estar**.

O livro está em cima da mesa. The book is on the table.
Meu pai está no Brasil. My father is in Brazil.

Geographical or permanent location is sometimes considered an attribute of the subject and can be expressed by either **ser** or **estar**.

O teatro é perto de minha casa. } The theater is near my house.
O teatro está perto de minha casa.

In sentences of this type **ser** is used in preference to **estar**.

b. Expressions denoting that the subject is in some posture or position require the verb **estar**.

Ela está deitada. She is lying down.
Nós estamos de pé. We are standing up.

c. Expressions denoting state or condition resulting from change or action require the verb **estar**.

Eu estou pronta. I am ready.
O copo está quebrado. The glass is broken.
O homem está morto. The man is dead.
A menina está alta. The girl is tall (*has grown tall*).
A porta está pintada de verde. The door is painted green (*it was not green before*).
Paulo está velho. Paul looks old (*he did not look old before*).
Maria está rica. Mary is rich (*she was not rich before*).

d. Expressions about the weather generally require **estar**.

Está quente. It is hot.
Está frio. It is cold.

12. Uses of *ser* and *estar* combined

a. Adjectives denoting wealth or age are regarded as classifying the subject and are therefore expressed by **ser**, unless they denote result of change, in which case they take **estar**.

Maria é velha.	Mary is old.
Maria está velha.	Mary looks old (*she did not look it before*).
O senhor Antunes é rico.	Mr. Antunes is rich.
O senhor Antunes está rico.	Mr. Antunes is rich (*he was not rich before*).

b. Some adjectives can be used to denote either a characteristic or a temporary state. In the first case **ser** is required, in the second **estar**.

O gêlo é frio.	Ice is cold.
A água está fria.	The water is cold.

c. Some adjectives will take on a different meaning when used with one or the other of these verbs.

A criança é boa.	The child is good.
A criança está boa.	The child is well.

13. Contractions of articles and prepositions

The definite articles combine with the preposition **de** as follows:

de + o = do [du]   o livro **do** aluno
de + a = da [dɐ]   o livro **da** aluna } *the book of the student*
de + os = dos [dus] o livro **dos** alunos
de + as = das [dɐs] o livro **das** alunas } *the book of the students*

The definite articles combine with the preposition **em** as follows:

em + o = no [nu]   **no** livro do professor, *in the teacher's book*
em + a = na [nɐ]   **na** carteira do aluno, *in the student's desk*
em + os = nos [nus] **nos** livros do professor, *in the teacher's books*
em + as = nas [nɐs] **nas** carteiras dos alunos, *in the students' desks*

The indefinite articles combine with the preposition **de** as follows:

de + um = dum [dũ]   o livro **dum** aluno, *the book of a student*

de + uma = duma [dumɐ]	a caneta **duma** aluna, *the penholder of a girl student*
de + uns = duns [dũs]	os livros **duns** alunos, *the books of some students*
de + umas = dumas [dumɐs]	os cadernos **dumas** professoras, *the notebook of some teachers*

The indefinite articles combine with the preposition **em** as follows:

em + um = num [nũ]	**num** livro de português, *in a Portuguese book*
em + uma = numa [numɐ]	**numa** classe pequena, *in a small class*
em + uns = nuns [nũs]	**nuns** cadernos grandes, *in some large notebooks*
em + umas = numas [numɐs]	**numas** salas grandes, *in some large rooms*

NOTE: Contractions of prepositions **de** and **em** with indefinite articles are optional.

o livro dum aluno *or* de um aluno   num caderno *or* em um caderno

Leitura

O mapa está na parede da classe. Os alunos estão na aula. Nós somos os alunos. O caderno e o livro estão em cima da mesa. A sala tem lâmpadas. A tinta está dentro do tinteiro. A menina está atrás do menino, a professora está diante dos alunos. A borracha é do professor. Isso é uma caneta-tinteiro. 5
Nós temos um armário. O livro tem muitas páginas. Os meninos têm canivetes.

Onde está o armário? Está atrás de nós. O papel está no chão. Isto não é verdade. A escola é muito grande. Que pena, está chovendo! Bom dia, meninos, como vão vocês? 10
Vamos bem, e a senhora? Mais ou menos, estou com muito frio. A página do livro é grande. O teto da sala é de pau. O que é aquilo? Aquilo é um colégio de meninos.

PERGUNTAS

1. Onde está o mapa? 2. Onde estão os alunos? 3. Quem são os alunos? 4. Onde estão o caderno e o livro? 5. Quantas lâmpadas tem a sala? 6. Onde está a tinta? 7. Onde está a menina? e a professora? 8. O que é isso? e aquilo? 9. O que é que os meninos têm? 10. Onde está o armário? 11. Está frio ou quente? 12. Onde está o papel? 13. A escola é pequena? 14. Como estão os alunos? 15. Como está a professora? 16. A página do livro é pequena? 17. De que é o teto da sala?

Drill

CLASSROOM EXERCISES

1. *Insert the correct forms of the verbs* **ser** *and* **estar:**

   1. Onde —— Maria? 2. O menino —— na sala. 3. A senhora —— a professora. 4. O livro, o caderno e o lápis —— do aluno. 5. —— muito quente. 6. Ela —— rica. 7. Isto não —— verdade. 8. Nós —— os alunos. 9. A professora —— bonita. 10. A sala —— grande. 11. Êles —— bons meninos. 12. As meninas —— na biblioteca. 13. O papel —— em cima da mesa. 14. Eu —— americana. 15. O lápis —— de pau. 16. O livro —— de Maria. 17. A caneta —— em baixo da carteira. 18. O tinteiro —— do menino. 19. Onde —— o papel? 20. O papel —— com a professora. 21. Os mapas —— na sala de aula. 22. Os tinteiros —— pequenos, mas os lápis —— grandes. 23. Ela —— americana. 24. Onde —— a biblioteca? 25. A tinta —— dentro do tinteiro. 26. Ela —— em pé.

2. *Fill in blanks with the correct definite or indefinite article or its contraction with* **de** *or* **em:**

   1. —— livro —— menino é grande. 2. —— aluna tem —— lápis e —— caneta. 3. —— mesa —— professor está diante —— alunos. 4. —— canivetes são —— meninos, mas —— tinteiro é —— meninas. 5. A América é —— americanos. 6. —— janelas —— sala são grandes. 7. —— página —— livro é grande. 8. —— professora está —— sala de aula. 9. —— menino está —— colégio. 10. —— mapa —— sala está em cima —— mesa —— biblioteca. 11. —— meninas estão ——

biblioteca. 12. —— professora está diante —— alunos, fora —— sala de aulas. 13. —— caderno —— menino está —— chão. 14. —— teto é grande. 15. A Europa não é —— americanos. 16. —— professor está —— sala. 17. Eu estou —— aula de português. 18. Nós temos —— livro. 19. —— lâmpada —— sala está dentro —— armário. 20. —— canivetes dos meninos estão —— mesa —— professora.

IDIOMATIC DRILL

Study the following idioms and use them in original sentences:

        estar com fome, to be hungry
        estar com sêde, to be thirsty
        estar com frio, to be cold

        estar com calor, to be warm
        estar com sono, to be sleepy
        estar em casa, to be at home
        estar fora, to be out

ASSIGNMENT

Translate into Portuguese:

1. The classroom is large, with walls, windows, floor, and ceiling. 2. The students are boys and girls. 3. The teacher has a table and the pupils have desks. 4. The maps are on the walls. 5. The closet is behind the students and the table is in front of the teacher. 6. The students have books, notebooks, pencils, pens, penknives, ink, and paper. 7. It is cold; the pupils and the teacher are cold. 8. We are the students and you are the teacher. 9. She has the book. 10. The pencil is under the table. 11. She is American. 12. Who is he? He is the professor. 13. Who is she? She is a student. 14. The girls do not have penknives but they have pencils and books. 15. What a pity! We don't have a Portuguese lesson now. 16. Where are the students? They are out of the classroom. 17. What is that? It is a school. 18. Where is the map? 19. The map is on the wall in the classroom. 20. The teacher now is in the class.

LIÇÃO 4

VOCABULARY

alto, –a ['altu] tall, high
amarelo, –a [ɐmɐ'relu] yellow
azul, azuis *pl.* [ɐ'zuɫ, ɐ'zuis] blue
baixo, –a ['baiʃu] low, short in stature
branco, –a ['brẽᵑku] white
brasileiro, –a [brɐzi'le(i)ru] Brazilian
castanho, –a [kɐs'tɐɲu] brown
o céu [u–'sɛu] sky
claro, –a ['klaru] light in color, clear
como ['komu] how
comprido, –a [kõ'ᵐpridu] long
a côr [ɐ–'kor] color
côr-de-rosa ['kor-di-'rɔzɐ] pink
o cruzeiro [u–kru'zeiru] *Brazilian monetary unit*
curto, –a ['kurtu] short

o dinheiro [u–di'ɲe(i)ru] money
o dólar [u–'dɔlɐr] dollar
os Estados Unidos [uz–es'taduz-u'nidus] United States
estreito, –a [es'tre(i)tu] narrow
gordo, –a ['gordu] fat
largo, –a ['largu] large, ample, wide
magro, –a ['magru] thin
marrom [ma'rrõ] brown
negro, –a ['negru] black
preto, –a ['pretu] black
quadrado, –a [kwɐ'drɐdu] square
qual, quais *pl.* ['kwaɫ, 'kwais] who, what, which
redondo, –a [rre'dõⁿdu] round
roxo, –a ['rroʃu] purple
verde ['verdi] green
vermelho, –a [ver'meʎu] red

Grammar

14. Present indicative of *haver*

HAVER to have

hei ['ei]   havemos [ɐ'vemus]
hás ['as]   haveis [ɐ'veis]
há ['a]   hão ['ẽũ]

The use of **haver** is very limited in conversational Portuguese. Only its third person singular is very much used in impersonal sentences. **Haver** is not used to form compound tenses in everyday language.

There is and *there are* are both translated by **há**.

15. Formation of the plural

I. Nouns ending in a single vowel, oral or nasal, form their plural by adding **s**:

    banco, *bench*   bancos
    irmã, *sister*   irmãs

II. Nouns ending in **ão** form their plural by adding **s** or by changing **ão** to **ões** or **ães**.

    grão, *grain*   grãos
    sermão, *sermon* sermões
    pão, *bread*   pães

a. Nouns ending in unaccented **ão** form their plural by adding **s**.

    órfão, *orphan*   órfãos

b. The plural form **ões** is the most common, and forms the plural of all nouns ending in **ção**.

    coração, *heart*   corações
    imaginação, *imagination* imaginações

III. Nouns ending in **al, ol, el** and **ul** form their plural by dropping the **l** and adding **is**.

    canal, *canal*   canais
    sol, *sun*   sóis
    papel, *paper*   papéis
    paul, *swamp*   pauis

EXCEPTIONS: mal, *evil*   males
        real   réis (*old Portuguese coin*)

Notice that the diphthongs **ei, eu, oi** with tonic accent take a written accent on the open vowel, for example, **sóis** and **papéis**.

IV. Nouns ending in unaccented **il** drop the **il** and take **eis** for the plural.

        fóssil, *fossil*   fósseis

a. Nouns ending in accented **il** drop the **l** and take **s** for the plural.

        funil, *funnel*   funís

V. Nouns ending in **m** change the **m** to **ns** to form their plural.

        homem, *man*   homens
        fim, *end*   fins

VI. Nouns ending in **r** or **z** add **es** to form their plural.

        mulher, *woman*   mulheres
        noz, *nut*   nozes

VII. Nouns ending in **s** with tonic accent anywhere except on the last syllable remain unchanged.

        o pires, *the saucer*   os pires
        o lápis, *the pencil*   os lápis

a. Nouns ending in **s** with tonic accent on the last syllable add **es** to form their plural.

        o país, *the country*   os países
        o mês, *the month*   os meses

16. Interrogative words

I. **Quem?** is the Portuguese equivalent for *who?* and *whom?* both singular and plural.

    Quem é aquela menina?   Who is that girl?

II. **Que?** and **qual?** are the Portuguese equivalents for *what?* and *which?*

a. Together with a noun **que** is normally used.

    Que professor disse isto?   Which teacher said this?
    Que rua é essa?   What street is this?

b. When the interrogative word is not followed by a noun both **que** and **qual** can be used. **Que** is used when a definition is

RIO DE JANEIRO — View of the Corcovado from Leblon.

RIO DE JANEIRO — View of Gaviota from Leblon.

PORTO ALEGRE.
A gaucho's main food is *churrasco* or barbecued meat cooked over an open fire.

CAXIAS — Skilled young workman busy over a hand-tooled cross at the Eberle plant in Caxias, famous for religious objects.

asked for and **qual** (plural **quais**) when the idea of selection is implied.

Que é uma capital? What is a capital?
Qual é o professor de por- Which is the Portuguese teacher?
tuguês?

Leitura

O teto é branco e alto. A pedra é preta. As carteiras não são baixas. As paredes são claras. O menino é magro, a menina é gorda. Há meninos brasileiros na escola.

Temos lápis verdes, amarelos, azuis e roxos. O tempo está feio, o céu está preto. A borracha é pequena e vermelha. O livro da professora é marrom. A sala de aula é quadrada. A lição é curta ou comprida? É curta. Os meninos são altos e as meninas são baixas. A professora é baixa e magra. A sala não é estreita, é larga.

No Brasil êles têm o cruzeiro, nos Estados Unidos nós temos o dólar. Os alunos não têm muito dinheiro. Como é o professor? O professor é gordo e baixo. Como é a mesa? A mesa é redonda e preta. A sala é estreita.

Quais são os alunos de português? Os alunos de português são os meninos americanos. Qual é a aluna de português? A aluna de português é a menina baixa e magra. Tenho um lápis côr-de-rosa. O azul é uma côr, o roxo também é uma côr.

PERGUNTAS

1. De que côr é o teto? E a pedra? 2. As carteiras são baixas ou altas? 3. Como são as paredes? 4. O menino é magro ou gordo? E a menina? 5. De que côres são os lápis que vocês têm? 6. Como está o tempo? 7. De que côr está o céu? 8. Como é a borracha? 9. De que côr é o livro da professora? 10. Como é a sala? 11. A lição é curta ou comprida? 12. Os meninos são altos ou baixos? E as meninas? 13. Como é a professora? 14. A sala é larga ou estreita? 15. Que é que êles têm no Brasil? E nos Estados Unidos? 16. Os alunos têm muito dinheiro? 17. Como é o professor? 18. Como é a

mesa? 19. A sala é larga ou estreita? 20. Quais são os alunos de português? 21. Qual é a aluna de português? 22. O que é o azul? 23. Que é o roxo?

Drill

CLASSROOM EXERCISES

1. *Give the plural of the words in italics:*

   1. Na escola há *um órfão*. 2. *O sermão é comprido* mas *bonito*. 3. *Tenho um pão*. 4. *O papel está* em cima da mesa. 5. *O funil é comprido* e *estreito*. 6. Há *um lugar* na sala. 7. *A mulher está* com mêdo. 8. *O pires é grande*. 9. *A carteira é preta*. 10. *O país é pequeno*. 11. Há *um aluno* na aula. 12. *Tenho um lápis roxo*. 13. *Você tem uma pena verde*. 14. *O canal é estreito*. 15. *O fim da lição é fácil*. 16. *O menino está* na sala. 17. *A lição é curta*. 18. Há *uma carteira* na sala. 19. *O senhor tem um livro grande*. 20. *A borracha é do menino*.

2. *Fill in blanks with the correct article or its contraction:*

   1. —— teto é alto mas —— mesa —— professor é baixa. 2. —— lápis —— meninos são roxos e amarelos. 3. —— Brasil é —— país grande. 4. —— caneta está —— sala de aula. 5. —— sala de aula há alunos. 6. Há tinta dentro —— tinteiro. 7. —— livro há muitas páginas. 8. —— sala de aula é quadrada. 9. —— Brasil, êles têm —— cruzeiro. 10. —— Estados Unidos há —— dólar. 11. —— mesa —— professora é preta. 12. —— parede —— classe é clara. 13. —— professora de português está —— escola. 14. —— pedra —— alunos é grande e preta. 15. —— Estados Unidos são grandes.

3. *Supply the correct forms of the verbs* **ser, estar, ter,** *or* **haver:**

   1. Na sala —— alunos e alunas. 2. A menina —— um livro. 3. Nós —— na escola. 4. Você —— mais alto do que eu. 5. Maria —— mais baixa do que Paulo. 6. O tinteiro —— tinta vermelha. 7. —— papel e lápis em cima da mesa. 8. Nós —— alunos e —— na aula. 9. Maria e Paulo —— na sala. 10. Eu —— americano e você —— brasileiro. 11. O livro —— em cima da mesa. 12. —— mesas redondas na sala de aula. 13. Você —— um lápis preto? 14. Não, —— um lápis roxo. 15. Qual —— a professora de português?

LIÇÃO QUATRO

IDIOMATIC DRILL

Study the following expressions and use them in original sentences:

Há três dias que estou aqui.	I have been here for three days.
Há sol hoje.	The sun is shining today.
É ouro sôbre azul.	It is the best it could be.
As coisas estão pretas.	Things are very bad.

ASSIGNMENT

1. *Translate into Portuguese:*

1. Which are the students of Portuguese? 2. In Brazil they have the "cruzeiro". 3. What is that? 4. We have the dollar. 5. The boy is tall and the girl is small. 6. The classroom is large. 7. The pencil is yellow. 8. The book is small and black. 9. The eraser is red and round. 10. There are students in the classroom. 11. I have no ink. 12. The desk is high. 13. The boy is small and thin. 14. She is in the classroom. 15. There are red pencils and pink paper on the round table. 16. We have a very large square room with blue walls. 17. The teacher's desk is brown. 18. The lesson is short. 19. There is one blue book on the desk. 20. Green, red, purple, yellow, blue, white, brown, and black are colors. 21. The teacher is tall and fat. 22. I am Brazilian and you are American. 23. We don't have any money but we have books and notebooks. 24. Which is the classroom? 25. The pink inkwell does not have any ink.

2. *Give the plural of the following sentences:*

1. Eu tenho um livro. 2. O pão é bom. 3. O menino está com o lápis vermelho. 4. Há um aluno na sala. 5. Há três dias que estou aqui. 6. A borracha é redonda. 7. O papel é branco. 8. A sala não é estreita, é larga. 9. Há um lápis na mesa. 10. Estou com fome e não tenho pão.

LIÇÃO

5

VOCABULARY

amanhã [ɐmɐ'ɲɐ̃] tomorrow
chamar [ʃɐ'mar] to call
depois de amanhã [di'poiz-di-ɐmɐ'ɲɐ̃] the day after tomorrow
descansar [deskɐ̃'sar] to rest
de tarde [di-'tardi] in *or* during the afternoon
os dias de semana [uz-'diɐz-di-se'mɐnɐ] week days
os dias úteis [uz-'diɐz-'uteis] work days
estudar [estu'dar] to study
o feriado [u-feri'adu] holiday
as férias [ɐs-'feriɐs] vacation
gostar de [gos'tar-di] to like

hoje ['oʒi] today
juntos, –as ['ʒũⁿtus] together
a manhã [ɐ-mɐ'ɲɐ] morning
mesmo ['mezmu] even, same
onde ['õdi] where
outra vez ['otrɐ-'ves] again
perto ['pertu] near
por que *or* porque [por'ke] why?
porque [por'ke] because, why
porquê [por'ke] why (*subst. or when final in the sentence*)
a preguiça [ɐ-pre'gisɐ] laziness
o tempo [u-'tẽᵐpu] time, weather
trabalhar [trɐbɐ'ʎar] to work
vamos estudar ['vɐmuz-estu'dar] let us study

Days of the Week

domingo [do'mĩᵑgu] *Sunday*, segunda-feira [se'gũⁿdɐ-'fe(i)rɐ] *Monday*, têrça-feira ['tersɐ-'fe(i)rɐ] *Tuesday*, quarta-feira ['kwartɐ-'fe(i)rɐ] *Wednesday*, quinta-feira ['kĩⁿtɐ-'fe(i)rɐ] *Thursday*, sextafeira ['sɛstɐ-'fe(i)rɐ] *Friday*, sábado ['sabɐdu] *Saturday*.

Most Usual Expressions of Location

aqui [ɐ'ki] here (*near the speaker*)
cá ['ka] here (*synonym of* aqui; *more used in certain set expressions:* Vem cá, Come here *and* cá e lá, here and there)
ali [ɐ'li] there (*away from speakers, but within sight*); aí [ɐ'i] there (*near the person spoken to*); lá ['lɐ] there (*over there*)

COMMON QUESTIONS

De quem é o livro?	Whose book is it?
Que dia é hoje?	What day is today?
Em que dias vocês estudam?	On which days do you study?
Qual é o dia que você prefere?	Which day do you prefer?
Quais são os meninos?	Which are the boys?
O que é melhor?	What is better?
Que é isso?	What is this?
Qual é melhor?	Which (one) is better?

Grammar

17. Present indicative and progressive form of *falar*

FALAR [fɐ'lar] to speak

Indicativo Presente

falo ['falu]
falas ['falɐs]
fala ['falɐ]

falamos [fɐ'lɐmus]
falais [fɐ'lais]
falam ['falɐ̃ũ]

Forma Progressiva

estou falando [es'tou–fɐ'lẽⁿdu]
estás falando [es'tas–fɐ'lẽⁿdu]
está falando [es'ta–fɐ'lẽⁿdu]

estamos falando [es'tɐmus–fɐ'lẽⁿdu]
estais falando [es'tais–fɐ'lẽⁿdu]
estão falando [es'tɐ̃ũ–fɐ'lẽⁿdu]

There are three forms of the present indicative in English: *I speak, I am speaking, I do speak*. In Brazilian-Portuguese there are only two forms: **eu falo, eu estou falando**. This latter is called the *progressive form*. It is composed of **estar** plus the present participle of the verb.

The Portuguese progressive construction strongly emphasizes that the subject is engaged in an act and is used only to express a really progressive action.

Eu estou falando   I am speaking

18. Conjugations. Portuguese verbs are classified for convenience in three conjugations according to the ending of the infinitive.

1st *Conjugation*	2nd *Conjugation*	3rd *Conjugation*
fal**ar**, *to speak*	aprend**er**, *to learn*	part**ir**, *to leave*

a. All regular verbs ending in −ar follow the pattern above.

b. The progressive form is composed of the present of **estar** followed by the present participle of the verb.

19. Present participle. The present participle is formed by attaching to the infinitive radicals the following endings:

−**ando** for verbs of the first conjugation (**falando**)
−**endo** for verbs of the second conjugation (**aprendendo**)
−**indo** for verbs of the third conjugation (**partindo**)

20. Comparatives and superlatives. Portuguese expresses the comparative and superlative alike by using the word **mais** before the adjective or the adverb. English *than* is translated by **que** or **do que**.

Paulo é mais alto (do) que Maria.	Paul is taller than Mary.
Eu me levanto mais cedo (do) que ela.	I get up earlier than she does.

Notice that after a superlative Portuguese uses the word **de**, where English generally uses *in:*

Paulo é o aluno mais alto da classe.	Paul is the tallest student in the class.

a. Some adjectives and adverbs have irregular comparatives and superlatives.

Positive	*Comparative or Superlative*
bom, *good*	melhor, *better*
mau, *bad*	pior, *worse*
grande, *big, large*	maior, *bigger, biggest, largest*
pequeno, *small*	menor, *smaller, smallest*
muito, *much*	mais, *more, most*
pouco, *little*	menos, *less, least*
poucos, *few*	menos, *fewer, fewest*
bem, *well*	melhor, *better, best*
mal, *badly, poorly*	pior, *worse, worst*

Carlos é o melhor aluno da classe.	Charles is the best student in the class.
Falo pior o francês do que o inglês.	I speak worse French than English.

Notice that English *less* or *least* is translated by **menos**.

Carlos é o menos rico de todos.	Charles is the least rich of all.
Maria é menos rica do que Paulo.	Mary is less rich than Paul.
Eu falo menos inglês (do) que a senhora.	I speak less English than you.

21. Comparison of equality. In comparison, where English employs *as . . . as* or *so . . . as,* Portuguese uses **tão . . . quanto**.

Ela é tão bonita quanto Maria.	She is as pretty as Mary.
Não falo inglês tão bem quanto você.	I don't speak English so well as you do.

a. The Portuguese word **tanto** corresponds to the English expressions *as much, as many*. When accompanying or taking the place of a noun, **tanto** takes the gender and number of the noun.

Falo tanto inglês quanto êle.	I speak as much English as he does.
Tenho tanto dinheiro quanto êle.	I have as much money as he does.
Falo tantas línguas quanto ela.	I speak as many languages as she does.

22. "Than" before numerals. Before numerals, when there is no comparison implied, *more than* is expressed by **mais de** and *less than* by **menos de**.

O chapéu custou mais de duzentos cruzeiros.	The hat cost more than two hundred cruzeiros.
A casa custa menos de dez mil dólares.	The house costs less than ten thousand dollars.

23. Absolute superlative. There is an absolute superlative in Portuguese, formed with the ending **–íssimo, –íssima** which is not used in comparison and is equivalent to English *very* followed by an adjective.

Ela é lindíssima.   She is very beautiful.

Leitura

Hoje é segunda-feira, temos aulas outra vez. Gostamos do domingo porque descansamos. Amanhã é terça-feira e depois de amanhã, quarta-feira. Na quinta e sexta temos também aulas, mas no sábado e no domingo não há aulas. Agora esta-
5 mos estudando português. Aqui na sala estão os alunos e a professora. Temos um feriado hoje. As férias são boas mas curtas. Gostamos de trabalhar mas descansar não é mau. Estudamos de manhã, de tarde descansamos.

O tempo hoje está muito bonito, está lindíssimo. No Brasil
10 chamam a segunda-feira, dia de preguiça. Lá fora está mais fresco do que aqui na sala. Que tempo está fazendo aí onde você está? Não está mau; um pouco quente mas agradável. O que é isso aí em cima da mesa? É um livro azul. Onde está Paulo? Está ali. Vem cá, Paulo, vamos estudar juntos.
15 Em que dias descansamos? Nos sábados e nos domingos; as segundas, terças, quartas, quintas e sextas são dias úteis. O menino é melhor que a menina. A aluna é lindíssima. Os livros de português estão perto dos cadernos. As canetas verdes estão juntas em cima da mesa. De quem é o livro roxo? É de
20 Paulo. Em que dias vocês estudam português? Nas segundas, nas quartas e nas quintas. De quem é o livro azul? É da menina brasileira. Falamos português na aula. Amanhã não há aula. Por quê? Porque é feriado.

PERGUNTAS

1. Que dia é hoje? 2. Porque gostamos do domingo? 3. Em que dias da semana estudamos? 4. Em que dias não há aulas? 5. Qual é o dia da semana de que vocês gostam mais? 6. Que dia é amanhã?

7. Que é que vocês estão estudando agora? 8. Onde estão os alunos e o professor? 9. Vocês têm um feriado hoje? 10. Vocês gostam do domingo? 11. Que é melhor, trabalhar ou descansar? 12. Que tempo está fazendo hoje? 13. Como chamam a segunda-feira no Brasil? 14. Onde está mais fresco, lá fora ou aqui na sala? 15. Que é aquilo ali em cima da mesa? 16. De que côr são aquelas canetas? 17. Em que dias vocês estudam português?

Drill

CLASSROOM EXERCISES

1. *Give the comparative of the following adjectives or adverbs:*

1. Maria é —— alta —— Paulo. 2. O livro de português é (bom) —— que o livro de inglês. 3. O menino é —— (mau) —— que a aluna. 4. A mesa é —— (grande) —— a carteira. 5. A semana é —— (pequena) —— o mês. 6. A janela é —— larga —— a porta. 7. Lá fora está —— fresco —— aqui dentro. 8. A carteira é —— (pequena) —— a mesa. 9. A caneta é —— comprida —— o lápis. 10. O aluno é —— (bom) —— a aluna. 11. O Brasil é —— (grande) —— a Argentina. 12. O sábado é —— (bom) —— a segunda-feira. 13. A mesa da professora é —— estreita —— a carteira do aluno. 14. O menino é —— baixo —— a menina. 15. Eu sou —— magro —— você. 16. Eu falo português —— (bem) —— o senhor. 17. Eu tenho livros —— (bons) do que a senhora. 18. Eu sou —— alta que você. 19. Carlos é —— bonito —— Paulo. Êle é —— (mau) —— ela.

2. *Give the plural of the following sentences:*

1. O menino é bom e bonito. 2. A mesa é estreita, a sala é quadrada. 3. A borracha é redonda. 4. O homem é baixo e a mulher é alta. 5. O teto é branco e alto. 6. O professor é mais magro do que a professora. 7. Tenho um lápis roxo. 8. Estou falando com a menina alta. 9. Tenho um livro verde, uma caneta roxa e um caderno amarelo. 10. O menino é mais alto do que o professor. 11. A mesa é mais baixa do que a carteira. 12. Gosto mais do domingo que da segunda-feira. 13. A manhã é mais fresca do que a tarde. 14. Qual é o dia de que você gosta mais? 15. Ela fala português, mas não fala inglês.

3. *Fill in correct forms of the respective verbs:*

1. Nós (trabalhar) nos dias de semana e (descansar) nos domingos. 2. Você (gostar) do sábado e eu também. 3. Os alunos (estar) na sala. 4. Onde (ser) a biblioteca? 5. Como (chamar) a segunda-feira no Brasil? 6. Eu (estudar) de manhã e (descansar) de tarde em casa. 7. Hoje (ter) um feriado. 8. Não (haver) alunos na sala mas (haver) muitos lá fora. 9. O menino (gostar) do livro de português porque (ser) bom. 10. Nós (chamar) também os dias de semana dias úteis. 11. Na segunda-feira você (ter) preguiça e nos outros dias também. 12. Nós (estudar) português com um professor que (ser) do Brasil. 13. O tempo hoje (estar) lindo. 14. Você (ter) livros e cadernos mas não (ter) tinta. 15. (Haver) dois alunos na porta da sala.

IDIOMATIC DRILL

Study the following expressions and use them in original sentences:

ter do bom e do melhor, to have nothing but the best

Ela tem tudo do bom e do melhor.	She has nothing but the best.

falar pelos cotovelos, to talk too much, talk one's ear off

Esta menina é bonita mas fala pelos cotovelos.	This girl is pretty, but she is a chatterbox.

ASSIGNMENT

Translate into Portuguese:

1. We are studying now. 2. We do not study on Saturdays and Mondays. 3. We like vacations. 4. The weather is bad today. 5. We are speaking Portuguese now. 6. The book is Paul's. 7. Paul is here in the classroom. 8. The girls are speaking Portuguese now. 9. Come here, girl, this is the classroom. 10. Monday, Tuesday, Friday, and Saturday are weekdays. 11. On Sundays we take a rest. 12. We don't have holidays now. 13. I am not working today because the weather is fine. 14. The boy is worse than the pretty girl. 15. The student is better than the teacher. 16. We are studying the Portuguese lesson together. 17. I am resting today; I don't work on Satur-

days. 18. What day is today? 19. What is the day you like best? 20. On which days do you have a Portuguese lesson? 21. Whose pen is it? 22. Where is the green book? It is there, near you. 23. I have the red pencil here and she has the books there. 24. Tomorrow we have a holiday. 25. Why are you here? Because we have a Portuguese class now.

LIÇÃO 6

VOCABULARY

a amiga [ɐ-ɐ'migɐ] friend, *f.*
o amigo [u-ɐ'migu] friend, *m.*
o aniversário [u-ɐniver'sariu] birthday, anniversary
o ano [u-'ɐnu] year
o ano bissexto [u-'ɐnu-bi'sestu] leap year
católico, –a [kɐ'tɔliku] Catholic
chi! ['ʃi] gee!
compreender [kõᵐpreẽ'ⁿder] to understand
contar [kõ'ⁿtar] to tell, count
contente [kõ'ⁿtẽⁿti] happy, gay
o dia de Finados [u-'diɐ-di-fi'nadus] All Souls' Day
o dia dos anos [u-'diɐ-duz-'ɐnus] birthday
a família [ɐ-fɐ'miljɐ] family
feio, –a ['feiu, 'feiɐ] ugly
a festa [ɐ-'fɛstɐ] party, feast, celebration
importante [ĩᵐpor'tɐ̃ⁿti] important

mais ['mais] more, plus
o mês [u-'mes] month
o Natal [u-na'tał] Christmas
novo, –a ['novu, 'nɔvɐ] new
perguntar [pergũ'ⁿtar] to ask a question
presente [pre'zẽⁿti] present
o presente [u-pre'zẽⁿti] present, gift
prosa ['prɔzɐ] proud, conceited
a religião [ɐ-rreli'ʒiɐ̃ũ] religion
responder [rrespõ'ⁿder] to answer
o século [u-'sɛkulu] century
a semana [ɐ-se'mɐnɐ] week
sempre ['sẽᵐpri] always
tão ['tɐ̃ũ] so
tempo de calor ['tẽᵐpu-di-kɐ'lor] hot season
todo ['todu] *m.*, tôda ['todɐ] *f.* all, whole, every

Grammar

24. Months of the year

janeiro [ʒɐ'neiru] *January*
fevereiro [feve'reiru] *February*

março ['marsu] *March*
abril [ɐ'brił] *April*

maio ['maiu] *May*
junho ['ʒuɲu] *June*
julho ['ʒuʎu] *July*
agôsto [ɐ'gostu] *August*

setembro [se'tẽᵐbru] *September*
outubro [o'tubru] *October*
novembro [no'vẽᵐbru] *November*
dezembro [de'zẽᵐbru] *December*

25. Numbers

0 zero ['zɛru]
1 um, uma ['ũ, 'umɐ]
2 dois, duas ['dois, 'duɐs]
3 três ['tres]
4 quatro ['kwatru]
5 cinco ['sĩŋku]
6 seis ['seis]
7 sete ['sɛti]
8 oito ['oitu]
9 nove ['nɔvi]
10 dez ['dɛs]
11 onze ['õzi]
12 doze ['dozi]
13 treze ['trezi]
14 catorze [kɐ'tɔrzi]
15 quinze ['kĩzi]
16 dezesseis [deze'seis]
17 dezessete [deze'sɛti]
18 dezoito [de'zoitu]
19 dezenove [dezi'nɔvi]
20 vinte ['vĩⁿti]

These numerals are invariable with the exception of **um** and **dois**, which have the feminine forms given above.

The days of the months are designated by the cardinal numbers with the exception of the *first*, which is designated by the ordinal **primeiro**.

Hoje é o dia dezessete de março.   Today is the seventeenth of March.

Hoje é o dia primeiro de abril.   Today is the first of April.

Pages of a book or numbers of streets are always expressed by the cardinals: **página vinte e duas** (dois), *page 22;* **a casa trinta e uma** (um), *house No. 31.*

26. Demonstrative words

Masculine		Feminine	
Singular	*Plural*	*Singular*	*Plural*
êste, this	**êstes,** these	**esta,** this	**estas,** these (*near the person speaking*)
êsse, that	**êsses,** those	**essa,** that	**essas,** those (*near the person spoken to*)
aquêle, that	**aquêles,** those	**aquela,** that	**aquelas,** those (*distant from both persons*)

a. The demonstratives regularly precede the noun they accompany.

esta menina, *this girl*	êsses meninos, *those boys*
aquelas senhoras, *those ladies*	aquêles senhores, *those gentlemen*

b. The demonstratives may be used without an accompanying noun.

Êste livro e aquêle.	This book and that one.
Aquêles lápis e êste.	Those pencils and this one.

c. Portuguese has three demonstrative pronouns used instead of the adjectives when referring to facts, ideas, or unidentified objects. Having no gender, they are considered neuters.

      isto, this
      isso, that (*near the person spoken to*)
      aquilo, that (*near the person or thing spoken of*)

Isto não é verdade.	This is not true.
Não lhe disse isso.	I did not tell her that.
Que é aquilo?	What is that?

27. Contractions of the demonstratives. The demonstratives contract with the preposition **em** as follows:

neste/nesta } in this   **nesse/nessa** } in that   **naquele/naquela** } in that   **nisto** in this

nestes/nestas } in these   **nesses/nessas** } in those   **naqueles/naquelas** } in those   **nisso/naquilo** } in that

Nestes dias. In these days.   Naquelas casas. In those houses.
Nessa escola. In that school.   Não pensei nisso. I did not think of this.

a. The demonstratives contract with the preposition **de** as follows:

dêste/desta } of this   **dêsse/dessa** } of that   **daquele/daquela** } of that   **disto** of this

dêstes/destas } of these   **dêsses/dessas** } of those   **daqueles/daquelas** } of those   **disso/daquilo** } of that

Falei destas meninas.	I spoke of these girls.
O livro é daquêle homem.	The book is that man's.
Quero um pouco daquilo.	I want a little of that.

28. Present indicative of *aprender*

APRENDER [ɐprẽ'ⁿder] to learn

aprendo [ɐ'prẽⁿdu]	aprendemos [ɐprẽ'ⁿdemus]
aprendes [ɐ'prẽⁿdis]	aprendeis [ɐprẽ'ⁿdeis]
aprende [ɐ'prẽⁿdi]	aprendem [ɐ'prẽⁿdẽ(i)]

The verb **aprender** may be followed as a model for all regular verbs of the second conjugation which end in −er.

Leitura

Hoje é dia de Ano Novo e também dia dos anos de Joãozinho. Há uma festa em casa dêle. A sala está muito bonita. Em cima da mesa estão todos os presentes de Joãozinho. Um menino pergunta a Joãozinho: « Joãozinho, quantos anos você tem? » Joãozinho todo prosa responde: « Tenho dez anos. »   5

Agora os amigos estão contando quantos presentes Joãozinho tem... « Um, dois, três... Chi! vinte presentes, e tão bonitos! »

Todos gostam de Joãozinho. Êle é um bom aluno e responde sempre bem.   10

— Quantos meses há num ano?
— Há doze.
— Quantos dias há numa semana?
— Há sete.
— Qual é o dia de Natal?   15
— É o dia vinte e cinco de dezembro.
— E o dia de Finados?
— É dois de novembro.
— Quando é que fevereiro tem mais um dia?
— No ano bissexto.   20
— Como se chama também o dia de Ano Novo?
— Chama-se também Ano Bom.
— Em que século nós estamos?

— No século vinte.
— Qual é a religião mais importante no Brasil?
— É a católica.
— Muito bem, Joãozinho, estou contente com você, você sempre estuda as lições.

Mas hoje não há lição... nem hoje, nem amanhã, nem depois... os meninos estão em férias, as férias no Brasil são nos meses de dezembro, janeiro, e fevereiro, é o tempo de calor. E hoje é dia de Ano Novo, dia dos anos de Joãozinho, há festa em casa... presentes... Joãozinho está contentíssimo!

PERGUNTAS

1. Qual é o dia dos anos de Joãozinho? 2. Quantos anos tem Joãozinho? 3. Quantos presentes estão em cima da mesa de Joãozinho? 4. São bonitos ou feios? 5. Joãozinho é bom ou mau aluno? 6. Quantos meses há num ano? 7. Quantos dias há numa semana? 8. Qual é o dia de Natal? E o dia de Finados? 9. Quando é que fevereiro tem mais um dia? 10. Como se chama também o dia de Ano Novo? 11. Em que século nós estamos? 12. Qual é a religião mais importante no Brasil? 13. Quando são as férias no Brasil? 14. Como está Joãozinho?

Drill

CLASSROOM EXERCISES

1. *Pronounce the words corresponding to the following figures:*

20, 18, 10, 4, 14   15, 12, 16, 17, 11
1, 5, 3, 9, 6   7, 8, 13, 2

2. *Give the plural of the following sentences:*

1. O menino aprende inglês. 2. O aluno responde bem. 3. Você aprende a lição. 4. O menino está na aula. 5. Ela pergunta qual é o dia da semana. 6. A professora chama o aluno. 7. A menina conta os presentes. 8. Qual é o mês de férias? 9. O país é católico. 10. A família do menino é pequena. 11. O aluno responde bem. 12. Há festa em casa da menina hoje. 13. O ano é mais longo que o mês. 14. Êle não fala inglês. 15. Eu com-

LIÇÃO SEIS

preendo bem a lição. 16. A menina tem um caderno vermelho. 17. O aluno aprende português. 18. Você conta os presentes de Joãozinho. 19. Eu tenho um caderno novo e ela tem uma pena nova. 20. Eu estou aprendendo português, tenho uma lição amanhã.

3. *Fill in the blanks with the correct demonstrative or its contraction:*

1. —— livro aqui não é do menino. 2. —— mesa lá é redonda e preta. 3. —— meninos, lá fora, estão falando. 4. —— semana agora temos um feriado. 5. —— salas lá há uns livros de português. 6. Amanhã é segunda-feira, —— dia temos aula de português. 7. O que é —— lá em cima da mesa? 8. Não gosto —— lápis mas gosto —— pena. 9. —— não é verdade. 10. —— livros perto de você são grandes. 11. —— professores lá estão com frio. 12. Não gosto —— professora aqui. 13. O que é —— aqui? 14. —— escola lá há meninos e meninas. 15. —— carteira lá é da professora.

IDIOMATIC DRILL

Study the following expressions and use them in original sentences:

de dia, by day; **de noite,** by night

Trabalho de dia e descanso de noite. I work during the day and rest at night.

de tarde, in the afternoon; **de manhã,** in the morning

Tenho aulas de manhã e de tarde. I have classes in the morning and in the afternoon.

todo prosa, very proud

NOTE: The expression **todo** is used as *very;* thus we may say **todo contente,** *very happy,* **todo triste,** *very sad,* and so on.

todos os dias, every day

Tenho aulas todos os dias. I have classes every day.
Estudo as lições todos os dias. I study the lessons every day.

de hoje a oito dias, a week from today

De hoje a oito dias temos uma festa na escola. A week from today we have a party in school.

De hoje a oito dias temos um ditado de português.	A week from today we have a Portuguese dictation.

de dois em dois dias, every two days

De dois em dois dias tenho uma aula.	Every two days I have a class.

de quatro em quatro anos, every four years

De quatro em quatro anos, fevereiro tem mais um dia.	Every four years February has one more day.
Ela tem quatro anos.	She is four years old.

ASSIGNMENT

1. *Translate into Portuguese:*

1. Today is Johnny's birthday; it is also New Year's Day. 2. Christmas is on the twenty-fifth [day] of December. 3. There is a party at Johnny's house. 4. There are many gifts on the table. 5. All love Johnny; he is a good boy. 6. He always studies the Portuguese lessons. 7. Vacations in Brazil are in December, January, and February. 8. These are the hot months. 9. The boys are happy; there are no lessons now. 10. Where are the boys? 11. All Souls' Day is on the second of November. 12. Every four years February has one day more. This year is leap year. 13. We are in the twentieth century. 14. Every two days we have a Portuguese lesson. 15. I have school every day. 16. The girl has a class in the morning. 17. A week from today we have a holiday. 18. Tomorrow is the girl's birthday. 19. The boy is seventeen years old and the girl is twelve. 20. He always writes the Portuguese lessons in the blue notebook.

2. *Answer the following questions in Portuguese:*

1. Quantos dias há numa semana? 2. Quantos meses há num ano? 3. Quando é o dia de Natal? 4. Quando é o dia de Finados? 5. Em que mês estamos? 6. Em que meses são as férias no Brasil? 7. Qual é a religião mais importante no Brasil?

LIÇÃO 7

VOCABULARY

acabar [ɐkɐ'bar] to finish
adiantar [ɐdiẽ'ⁿtar] to move ahead
ainda [ɐ'ĩⁿdɐ] still, yet
atrasar [ɐtrɐ'sar] to delay, hold back, slow down
o crepúsculo [u-kre'puskulu] twilight, dusk
decidir [desi'dir] to decide
o despertador [u-despertɐ'dor] alarm clock
de verdade [di-ver'dadi] real
errado, -a [e'rradu] wrong
esperto, -a [es'pertu] lively, smart
a estação [ɐ-estɐ'sẽũ] season; station
examinar [ezɐmi'nar] to examine
o garoto [u-gɐ'rotu]; a garota [ɐ-gɐ'rotɐ] kid, child
geralmente [ʒe'rałˈmẽⁿti] generally
a hora [ɐ-'ɔrɐ] hour
inglês, -esa [ĩ'ⁿgles] English
levantar [levẽ'ⁿtar] to lift, raise
a madrugada [ɐ-mɐdru'gadɐ] dawn
a mão (pl. as mãos) [ɐ-'mẽũ, ɐz-'mẽũs] hand

marcar [mɐr'kar] to point out, show, indicate, mark, set
a meia hora [ɐ-'meiɐ-'ɔrɐ] half hour
a meia-noite [ɐ-'meiɐ-'noiti] midnight
o meio-dia [u-'meiu-'diɐ] noon
o minuto [u-mi'nutu] minute
ninguém [nĩ'ⁿgẽ(ĩ)] nobody, no one
nunca ['nũⁿkɐ] never
olhar [o'ʎar] to look
o ponteiro [u-põ'ⁿteiru] hand of the watch
pouco, -a ['po(u)ku] little; um pouco [ũ-'ᵐpo(u)ku] a little
quase ['kwazi] almost
quinze dias ['kĩzi-'diɐs] two weeks, fortnight
o recreio [u-rre'kreju] recess, recreation
o relógio [u-rre'lɔʒju] watch, clock
o segundo [u-se'gũⁿdu] second
sempre ['sẽᵐpri] always
um quarto de hora [ũ-'kwartu-di-'ɔrɐ] a quarter of an hour

65

Grammar

29. The seasons of the year

a primavera [ɐ–primɐ'vɛrɐ] *spring*
o verão (verões *pl.*) [u–ve'rẽu̅] *summer*

o outono [u–o'tonu] *autumn*
o inverno [u–ĩ'vɛrnu] *winter*

30. Numbers (cont.)

21 vinte e um, uma ['vĩti–i–'ũ, 'umɐ]
22 vinte e dois, duas ['vĩti–i–'dois, 'duɐs]
23 vinte e três ['vĩti–i–'tres]
24 vinte e quatro ['vĩti–i–'kwatru]
25 vinte e cinco ['vĩti–i–'sĩŋku]
26 vinte e seis ['vĩti–i–'seis]
27 vinte e sete ['vĩti–i–'sɛti]
28 vinte e oito ['vĩti–i–'oitu]
29 vinte e nove ['vĩti–i–'nɔvi]
30 trinta ['trĩtɐ]
31 trinta e um, uma ['trĩtɐ–i–'ũ, 'umɐ]
40 quarenta [kwɐ'rẽtɐ]
41 quarenta e um, uma [kwɐ'rẽtɐ–i–'ũ, 'umɐ]
50 cinquenta [sĩ'kwẽtɐ]
60 sessenta [se'sẽtɐ]
70 setenta [se'tẽtɐ]
80 oitenta [oi'tẽtɐ]
90 noventa [no'vẽtɐ]
100 cem ['sẽ(ĩ)]
101 cento e um, uma ['sẽtu–i–'ũ, 'umɐ]
102 cento e dois, duas ['sẽtu–i–'dois, 'duɐs]
181 cento e oitenta e um, uma ['sẽtu–i–oi'tẽtɐ–i–'ũ, 'umɐ]
199 cento e noventa e nove ['sẽtu–i–no'vẽtɐ–i–'nɔvi]
200 duzentos, –as [du'zẽtus]
201 duzentos e um, uma [du'zẽtuz–i–'ũ, 'umɐ]
300 trezentos, –as [tre'zẽtus]
400 quatrocentos, –as [kwatru'sẽtus]
500 quinhentos, –as [ki'ɲẽtus]
600 seiscentos, –as [sei'sẽtus]
700 setecentos, –as [sɛti'sẽtus]
800 oitocentos, –as [oitu'sẽtus]
900 novecentos, –as [nɔvi'sẽtus]
1000 mil ['mɪɫ]
1001 mil e um, uma ['mil–i–'ũ, 'umɐ]
2000 {dois mil ['doiz–'mɪɫ] / duas mil ['duɐz–'mɪɫ]}
3000 três mil ['trez–'mɪɫ]
10.000 dez mil ['dɛz–'mɪɫ]
100.000 cem mil ['sẽ–'mɪɫ]
1.000.000 um milhão ['ũ–mi'ʎẽu̅]
2.000.000 dois milhões ['doiz–mi'ʎõĩs]
1.000.000.000 um bilhão ['ũ–bi'ʎẽu̅]

31. Radical-changing verbs.

Many Portuguese verbs undergo a change in their radical vowel and are called radical-changing verbs. Some of these changes are not evident in writing, the modification being only in the sound. Several of the first and second conjugation verbs (–ar and –er) have the vowel e or o in their radical. In most of the tenses these vowels are unstressed and consequently pronounced as normal weak e or o. But in the forms where the stress is on the vowel, the e or o has an open strong sound. Such changes will be indicated by phonetic transcription throughout the book.

MORAR [mo'rar]   ESCREVER [eskre'ver]
to live, reside   to write

Indicativo Presente

moro ['mɔru]   escrevo [es'krevu]
moras ['mɔrɐs]   escreves [es'krɛvis]
mora ['mɔrɐ]   escreve [es'krɛvi]

moramos [mo'ramus]   escrevemos [eskre'vemus]
morais [mo'rais]   escreveis [eskre'veis]
moram ['mɔrẽũ]   escrevem [es'krɛvẽ(ĩ)]

32. Third conjugation. Verbs of the third conjugation end in –ir. All regular verbs in –ir follow this pattern for the present indicative:

PARTIR [pɐr'tir] to leave

Indicativo Presente

parto ['partu]   partimos [pɐr'timus]
partes ['partis]   partis [pɐr'tis]
parte ['parti]   partem [partẽ(ĩ)]

33. Contractions of the definite articles with the preposition *a*. The definite articles **o, a, os,** and **as** combine with the preposition **o** as follows:

a + o = ao
 {O professor fala **ao** aluno.   *The teacher talks to the student.*
  A menina pergunta **ao** menino.   *The girl asks the boy.*

a + a = à
 {O professor fala **à** aluna.   *The teacher talks to the girl student.*
  O menino pergunta **à** menina.   *The boy asks the girl.*

a + os = aos	O professor fala **aos** alunos.	The teacher talks to the students.
	A menina pergunta **aos** meninos.	The girl asks the boys.
a + as = às	O professor fala **às** alunas.	The teacher talks to the girl students.
	O menino pergunta **às** meninas.	The boy asks the girls.

34. Expression of time

Que horas são? (*What time is it?*)

São onze e meia.	It is eleven thirty, half past eleven.
É meio-dia.	It is twelve o'clock.
É uma e vinte.	It is one twenty.
São duas em ponto.	It is two sharp.
São duas horas. São duas.	It is two o'clock. It is two.
São quatro menos dez.	It is ten (minutes) of four.
Faltam cinco para as seis.	It is five (minutes) of six.
São dez menos um quarto.	
Falta um quarto para as dez.	It is a quarter of ten.
Faltam quinze para as dez.	
É meia-noite.	It is midnight.
São quase três.	It is almost three.
São duas (horas) passadas.	It is past two.
São três e um quarto.	It is a quarter past three.

Leitura

A professora decide examinar hoje os alunos. Chama primeiro uma menina, bonitinha e esperta, Margarida.

— Margarida, quantas horas há num dia?

— Há vinte e quatro.

5 — Bem, e quantos minutos há numa hora?

— Há sessenta.

— E quantos segundos há num minuto?

— Há também sessenta.

— O que é que marca a hora?
— É o relógio.
— Quantos ponteiros tem o relógio?
— Tem dois, um grande que marca os minutos e outro pequeno que marca as horas.
— Muito bem, que horas são agora?
Margarida olha para o relógio na parede e responde: — São onze em ponto.
A professora chama depois Francisco, um menino baixinho e magro, amigo de Joãozinho.
— Quando os dois ponteiros estão em cima do doze, que horas são?
— É meio-dia ou meia-noite.
— A que horas acabam as aulas da manhã?
— Ao meio-dia e meia ou doze e meia.
— Quantos números há no relógio?
— Há doze, geralmente.
— Quantos quartos de hora há numa hora?
— Há quatro.
— A que horas acaba o último recreio de vocês?
— A um quarto para as quatro.
— Quem chama você de manhã?
— Ninguém, eu tenho um despertador. Eu nunca estou atrasado porque o relógio está sempre um pouquinho adiantado.
A classe tôda gosta da resposta de Francisco.
— Muito bem, de hoje a quinze dias vocês vão ter um exame, de verdade. Agora, você, Maria, quantas estações há no ano?
Maria é uma menina boazinha, mas um pouco atrasada, por isso responde errado.
— Há três.
A classe tôda levanta a mão e a professora chama um garoto gordo.
— Há quatro: o inverno, a primavera, o verão e o outono; mas no Brasil nós temos duas: o inverno e o verão.

— A que horas é a madrugada?
— No verão é mais ou menos das cinco às seis da manhã e, no inverno, um pouco mais tarde.
— E o crepúsculo?
— No inverno das seis às seis e meia da tarde, mais ou menos, e no verão uma hora mais tarde.
— Muito bem, estou satisfeita, vocês estão muito adiantados.

É meio-dia e meia, o fim da aula, hora de recreio; os meninos ainda têm umas horas de trabalho.

PERGUNTAS

1. Qual é a primeira menina que a professora chama? 2. Quantas horas há num dia? 3. Quantos minutos há numa hora? 4. Quantos segundos há num minuto? 5. O que é que marca a hora? 6. Quantos ponteiros tem o relógio? 7. Qual é o ponteiro que marca as horas? 8. Qual é o ponteiro que marca os minutos? 9. Que horas são agora? 10. Quando os dois ponteiros estão no número doze, que horas são? 11. Quantos números há no relógio? 12. Quantos quartos de hora há numa hora? 13. Quantas estações há num ano? 14. Quais são elas? 15. A que horas é a madrugada? e o crepúsculo?

Drill

CLASSROOM EXERCISES

1. *Fill in the blanks with the right words or expressions:*

1. Quando os dois ponteiros estão no número onze, são ——. 2. Há quatro estações no ano: o verão, o outono, —— e a primavera. 3. Há quatro —— numa hora. 4. Há sessenta —— numa hora. 5. Há sessenta —— num minuto. 6. A —— é, mais ou menos, das cinco às seis da manhã. 7. O —— é, mais ou menos, das seis às seis e meia da tarde. 8. O —— marca as horas. 9. O ponteiro pequeno marca as ——. 10. O ponteiro grande marca os ——. 11. O —— é mais frio do que o outono. 12. Uma meia hora tem —— minutos. 13. O —— é a estação quente. 14. O ano tem —— semanas. 15. No ano —— fevereiro tem mais um dia.

2. *Give the plural of the following sentences:*
1. O aluno responde à professora. 2. O menino decide estudar muito. 3. Eu moro aqui. 4. O relógio do garoto está sempre adiantado. 5. Qual é a primeira menina que a professora chama? 6. A menina chama um menino baixinho e magro. 7. A menina escreve no quadro negro. 8. Trabalho de dia e descanso de noite. 9. O despertador é grande e bom. 10. O professor parte hoje. 11. Não trabalho no verão. 12. O professor decide examinar o aluno hoje. 13. O verão é comprido. 14. O crepúsculo no inverno é curto. 15. O garoto levanta a mão. 16. A professora marca a lição para o aluno.

IDIOMATIC DRILL

Study the following expressions and the sentences illustrating them:

estar na hora, to be on time

Estou sempre na hora.	I am always on time.
Ela nunca está na hora.	She is never on time.
Gosto de estar sempre na hora.	I like to be always on time.

estar na hora de, to be time for (*impersonal*)

Está na hora do recreio.	It is time for recess.
Está na hora de acabar a lição.	It is time for finishing the lesson.

de verdade, real

Vocês vão ter um exame de verdade.	You are going to have a real examination.
Êle é um homem de verdade.	He is a real man.

andar, to work, go, function

O relógio não anda.	The watch does not go.
O automóvel não anda.	The car does not go.
A máquina não anda.	The machine does not work.

a semana que vem, next week

Temos um exame a semana que vem.	We have an examination next week.

ASSIGNMENT

Translate into Portuguese:

1. There are four seasons in a year: spring, summer, fall, and winter. 2. The winter is cold and the summer is hot. 3. In Brazil there are two seasons, winter and summer. 4. It is five o'clock sharp. 5. It is a quarter to seven. 6. It is midnight. 7. It is noon. 8. There are twenty-four hours in a day, sixty minutes in an hour, and sixty seconds in a minute. 9. She answers the teacher. 10. The boy writes better than the girl. 11. In summer the twilight is from six-thirty to seven. 12. In winter the dawn is from six to seven, more or less. 13. The student writes to the teacher. 14. The Portuguese lesson is at a quarter to nine every morning. 15. I do not like this. 16. The boy's watch is fast; it is not four-thirty yet. 17. At noon we have recess. 18. From six to seven we have an English class. 19. We have school from Monday to Friday. 20. It is time to finish the Portuguese lesson. 21. What time is it? It is almost five o'clock.

LIÇÃO 8

VOCABULARY

adorar [ɐdo'rar] to adore
ambos, –as ['ẽᵐbus] both
o **apelido** [u-ɐpe'lidu] nickname
a **avó** [ɐ-ɐ'vɔ] grandmother
o **avô** [u-ɐ'vo] grandfather
os **avós** [uz-ɐ'vɔs] grandparents
bom humor ['bõ-u'mor] good mood
brigar [bri'gar] to fight
a **caçula** [ɐ-kɐ'sulɐ], o **caçula** [u-kɐ'sulɐ] baby of the family
calvo, –a ['kaɫvu] bald
careca [kɐ'rɛkɐ] bald
casado, –a [kɐ'zadu] married
cheio, –a de vontades ['ʃeju-di-võⁿtadis] spoiled
a **criada** [ɐ-'kriadɐ] maid
a **criança** [ɐ-kri'ẽsɐ] child
engraçadinho, –a [ẽgrɐsɐ'diɲu] cute
entrar [ẽⁿ'trar] to come in, enter
a **família** [ɐ-fɐ'miliɐ] family
a **filha** [ɐ-'fiʎɐ] daughter
o **filho** [u-'fiʎu] son
os **filhos** [us-'fiʎus] children, sons and daughters
gritar [gri'tar] to shout, scream

a **irmã** [ɐ-ir'mẽ] sister
o **irmão** [u-ir'mẽũ] brother
já ['ʒa] already
levado, –a [le'vadu] mischievous
o **lugar** [u-lu'gar] place, room
a **mãe** [ɐ-'mẽĩ] mother
a **merenda** [ɐ-me'rẽⁿdɐ] snack between lunch and dinner
a **mocinha** [ɐ-mo'siɲɐ] very young lady
moço, –a ['mosu] young
o **momento** [u-mo'mẽⁿtu] moment
moreno, –a [mo'renu] brunette
a **neta** [ɐ-'nɛtɐ] granddaughter
o **neto** [u-'nɛtu] grandson
o **pai** [u-'pai] father
os **pais** [us-'pais] parents
para ['parɐ] to, in order to, toward, for
a **pasta** [ɐ-'pastɐ] brief case; paste
a **pessoa** [ɐ-pe'soɐ] person
a **prima** [ɐ-'primɐ] girl cousin
o **primo** [u-'primu] cousin
os **primos** [us-'primus] cousins
o **senhor** [u-si'ɲor] gentleman, sir, you

a senhora [ɐ-si'ɲɔrɐ] lady, madam, you
a tia [ɐ-'tiɐ] aunt
o tio [u-'tiu] uncle
os tios [us-'tius] uncle and aunt

velho, -a ['vɛʎu] old
viver [vi'ver] to live
vivo, -a ['vivu] smart, vivacious
único, -a ['uniku] only

Grammar

35. Ordinal numbers

primeiro, -a [pri'meiru] *first*
segundo, -a [se'gũⁿdu] *second*
terceiro, -a [ter'seiru] *third*
quarto, -a ['kwartu] *fourth*
quinto, -a ['kĩⁿtu] *fifth*
sexto, -a ['sestu] *sixth*
sétimo, -a ['sɛtimu] *seventh*
oitavo, -a [oi'tavu] *eighth*
nono, -a ['nonu] *ninth*
décimo, -a ['dɛsimu] *tenth*
décimo, -a -primeiro, -a
 ['dɛsimu–pri'meiru] *eleventh*
décimo, -a -quinto, -a
 ['dɛsimu-'kĩⁿtu] *fifteenth*

vigésimo, -a [vi'ʒɛzimu] *twentieth*
vigésimo, -a -segundo, -a
 [vi'ʒɛzimu–se'gũⁿdu] *twenty-second*
trigésimo, -a [tri'ʒɛzimu] *thirtieth*
quadragésimo, -a
 [kwadrɐ'ʒɛzimu] *fortieth*
centésimo, -a [sẽ'ⁿtɛzimu] *hundredth*
milésimo, -a [mi'lɛzimu] *thousandth*

In names of kings, popes, etc., ordinals are used up to the tenth only. For higher figures cardinals are used.

Pedro Primeiro   Peter I   Luís Quatorze   Louis XIV
Leão Décimo   Leo X   Leão Treze   Leo XIII

36. Forms of *pôr* and *dispor*

PÔR ['por] to put, place   DISPOR [dis'por] to dispose

Indicativo Presente

ponho ['poɲu]   disponho [dis'poɲu]
pões ['põĩs]   dispões [dis'põĩs]
põe ['põĩ]   dispõe [dis'põĩ]

pomos ['pomus]   dispomos [dis'pomus]
pondes ['põⁿdis]   dispondes [dis'põⁿdis]
põem ['põẽ(ĩ)]   dispõem [dis'põẽ(ĩ)]

The verb **pôr** and its compounds form what some grammarians call the fourth conjugation in Portuguese.

37. Possessive adjectives and pronouns

my, mine	o meu	os meus	a minha	as minhas
your(s)	o teu	os teus	a tua	as tuas
his, her(s) *its, your(s)*	o seu	os seus	a sua	as suas
our(s)	o nosso	os nossos	a nossa	as nossas
your(s)	o vosso	os vossos	a vossa	as vossas
their(s) *your(s)*	o seu	os seus	a sua	as suas

These forms are used both as adjectives and as pronouns. They agree in gender and number with the thing possessed, not with the possessor.

O *meu* lápis e a minha caneta estão com *meus* pais. — My pencil and my fountain pen are with my parents.

38. Omission of the article with the possessives.
Possessives are currently used without the definite article, especially in conversation. However, precise usage generally includes the article in all cases except the following:

a. In direct address:

Minhas senhoras e meus senhores. — Ladies and gentlemen.

b. With names of relatives in the singular:

Minha irmã está aqui. — My sister is here.

c. When the noun is accompanied also by an indefinite article or a limiting adjective:

Um irmão meu está no Brasil.
Um meu irmão está no Brasil.
— A brother of mine is in Brazil.

Aquela filha sua é bonita.
Aquela sua filha é bonita.
— That daughter of yours is pretty.

d. In the predicate after forms of **ser,** except for emphatic distinction between possessors.

Êste lápis é meu.	This pencil is mine.
Êste lápis é o meu.	This is my pencil (*not yours or his*).

39. Contractions of prepositions and pronouns. The pronouns **êle, ela, êles, elas** contract with the preposition **de** as follows:

de + êle = dêle   de + êles = dêles
de + ela = dela   de + elas = delas

These pronouns contract with the preposition **em** as follows:

em + êle = nêle   em + êles = nêles
em + ela = nela   em + elas = nelas

40. Substitutes for *seu, sua, seus,* and *suas*. Since these forms correspond to *your, his, her, its,* and *their,* and this may lead to confusion, they are replaced, in conversation, by expressions composed of **de** plus personal pronouns (**dêle, delas,** etc.) when referring to a third person.

Falei com o pai dela.   I spoke with her father.

As opposed to:

Falei com o seu pai.   I spoke with your father.

41. Use of possessives. Possessive adjectives are less used in Portuguese than in English. They are omitted in sentences where the ownership is obvious.

Ela gosta muito da família.   She likes her family very much.

a. When the possessor is not mentioned in connection with the thing possessed, the possessive should be used.

Onde está meu pai?   Where is my father?

b. When the expression of ownership is not connected with the person already mentioned in the sentence, the possessive is used.

Maria está falando com minha mãe.   Mary is speaking to my mother.

c. In expressions of action performed on (or for) someone, Portuguese usually indicates the relationship by an indirect object rather than by a possessive word.

Êle me corta o cabelo tôdas as semanas.   He cuts my hair every week.

Leitura

Na família de Joãozinho há seis pessoas: o pai, a mãe, um irmão mais velho, que tem agora doze anos, uma irmã já mocinha e outra menor do que êle, uma menina de oito anos. Os pais de Joãozinho são ainda moços. A mãe é alta e magra, uma senhora muito agradável e bonita. O pai é gordo e um 5 pouco careca, alto também, sempre de bom humor. O irmão mais velho chama-se José. É um garoto levado mas muito inteligente e vivo; é sempre o primeiro da classe na escola. A irmã, Antônia, já está uma mocinha, quase com quinze anos; é morena, magrinha e muito engraçadinha. A caçula da fa- 10 mília é a Zuzu. Zuzu é um apelido, o nome dela é Zulmira. Ela briga sempre com os irmãos mas gosta muito dêles.

Os pais de Joãozinho chamam-se Senhor Francisco Antunes e Dona Maria Antunes. As crianças têm também tios e primos, porque o Senhor Antunes tem dois irmãos casados e ambos têm 15 filhos. Dona Maria tem uma irmã casada também. Esta tia dos meninos tem uma filha única, Julieta, muito bonitinha mas cheia de vontades.

As crianças têm três avós: os pais de Dona Maria, que vivem ainda, e a mãe do Senhor Antunes. Já são um pouco velhos 20 mas ainda estão fortes e todos os três adoram os netos.

Está na hora de partir para a escola. Dona Maria pergunta: « Joãozinho, onde está o seu livro? » — « Está em cima da mesa com a minha caneta, mamãe. » — « Os meus também estão lá », grita Zuzu da porta. Dona Maria põe os livros e cadernos na 25 pasta dos filhos; nesse momento a criada entra com a merenda; a mãe dispõe tudo nos seus lugares e as crianças partem para a escola.

PERGUNTAS

1. Quantas pessoas há na família de Joãozinho? 2. Quem são elas? 3. Quantos anos tem o irmão dêle? e a irmã mais velha? e a irmã caçula? 4. Como é a mãe de Joãozinho? e o pai? 5. Como se chama a irmã mais velha? e a caçula? 6. Zuzu é apelido ou nome? 7. Como se chama o pai de Joãozinho? e a mãe dêle? 8. Como se chama a prima das crianças? 9. Julieta tem irmãos? 10. Quantos avós têm as crianças? 11. Quem são êles? 12. O que é que Dona Maria pergunta a Joãozinho na hora de partir para a escola? 13. O que responde Joãozinho? 14. Com que é que a criada entra?

Drill

CLASSROOM EXERCISES

1. *Fill in the blanks with the correct possessive:*

1. « Julieta, onde estão —— (*your*) cadernos e —— (*your*) canetas? » 2. « Estão em cima da —— (*my*) mesa, e os —— (*my*) lápis também estão lá. » 3. Joãozinho tem pais muito bons; a mãe —— (*his*) é uma senhora agradável e bonita; a irmã —— (*her*) tem uma filha chamada Julieta. 4. « Onde está —— (*your*) caderno? » Dona Maria pergunta a Joãozinho. 5. « Está em cima da mesa com —— (*mine*) », responde Antônia. 6. —— (*my*) irmã é uma moça bonita, mas —— (*yours*) ainda é mais bonita do que ela. 7. —— (*your*) avô é um homem alto mas os filhos —— (*his*) são baixos. 8. —— (*our*) tia e —— (*our*) tio gostam muito de nós. 9. —— (*our*) irmãs estão falando com —— (*your*) irmãos. 10. —— (*my*) mãe e —— (*my*) pai estão com —— (*my*) irmãos. 11. —— (*your*) família é maior do que —— (*mine*). 12. Joãozinho está na sala com o —— (*your*) pai. 13. —— (*my*) filha está estudando a lição com —— (*our*) professora. 14. —— (*your*) avós não gostam dos —— (*mine*). 15. —— (*my*) criada é melhor do que —— (*yours*). 16. —— (*our*) primo e —— (*our*) prima são filhos de —— (*our*) tios. 17. —— (*your*) neta é mais moça do que —— (*his*). 18. —— (*our*) primos moram com os pais naquela casa branca. 19. Esta borracha é —— (*mine*). 20. Aquela carteira é —— (*theirs*). 21. —— (*my*) mãe está com —— (*your*) livro. 22. —— (*my*) professor e —— (*his*) estão no Brasil.

RIO DE JANEIRO — Christus Redemptor, the statue at the top of the Corcovado, overlooking the bay.

SÃO SALVADOR — The Bahians are among the most picturesque of all Brazilians, reminiscent of the colonial and Dom Pedro I eras.

2. Translate orally into Portuguese:

1. Those are my books, not yours. 2. Your father is also mine. 3. We love our mother. 4. My friends finish their work; we do not finish ours. 5. We are studying our lessons and he is studying his. 6. A sister of mine is here. 7. That teacher of ours is Portuguese. 8. Our lesson is long and theirs is short. 9. This desk is mine, not yours. 10. The girl likes her father. 11. My books, my pen, my notebook, and my pencils are on the table. 12. Their children are my friends. 13. Where is my book? 14. She is talking to my teacher. 15. He winds my clock every night. 16. Ladies and gentlemen, the children are here. 17. I like her father. 18. Their books are blue and yours is green. 19. I am talking to a friend of mine. 20. She is with her mother.

IDIOMATIC DRILL

Study the following expressions and use them in original sentences:

acabar de (+ *infinitive*), to have just ... (*done something*)

Êle acaba[1] de chegar.
Êle acabou[1] de chegar.
    He has just arrived.

Eu acabo de falar com ela.
Eu acabei de falar com ela.
    I have just spoken with her.

Eu acabo de escrever minha lição.
Eu acabei de escrever minha lição.
    I have just finished writing my lesson.

pôr, to put

A galinha põe ovos. — The hen lays eggs.
A criada põe a mesa. — The maid sets the table.
O sol se põe. — The sun sets.

ASSIGNMENT

1. *Fill in the blanks with the correct ordinals:*

1. Janeiro é o —— mês do ano, dezembro é o ——. 2. Quinta-feira é o —— dia de semana. 3. O —— mês do ano é fevereiro. 4. Junho é o —— mês do ano. 5. O —— dia da semana é terça-feira. 6. O ordinal de mil é ——. 7. O ordinal de cem é ——.

---

[1] With **acabar de** either the present or the preterite indicative can be used for *to have just*. ...

8. Novembro é o —— mês do ano, outubro é o —— e setembro é o ——.

2. *Translate into Portuguese:*

1. My mother has just arrived. 2. He has just finished writing his lesson. 3. Your maid is setting the table; mine is not here. 4. I am speaking with your aunt and your uncle. 5. Our pretty cousin is in the room with her mother and her father. 6. My vacations are shorter than yours. 7. Her father is that fat man. 8. Your brother and your sister are fighting with my cousins. 9. She adores her grandfather, but she does not like yours very much. 10. My grandparents live here with yours. 11. Your grandson and your granddaughter are studying their lessons with their aunt. 12. My family is large, yours is larger, and hers is still larger. 13. Monday we have our Portuguese lesson. 14. My family and yours live there. I understand my lesson but not yours.

LIÇÃO 9

VOCABULARY

abastado, -a [ɐbɐs'tadu] well-to-do
achar [ɐ'ʃar] to find, think
a **casa** [ɐ-'kazɐ] house
o **casamento** [u-kɐzɐ'mẽⁿtu] marriage
casar-se [kɐ'zar-si] to marry
cedo ['sedu] early
celebrar [sele'brar] to celebrate
a **cunhada** [ɐ-ku'ɲadɐ] sister-in-law
o **cunhado** [u-ku'ɲadu] brother-in-law
dansar [dɐ̃'sar] to dance
a **data** [ɐ-'datɐ] date
estudioso, -a [estu'djozu, estu'djɔzɐ] studious
é verdade ['ɛ-ver'dadi] it is true
futuro, -a [fu'turu] future
o **genro** [u-'ʒẽru] son-in-law
a **infância** [ɐ-ĩ'fẽsiɐ] the childhood
o **marido** [u-mɐ'ridu] husband
a **mulher** [ɐ-mu'ʎer] wife, woman
a **noiva** [ɐ-'noivɐ] bride, fiancée
o **noivado** [u-noi'vadu] engagement

o **noivo** [u-'noivu] bridegroom, fiancé
os **parentes** [us-pɐ'rẽⁿtis] relatives
por enquanto [por-ẽ'ŋkwẽⁿtu] for the moment
preguiçoso, -a [pregi'sozu, pregi'sɔzɐ] lazy
o **prêmio** [u-'premiu] prize
o **rapaz** [u-rɐ'pas] boy, youth
ser louco, -a por ['ser-'lo(u)kupor] to be crazy about
a **sobrinha** [ɐ-so'briɲɐ] niece
o **sobrinho** [u-so'briɲu] nephew
a **sogra** [ɐ-'sɔgrɐ] mother-in-law
o **sogro** [u-'sogru] father-in-law
o **solteirão** [soltei'rẽũ] bachelor
solteiro, -a [sol'teiru] single man, single woman
solteirona [soltei'ronɐ] old maid
sonhar com [so'ɲar-kõ] to dream of
a **viúva** [ɐ-'vjuvɐ] widow
o **viúvo** [u-'vjuvu] widower

Grammar

42. Preterite indicative of regular and auxiliary verbs

Verbos regulares (Regular verbs)

FALAR	APRENDER	PARTIR
falei [fɐ'le(i)]	aprendi [ɐprẽ'ⁿdi]	parti [pɐr'ti]
falaste [fɐ'lasti]	aprendeste [ɐprẽ'ⁿdesti]	partiste [pɐr'tisti]
falou [fɐ'lo(u)]	aprendeu [ɐprẽ'ⁿdeu]	partiu [pɐr'tɪu]
falámos [fɐ'lamus], [fɐ'lɐmus]¹	aprendemos [ɐprẽ'ⁿdemus]	partimos [pɐr'timus]
falastes [fɐ'lastis]	aprendestes [ɐprẽ'ⁿdestis]	partistes [pɐr'tistis]
falaram [fɐ'larẽũ]	aprenderam [ɐprẽ'ⁿderẽũ]	partiram [pɐr'tirẽũ]

NOTE: The written accent of the second **a** of the first plural in verbs of the first conjugation denotes an open **a**, but Brazilians make no distinctions between this **a** and that of the present tense.

Verbos auxiliares (Auxiliary verbs)

SER	ESTAR	TER
fui ['fui]	estive [es'tivi]	tive ['tivi]
foste ['fosti]	estiveste [esti'vesti]	tiveste [ti'vesti]
foi ['foi]	esteve [es'teve]	teve ['tevi]
fomos ['fomos]	estivemos [esti'vemus]	tivemos [ti'vemus]
fostes ['fostis]	estivestes [esti'vestis]	tivestes [ti'vestis]
foram ['forẽũ]	estiveram [esti'verẽũ]	tiveram [ti'verẽũ]

43. Feminine of adjectives.
Adjectives ending in **o** form their feminine by changing **o** to **a**.

preto, *black*	preta
branco, *white*	branca

---

[1] In pedantic, over-careful speech, the **–ámos** of the preterite first plural is pronounced ['amus], in contradistinction to **–amos** ['ɐmus] of the present first plural; but, in normal colloquial usage, both are pronounced ['ɐmus].

a. Adjectives ending in some vowel other than **o** in general remain unchanged in the feminine.

        verde, *green*   triste, *sad*

EXCEPTION: mau, *bad*   má

b. Adjectives ending in **ão** form their feminine by changing **ão** to **ã**.

        alemão, *German*   alemã

c. Adjectives ending in a consonant generally remain unchanged in the feminine.

        azul, *blue*   cortês, *polite*

Except adjectives of nationality.

        francês, *French*   francêsa
        espanhol, *Spanish*   espanhola

d. Adjectives ending in **m** remain unchanged in the feminine.

                comum, *common*

EXCEPTION: bom, *good*   boa

NOTE: The adjective **só**, *alone*, has the same form for both genders.

44. Plural of adjectives. The plural of adjectives is formed like the plural of nouns. Adjectives ending in a single vowel, oral or nasal, form their plural by adding **s**.

        preto ⎫ *black*   ⎰ pretos
        preta ⎭   ⎱ pretas
        alemã, *German*   alemãs

a. Adjectives ending in **ão** change to **ães, ões,** or **ãos**.

        alemão, *German*   alemães
        folgazão, *easy-going, happy*   folgazões
        cristão, *Christian*   cristãos

b. Adjectives ending in **al, el, ol,** and **ul** drop the **l** and add **is**.

        moral, *moral*   morais
        amável, *amiable*   amáveis
        espanhol, *Spanish*   espanhóis
        azul, *blue*   azuis

c. Adjectives ending in unaccented **il** drop the **il** and take **eis**.

    difícil, *difficult*   difíceis

d. Adjectives ending in accented **il** drop the **l** and take **s**.

    civil, *civil*   civis

e. Adjectives ending in **m** change the **m** to **ns**.

    bom, *good*   bons
    comum, *common*   comuns

f. Adjectives ending in **r, s,** or **z** form their plural by adding **es**.

    melhor, *better*   melhores
    cortês, *polite*   corteses
    feliz, *happy*   felizes

EXCEPTION: simples, *simple*   simples

45. Agreement of adjectives. Adjectives agree in gender and number with the noun or pronoun they modify.

    o homem branco   the white man
    as mulheres pretas   the Negro women

a. If the adjective modifies two or more masculine nouns or pronouns it takes the masculine plural. If it modifies two or more feminine nouns it takes the feminine plural.

    O gato e o cachorro são pretos.   The cat and the dog are black.
    A mãe e a filha são bonitas.   The mother and the daughter are pretty.

b. If the adjective modifies two or more nouns or pronouns of different genders it takes the masculine plural.

    A mãe e o pai são espanhóis.   The mother and the father are Spanish.

46. Position of adjectives. In Portuguese descriptive adjectives generally follow their nouns.

    O lápis preto está em cima da mesa.   The black pencil is on the table.

a. Some adjectives acquire a special meaning when preceding the noun.

uma simples mulher, *a mere woman* uma mulher simples, *a natural (unaffected) woman*
um grande homem, *a great man* um homem grande, *a big man*

b. Limiting adjectives (articles, possessives, demonstratives, numerals, etc.) generally precede their nouns.

O homem tem dois cachorros. The man has two dogs.
Meu pai é aquêle homem. My father is that man.

47. Contractions of articles with *por*. The definite articles combine with the preposition **por** as follows:

por + o = **pelo** [pelu] O menino passa **pelo** portão. *The boy passes through the gate.*
por + a = **pela** [pelɐ] A moça anda **pela** rua. *The young woman walks through the street.*
por + os = **pelos** [pelus] Êle faz tudo **pelos** filhos e **pelas** filhas. *He*
por + as = **pelas** [pelɐs] *does everything for his sons and daughters.*

Leitura

Julieta, a prima de Joãozinho, acaba de ficar noiva. O noivo dela é um rapaz alto e bonito, filho de uma família abastada, que mora em Copacabana; chama-se Francisco Ferreira. Sua mãe é viúva e tem mais dois filhos, um rapaz e uma moça; são os futuros cunhados de Julieta. A moça é solteira, o rapaz 5
é casado. A mulher dêle é uma professora. Êles têm uma filhinha. Julieta é louca pela futura sobrinha. É verdade que, por enquanto, ela é louca por todos os parentes do noivo! Francisco já falou com o pai de Julieta e a data do casamento está marcada para os fins de novembro. Francisco e Julieta 10
estiveram juntos na escola, são amigos de infância; êle foi um menino estudioso e teve muitos prêmios. Ela sempre foi um pouco preguiçosa e cheia de vontades, por isso não estudou muito.

Ontem celebraram, na casa de Julieta, o noivado dela. Joãozinho e os irmãos estiveram lá. Gostaram muito da futura sogra de Julieta, que é uma senhora inteligente e agradável. Antônia conversou e dansou com todos os rapazes. Ela acha
5 que, geralmente, as sogras gostam mais dos genros do que das noras, mas que, um sogro, é sempre um amigo, e por isso, já está sonhando com um marido bonito, filho de um viúvo! Ouro sôbre azul! A sua mãe casou-se muito cedo, com dezesseis anos, e Antônia já tem quase quinze! Os irmãos acham que
10 ela tem mêdo de ficar solteirona.

A festa acabou tarde. Os meninos chegaram hoje um pouco atrasados na escola, mas responderam certo a tôdas as perguntas da professora.

PERGUNTAS

1. Quem acaba de ficar noiva? 2. Onde mora a família do noivo? 3. Quantos futuros cunhados tem Julieta? 4. Para quando está marcada a data do casamento? 5. O que é que celebraram ontem na casa de Julieta? 6. O que é que os irmãos de Antônia acham que ela tem mêdo de ficar? 7. Por que é que os meninos chegaram tarde na escola hoje? 8. Qual é o feminino de genro? de cunhado? de sogro? de tio? de marido? de viúvo? de sobrinho? de noivo? de pai? de irmão? de avô? de solteiro? de solteirão?

Drills

CLASSROOM EXERCISES

1. *Give the plural of the following sentences:*

1. Meu pai tem um lápis preto e uma caneta branca. 2. Meu avô é alemão e minha tia é espanhola. 3. Esta mulher é alemã mas o marido é francês. 4. Aquêle rapaz é muito amável. 5. O livro azul não é bom, o verde é melhor. 6. A lição é muito difícil. 7. Êsse senhor francês é muito cortês. 8. A mulher branca é bonita e feliz. 9. Aquêle homem alto é muito simples. 10. Êste livro não é moral. 11. O melhor aluno é aquêle menino francês. 12. O homem comum é feliz. 13. Aquela moça é boa e bonita.

14. O cunhado do rapaz é alemão. 15. O caderno verde é melhor que o azul.

2. *Give the feminine form of the masculine words in the following sentences:*

1. O rapaz é preto e bom. 2. O cunhado de meu pai é alemão. 3. Os meninos estão tristes hoje. 4. O tio dêle é muito mau. 5. O futuro genro de meu tio é um rapaz muito cortês. 6. O homem comum é o mais feliz. 7. Êste rapaz francês é muito bom. 8. O noivo é um homem espanhol muito amável. 9. O alemão esteve com meu sobrinho hoje. 10. Aquêle rapaz francês é solteiro. 11. Meu sogro é um homem mau. 12. O viúvo tem um irmão solteirão.

3. *Give the past tense of the verbs in the following sentences:*

1. Os meninos estudam as lições. 2. Antônia trabalha bem. 3. Os rapazes descansam antes da festa. 4. Joãozinho compreende bem a lição. 5. Os alunos perguntam ao professor. 6. As aulas acabam no mês de dezembro. 7. A família parte hoje. 8. A moça fala hoje. 9. O rapaz marca o casamento. 10. A menina dansa com todos os rapazes. 11. A mãe chama os filhos. 12. O genro responde à sogra. 13. O avô fala com os netos. 14. A família celebra o noivado da moça. 15. O menino sonha com a mãe. 16. Você acha todos bons. 17. A menina acha o canivete em baixo da mesa. 18. Êles moram naquela casa grande e velha. 19. Ela casa-se com um viúvo abastado. 20. Esta menina é preguiçosa, por isso não tem prêmios. 21. A sogra não gosta da nora mas gosta do genro.

IDIOMATIC DRILL

Study the following expressions and use them in original sentences.

nem um nem outro, neither one

Nem um nem outro compreendeu.	Neither one understood.
Nem um nem outro falou.	Neither one spoke.

NOTE: With **nem um nem outro** the plural is also admitted.

Nem um nem outro falaram.

prestar atenção, to pay attention

Os alunos prestam atenção à lição.	The students pay attention to the lesson.
Êle não está prestando atenção.	He is not paying attention.

responder certo, to answer correctly

Ela respondeu certo às perguntas.	She answered the questions correctly.

todo o mundo, everybody

Todo o mundo gosta dela.	Everybody likes her.
Todo o mundo esteve aqui ontem.	Everybody was here yesterday.

ficar noiva (o), to become engaged

Ela ficou noiva ontem.	She became engaged yesterday.

ASSIGNMENT

1. *Give the feminine form of the masculine words in the following sentences:*

1. O amigo de meu irmão não está bom. 2. O meu cunhado é espanhol. 3. Nosso professor é um homem solteiro. 4. Êsse senhor é francês. 5. Aquêle menino é esperto. 6. Seu tio está triste. 7. O genro de meu pai é um rapaz simples. 8. Nosso cunhado é um homem feliz. 9. Tenho um tio alemão. 10. O primo dêle é espanhol. 11. Meu marido é brasileiro mas o pai dêle é francês e o avô é americano. 12. O noivo é alto e bonito; todos acham que êle é um bom rapaz. 13. Meu tio é um solteirão abastado. 14. O futuro sogro de meu irmão é viúvo. 15. Meu pai é louco por todos os filhos.

2. *Translate into Portuguese:*

1. My mother has a father-in-law and a mother-in-law. 2. The children have just arrived. 3. My uncle called my mother. 4. The boy did not understand the lesson. 5. His father worked yesterday. 6. I studied my Portuguese verbs. 7. We decided not to study on Sundays. 8. Everybody is here today. 9. My brother-in-law married a pretty girl. 10. That girl is not paying attention to the lesson, she is talking with a friend. 11. Everybody likes him be-

cause he is a nice young man. 12. He left for Brazil July 3rd.
13. Neither one spoke to my mother this morning; I think they are not at home. 14. I dream of my mother every night. 15. We studied together in a Brazilian school. 16. We are celebrating my brother's engagement. 17. I don't live here; I live over there. 18. It is true that she is very lazy, but she is a good girl. 19. The date of the marriage is already set. 20. We had three lessons this morning; I did not pay much attention to the last one.

LIÇÃO 10

VOCABULARY

o **andar** [u–ɐ̃'ⁿdar] floor
o **andar térreo** [u–ɐ̃'ⁿdar–'tɛrrju] ground floor
o **apartamento** [u–ɐpɐrtɐ'mẽⁿtu] apartment
o **banheiro** [u–bɐ'ɲe(i)ru] bathroom
  barato, –a [bɐ'ratu] cheap, reasonable
  caro, –a ['karu] expensive, dear
a **casa de apartamentos** [ɐ–'kazɐ–di–ɐpɐrtɐ'mẽⁿtus] apartment house
o **cinema** [u–si'nemɐ] movies
  convidar [kõvi'dar] to invite
a **copa** [ɐ–kɔpɐ] breakfast room
a **cozinha** [ɐ–ko'ziɲɐ] kitchen
  dar para ['dar–pɐrɐ] to face
o **elevador** [u–elevɐ'dor] elevator
a **empregada** [ɐ–ẽᵐpre'gadɐ] maid
a **escada** [ɐ–es'kadɐ] stairs
  espaçoso, –a [espɐ'sozu, espɐ'sɔzɐ] spacious
a **esquina** [ɐ–es'kinɐ] street corner
  estar situado, –a [es'tar–si'twadu] to be situated

a **garage** [ɐ–gɐ'raʒi] garage
o **incêndio** [u–ĩ'sẽⁿdju] fire
o **lado** [u–'ladu] side
  ontem ['õⁿtẽ(i)] yesterday
  passar [pɐ'sar] to pass, spend
  passear [pɐ'sjar] to stroll, take a walk, ride, *etc.*
a **peça** [ɐ–'pɛsɐ] room; piece
a **praia** [ɐ–'prajɐ] beach
o **preço** [u–'presu] price
o **prédio** [u–'prɛdju] building
o **quarto** [u–'kwartu] bedroom
a **rua** [ɐ–'rruɐ] street
a **sala de estar** [ɐ–'salɐ–di–es'tar] living room
a **sala de jantar** [ɐ–'salɐ–di–ʒẽ–'ⁿtar] dining room
o **serviço** [u–ser'visu] service
o **sol** [u–'sɔɫ] sun
o **tamanho** [u–tɐ'mɐɲu] size
o **tôldo** [u–'toɫdu] awning
a **varanda** [ɐ–vɐ'rẽⁿdɐ] veranda, porch
  vários, –as ['varjus] various, several

Grammar

48. Preterite indicative (cont.)

HAVER to have

houve ['ovi]
houveste [o'vɛsti]
houve ['ovi]

houvemos [o'vemus]
houvestes [o'vɛstis]
houveram [o'verẽũ]

PÔR to put

pus ['pus]
puseste [pu'zɛsti]
pôs ['pos]

pusemos [pu'zemus]
pusestes [pu'zɛstis]
puseram [pu'zɛrẽũ]

IR to go

Indicativo Presente

vou ['vo(u)]
vais ['vais]
vai ['vai]

vamos ['vɐmus]
ides ['idis]
vão ['vẽũ]

Pretérito Perfeito

fui ['fui]
foste ['fosti]
foi ['foi]

fomos ['fomus]
fostes ['fostis]
foram ['forẽũ]

NOTE: The preterite indicative of **ir** and **ser** have the same form.

VIR to come

Indicativo Presente

venho ['veɲu]
vens ['vẽs]
vem ['vẽ(ĩ)]

vimos ['vimus]
vindes ['vinᵈdis]
vêm ['vẽ(ĩ)]

Pretérito Perfeito

vim ['vĩ]
vieste ['viɛsti]
veio ['veiu]

viemos ['viemus]
viestes ['viɛstis]
vieram ['viɛrẽũ]

49. The verbs *ir* and *vir*. In Portuguese the verb **vir** is used only referring to the place where the speaker is when he or she speaks.

Ela veio aqui hoje. She came here today.

The verb **ir** is used to express motion to a place where the speaker is not at the time he is speaking.

    Eu fui lá ontem.   I went there yesterday.

The verb **ir** followed by an infinitive may be used to express future action or state.

    Vou trabalhar.   I am going to work.

50. Special uses of the definite article. The definite article is generally used before a noun denoting a language.

    O português é difícil.   Portuguese is difficult.

The article may be omitted when the noun follows the verb **falar** or the preposition **em** or **de**. It is also omitted in some idiomatic expressions.

    Ela fala bem português.   She speaks Portuguese well.
    Estou escrevendo em português.   I am writing in Portuguese.
    O livro de português é muito grande.   The Portuguese book is very large.
    A lição de francês é fácil.   The French lesson is easy.

a. Names of countries require the definite article, with the exception of Portugal.

    O Brasil é um país grande.   Brazil is a large country.
    Portugal foi a metropole do Brasil.   Portugal was Brazil's metropolis.

b. Nouns used in a general sense should be preceded by the definite article.

    As flôres são lindas.   Flowers are beautiful.
    O café é um produto brasileiro.   Coffee is a Brazilian product.
    A bondade é uma coisa rara.   Kindness is a rare thing.

NOTE: Nouns used in a limited, particular, or specific sense do not require the article.

    São Paulo exporta café.   São Paulo exports coffee.
    Comprei flôres hoje.   I bought flowers today.
    Ela mostrou bondade em suas palavras.   She showed kindness in her words.

c. The article should be used with a proper noun modified by a title or a descriptive adjective.

A linda Maria esteve aqui hoje.	Beautiful Mary was here today.
O conde dos Arcos morreu.	The count of Arcos died.

The article is omitted in direct address.

Bom dia, condessa d'Avila.	Good morning, Countess Avila.

d. The article is generally used with expressions of time.

Na próxima semana há uma conferência.	Next week there will be a lecture.
Na primavera vou para minha casa de campo.	In spring I go to my country home.

e. The use of the article before a possessive adjective is optional. The article should be used before a possessive pronoun.

(O) meu livro é êste.	My book is this one.
O pai do rapaz é mais alto que o meu.	The young man's father is taller than mine.

f. The article is used instead of the possessive adjective when speaking of parts of the body or things whose possessor is obvious.

A menina levantou a mão.	The girl raised her hand.
Ela chegou ontem com a mãe.	She arrived yesterday with her mother.

51. Omission of the indefinite article. When the predicate designates a class, Portuguese does not use the indefinite article.

Meu pai é professor.	My father is a teacher.

However, if the predicate nominative is modified by an adjective or limited in some other way, the article is used.

Paulo é um ótimo médico.	Paul is an excellent doctor.

52. *Vir* with a present participle. The verb **vir** followed by a present participle expresses repetition of action in the past linked to the present.

Há semanas que venho fa- For weeks I have been speaking
lando inglês todos os dias. English every day.

53. Personal pronouns

Casos retos (Forms used as subjects)

eu, I	nós, we
tu, you, thou	vós, you
êle, he	êles, they *m.*
ela, she	elas, they *f.*
você, you *m. or f.*	vocês, you *m. or f.*
o senhor, you *m.*	os senhores, you *m.*
a senhora, you *f.*	as senhoras, you *f.*

The expression **a gente** for *we, one*, which is also considered as a pronoun of the third person, occurs frequently in everyday language:

A gente chegou tarde hoje. We arrived late today.

A gente estuda muito nesse colégio. { We study hard in that school. One studies hard in that school.

54. Uses of subject pronouns.
Subject pronouns are often used in conversational Portuguese, despite the fact that the verbal endings by themselves indicate the persons.

Nós estivemos ontem em casa dela. We were in her house yesterday.
Eu venho aqui sempre. I always come here.

When two verbs have the same subject in common and are right next to each other, the subject pronoun is generally omitted before the second verb.

Eu trouxe dinheiro e paguei a conta. I brought money and paid the bill.
Ela veio aqui e falou com a mãe. She came here and talked to her mother.

55. Positions of subject pronouns.
Subject pronouns usually precede the verb.

Eu e ela somos amigas. She and I are friends.

Subject pronouns follow the verb in the following constructions:

a. In questions introduced by an interrogative word.

Quem é êle?	Who is he?
Que disse êle?	What did he say?

NOTE: With the familiar interrogative expressions **o que é que** and **que é que** the subject pronouns precede the verb.

(O) que é que êle disse?	What did he say?
(O) que é que ela fêz?	What did she do?

If there is no interrogative word introducing the question, the normal word order is generally followed in conversation and the question is then indicated only by the intonation of the voice.

O senhor conhece minha mãe?   Do you know my mother?

b. For emphasis.

Falo **eu** agora.   *I* will speak now.

c. In commands.

Escreva o senhor a carta.   You write the letter.

d. In quotations.

« Vem cá, menino », disse ela.   "Come here, boy," said she.

Leitura

Julieta mora no quinto andar duma grande casa de apartamentos. É um prédio moderno, quase na esquina da rua. Há apartamentos de vários preços e de vários tamanhos. Os que dão para o mar são mais caros do que os que dão para trás; os do andar térreo são os mais baratos.

O apartamento dos pais de Julieta é de tamanho médio, tem uma varanda do lado com tôldo para as horas de sol. Há três quartos, um para Julieta, outro para seus pais, e outro para a

empregada. A sala de jantar é clara e espaçosa, a copa e a cozinha são muito boas e cada quarto tem seu banheiro. A melhor peça é a sala de estar, com duas janelas largas e baixas dando para a rua. Há também dois elevadores, um é o de
5 serviço que dá para a cozinha. O prédio tem uma escada de incêndio atrás. Há também garages.

Os primos de Julieta vieram ontem passar a tarde com ela e foram todos passear na praia. Hoje Julieta foi à casa dos primos.

10 De noite, lá pelas oito horas, o Senhor Antunes convidou os filhos e a sobrinha para o cinema: « Vamos ao cinema, meninos, eu convido vocês todos! »

— « Vamos », gritaram tôdas as crianças ao mesmo tempo. E lá se foram muito contentes da vida...

15 No dia seguinte de manhã o Senhor Antunes entrou na sala de jantar, pôs em cima da mesa livros, cadernos e lápis e « convidou » os filhos para estudar: « Eu agora vou trabalhar e vocês vão estudar. »

PERGUNTAS

1. Em que andar mora Julieta? 2. É um prédio moderno ou antigo? 3. Onde está situado? 4. Quais são os apartamentos mais caros? e os mais baratos? 5. Como é o da família de Julieta? 6. Onde está situada a varanda do apartamento? 7. O que é que a varanda tem para as horas de sol? 8. Quantos quartos há? e quantos banheiros? 9. Como é a sala de jantar? 10. Quais são as principais peças de uma casa? 11. Para onde dão as janelas da sala de estar? 12. Quantos elevadores tem o edifício? 13. Para onde dá o de serviço? 14. De que é o edifício? 15. Onde está a escada de incêndio? 16. Quem veio passar a tarde ontem com Julieta? 17. Onde foi Julieta hoje? 18. A que horas o Senhor Antunes convidou as crianças para o cinema? 19. O que é que as crianças responderam ao Senhor Antunes? 20. Para que é que o Senhor Antunes convidou os filhos no dia seguinte? 21. Quantas peças tem a sua casa? 22. Sua casa tem uma varanda? 23. Quantos quartos tem sua casa? E quantos banheiros?

Drill

CLASSROOM EXERCISES

1. *Give the past tense of the following sentences:*

   1. Julieta vai hoje à casa dos primos. 2. Há uma festa em casa de meu tio. 3. O pai entra na sala e põe os livros e cadernos em cima da mesa. 4. Os meninos põem a merenda dentro da pasta e vão para a escola. 5. Meus tios vêm aqui na minha casa hoje. 6. Eu venho aqui com meus primos. 7. Êles vão estudar a lição. 8. Há um exame difícil esta semana. 9. Minha avó vem aqui hoje e eu vou à casa dela. 10. Êles entram pela porta da frente. 11. Meu primo fala com o pai dêle. 12. Julieta fala pelos cotovelos. 13. Meu irmão aprende inglês com um professor americano. 14. De dois em dois dias tenho uma lição de inglês. 15. Vou escrever a minha cunhada. 16. Vou passar a primavera fora do Brasil. 17. Ela vai para o Brasil no outono. 18. A criada põe a mesa na sala de jantar, às sete horas. 19. No dia 15 de março começam as aulas no Brasil. 20. Êste menino não está prestando atenção à lição.

2. *Give the past tense of the verbs in parentheses:*

   1. Julieta (vir) a casa dos primos e êles (ir) à casa dela. 2. Ela (estar) no Rio durante quatro anos. 3. (Haver) uma festa na escola. 4. A criada (pôr) a merenda na pasta das crianças. 5. Os meninos (descansar) no sábado e no domingo. 6. A avó (chamar) o neto. 7. Os alunos (compreender) bem a lição. 8. A moça (casar-se) hoje. 9. A professora (decidir) examinar os alunos. 10. Os alunos (responder) certo. 11. A gente (trabalhar) ontem o dia todo. 12. As moças (vir) à escola ante-ontem. 13. Minha avó (passar) quatro meses com meu irmão. 14. Meu tio (passear) na praia. 15. Êle (convidar) a família para o casamento. 16. Nós (ir) ao apartamento a semana passada. 17. O incêndio (começar) às dez horas da noite. 18. Eu (perguntar) o preço do tôldo ao rapaz. 19. Ela (vir) para a varanda com as amigas.

IDIOMATIC DRILL

Study the following expressions and use them in original sentences:

contente da vida, happy

Êles foram contentes da vida.	They went off feeling happy.
Ela está muito contente da vida.	She feels very happy.

a pé, to walk, go on foot

Êles foram passear a pé.	They went for a walk.
Ela veio até aqui a pé.	She came here on foot. She walked here.

lá pelas 8 horas, about (around) 8 o'clock

Êle veio lá pelas 8 horas.	He came around 8 o'clock.
Lá se foram.	Off they went.

ASSIGNMENT

Translate into Portuguese:

A. 1. There are seven rooms in my house: two bedrooms, a bath, a dining room, a living room, a pantry, and a kitchen. 2. We have also a porch facing the sea. 3. The living room is large and bright. 4. The pantry is small, but the kitchen is nice. 5. Yesterday I went to my cousin's house and she came to mine this morning. 6. I don't like stairs; elevators are much better. 7. I went there on foot. 8. My Portuguese book is on the table. 9. I like the size of that room; it's not small. 10. My kitchen is larger than yours, but the ceiling is low. 11. My aunt's house does not have an elevator and the stairs are not good. 12. That building on the corner of the street has ten floors and twenty apartments. 13. My bedroom is near the living room and faces the beach. 14. We had a fire in the house yesterday. 15. They went for a walk on the beach because it's too hot.

B. 1. French is difficult, but Portuguese is easy. 2. My uncle is a good Portuguese teacher. 3. The French lesson is long. 4. Brazil is a very large country. 5. Brazil is in America. 6. Women are good and men are bad. 7. Pretty Mary was here today. 8. Next week we have a Portuguese lesson. 9. His father is better than mine. 10. My brother is a teacher. 11. I came to the United States with my mother. 12. She arrived this morning with her mother and her father. 13. The boy spoke with his teacher. 14. She is from Brazil and he is from the United States. 15. She speaks Portuguese and English very well.

LIÇÃO II

VOCABULARY

o **aparador** [u-ɐpɐrɐ'dor] sideboard
a **árvore** [ɐ-'arvori] tree
avistar [ɐvis'tar] to sight, see at a distance
brincar [brĩ'ŋkar] to play
cantar [kẽ'ⁿtar] to sing
cercado, –a [ser'kadu] surrounded
chegar [ʃe'gar] to arrive
cheio, –a ['ʃeju] full
a **colher** [ɐ-ku'ʎɛr] spoon
comer [ko'mer] to eat
o **copo** [u-'kɔpu] drinking glass
a **cortina** [ɐ-kor'tinɐ] curtain
deixar [de(i)'ʃar] to allow, let, leave
dentro em pouco ['dẽⁿtru-ẽ-'ᵐpoku] within a short time
em volta de [ẽ-'vɔɫtɐ-di] around
a **faca** [ɐ-'fakɐ] knife
o **garfo** [u-'garfu] fork
o **grilo** [u-'grilu] cricket
o **guardanapo** [u-'gwardɐ-'napu] napkin

o **jantar** [u-ʒẽ'ⁿtar] dinner
jantar [ʒẽ'ⁿtar] to dine, have dinner
o **jardim** [u-ʒɐr'dĩ] garden
longe ['lõʒi] far
a **montanha** [ɐ-mõ'tɐɲɐ] mountain
os **móveis** [uz-'moveis] furniture
o **móvel** [u-'mɔvɛɫ] piece of furniture
a **palha** [ɐ-'paʎɐ] straw
pela noitinha [pelɐ-noi'tiɲɐ], **à noitinha** ['a-noi'tiɲɐ] at twilight
o **perfume** [u-per'fumi] perfume
pesado, –a [pe'zadu] heavy
o **prato** [u-'pratu] dish, plate
só ['sɔ] only, alone
o **talher** [u-tɐ'ʎɛr] silverware
o **tapête** [u-tɐ'peti] carpet, rug
o **telhado** [u-te'ʎadu] roof
o **terreno** [u-te'rrenu] ground, plot of ground
a **toalha de mesa** [ɐ-'twaʎɐ-di-'mezɐ] tablecloth

99

Grammar

56. Personal pronouns (cont.)

Table of Object Pronouns

SINGULAR

	1st Person	2nd Person	3rd Person
Dir. Obj.	**me,** me	**te,** you	*Masc.* **o,** him, it, you *Fem.* **a,** her, it, you *Neut.* **o,** it
Indir. Obj.	**me,** to *or* for me	**te,** to *or* for you	*Masc.* **lhe,** to *or* for him, it, you *Fem.* **lhe,** to *or* for her, it, you
Prep. Obj.	**mim,** me **comigo,** with me	**te,** you **contigo,** with you	*Masc.* **êle, você,** *etc.*, to *or* for him, it, you *Fem.* **ela, você,** *etc.*, to *or* for her, it, you
Refl.	**me,** myself	**te,** yourself	**se, si,** himself, herself, itself **consigo,** with himself, herself, itself

PLURAL

	1st Person	2nd Person	3rd Person
Dir. Obj.	**nos,** us	**vos,** thee	*Masc.* **os,** them, you *Fem.* **as,** them, you
Indir. Obj.	**nos,** to *or* for us	**vos,** to *or* for you	*Masc.* **lhes,** to *or* for them, you *Fem.* **lhes,** to *or* for them, you
Prep. Obj.	**nós,** us **conosco,** with us	**vós,** you	*Masc.* **êles, vocês,** *etc.*, to *or* for them, you *Fem.* **elas, vocês,** *etc.*, to *or* for them, you
Refl.	**nos,** ourselves	**vos,** yourself, yourselves	**se, si,** themselves **consigo,** with themselves

57. Uses of object pronouns

First Person

	SINGULAR	PLURAL
Dir. Obj.	**me,** me	**nos,** us
	Ela me viu.	Ela nos viu.
	She saw me.	*She saw us.*
Indir. Obj.	**me,** to *or* for me	**nos,** us, to *or* for us
	Êle me deu o livro.	Ela nos contou a história.
	He gave the book to me.	*She told us the story.*
Prep. Obj.	**mim,** me	**nos,** us
	comigo, with me	**conosco,** with us

The pronouns **mim** and **nos** when preceded by the preposition **com** contract into the forms **comigo** and **conosco**.

Êle olhou para mim e sorriu.   He looked at me and smiled.
Ela veio comigo ontem.   She came with me yesterday.
Êle jantou conosco a semana passada.   He had dinner with us last week.

The forms **mim** and **nos** with a preposition add emphasis to the statement.

Êle disse a mim que ia casar-se.   He told me himself that he was going to get married.

	SINGULAR	PLURAL
Refl.	**me,** myself	**nos,** ourselves
	Eu me levantei cedo.	Nós nos sentámos no sofá.
	I got (myself) up early.	*We sat (ourselves) on the sofa.*

Second Person

	SINGULAR	PLURAL
Dir. Obj.	**te,** you	**vos,** you
	Êle te viu no cinema.	O povo vos julga, senhores senadores.
	He saw you in the movies.	*People judge you, senators.*

	Singular	Plural
Indir. Obj.	**te,** you, to *or* for you	**vos,** you, to *or* for you
	Êle te disse isso.	Senhor, eu vos peço graça.
	He told you that.	*Lord, I ask you for mercy.*
Prep. Obj.	**ti,** you	**vós,** you
	contigo, with you	**convosco,** with you

As in the case of **mim** and **nos,** the pronouns **ti** and **vós** with a preposition add emphasis to the sentence when used instead of the forms **te** and **vos.**

Ti and **vós** preceded by the preposition **com** contract into the forms **contigo** and **convosco.**

Ela disse a ti que viria?	Did she tell you that she was coming?
Irei contigo.	I shall go with you.
Senhor, a vós pedimos clemência.	Of Thee, O Lord, we ask for mercy.
Ave Maria, O Senhor está convosco.	Hail Mary, the Lord is with thee.

	Singular	Plural
Refl.	**te,** yourself	**vos,** yourself, yourselves
	Tu te levantas muito tarde.	Vós vos divertistes com o sofrimento do povo.
	You get (yourself) up very late.	*You amused yourselves with the suffering of the people.*

NOTE: The pronouns **tu** and **vós** are not so much used in Brazil, where the familiar form is **você.** Only in the three southern states Paraná, Santa Catarina, and Rio Grande **tu** occurs frequently in conversation. **Vós** is used only in extremely formal situations or in prayers and poetry.

Third Person

	Singular	Plural
Dir. Obj.	Masc. **o,** him, it, you	**os,** them, you
	Fem. **a,** her, it, you	**as,** them, you
	Neut. **o,** it	

Comprei o livro e dei-o a minha mãe.
I bought the book and gave it to my mother.

Trouxe a pena e dei-a a minha irmã.
I brought the pen and gave it to my sister.

Seus filhos são bonitos, vi-os ontem.
Your sons are handsome; I saw them yesterday.

Comprei as penas e dei-as a minha irmã.
I bought the pens and gave them to my sister.

The words **o senhor, a senhora,** and **você** can be used also as direct objects.

Vi o senhor ontem.
O rapaz levou vocês de automóvel.

I saw you yesterday.
The young man took you by car.

When referring to a fact or statement, rather than to a specific person or thing, Portuguese employs the pronoun **o,** which is then regarded as neuter.

Ela estava em casa mas eu não o sabia.
She was at home but I did not know it.

This neuter pronoun is frequently omitted in conversation:

Ela estava em casa mas eu não sabia.
She was at home but I did not know it.

	SINGULAR	PLURAL
Indir. Obj.	Masc. **lhe,** to *or* for him, you, it	**lhes,** to *or* for them, you
	Fem. **lhe,** to *or* for her, it, you	**lhes,** to *or* for them, you

Estive com João e dei-lhe o dinheiro.
I was with John and gave him the money.

Escrevi a minha mãe e pedí-lhe dinheiro.
I wrote to my mother and asked her for money.

Falei com os rapazes mas não lhes disse isso.
I spoke to the boys but I did not tell them that.

Telefonei às meninas e pedí-lhes os livros.
I telephoned the girls and asked them for the books.

	Singular	Plural
Prep. Obj.	Masc. **êle, você,** *etc.*, to *or* for him, you, *etc.*	**êles, vocês,** *etc.*, to *or* for them, you, *etc.*
	Fem. **ela, você,** *etc.*, to *or* for her, you, *etc.*	**elas, vocês,** *etc.*, to *or* for them, you, *etc.*

Estive com Maria e dei a ela o livro.
I was with Mary and gave her the book.

Falei com os senhores ontem.
I spoke with you yesterday.

	Singular	Plural
Refl.	**se, si,** himself, herself, itself **consigo,** with himself, herself, itself	**se, si,** themselves **consigo,** with themselves

O menino ajoelhou-se.
The boy knelt (himself) down.

Os rapazes levantaram-se.
The young men got (themselves) up.

A mulher sentou-se.
The woman sat (herself) down.

As moças sentaram-se.
The girls sat (themselves) down.

The pronoun **si** is always preceded by a preposition. When preceded by the preposition **com** it assumes the form of **consigo.**

Êle disse a si próprio.
Ela tem consigo a carta.
Elas cuidam de si e de mais ninguém.
Êles não levam consigo dinheiro.

He said to himself.
She has the letter with her.
They take care of themselves and nobody else.
They don't take money with them.

Si and **consigo** are often replaced by the pronouns **êle, ela, êles,** and **elas.**

Ela tem com ela a carta.
Êles não levam dinheiro com êles.

She has the letter with her.
They don't take money with them.

NOTE: **Se** is strictly reflexive and is always identical with the subject of the verb. **Si** and **consigo** should always be used as reflexives referring to the subject of the verb, according to grammars. However they are sometimes used instead of the pronouns **você, o senhor, a senhora**, etc., meaning *you*, and thereby lose their reflexive character. This usage is tolerated even though it is not generally accepted.

Ontem eu sai consigo.	Yesterday I went out with you.
Não comprei bilhetes para si.	I did not buy tickets for you.
Leve consigo a carta.	Take the letter with you.

When the personal pronoun used as the object of a verb follows that verb, it is attached to it by a hyphen.

Tenho-o comigo.	I have it with me.
Comprei uns livros e dei-os a minha mãe.	I bought some books and gave them to my mother.
Disse-lhe que viesse me ver.	I told him to come and see me.

58. Forms of *dizer*

DIZER [di'zer] to say, tell

Indicativo Presente

digo ['digu]
dizes ['dizis]
diz ['dis]

dizemos [di'zemus]
dizeis [di'zeis]
dizem ['dizẽ(ĩ)]

Pretérito Perfeito

disse ['disi]
disseste [di'sɛsti]
disse ['disi]

dissemos [di'semus]
dissestes [di'sɛstis]
disseram [di'sɛrẽũ]

59. Forms of *dar*

DAR ['dar] to give

Indicativo Presente

dou ['do(u)]
dás ['das]
dá ['da]

damos ['dɐmus]
dais ['dais]
dão ['dẽũ]

Pretérito Perfeito

dei ['de(i)]
deste ['dɛsti]
deu ['deu]

demos ['demus]
destes ['dɛstis]
deram ['dɛrẽũ]

60. Forms of *querer*

QUERER [ke'rer] to wish, want

Indicativo Presente	*Pretérito Perfeito*
quero ['kɛru]	quis ['kis]
queres ['kɛris]	quiseste [ki'zɛsti]
quer ['kɛr]	quis ['kis]
queremos [ke'remus]	quisemos [ki'zemus]
quereis [ke'reis]	quisestes [ki'zɛstis]
querem ['kɛrẽ(ĩ)]	quiseram [ki'zerẽũ]

Leitura

Joãozinho e os irmãos foram passar o fim de semana com uns amigos, que moram numa grande casa velha, perto do Rio. A casa tem só um andar, é muito espaçosa, e está situada no meio dum grande terreno. O telhado é baixo. Há árvores por
5 todos os lados; a varanda é cercada de vidraças que dão para fora. Ao longe avistam-se as montanhas.

As crianças chegaram pela noitinha e dentro em pouco foram para a sala de jantar. A criada pôs a mesa; primeiro uma toalha branca, depois os pratos, os talheres (o garfo, a faca e a
10 colher), os copos e os guardanapos. Às sete horas, o jantar veio para a mesa e todos comeram muito bem. A casa é antiga, com peças largas e espaçosas e móveis pesados. A sala de jantar tem uma grande mesa no centro, com cadeiras em volta, e dois aparadores, um de cada lado, perto da parede. No chão
15 há um tapête de palha e as cortinas das janelas são claras e alegres. A sala dá para a varanda e tem uma vista muito bonita, com as árvores e as montanhas ao longe. O perfume das plantas entra pela casa a dentro e, à noitinha, os grilos cantam lá fora.
20 Às dez horas, as crianças já cansadas e com sono quiseram ir dormir, deram boa-noite a todos e foram para seus quartos,

mas antes disseram: « Amanhã vamos ver a casa tôda e brincar no jardim e no terreno. »

PERGUNTAS

1. Onde foram Joãozinho e os irmãos passar o fim de semana? 2. Onde moram êsses amigos? 3. Quantos andares tem a casa? 4. Como é o telhado? 5. O que há por todos os lados? 6. Para onde dão as vidraças da varanda? 7. Que se avista ao longe? 8. Quando chegaram as crianças em casa dos amigos? 9. Para onde foram? 10. Que pôs a criada? 11. O que é que a criada pôs em primeiro lugar? e depois? 12. A que horas veio o jantar para a mesa? 13. A casa é antiga ou moderna? 14. Como são os móveis? 15. Onde está a mesa da sala de jantar? 16. Que tem a mesa em volta? 17. Que há sôbre o chão? 18. Como são as cortinas das janelas? 19. Para onde dá a sala? 20. O que é que se avista da varanda? 21. O que é que entra pela casa a dentro? 22. O que é que canta lá fora pela noitinha? 23. A que horas foram as crianças para o quarto? 24. Que disseram?

Drill

CLASSROOM EXERCISES

1. *Fill in the blanks with the correct pronouns:*

1. As crianças foram passar o fim de semana com minha mãe, vi-—— lá. 2. Eu falei com ela e contei-—— tudo. 3. Comprei uma casa de apartamentos em Copacabana, comprei-—— barato. 4. Eu —— levantei cedo ontem. 5. Êles casaram-—— a semana passada. 6. Ela fala francês mas não —— escreve. 7. Estivemos com êle que —— contou tudo. 8. Ontem eu —— vi no cinema, ela sentou-—— perto de mim. 9. Senhores, nós —— pedimos clemência. 10. Falei com João e dei-—— o dinheiro. 11. Estive com os meninos e dei-—— dinheiro para o cinema. 12. Ela deu- —— o livro de francês. 13. Os rapazes levantaram-—— quando as moças —— chamaram. 14. Ela —— viu quando entrei. 15. Êle disse a —— próprio. 16. Eu disse isso mas êle não —— respondeu. 17. As crianças estiveram aqui mas eu não —— vi. 18. Estive com seus irmãos e convidei-—— para o cinema. 19. Ela veio jantar —— ontem, comemos bem. 20. Estou estudando português mas não —— falo bem.

2. *Translate into Portuguese:*

1. I gave him this book. 2. She came with me and went home with her mother. 3. I have your notebook with me and she has my book with her. 4. He spoke with us yesterday. 5. My friend gave me this beautiful present. 6. She came with me this morning and spoke to us about the Portuguese examination. 7. The girl got married last week and yesterday she came to see us. 8. Who told you this? 9. I like your book; I have it with me. 10. I did not give him the pencil; I gave it to my mother. 11. The children are studying their lessons; they understand them. 12. The flowers are for their mother, but they gave them to their father. 13. He bought this book for me. 14. He wants the paper for himself. 15. I am going to her house; she wants to speak with me.

IDIOMATIC DRILL

Study the following expressions and use them in original sentences:

dar boa noite, boa tarde, bom dia, até logo, *etc.*
to say good night, good afternoon, good day, so long, *etc.*

Ela deu boa noite antes de sair.	She said good night before she left.

dar para música, desenho, artes, ciências, matemáticas, *etc.*
to be gifted in music, drawing, arts, sciences, mathematics, *etc.*

Eu não dou nada para música, dou para ciências.	I am not gifted at all in music; I am scientifically inclined.
Meu filho vai ser engenheiro, êle sempre deu para matemática.	My son is going to be an engineer; he has always been mathematically inclined.

dar cartas, to deal (cards)

Quem está dando?	Who is dealing?
Eu não gosto de dar cartas.	I don't enjoy dealing cards.
Quem dá (cartas)?	Who deals?

dar gritos, to shout, cry out, scream

Ela deu gritos de dor.	She screamed with pain.
A mulher brigou com o marido e deu gritos de raiva.	The woman quarreled with her husband and screamed with anger.

LIÇÃO ONZE

ASSIGNMENT

Translate into Portuguese:

A. 1. The house is very large and has only one floor; the rooms are spacious and the ceiling is high. 2. The dining room has a big table and twelve chairs around it. 3. The window curtains are light and gay, but the furniture is very dark. 4. The roof of the house is low. 5. The maid set the table; first a tablecloth, then the silverware (knives, forks, and spoons), then the dishes and the glasses. 6. Everybody ate in the big dining room. 7. Only yesterday I realized that this house is very large. 8. My sister-in-law is very gifted in music; she is studying with a good teacher. 9. She is shouting in the dining room. 10. It's time to go home; it is almost eight o'clock and I am hungry. 11. My mother likes fall and winter, but she does not like spring and summer. 12. That girl gets along very well with her old father-in-law. 13. My aunt is living in New York, but the climate does not agree with her. 14. I want to speak with him at seven o'clock. 15. Blue, yellow, and red are the colors she likes best; she does not like black, white, and gray.

B. 1. She saw me yesterday in the movies. 2. They came with us. 3. I told you this, but I did not tell (it) to my mother. 4. The man looked at me and spoke in Portuguese. 5. I got up early yesterday, but you got up very late. 6. She told us that the English teachers are here. 7. I did not see your friends, but I spoke to them. 8. They had dinner with us last week. 9. I saw her with her mother; they came to our house. 10. I did not study my lesson because he has the Portuguese book with him. 11. I did not tell you this. 12. The book is mine, but she has it with her. 13. We got up very late this morning and we arrived late in school. 14. I shall go to the movies with you. 15. The maid is setting the table; I told her that we are hungry. 16. You are studying English, but you don't know it.

LIÇÃO 12

VOCABULARY

afogar-se [ɐfo'gar-si] to be drowned
antigo, -a [ẽ'ⁿtigu] old, ancient
assim que [ɐ'sĩ-ⁿke] as soon as
a banheira [ɐ-bɐ'ne(i)rɐ] tub
a cama [ɐ-'kɐmɐ] bed
o chuveiro [u-ʃu've(i)ru] shower
o cobertor [u-kuber'tor] blanket
cobrir [ku'brir] to cover
a colcha [ɐ-'kolʃɐ] bedspread
o colchão [u-kol'ʃẽu] mattress
confortável [kõfor'tavɐł] comfortable
o espêlho [u-es'peʎu] mirror
a fronha [ɐ-'froɲɐ] pillowcase
imenso, -a [i'mẽsu] huge
lavar [lɐ'var] to wash
o lençol [u-lẽ'sɔł] sheet
limpo, -a ['lĩpu] clean
macio, -a ['masju] soft
a mesa de cabeceira [ɐ-'mezɐ-di-kɐbe'seirɐ] night table
meter [me'ter] to put into, slip
meter-se [me'ter-si] to slip into, intrude, interfere
morno, morna ['mornu, 'mornɐ] lukewarm
a pia [ɐ-'piɐ] basin, sink
seguinte [se'gĩⁿti] following
tomar banho [to'mar-'bɐɲu] to take a bath
a torneira [ɐ-tor'ne(i)rɐ] faucet
o travesseiro [u-trɐve'se(i)ru] pillow
tudo ['tudu] everything

Grammar

61. Forms of *dormir*

DORMIR [dur'mir] to sleep

Indicativo Presente

durmo ['durmu]   dormimos [dur'mimus]
dormes ['dɔrmis]   dormis [dur'mis]
dorme ['dɔrmi]   dormem ['dɔrmẽ(i)]

PORTO ALEGRE — A colorful gaucho of Rio Grande do Sul drinking mate.

BELO HORIZONTE. The tops of these curious pillars of earth mark the levels before the laborers cut the roadway.

BRAZIL — Falls of Paulo Alfonso on the São Francisco River.

Pretérito Perfeito

dormi [dur'mi] dormimos [dur'mimus]
dormiste [dur'misti] dormistes [dur'mistis]
dormiu [dur'mɪu] dormiram [dur'mirẽũ]

The verb **dormir** is a radical-changing verb. In all the forms in which the radical **o** of the verb **dormir** is not stressed it is pronounced like **u**. In forms where the radical **o** is stressed the vowel has an open sound.

62. Forms of *cobrir*

COBRIR [ko'brir] to cover

Indicativo Presente   *Pretérito Perfeito*

cubro ['kubru]   cobri [ku'bri]
cobres ['kɔbris]   cobriste [ku'bristi]
cobre ['kɔbri]   cobriu [ku'briu]

cobrimos [ku'brimus]   cobrimos [ku'brimus]
cubris [ku'bris]   cobristes [ku'bristis]
cobrem ['kɔbrẽ(i)]   cobriram [ku'brirẽũ]

The verb **cobrir** is also a radical-changing verb in which the radical **o**, when unstressed, is pronounced like **u**. In the forms where the radical **o** is stressed the vowel has an open sound.

63. Personal pronouns (combined forms). According to the rules of grammar, if two personal pronouns, one a direct object and the other an indirect object, are used with the same verb, the indirect object pronoun must always precede the direct object pronoun. In such cases the pronouns are combined as follows:

me + o = mo, it to me   te + o = to, it to you
me + a = ma, it to me   te + a = ta, it to you
me + os = mos, them to me   te + os = tos, them to you
me + as = mas, them to me   te + as = tas, them to you

nos + o = no-lo, it to us   vos + o = vo-lo, it to you
nos + a = no-la, it to us   vos + a = vo-la, it to you

nos + os = no-los, them to us
nos + as = no-las, them to us

vos + os = vo-los, them to you
vos + as = vo-las, them to you

lhe + o = lho, it to him, her, you
lhe + a = lha, it to him, her, you
lhe + os = lhos, them to him, her, you
lhe + as = lhas, them to him, her, you

lhes + o = lho, it to them, you (*pl.*)
lhes + a = lha, it to them, you (*pl.*)
lhes + os = lhos, them to them, you (*pl.*)
lhes + as = lhas, them to them, you (*pl.*)

Ela comprou o livro e deu-mo.   She bought the book and gave it to me.

Sei de tudo e contei-lho.   I know everything and I told it to him.

These combined forms of the object pronouns are never used in conversational Brazilian Portuguese. They are still found in the written language, but they are becoming less common from day to day. Brazilians avoid the use of combined forms in two ways:

1. They may drop one of the pronouns (usually the direct object).

Êle comprou o livro e me deu.   He bought the book and gave it to me.

2. In the place of the indirect, they may use one of the disjunctive pronouns, preceded by a preposition.

Não vendi o livro, dei-o a ela.   I did not sell the book, I gave it to her.

In spite of the current conversational usage and the tendency of modern writers to avoid the combined forms of the pronoun objects, the student should familiarize himself with these forms so that he may recognize them in his reading.

64. Changes in the object pronoun forms when following the verb. You learned before that when the personal pronoun is used as an object following the verb it must be attached to it by a hyphen. When the third person pronouns **o, a, os,** and **as** follow verb forms ending in –r, –s, or –z, they change to **lo, la, los,** and **las** and the letters **r, s,** or **z** drop from the verb forms.

Não posso amá-lo.	I can't love him.
Não pude aprendê-lo.	I could not learn it.
Ela falou baixo e eu não pude ouví-la.	She spoke in a low tone and I could not hear her.

a. Notice that when the infinitives of first and third conjugations drop the **r** they take an acute accent over the last vowel of the root, while the infinitives of the second conjugation take a circumflex accent.

Está aqui a lição; você precisa estudá-la.	Here is the lesson; you must study it.
Estudei o inglês mas ainda não sei escrevê-lo bem.	I studied English, but I still cannot write it well.
Meu mestre é bom e eu quero serví-lo bem.	My master is kind and I want to serve him well.

b. When the pronoun **nos** follows a verb form ending in **s**, the **s** is dropped before the hyphen.

Levantamo-nos tarde.	We got up late.
Sentamo-nos lá.	We sat there.

c. The third person forms **o, a, os,** and **as** change to **no, na, nos,** and **nas** when attached to verb forms ending in nasal vowels.

Aprenderam-no com facilidade.	They learned it easily.
O trabalho está bom; fizeram-no todo.	The work is good; they have done it all.

NOTE: In conversational Brazilian Portuguese those combinations are generally avoided by placing the object pronoun before the verb.

Êles o aprenderam com facilidade.   They learned it easily.

65. Position of object pronouns. One of the most striking differences between Brazilian Portuguese and the Portuguese of Portugal lies in the position of the object pronouns. The pronouns do not have the same pronunciation in Brazil as they have in Portugal. This fact accounts, in part, for the difference in their position in the sentence. In Portugal, the final vowel **e** (**me, te, se, lhe**) is a short, weak sound, somewhat like the French "mute **e**." It would seem unnatural to a Portuguese speaker to begin a sentence with this weak sound, consequently he never does. In Brazil, however, this mute sound of **e** does not exist. The pronouns **me, te, se, lhe** are pronounced as though they were written **mi, ti, si, lhi**. Since this is a stronger sound, the Brazilian speaker instinctively begins a sentence with the object pronoun.

Brazil		*Portugal*
Me dá água.	*Give me some water.*	Dá-me água.
Me desculpe.	*Excuse me.*	Desculpe-me.

We must remember, however, that we have been considering the spoken language only. In the written language, nearly all Brazilians conform to the usage of Portugal in this respect. Only a few modern writers, writing as people speak, begin their sentences with an object pronoun.

66. Rules on the position of pronouns. Modern grammatical rules are somewhat flexible on the position of object pronouns in the sentence. Brazilian authorities state:

1. That no sentence can begin with an object pronoun. We already know that this rule does not exist in the spoken language. The student, however, should conform to it in his writings.

>Eu o chamei.
>Chamei-o. } I called him.

2. Generally speaking, in a negative sentence, or after a relative pronoun or a conjunction, the object pronoun precedes

the verb; but one finds examples to the contrary even among good writers.

Ela não me deu o livro.	She did not give the book to me.
O homem que me viu era alto.	The man that saw me was tall.
Quando me viu, sorriu.	When she saw me, she smiled.

3. In a compound tense the object pronoun may either precede or follow the auxiliary. It can never follow the past participle.

Eu tinha lhe falado.
Eu lhe tinha falado. } I had spoken to her.

4. When a verb follows another as a complementary infinitive, the object pronoun either precedes the first verb or follows the second.

Eu o desejo comprar.
Eu desejo comprá-lo. } I want to buy it.

5. The object pronoun can never come after a future or conditional. It is either placed before the verb or between the two composing elements of the verb and connected with them by a hyphen.

Eu o comprarei amanhã.
Comprá-lo-ei amanhã. } I shall buy it tomorrow.

In conversational Brazilian Portuguese this last form is rather unusual. You will get further explanation on the subject in the lessons dealing with the future and conditional tenses.

6. In all other cases the object pronoun may be placed either before or after the verb, as the writer prefers. He is guided only by his own sense of euphony.

Minha mãe o chamou.
Minha mãe chamou-o. } My mother called him.

Você deu-lhe o dinheiro.
Você lhe deu o dinheiro. } You gave him the money.

Leitura

As crianças meteram-se na cama. — Hum! que cama boa! — disse Joãozinho, — que colchão macio!
— E os lençóis como estão limpos, tão branquinhos! — respondeu José.
5 — Eu tenho dois travesseiros e dois cobertores.
— Eu também, mas só me cubro com um, porque não estou com frio.
— E que colcha bonita, José, olha, azul e branca!
— É muito bonita, e grande! cobre a cama bem! Também
10 as fronhas são bonitas!
— Eu gosto dêste quarto. É grande, tem duas janelas e duas portas. É melhor que o nosso no Rio.
— Mas esta aqui é uma casa antiga, as peças são imensas. O nosso apartamento é moderno; tudo é menor.
15 — As mesas de cabeceira são como as nossas mas as camas são muito maiores.
No meio da conversa os meninos pegaram no sono e dormiram até o dia seguinte às oito horas, quando a criada veio chamá-los. Levantaram-se e foram para o banheiro, pequeno, mas
20 muito confortável.
— Hum! que banheira grande! a gente pode se afogar nela, — disse Joãozinho, antes de tomar um banho de chuveiro morno.
José esteve muito tempo diante da pia, com duas torneiras, de água quente e fria e um armarinho com espêlho.
25 — Você está se olhando no espêlho, há muito tempo, — disse Joãozinho a José, — mas você é tão feio, que pena!
— Você também não é bonito, mas é muito prosa e gosta de se meter comigo, — respondeu José.
As meninas levantaram-se mais cedo e foram para a cozinha
30 assim que os amigos as chamaram.
— Vocês dormiram bem? — perguntaram-lhes.
— Muito bem. Dormimos até as sete e meia, depois toma-

mos um bom banho de chuveiro e agora estamos com muita fome.

Neste momento os meninos chegaram, também com fome, a criada pôs a mesa, e todos comeram muito contentes.

Foram depois brincar no jardim, onde passaram a manhã tôda ao sol.

PERGUNTAS

1. Onde meteram-se as crianças? 2. Que disse Joãozinho? 3. O que é que se põe em cima do colchão? 4. Quantos travesseiros deram aos meninos? 5. E quantos cobertores? 6. Porque cobriu-se Joãozinho só com um cobertor? 7. Quais são as côres de que o senhor mais gosta? 8. Com que se cobre o travesseiro? 9. Porque é que na casa dos amigos de Joãozinho tudo é maior do que no apartamento dêle, no Rio? 10. Como se chama a mesa que se põe perto da cama? 11. Quando é que os meninos pegaram no sono? 12. Até quando dormiram? 13. Quem veio chamá-los? 14. Para onde foram assim que se levantaram? 15. Que disse Joãozinho da banheira? 16. Que banho tomou Joãozinho? 17. Onde esteve José muito tempo? 18. Quantas torneiras tem a pia? 19. O que disse Joãozinho a José? 20. Que respondeu José? 21. As meninas levantaram-se mais cedo ou mais tarde do que os meninos? 22. Para onde foram elas quando os amigos as chamaram? 23. O que lhes perguntaram? 24. Que responderam as meninas? 25. Quem chegou neste momento? 26. Quem pôs a mesa? 27. Onde foram depois? 28. Onde passaram a manhã?

Drill

CLASSROOM EXERCISES

1. *Fill in the blanks with the required pronouns or their combined forms. Make the necessary changes in verbs followed by pronouns:*

1. Está aqui a lição, vou estudar ——. 2. Gosto do inglês mas não —— escrevo bem. 3. O inglês é difícil mas vou aprender ——. 4. Os meninos estudaram o português e aprenderam —— bem. 5. Você contou tudo a minha mãe e ela disse —— a meu pai. 6. Ela pôs o menino na cama e cobriu —— com o cobertor. 7. Êles —— levantaram tarde hoje. 8. Estive com êle mas não —— disse nada. 9. Êles estudaram o francês, falam —— muito bem.

10. Tenho uma bonita colcha e vou dar —— a minha professora.
11. Tenho dinheiro, meu pai deu ——. 12. Minha mãe está lá, vou chamar ——. 13. O livro é meu, ela deu ——. 14. Os lençóis são dêle, eu dei ——. 15. Êles tinham dinheiro e deram —— ao pai. 16. Eu não —— dou bem com ela. 17. Dei os livros aos meninos, têm —— com êles. 18. A professora disse —— que o exame é difícil. 19. Estiveram com a mãe e disseram —— tudo. 20. Ela me contou tudo mas não quero dizer —— a você. 21. Levantamos —— tarde esta manhã.

2. *Translate into Portuguese, using combinations of pronouns:*
1. The book is not mine, I gave it to her. 2. This bed is mine, my mother gave it to me. 3. You like this night table; I give it to you. 4. This is true; she told it to us. 5. The boys' father is sick; I told it to them. 6. She wrote the book and gave it to her. 7. She understood everything and told it to me. 8. These books are my mother's; she left them to me. 9. The mattress is soft; I left it to her. 10. The spoon is hers; my mother-in-law gave it to her. 11. The house is large; we gave it to them. 12. The blankets are good; they gave them to us. 13. I don't like that and I told him so (it to him). 14. The girls came today; I told you so (it to you). 15. The lesson is easy; I told them so (it to them). 16. The pencils are on the table; she gave them to you. 17. I like this house; my father gave it to me. 18. Your daughter is pretty; I told it to her. 19. We have soft beds; they gave them to us. 20. His uncle called him; they told him so (it to him).

IDIOMATIC DRILL

Study the following expressions and use them in original sentences:

dar-se conta de alguma coisa, to realize something

Os americanos estão começando a se dar conta da importância do Brasil.	Americans are beginning to realize Brazil's importance.
Só ontem dei-me conta disso.	Only yesterday I realized that.

dar-se bem (ou mal) em algum lugar, to live well (or badly) in some place

Estive três anos na França, dei-me bem lá.	I have been three years in France, I liked it (lived well).

LIÇÃO DOZE

dar-se bem (ou mal) com o clima, the climate agrees (or disagrees) with one

Gosto da Argentina mas não me dou bem com o clima. I like Argentina, but the climate does not agree with me.

dar-se bem (ou mal) com alguém, to get along (or not get along) with somebody

Ela dá-se muito mal com a sogra. She does not get along at all with her mother-in-law.

dar uma volta pelo jardim, pela casa, *etc.*, to go through the house, the garden, *etc.*

Ela deu uma volta pela casa para ver tudo. She went through the house to see everything.

dar uma volta, to take a walk

Vou dar uma volta antes do jantar. I am going to take a walk before dinner.

meter-se com, to interfere with, intrude

Não se meta com a minha vida. Don't interfere with my life.

ASSIGNMENT

Translate into Portuguese:

1. I have a good shower in my bathroom; I take a lukewarm bath as soon as I get up. 2. The children are in bed; I covered them with blankets. 3. The mattress is very soft, but the sheets are not clean. 4. As soon as they arrived they slipped into bed. 5. She put the pillow in a clean pillowcase. 6. They have a huge tub with two faucets, one for hot and the other for cold water. 7. Here are the bedspreads; I am washing them. 8. The next day they went to their mother's house and told her everything. 9. One man was drowned over there. 10. We went through the garden and we played with the children. 11. Yesterday she went through her friend's house. 12. I am hungry, but I am going to take a walk before dinner. 13. I want a new mattress; mine is old. 14. I told her that her mother is here. 15. My brother interferes with me and I don't like it. 16. I don't interfere with her, but I tell her the truth. 17. I sleep in that big old room with two windows. 18. I cover myself with two blankets and one bedspread. 19. They cover themselves well when they go to bed. 20. They don't sleep well because they don't cover themselves well.

LIÇÃO 13

VOCABULARY

alegre [ɐ'lɛgri] gay
almoçar [ɑɫmo'sar] to have lunch
o **café** [u–kɐ'fɛ] coffee
a **cozinheira** [ɐ–kozi'ɲeirɐ] cook
curioso, –a [ku'rjozu, ku'rjɔzɐ] curious
a **despensa** [ɐ–des'pẽsɐ] storeroom
entre ['ẽⁿtri] between, among
o **escritório** [u–eskri'tɔrju] office
a **estante** [ɐ–es'tẽⁿti] bookshelf
estender [estẽ'ⁿder] to spread
o **fogão** [u–fo'gɐ̃ũ] stove
o **hóspede** [u–'ɔspedi] guest
leve ['lɛvi] light
lindo, –a ['lĩⁿdu] beautiful
a **louça** [ɐ–'lo(u)sɐ] china
ótimo, –a ['ɔtimu] excellent
as **panelas** [ɐs–pɐ'nɛlɐs] pots and pans

o **piano** [u–'pjɐnu] piano
o **piano de cauda** [u–'pjɐnu–di–'kɑwdɐ] grand piano
pintado, –a [pĩ'ⁿtadu] painted
a **poltrona** [ɐ–poɫ'tronɐ] easy chair
a **prateleira** [ɐ–prɐte'leirɐ] shelf
preparar [prepɐ'rar] to prepare
próximo, –a ['prɔsimu] next
o **quadro** [u–'kwadru] picture
reunir-se [rreu'nir–si] to get together, reunite
a **sala de visitas** [ɐ–'salɐ–di–vi–'zitɐs] drawing room
separado, –a [sepɐ'radu] separate
simpático, –a [sĩ'ᵐpatiku] nice, pleasant
o **sofá** [u–so'fa] couch
sujo, –a ['suʒu] dirty
ter que ['ter–ke] to have to

Grammar

67. The relative pronoun *que*. Que (*that, which, who, whom*) is the most common relative pronoun in Portuguese. It is invariable, it refers both to persons and things, and may be used as subject or object of the verb.

LIÇÃO TREZE

O aluno que veio aqui é meu sobrinho.	The student who came here is my nephew.
O livro que eu comprei não é bom.	The book that I bought is not good.
A casa em que ela mora é pequena.	The house in which she lives is small.
Minha filha é a moça que o senhor vê aí.	My daughter is the girl whom you see there.

NOTE: English frequently omits the relative pronoun, but Portuguese never does.

Tenho o cobertor que a senhora pediu.	I have the blanket you asked for.

68. Forms and uses of other relative pronouns

Quem (*who, whom*). When the relative pronoun refers to a person and is, at the same time, the object of a preposition, Portuguese generally employs **quem**. This pronoun is always identified with persons and may be either singular or plural.

A moça com quem eu vim é muito bonita.	The girl with whom I came is very pretty.
Aqui estão os homens a quem eu dei o dinheiro.	Here are the men to whom I gave the money.

O qual, a qual, os quais, as quais (*who, whom, which*) are seldom used in conversation. They take the place of **que** when a relative pronoun which refers to a person or a thing is separated from its antecedent by another noun.

O pai da moça, o qual também é orador, falou bem.	The girl's father, who is also an orator, spoke well.

Cujo, cuja, cujos, cujas (*whose*) is an adjective and agrees in gender and number with the word it modifies.

Falei com aquele senhor cuja casa queremos alugar.	I spoke to that man whose house we want to rent.
Não conheço a senhora cujas filhas são minhas alunas.	I don't know the lady whose daughters are my students.

O que, a que, os que, as que (*he who, she who, the one who, those who, the ones who, he whom, the one which, the one that,* etc.)

are a combination of the relative **que** with the article acting as a demonstrative, referring to a word clearly established by the context.

Êste livro é o que eu quero.	This book is the one I want.
Os que fazem justiça são poucos.	Those who do justice are few.
O senhor quer êstes móveis ou os que estão na sala?	Do you want these pieces of furniture or those which are in the room?

NOTE: Referring to a fact, a statement, or an unspecified thing, Portuguese uses the expression **o que,** in which the **o** is neuter.

Isto é o que eu não sei.	That is what I don't know.
Êle é rico, o que eu não sabia.	He is rich, which I did not know.
Não compreendo o que você está dizendo.	I don't understand what you are saying.

69. The interrogative "whose." The interrogative English *whose* is translated by **de quem**.

Notice, however, that the verb **ser** (*to be*) follows immediately the expression **de quem** in Portuguese, while in English the word *whose* is generally followed by the noun.

De quem é êste livro?	Whose book is this?
De quem era aquela caneta?	Whose pen was that?

70. Forms of *voltar*

VOLTAR [voɫ'tɐr] to come back, return

Indicativo Presente

volto ['voɫtu]
voltas ['voɫtɐs]
volta ['voɫtɐ]

voltamos [voɫ'tɐmus]
voltais [voɫ'tais]
voltam ['voɫtɐ̃ũ]

Pretérito Perfeito

voltei [voɫ'tei]
voltaste [voɫ'tasti]
voltou [voɫ'to(u)]

voltamos [voɫ'tamus] [voɫ'tɐmus]
voltastes [voɫ'tastis]
voltaram [voɫ'tarɐ̃ũ]

The verb **voltar** is radical-changing. The **o** has an open sound when accented and a closed sound when unaccented. Thus all the persons of the singular and the third person plural of the present indicative have an open o in the stem.

Leitura

As crianças deram uma volta pela casa. Primeiro, o andar de cima. Os pais de seus amigos têm um quarto muito grande, com paredes pintadas de azul claro e quatro janelas. O banheiro dêles é grande e confortável. Há ainda mais três quartos onde dormem as crianças e um ótimo quarto para hóspedes. 5
Em baixo há várias peças. A sala de visitas tem seis janelas e três portas, é imensa, com umas poltronas grandes e macias, um piano de cauda e dois sofás. Na parede há alguns quadros. As crianças têm sua sala de estudos, com três mesas, um quadro negro, cadeiras e estantes para livros. O pai quando quer 10
trabalhar em casa vai para seu escritório, que é muito bom.
Entre a cozinha e a sala de jantar há uma copa onde as crianças tomam café de manhã. A cozinha é enorme. A cozinheira é uma preta gorda e alegre, muito simpática. É louca por crianças. Está sempre perto do fogão ou lavando louça 15
na pia. É muito limpa e as panelas brilham nas prateleiras. A cozinha dá para uma despensa.
As crianças acharam a casa ótima e gostaram de tudo. Reuniram-se depois na sala de jantar e, por volta das onze e meia, almoçaram, todos com muita fome. 20
— Que pena, a gente tem que voltar hoje para o Rio, — disse Zuzu; — aqui está tão bom.
— Eu convido vocês para passar todos os fins de semana durante o verão conosco, — respondeu a mãe de seus amigos.
— A casa é grande, e vocês descansam do calor do Rio. 25
— Muito obrigado, — disse Joãozinho. — Vamos falar com mamãe.
Depois do almôço foram todos para o jardim onde brincaram, passearam e olharam as árvores. Passaram um dia muito

agradável. O tempo esteve lindo. De tarde quando as crianças voltaram para o Rio quase choraram.

— Que pena, temos que ir.

— Mas vocês voltam a semana que vem, — disse a mãe dos
5 amigos.

A cozinheira veio também se despedir das crianças. Apertou a mão de todos.

— Não digo adeus, digo « até a semana que vem ». Vou preparar um bom jantarzinho para os senhores no sábado.
10 Tudo de que os senhores gostam!...

As crianças partiram mais alegres pensando no próximo sábado e no bom jantar da preta Maria.

— Eu gosto muito da Maria, ela é tão boa e cozinha tão bem.

— Tão alegre e tão simpática, — disseram os quatro ao
15 mesmo tempo.

PERGUNTAS

1. Por onde deram as crianças uma volta? 2. Onde foram primeiro? 3. Como é o quarto dos pais dos amiguinhos de Joãozinho? 4. Como é o banheiro dêles? 5. Quantos quartos mais há em cima? 6. Quantas peças há em baixo? 7. Quantas janelas tem a sala de visitas? Quantas portas? 8. Quais são os móveis da sala de visitas? 9. O que é que há na parede? 10. As crianças tem uma sala de estudos? 11. Quais são os móveis da sala de estudos? 12. Onde trabalha o pai em casa? 13. O que há entre a cozinha e a sala de jantar? 14. Como é a cozinha? 15. Como é a cozinheira? 16. Ela gosta de crianças? 17. Onde é que ela lava a louça? 18. Onde é que ela põe as panelas? 19. Para onde dá a cozinha? 20. As crianças acharam a casa boa? 21. Onde se reuniram? 22. A que horas almoçaram? 23. O que disse Zuzu? 24. Que respondeu a mãe dos amiguinhos? 25. O que disse Joãozinho? 26. Para onde foram depois do almôço? 27. O dia foi agradável? 28. A que horas as crianças voltaram para o Rio? 29. O que disseram? 30. O que disse a senhora? 31. Quem veio também se despedir das crianças? 32. O que disse ela quando apertou a mão dos meninos? 33. As crianças partiram mais contentes? Por quê? 34. Quem era boa? 35. Era também boa cozinheira? 36. O que é que as quatro crianças disseram ao mesmo tempo?

Drill

CLASSROOM EXERCISES

1. *Give the past tense of the verbs in italics in the following sentences:*

1. As crianças *voltam* de tarde para casa. 2. O menino *dorme* bem e acorda contente. 3. O senhor *toma* um banho de chuveiro morno. 4. Eu *durmo* até muito tarde. 5. Minha mãe *volta* hoje para casa. 6. Nossos tios *tomam* café às sete horas. 7. Nós *queremos* dar uma volta pelo jardim. 8. Vocês *dão* uma lição de português com um brasileiro. 9. Eu *digo* adeus a meus amigos. 10. Eu *vou* para a casa de meu pai. 11. Eu *aprendo* com facilidade o inglês. 12. Meu pai *decide* a hora da partida. 13. A criada *põe* a mesa e *dispõe* tudo em seus lugares. 14. Êle *vai* correndo à casa da mãe dêle. 15. Eu *venho* com meu irmão passar o dia aqui. 16. Eu *digo* tudo a minha mulher. 17. Nós *damos* um presente a nossos pais e êles nos *dão* dinheiro. 18. Eu *quero* estudar o português antes de ir ao Brasil. 19. Nós *queremos* ir ao cinema. 20. *Volto* tarde para casa e *durmo* até as nove horas.

2. *Give the feminine form of the words in italics in the following sentences and make the necessary changes in agreement:*

1. *Meu pai* é um homem alto e magro. 2. *Êles* estão alegres porque vão visitar *seus amigos* que são uns rapazes muito bons. 3. *O pai* de *meus primos* é um homem forte, agradável e bom. 4. *Os espanhóis* são alegres e amáveis. 5. *Êste rapaz* é filho dum *amigo* meu. 6. *Aquêle homem* está falando com *o irmão* dêle. 7. *Êsse senhor* vai à casa *do primo de teu pai*. 8. *Nossos filhos* gostam de brincar com *os primos*. 9. Temos *um tio* que é *inglês*; êle é baixo e gordo mas não é feio. 10. *Êste menino* está doente; eu vim vê-lo e dei-lhe um bonito livro para ler. 11. *Êste menino* é o primeiro aluno da classe. 12. *Meu cunhado* tem dois *sobrinhos* louros. 13. *O seu genro* não é espanhol, é francês. 14. *Meu avô* está todo prosa porque *o filho* mais velho chegou hoje. 15. *Êste homem* não é meu tio, é o *dêle*. 16. *O sogro* dêle é um professor deste colégio. 17. *Um cristão* é simples e bom. 18. *Êste alemão* é muito gordo. 19. *Êle* é um menino esperto mas muito chorão.

3. *Fill in the blanks with the adequate relative pronoun:*

1. A moça —— está lá é a irmã dêle. 2. A senhora com —— eu falei é alta e bonita. 3. A casa em —— eu estou é grande e boa. 4. O homem —— filho veio aqui escreveu-me hoje. 5. Êstes são os livros —— me deram. 6. O senhor quer êstes lápis ou os —— estão na mesa? 7. Eu não escrevi o —— você me disse. 8. A mãe da moça, —— também é professora, esteve aqui. 9. —— dizem que o português é fácil, não o estudaram. 10. O rapaz —— me deu dinheiro é bom. 11. O homem —— veio comigo está em Nova York. 12. Foi minha mãe —— me deu esta casa. 13. Nós queremos o dinheiro —— meu pai lhe deu. 14. Ela disse que o irmão é inteligente, —— —— é verdade. 15. Êste livro é —— —— eu dei a Maria. 16. Os pais dos alunos, —— —— também estudam português, gostam dêste professor. 17. A irmã de Maria, —— —— chegou hoje, é uma bonita moça. 18. As moças com —— eu vim falam bem francês e inglês. 19. A moça a —— eu disse isto, não está aqui. 20. Êstes meninos não são —— —— eu chamei.

IDIOMATIC DRILL

Study the following expressions and use them in original sentences:

pegar no sono, to fall asleep

A menina pegou logo no sono.   The girl fell asleep immediately.

pegar o trem, to make a train

Eu tenho que pegar o trem das sete.   I have to make the seven o'clock train.

pegar a falar, andar, *etc.*, to start talking, walking, *etc.*

Ela pegou a falar quando eu entrei.   She started talking when I came in.
O jantar veio para a mesa.   Dinner is served.

ASSIGNMENT

1. *Translate into Portuguese:*

1. She wants everything for herself. 2. It is true. 3. Did you speak to the girl? Yes, I spoke to her. 4. We told you everything.

5. We fell asleep immediately. 6. She is taking coffee with your brother. 7. I am going to tell them that my mother is not at home. 8. At what time did you come back? 9. I came back at seven o'clock and gave him the book. 10. He answered me this morning. 11. You always get up late, but we go to bed early. 12. The man who is here is his brother. 13. Here is the book that I bought. 14. These pillows are the ones I want. 15. It was your sister who told me that she is going to get married next week. 16. The girls with whom I spoke understand Portuguese. 17. The girl whose mother was drowned is here. 18. She does not know where the piano is. 19. Whose room is this? My father's. 20. The house in which we live is very large.

2. *Give the plural form of the words in italics:*

1. *Eu tenho* que pegar o trem das seis, *vou* jantar com minha mãe. 2. *O menino disse*-lhe que ainda não *jantou*. 3. *Você quer* jantar *comigo* hoje? 4. *Êle quis* falar com ela mas não a *encontrou*. 5. *Êle tem* um presente para *mim*. 6. *Eu lhe dei* três livros para ler. 7. *Estou querendo* passar *uma semana* com *você*. 8. *O senhor tem* alguma coisa para *mim?* 9. *Você vem comigo* à casa de José? 10. *Êle foi* passar a tarde com *você*. 11. *Eu não lhe dei o quadro* ontem à noite porque não *estive* com ela. 12. *Tenho comigo o papel*. 13. *Êle disse* a *meu irmão* que *a menina está* aqui. 14. *Meu irmão me deu uma bonita colcha azul; comprou-a* no Rio. 15. *Estou* querendo comprar *esta casa* mas *meu pai acha-a* muito *velha*.

LIÇÃO 14

VOCABULARY

achar graça [ɐ'ʃar–'grasɐ] to enjoy, think something *or* somebody is funny
o **açúcar** [u–ɐ'sukɐr] sugar
o **almôço** [u–ał'mosu] lunch
aproveitar [ɐprovei'tar] to profit
o **arroz** [u–ɐ'rros] rice
a **carne** [ɐ–'karni] meat
o **chá** [u–'ʃa] tea
a **chícara** [ɐ–'ʃikɐrɐ] cup
o **chocolate** [u–ʃoko'lati] chocolate
a **cidade** [ɐ–si'dadi] city
comer [ko'mer] to eat
comum [ko'mũ] common
corresponder [korrespõ'ⁿder] to correspond
diferente [dife'rẽⁿti] different
diminutivo [diminu'tivu] diminutive
doce ['dosi] sweet (*candies, compotes, etc.*)
em geral [ẽ–'ʒerał] generally
engraçado, –a [ẽgrɐ'sadu] funny, amusing
é uma delícia ['ɛ–umɐ–de'lisjɐ] it is something delicious
o **feijão, feijões** (*pl.*) [u–fei'ʒẽũ, fei'ʒõĩs] beans

forte ['fɔrti] strong
a **fruta** [ɐ–'frutɐ] fruit
gostoso, –a [gos'tozu, gos'tɔzɐ] tasty, flavorsome
o **hábito** [u–'abitu] habit
já ['ʒa] already
o **legume** [u–le'gumi] vegetable
o **leite** [u–'leiti] milk
a **manteiga** [ɐ–mẽ'ⁿte(i)gɐ] butter
o **mate** [u–'mati] maté
meu Deus! ['meu–'deus] my goodness!
mostrar [mos'trar] to show
o **pão, pães** (*pl.*) [u–'pẽũ, 'pẽĩs] bread
o **peixe** [u–'pe(i)ʃi] fish
pobre ['pɔbri] poor
popular [popu'lar] popular
receber [rrese'ber] to receive
a **refeição, refeições** (*pl.*) [ɐ–rrefei'sẽũ, rrefe'sõĩs] meal
a **sobremesa** [ɐ–sobri'mezɐ] dessert
a **sopa** [ɐ–'sopɐ] soup
o **sotaque** [u–so'taki] accent
todo o mundo ['todu–u–'mũⁿdu] everybody
variado, –a [vɐ'rjadu] varied

128

Grammar

71. The future indicative. There are three future indicatives in Portuguese: (1) The simple future, formed by attaching the endings −ei, −ás, −á, −emos, −eis, −ão to the infinitive of the verb; (2) the future formed by the present indicative of the verb **ir** followed by the infinitive of the verb; and (3) the future called emphatic, formed by the present indicative of the verb **haver** followed by a hyphen and the preposition **de** plus the infinitive of the verb.

The simple future is very seldom used in conversational Portuguese. The form used is the one where the verb **ir** is combined with the infinitive of the verb. The emphatic future is used to express strong determination on the part of the subject; it is also used sometimes in an interrogative way corresponding to the English *What shall I do? What shall he read? What shall I say?* etc.

Simple Future	*Conversational Future*	*Emphatic Future*
falarei	vou falar	hei-de falar
[fɐlɐˈre(i)]	[ˈvo(u)–fɐˈlar]	[ˈe(i)–di–fɐˈlar]
falarás	vais falar	hás-de falar
[fɐlɐˈras]	[ˈvais–fɐˈlar]	[ˈaz–di–fɐˈlar]
falará	vai falar	há-de falar
[fɐlɐˈra]	[ˈvai–fɐˈlar]	[ˈa–di–fɐˈlar]
falaremos	vamos falar	havemos-de falar
[fɐlɐˈremus]	[ˈvɐmus–fɐˈlar]	[ɐˈvemuz–di–fɐˈlar]
falareis	vais falar	haveis-de falar
[fɐlɐˈreis]	[ˈvais–fɐˈlar]	[ɐˈveiz–di–fɐˈlar]
falarão	vão falar	hão-de falar
[fɐlɐˈrẽũ]	[ˈvẽũ–fɐˈlar]	[ˈẽũ–di–fɐˈlar]

The future indicative of all regular and irregular verbs is formed in these three ways with the exception of the verbs **dizer, fazer,** and **trazer,** which are formed with their special future stems: **dir−, far−,** and **trar−**.

Note: In conversational Portuguese the present indicative is often used for the future when speaking of a near future.

Eu falo com ela amanhã.   I'll speak to her tomorrow.

72. Object pronouns with the future. When object pronouns follow the regular future, they are not placed after the verb but between its two elements, connected with them by a hyphen.

Falar-lhe-ei amanhã.   I shall speak to him tomorrow.
Acabá-lo-ei esta tarde.   I shall finish it this afternoon.

a. The forms **o, a, os,** and **as** change to **lo, la, los,** and **las** because of the preceding infinitives.

b. In conversational Brazilian-Portuguese this complicated form is not common. To avoid it the object pronoun precedes the verb.

Eu o acabarei esta tarde.   I shall finish it this afternoon.

73. Simple future of *dizer*

DIZER [di'zer] to say

direi [di're(i)]	diremos [di'remus]
dirás [di'ras]	direis [di'reis]
dirá [di'ra]	dirão [di'rẽũ]

74. Forms of *fazer*

FAZER [fɐ'zer] to do, make

Indicativo Presente	*Pretérito*	*Futuro Simples*
faço ['fasu]	fiz ['fis]	farei [fɐ're(i)]
fazes ['fazis]	fizeste [fi'zɛsti]	farás [fɐ'ras]
faz ['fas]	fêz ['fez]	fará [fɐ'ra]
fazemos [fɐ'zemus]	fizemos [fi'zemus]	faremos [fɐ'remus]
fazeis [fɐ'zeis]	fizestes [fi'zɛstis]	fareis [fɐ'reis]
fazem ['fazẽ(ĩ)]	fizeram [fi'zɛrẽũ]	farão [fɐ'rẽũ]

75. Forms of *trazer*

TRAZER [trɐ'zer] to bring

Indicativo Presente	*Pretérito*	*Futuro Simples*
trago ['tragu]	trouxe ['trosi]	trarei [trɐ're(i)]
trazes ['trazis]	trouxeste [tro'sesti]	trarás [trɐ'ras]
traz ['tras]	trouxe ['trosi]	trará [trɐ'ra]
trazemos [trɐ'zemus]	trouxemos [tro'semus]	traremos [trɐ'remus]
trazeis [trɐ'zeis]	trouxestes [tro'sestis]	trareis [trɐ'reis]
trazem ['trazẽ(ĩ)]	trouxeram [tro'serẽũ]	trarão [trɐ'rẽũ]

76. Interrogative words.
For the most part the interrogative words in Portuguese correspond to the English.

Onde está ela?	Where is she?
Como é que você veio?	How did you come? — I came
— Vim de aeroplano.	by airplane.
Quando é que você vem?	When are you coming?

Some interrogatives, however, require special consideration.

a. **Quem** is the equivalent of *who* and *whom* for both singular and plural.

Quem são elas?	Who are they?
Com quem é que você veio?	With whom did you come?

b. **De quem,** as we explained in § 69, is the Portuguese equivalent of *whose.* The expression is generally employed as the predicate of the verb **ser.**

De quem é êste livro?	Whose book is this?
De quem são aquêles chapéus?	Whose hats are those?

c. **Que** and **qual** are the equivalents of *what* and *which.* Portuguese usage requires that:

1. Standing before a noun only **que** is used for both *what* and *which.*

Que presidente assinou o tratado?	Which president signed the treaty?

Que cama é a minha?	Which is my bed?
Que rua é esta?	What street is this?

2. When the interrogative word is not followed by a noun, either **que** or **qual** may be used. When the question implies a definition or the like, **que** is used. If the question implies the idea of choice, **qual** is used.

Que é que o senhor está comprando?	What are you buying?
Que é que você tem na mão?	What do you have in your hand?
Qual é a sua casa?	Which is your house?
Quais são as suas filhas?	Which are you daughters?

NOTE: The idea carried by the English expressions *what is, what are*, is given in Portuguese by **qual, quais,** unless a definition is expected in reply.

Qual é o preço do vestido?	What is the price of the dress?
Quais são as suas credenciais?	What are your credentials?
Qual é o seu número?	What is your size?
Que é um colégio?	What is a college?
Que é um abade?	What is an abbot?

In conversational Portuguese **que** at the beginning of an interrogative sentence is frequently preceded by the article **o**.

O que é aquilo?	What is that?

Leitura

A irmã mais velha de Joãozinho, Antônia, recebeu em sua casa uma amiguinha norte-americana, que veio passar as férias no Rio. Chama-se Margaret e já sabe falar alguma coisa de português. As crianças acham muita graça no seu sotaque.
5 Infelizmente não são também férias no Brasil porque os meses de verão nos Estados Unidos correspondem aos de inverno na América do Sul. Mas há quinze dias de férias nos fins de junho, chamadas de São João, e as crianças aproveitarão estas duas semanas para mostrar a cidade a Margaret.
10 A menina norte-americana está gostando muito dos hábitos do Brasil. Há três refeições: o café da manhã, o almôço e o

jantar. O café da manhã chama-se « café » mesmo quando a
gente toma chá, mate ou chocolate. Engraçado, não é? Mas
quase todos tomam de manhã uma chícara de café com leite,
com pão e manteiga. No Brasil não fazem o café com leite
como nos Estados Unidos. É uma chícara de leite e um pouco 5
de café bem forte. É uma delícia! Mas os brasileiros põem
tanto açúcar no café, meu Deus! O almôço é por volta de
meio-dia. É uma refeição tão grande quanto o jantar. Come-se
carne, legumes e sobremesa. Em tôdas as mesas brasileiras há
sempre feijão e arroz para o almôço. Muitas vezes, os pobres 10
só têm feijão para comer.

— Mamãe — pergunta Joãozinho, — o que é que vamos ter
para o jantar hoje?

— Vamos começar pela sopa, meu filho, depois teremos um
prato de peixe ou carne com legumes e uma boa sobremesa. 15

— Hum! que bom! eu estou com muita fome.

Margaret acha as sobremesas brasileiras muito variadas. Em
geral há frutas e doces. Primeiro trazem as frutas e depois os
doces. Quase todos são loucos por doces no Brasil. Às vezes,
há três ou quatro doces diferentes para sobremesa, em casa de 20
Joãozinho, mas Margaret gosta disso. No fim do almôço e do
jantar, os brasileiros tomam uma chícara pequena de café.
É o que os americanos chamam « demi-tasse » mas, no Brasil,
dizem « chicrinha », diminutivo popular de « chícara ». Os
brasileiros tomam « chicrinhas » de café ou « cafèzinho » como 25
dizem também, muitas vezes por dia.

Margaret aprendeu que, em português, não convidam uma
pessoa para « comer », como em espanhol. Convidam para
« almoçar » ou « jantar ».

As frutas mais comuns no Brasil são as bananas e as laranjas. 30
São frutas baratas e por isso todo o mundo as come. São muito
variadas. Há laranjas e bananas de muitas qualidades diferentes. Hum! como são gostosas! Margaret acha essas frutas
mais gostosas no Brasil do que nos Estados Unidos.

PERGUNTAS

1. Quem recebeu Antônia em casa? 2. Como se chama a amiguinha de Antônia? 3. Ela já fala português? 4. Em que é que as crianças acham muita graça? 5. Quando são as férias no Brasil? 6. Em que meses são as férias nos Estados Unidos? 7. Como se chamam as férias de junho no Brasil? 8. Para que aproveitarão as crianças estas duas semanas de férias? 9. De que é que a menina norte-americana está gostando muito? 10. Quantas refeições há no Brasil? 11. Quais são elas? 12. O que tomam de manhã, no café? 13. Como é o café com leite brasileiro? 14. Quem põe mais açúcar no café, os brasileiros ou os norte-americanos? 15. A que horas é o almôço? 16. O almôço é uma refeição grande? 17. O que é que há em tôdas as mesas brasileiras para o almôço? 18. O que é que Joãozinho pergunta à mãe? 19. O que responde D. Maria? 20. Que é que há em geral para a sobremesa? 21. Que trazem primeiro, as frutas ou os doces? 22. Gostam muito de doce no Brasil? 23. Há muitas sobremesas em casa de Joãozinho? 24. Margaret gosta disso? 25. Que é que os brasileiros tomam no fim do almôço ou do jantar? 26. Que é que os brasileiros tomam muitas vezes por dia? 27. Os brasileiros convidam uma pessoa para «comer» como dizem os espanhóis? 28. Como é que convidam uma pessoa para tomar uma refeição, no Brasil? 29. Quais são as frutas mais comuns no Brasil? 30. Porque é que todo o mundo as come? 31. Há bananas de muitas qualidades? 32. São boas as bananas? 33. Qual é a fruta de que o senhor (*ou* a senhora) gosta mais, da banana ou da laranja?

Drill

CLASSROOM EXERCISES

1. *Put the following sentences in the past tense:*

1. Elas dizem que seus irmãos chegam hoje. 2. Eu faço minha cama e ponho a mesa. 3. A criada traz o café depois do almôço. 4. Nós trazemos tudo conosco e você não traz nada consigo. 5. Meu irmão diz que elas estão aqui. 6. Elas fazem tudo muito bem. 7. Os meninos trazem boas notícias para você. 8. Nós dizemos que vocês não estudam bastante. 9. Vocês trazem os livros de português e fazem suas lições. 10. Eu recebo meus pais em minha casa e digo-lhes tudo. 11. As crianças comem bem

porque gostam da comida. 12. Ela acha graça no sotaque da menina norte-americana. 13. Você põe a marmelada e o queijo na mesa. 14. Eu como frutas em tôdas as refeições. 15. Êle vem almoçar conosco hoje. 16. Gosto muito dêste queijo; você também o acha bom. 17. Para café da manhã queremos café com leite e pão. 18. Mamãe diz à criada para servir o almôço. 19. Venho tarde mas trago comigo bananas e laranjas para as crianças. 20. Dou feijão e arroz a Maria.

2. *Fill in the blanks with correct interrogatives:*

1. (*whose*) —— é êste livro? 2. (*which*) —— são as suas alunas? 3. —— das duas é a minha cama? 4. —— cama é a de minha mãe? 5. —— está o professor de inglês? 6. —— é aquilo lá? 7. —— casa é esta? 8. (*whose*) —— são tôdas aquelas casas? 9. —— dia é hoje? 10. Com —— é que você está falando? 11. De —— é que o senhor está falando? 12. —— professor disse isto ao senhor? 13. —— é uma cidade? 14. —— é o seu número de telefone? 15. —— casa é esta? 16. —— são as cidades do Brasil? 17. —— é o seu pai? 18. —— são os seus professores? 19. (*whose*) —— são êstes cadernos? 20. —— é um aparador?

IDIOMATIC DRILL

Study the following expressions and use them in original sentences:

fazer-se de, to pretend to

Êle se faz de surdo quando lhe convém.	He pretends to be deaf when it suits him.
Ela se faz de boba de vez em quando.	She plays dumb once in a while.

fazer caso, to pay attention, give consideration

Não faça caso disso.	Don't pay any attention to that.
Ela não faz caso de mim.	She does not give me any attention.

fazer um mês, uma semana, um ano, *etc.*,
one month ago, one week ago, a year ago, etc.

Faz um ano que chegámos em Nova York.	We arrived in New York a year ago.

Faz hoje dois meses que ela partiu.	She left two months ago today.

fazer anos, to have a birthday

Julieta faz anos hoje.	Juliet has a birthday today.
Quando é que você faz anos?	When do you have a birthday?
Paulo faz três anos amanhã.	Paul will be three years old tomorrow.

Não faz mal. It does not matter. Never mind.

Eu não posso ir a sua casa hoje. — Não faz mal, vem amanhã.	I can't come to your house today. — Never mind, come tomorrow.
Eu me esqueci de falar com ela sôbre isso. — Não faz mal, não é importante.	I forgot to tell her about this. — Never mind, it is not important.

ASSIGNMENT

Translate into Portuguese:

A. 1. The man who came this morning is here now. 2. The house I bought is not large. 3. That girl is the one who is ill. 4. These books are the ones I gave you. 5. Who told you that? 6. The child with whom I came is one of your students. 7. The man with whom I spoke is calling you. 8. The boy whose mother is sick lives in that white house. 9. The girl of whom I spoke to you brought these books this morning. 10. The house in which she lives has only two floors. 11. The student whose book I have is a Brazilian girl. 12. The woman in whose house I live is an American. 13. Who is that man? 14. The girl of whose mother we are speaking will be here tomorrow. 15. I don't know where my books are. 16. Do you know in which house she lives? 17. Where is she now? 18. To whom do you want to speak? 19. At what time are we going to have lunch? 20. I did not speak to your mother yesterday. 21. Never mind, she is coming here today.

B. 1. In Brazil they have three meals a day: breakfast, lunch, and dinner. 2. The boy wanted milk and bread for his breakfast but they gave him tea, bread, and butter. 3. We have bananas for dessert, but I like oranges better. 4. My sister wants meat and vegetables for lunch. 5. Bananas in Brazil are bigger than in the United States. 6. Everybody in Brazil eats meat, rice, and beans. 7. Tomorrow we shall have for dinner soup, meat, potatoes, and vege-

LIÇÃO CATORZE

tables. For dessert we shall eat fruits and sweets. 8. I went to the market and bought fish, meat, coffee, and sugar. Sugar is very cheap now. 9. My mother eats oranges every day; they are tasty and good. 10. In Brazil everybody drinks small cups of coffee. 11. Summer in Brazil corresponds to winter in the United States. 12. She speaks English with a Brazilian accent; it sounds (*trans.* is) funny. 13. They will take the opportunity to show her the city. 14. She is here already. I shall bring some (a) strong coffee now. 15. They will make our bed. 16. She brought us fruits and sweets. 17. You will tell her that I made the dessert. It is a delicacy (*trans.* something delicious). 18. They make different desserts. 19. My goodness! she takes very strong coffee. 20. I like to eat, but generally I eat little. 21. I shall receive her in my house. 22. I like Brazilians' habits.

LIÇÃO 15

VOCABULARY

a **alface** [ɐ-aɫ'fasi] lettuce
aproximar-se [ɐprosi'mar-si] to get near
a **batata** [ɐ-bɐ'tatɐ] potato
o **canto** [u-'kẽⁿtu] corner
a **cidade** [ɐ-si'dadi] city, commercial section, downtown
a **comida** [ɐ-ko'midɐ] food
como sempre ['komu-'sẽᵐpri] as always
o **creme** [u-'kremi] cream
daí a pouco [dɐ'i-ɐ-'po(u)ku] in a short while
discutir [disku'tir] to discuss
enérgico, –a [e'nɛrʒiku] firm
e pronto [i-'prõⁿtu] and that's all
a **escolha** [ɐ-es'koʎɐ] choice
escolher [esko'ʎer] to choose
esperar [espe'rar] to wait
estender [estẽ'ⁿder] to spread
fazer compras [fɐ'zer-'kõᵐprɐs] to shop

a **fila** [ɐ-'filɐ] line
a **galinha** [ɐ-gɐ'liɲɐ] chicken
o «**garçon**» [u-gar'sõ] waiter
a **gorjeta** [ɐ-gor'ʒetɐ] tip
levar tempo [le'var-'tẽᵐpu] to take time
leve ['lɛvi] light
o **menu** [u-me'nu] menu
a **nota** [ɐ-'notɐ] bill
obrigar [obri'gar] to oblige, compel
a **ordem** [ɐ-'ordẽ(ĩ)] order
o **ovo** [u-'ovu] *pl.* os **ovos** [u'zɔvus] egg
pagar [pɐ'gar] to pay
o **restaurante** [u-rrestau'rẽⁿti] restaurant
sentar [sẽⁿ'tar] to seat
o **sorvete** [u-sor'veti] ice cream, sherbet
o **suco** [u-'suku] juice
o **tomate** [u-to'mati] tomato

Grammar

77. The imperfect indicative. The imperfect indicative has only two inflectional endings, one for verbs of the first conjugation and one for verbs of the second and third conjugations.

LIÇÃO QUINZE

FALAR	APRENDER	PARTIR
eu falava	aprendia	partia
[fɐ'lavɐ]	[ɐprẽ'ⁿdiɐ]	[pɐr'tiɐ]
tu falavas	aprendias	partias
[fɐ'lavɐs]	[ɐprẽ'ⁿdiɐs]	[pɐr'tiɐs]
êle falava	aprendia	partia
[fa'lavɐ]	[ɐprẽ'ⁿdiɐ]	[pɐr'tiɐ]
nós falávamos	aprendíamos	partíamos
[fɐ'lavɐmus]	[ɐprẽ'ⁿdiɐmus]	[pɐr'tiɐmus]
vós faláveis	aprendíeis	partíeis
[fɐ'laveis]	[ɐprẽ'ⁿdieis]	[pɐr'tieis]
êles falavam	aprendiam	partiam
[fɐ'lavẽũ]	[ɐprẽ'ⁿdiẽũ]	[pɐr'tiẽũ]

78. Imperfect of irregular verbs. The imperfect indicative of all irregular verbs is regular except in the case of **ser, ter, vir,** and **pôr** and their compounds.

SER	TER
era ['ɛrɐ]	tinha ['tiɲɐ]
eras ['ɛrɐs]	tinhas ['tiɲɐs]
era ['ɛrɐ]	tinha ['tiɲɐ]
éramos ['ɛrɐmus]	tínhamos ['tiɲɐmus]
éreis ['ɛreis]	tínheis ['tiɲeis]
eram ['ɛrẽũ]	tinham ['tiɲẽũ]

VIR	PÔR
vinha ['viɲɐ]	punha ['puɲɐ]
vinhas ['viɲɐs]	punhas ['puɲɐs]
vinha ['viɲɐ]	punha ['puɲɐ]
vínhamos ['viɲɐmus]	púnhamos ['puɲɐmus]
vínheis ['viɲeis]	púnheis ['puɲeis]
vinham ['viɲẽũ]	punham ['puɲẽũ]

79. Uses of the imperfect indicative. The imperfect is used to express the idea that an action or a state of being in the past is continuing or habitual. In such cases it may correspond to the English expression *used to* or *would*.

Eu ia à escola todos os dias.	I used to go to school every day.
Eu tomava chá tôdas as manhãs.	I would take tea every morning.

a. Two contrasted actions in the past may be expressed by two imperfect indicatives if both actions were going on at the same time in the past.

Eu lia enquanto ela escrevia.	I was reading while she was writing.

b. When two or more actions are expressed, Portuguese uses the preterite for verbs relating actual events and the imperfect for verbs expressing accompanying circumstances.

Eu lia quando ela chegou.	I was reading when she arrived.
Chovia quando eu sai.	It was raining when I left.
Êles dormiam quando eu os vi.	They were sleeping when I saw them.

c. The imperfect is used in descriptions in the past.

A noiva estava vestida de branco, tinha um véu na cabeça e umas flores na mão.	The bride was dressed in white; she had a veil on her head and some flowers in her hand.

d. The imperfect is often used instead of the conditional in conversational Portuguese.

Eu gostava (gostaria) de ir ao Brasil agora.	I would like to go to Brazil now.
Êle queria (quereria) ter muito dinheiro.	He would like to have a lot of money.

e. The imperfect is used for the conditional in modified wishes or commands.

Eu queria que você me ajudasse.[1]	I'd like you to help me.

[1] **Ajudasse** is in the imperfect subjunctive, which will be explained in § 121.

Leitura

Dona Maria foi com os filhos e Margaret fazer compras na cidade. Ao meio dia estavam todos com fome e foram almoçar num restaurante no Largo da Carioca.
O restaurante era pequeno mas confortável. Havia umas mesas redondas e outras quadradas. Em duas filas algumas 5 pessoas esperavam. Um homem gordo e amável aproximou-se dêles e perguntou a D. Maria, — Quantos são?
— Somos seis.
— Tenho uma mesa grande perto da janela; é uma boa mesa, acho que vão gostar. 10
Era uma mesa redonda, grande, num dos cantos do restaurante, ao lado de uma janela que dava para a rua. Sentaram-se todos. Daí a pouco veio um « garçon », estendeu sôbre a mesa uma toalha branca, muito limpa, pôs diante de cada um, um prato, talheres, um copo e um guardanapo. Os « menus » 15 estavam no meio da mesa.
— Vamos escolher o nosso almôço depressa, sim? Eu ainda tenho que fazer umas compras depois do almôço.
Mas as crianças levaram tempo lendo o menu e discutiram bastante antes de fazer a escôlha. Dona Maria foi a primeira 20 a dar a sua ordem.
— Quero um bife, mal passado, com batatas fritas e uma salada de alface.
Antônia que não estava com muita fome quís uma salada de legumes e ovos. Zuzu, como sempre, escolheu galinha com 25 arroz. Mas D. Maria obrigou-a a comer também uma salada de tomates. Margaret queria uma comida bem brasileira.
— Acho que vou comer bife com arroz e feijão.
— É o que nós queremos, — disseram Joãozinho e José.
Enquanto esperavam os pratos, comeram pão com manteiga. 30
A escôlha da sobremesa também foi difícil. Dona Maria teve que ser enérgica.

— Não senhor, isto assim não podia ser. Primeiro uma fruta, depois um doce, e pronto.

Comeram então laranjas e bananas. As laranjas estavam deliciosas, tão grandes e tão doces. As crianças quiseram depois um sorvete. Cada um escolheu um diferente. Margaret disse que nos Estados Unidos os sorvetes, em geral, têm creme. Os do Brasil são feitos com o suco das frutas e açúcar.

— É como o nosso « sherbet » — explicou Margaret.

— De qual é que você gosta mais, do sorvete americano ou do nosso? — perguntou Joãozinho.

— De todos os dois. São diferentes. O nosso é mais forte, com creme. O de vocês é mais leve. Os sorvetes brasileiros são bons porque as frutas brasileiras são muito gostosas.

Quando acabaram de almoçar o « garçon » trouxe a nota, D. Maria pagou-a e deu-lhe uma boa gorjeta.

PERGUNTAS

1. Onde foi D. Maria com os filhos? 2. Onde foram almoçar? 3. Como era o restaurante? 4. Como eram as mesas? 5. Quantas filas havia? 6. Quem se aproximou? 7. Que disse êle? 8. Onde é que havia uma mesa grande? 9. Onde estava colocada a mesa? 10. Quem veio daí a pouco? 11. Que fêz êle? 12. O que é que êle pôs diante de cada um? 13. Onde estavam os « menus »? 14. Que disse D. Maria? 15. As crianças escolheram depressa o que queriam? 16. Quem foi a primeira a dar a ordem? 17. Que queria D. Maria? 18. Que comeu Antônia? 19. O que escolheu Zuzu? 20. O que é que D. Maria obrigou-a a comer? 21. O que queria Margaret? 22. O que comeu Margaret? 23. O que comeram os meninos, Joãozinho e José? 24. O que fizeram enquanto esperavam os pratos? 25. A escolha da sobremesa foi difícil ou fácil? 26. Que disse D. Maria? 27. Que frutas comeram? 28. Como estavam as laranjas? 29. O que quiseram depois as crianças? 30. Que disse Margaret? 31. Como são feitos os sorvetes no Brasil? 32. O que perguntou Joãozinho a Margaret? 33. Que respondeu Margaret? 34. Porque é que os sorvetes brasileiros são tão bons? 35. Que trouxe o « garçon » quando acabaram de almoçar? 36. Quem pagou a nota? 37. Que deu D. Maria ao « garçon »?

SÃO PAULO — The imposing main entrance to the *Art Palace Cinema*.
Interior view, with part of the audience-hall and the stage.

RIO DE JANEIRO — Municipal opera house and theater.

SÃO SALVADOR — An excellent example of the rich ornamentation of São Salvador's colonial homes.

LIÇÃO QUINZE

Drill

CLASSROOM EXERCISES

1. *Give the correct form of the verbs in parentheses:*

1. As crianças (ir) correndo porque já era tarde. 2. Eu (ler) enquanto ela (escrever). 3. Ontem quando eu (sair) para ir ao teatro (chover) muito. 4. A semana passada (almoçar) com meu pai e meu irmão num restaurante italiano; quando (chegar) lá já (ser) quase oito horas mas ainda (haver) muita coisa. 5. Quando eu (ser) pequeno (ir) sempre à casa de meus avós; êles (morar) perto do Rio. 6. A despensa da minha casa (ser) muito grande mas a nossa copa (ser) muito pequena e (querer) aumentá-la. 7. Eu (ir) ontem fazer compras e (trazer) legumes, (comer)-os ao jantar, (estar) todos muito bons. 8. Eu (ter) um filho que quando (ser) pequeno (tomar) todos os dias suco de laranjas e de tomates. 9. Você (vir) a minha casa duas vezes a semana passada e eu (ir) à sua amanhã. 10. Você (falar) com meus irmãos quando (vir) aqui para as férias? 11. (Ser) quase onze horas, (ir) todos almoçar. 12. Eu (ir) a Filadelfia amanhã e (falar) com ela sôbre isso. 13. Quando eu (ser) criança (ir) àquela escola todos os dias. 14. Minha amiga (vir) do Brasil o mês passado e (ir) para a Europa a semana que vem. 15. Quando eu (chamar) a moça ontem a noite, ela (responder) logo. 16. Quando nós (ser) pequenos, (ir) todas as semanas almoçar no restaurante com nossos pais e (comer) muito. 17. Enquanto nós (pôr) a mesa ela (preparar) o jantar. 18. Nós (vir) entrando quando elas nos (chamar) lá de cima. 19. Ontem (ir) ao Rio e (fazer) compras para a casa. 20. Meu pai (ter) quinze anos quando (vir) para os Estados Unidos.

2. *Fill in the blanks with the correct interrogative pronoun:*

1. —— é o seu livro? 2. —— é que está falando? 3. O —— é isso? 4. Em —— rua você mora? 5. —— das duas é melhor? 6. —— são as lições para amanhã? 7. —— disse isso a você? 8. —— é a capital do Brasil? 9. —— são as meninas que vão comigo? 10. De —— é que você está falando, do pai ou do filho? 11. Com —— professor você está estudando? 12. Com —— colher você toma sopa? 13. —— é a comida de que você gosta mais? 14. —— anos êle tem? 15. —— crianças vieram? 16. De —— se fala, da mãe ou da filha? 17. De —— se fala, da aula

ou da festa? 18. —— custa êste livro azul? 19. —— é êle?
20. —— é a sua opinião?

IDIOMATIC DRILL

Study the following expressions and use them in original sentences:

O dinheiro que êle ganha *mal* lhe *dá* para viver.	The money he makes is hardly enough to live on.
Eu *mal* conheço esta moça.	I hardly know this girl.
Eu *mal* tive tempo para almoçar.	I hardly had time to lunch.
Não *leve a mal* o que eu disse.	Don't be offended by what I said.
As coisas vão de *mal a pior*.	Things are going from bad to worse.

ASSIGNMENT

1. *Translate into Portuguese:*

1. When my mother came in I was studying my lessons. 2. The bride had on a beautiful white dress, and she was walking near the bridegroom. 3. When I was a child I used to live in a big house near Rio; I went to school every day; I used to leave home at seven-thirty in the morning and come back at a quarter to four. 4. I would like to go to Brazil now! 5. It was raining last night when my friends came home; when they arrived I was reading that book. 6. My family went to São Paulo to visit my uncle and my aunt who live there. 7. Her cousin left her when she was a little girl; she used to be very pretty and spoke French and English. 8. Their grandmother was a kind lady who lived alone in a big house. 9. When they left it was raining. 10. The dining room is larger than the kitchen, and my room is smaller than yours. 11. She has two sons and one daughter; they went to Brazil and they write to her once in a while. 12. Last year she used to write to them every week. 13. When I came to this house last year the furniture was dark and heavy; now it is light and modern. 14. The fruits I ate in Brazil were larger than these and better ones too. 15. The steaks were very small but good. 16. I brought some Portuguese books for my sister. She was writing when I came into the dining room and I gave her everything. 17. Last year we used

to eat lettuce almost every day. 18. In Brazil they eat rice and black beans. 19. The vegetables my mother-in-law likes best are lettuce and tomatoes. 20. I went downtown and did some shopping.

2. *Fill in the blanks with the correct pronoun or adjective:*

1. Aquêle homem ―― está naquela mesa não é meu pai, é ―― ―― (*yours*). 2. ―― são as suas filhas? 3. A mulher ―― filho está doente veio hoje ver-me. 4. ―― são aquêles homens? 5. Eu não vi ―― veio aqui esta manhã. 6. ―― é aquilo alí em cima daquela mesa? 7. Com ―― é que você quer falar? 8. De ―― se trata? 9. ―― é a sua casa? 10. O livro de ―― eu lhe falei é azul e não verde. 11. As senhoras com ―― eu vim são suas tias. 12. O brasileiro para ―― eu escrevi chegou hoje a Nova York. 13. Com ―― rapaz você veio do Rio? 14. O homem ―― esteve aqui não é o meu irmão. 15. ―― vezes você já veio a esta praia?

LIÇÃO 16

VOCABULARY

o **abacaxi** [u-ɐbɐkɐˈʃi] pineapple
o **açougue** [u-ɐˈsogi] butcher shop
apesar de [ɐpeˈzar-di] in spite of
o **ar** [uˈar] air, attitude
o **armazém** [u-ɐrmɐˈzẽ(ĩ)] groceries and liquor store
a **canja** [ɐˈkẽʒɐ] chicken soup
carregado, –a [kɐrreˈgadu] loaded
a **cereja** [ɐ-seˈreʒɐ] cherry
a **cerveja** [ɐ-serˈveʒɐ] beer
a **compota** [ɐ-kɔˈᵐpɔtɐ] compote
a **compra** [ɐˈkõᵐprɐ] purchase
comprar [kõˈᵐprar] to buy
custar [kusˈtar] to cost
a **dúzia** [ɐ-duzjɐ] dozen
o **embrulho** [u-ẽˈᵐbruʎu] package
o **espinafre** [u-espiˈnafri] spinach
estrangeiro, –a [estrɐ̃ˈʒe(i)ru] foreigner
formidável [formiˈdavɛł] wonderful
a **garrafa** [ɐ-gɐˈrrafɐ] bottle
o **gênio** [uˈʒenju] genius

a **idéia** [ɐ-iˈdɛjɐ] idea
a **lista** [ɐˈlistɐ] list
a **manga** [ɐˈmẽⁿgɐ] mango
o **melão** [u-meˈlẽũ] melon
o **morango** [u-moˈrẽⁿgu] strawberry
nacional [nɐsjoˈnał] national, domestic
não faz mal [ˈnẽũ-ˈfaz-ˈmał] never mind
a **notícia** [ɐ-noˈtisjɐ] news
passar [pɐˈsar] to pass, step by
o **pedaço** [u-peˈdasu] piece
a **pera** [ɐˈperɐ] pear
o **pêssego** [uˈpesegu] peach
pronto, –a [ˈprõⁿtu] ready
precisar [presiˈzar] to need
a **quitanda** [ɐ-kiˈtẽⁿdɐ] fruit and vegetable store
o **quitandeiro** [u-kitɐ̃ˈⁿde(i)ru] fruit and vegetable seller
o **rosbife** [u-rrozˈbifi] roast beef
a **uva** [ɐˈuvɐ] grape
vamos ver [vɐmuz-ˈver] let's see
o **vinho** [uˈviɲu] wine

146

Grammar

80. Forms of *poder*

PODER [po'der] to be able, can

Indicativo Presente	Imperfeito	Pretérito Perfeito	Futuro
posso ['pɔsu]	podia [po'diɐ]	pude ['pudi]	poderei [pode'rei]
podes ['pɔdis]	podias [po'diɐs]	pudeste [pu'dɛsti]	poderás [pode'ras]
pode ['pɔdi]	podia [po'diɐ]	pôde ['podi]	poderá [pode'rɐ]
podemos [po'demus]	podíamos [po'diɐmus]	pudemos [pu'demus]	poderemos [pode'remus]
podeis [po'deis]	podíeis [po'dieis]	pudestes [pu'dɛstis]	podereis [pode'reis]
podem ['pɔdẽ(ĩ)]	podiam [po'diɐ̃ũ]	puderam [pu'dɛrɐ̃ũ]	poderão [pode'rɐ̃ũ]

81. Forms of *saber*

SABER [sɐ'ber] to know, know how, learn, find out about

Indicativo Presente	Imperfeito	Pretérito Perfeito	Futuro
sei ['se(i)]	sabia [sɐ'biɐ]	soube ['so(u)bi]	saberei [sɐbe'rei]
sabes ['sabis]	sabias [sɐ'biɐs]	soubeste [so(u)'bɛsti]	saberás [sɐbe'ras]
sabe ['sabi]	sabia [sɐ'biɐ]	soube ['so(u)bi]	saberá [sɐbe'ra]
sabemos [sɐ'bemus]	sabíamos [sɐ'biɐmus]	soubemos [so(u)'bemus]	saberemos [sɐbe'remus]
sabeis [sɐ'beis]	sabíeis [sɐ'bieis]	soubestes [so(u)'bɛstis]	sabereis [sɐbe'reis]
sabem ['sabẽ(ĩ)]	sabiam [sɐ'biɐ̃ũ]	souberam [so(u)'bɛrɐ̃ũ]	saberão [sɐbe'rɐ̃ũ]

The verb **saber** in Portuguese can be translated in four ways in English:

Sei a lição de português.	I *know* the Portuguese lesson.
Você não sabe fazer isto.	You don't *know how* to do this.
Êles souberam a notícia esta manhã.	They *learned* the news this morning.
Vou saber tudo hoje à tarde.	I am going to *find out* everything this afternoon.

82. Uses of *por* and *para*. Por and para express the same general idea, but **por** is much wider in its application, while **para** is more specific. In general, the principal ideas requiring **por** are as follows:

a. Passage through space or extent of time.

Passámos por esta rua.	We went through this street.
Estive doente por muito tempo.	I was sick for a long time.

b. Cause of action.

Venho aqui por amizade.	I come here because of friendship.
Ela trabalha por prazer.	She works for pleasure.

c. The ideas *for the sake of*, or *in exchange for* something.

Ela trabalha por dinheiro.	She works for money.
Ela faz isso por mim.	She does this for me.

Para is much more specific in its application. It conveys basically the idea of pointing the action toward a specific purpose or goal.

Estou olhando para a rua.	I am looking toward the street.
Êste livro é para mim.	This book is for me.
A festa ficou para amanhã.	The party was put off until tomorrow.

After the verbs **ir** and **vir,** the use of the preposition **para** indicates a permanent destination, while **a** indicates that the destination is only temporary.

Vou para casa.	I am going home.
Vou à casa de minha amiga.	I am going to my friend's house.
Vou para o Rio hoje.	I am going to Rio today (*to stay there*).
Vim para aqui há dez anos.	I came here (to live) ten years ago.
Ela veio aos Estados Unidos visitar a filha.	She came to the United States to visit her daughter.
Vou ao Rio êste ano.	I am going to Rio this year (*on a visit*).

Leitura

Dona Maria e o Senhor Antunes iam receber alguns amigos para jantar.

— Antônia, aqui está uma lista do que eu preciso para o jantar.

— Sim, mamãe, estou quase pronta, daqui a pouco vou à 5 quitanda e compro tudo.

— Precisamos de vinho e cerveja, hein!

— Vou também ao armazem e depois passo pelo açougue para trazer a carne.

— Obrigada, minha filha. 10

A quitanda era perto de casa, na esquina da rua.

— Bom dia, D. Antônia, — disse o quitandeiro, um homem gordo e baixo, muito alegre.

— O que é que a senhora quer hoje?

— Tenho aqui uma lista, vamos ver. O senhor tem bons 15 abacaxis?

— Tenho, sim senhora, bonitos e grandes. Êstes são a cinco cruzeiros cada um.

— Quero dois. E mangas, a quanto está a dúzia?

— Estas aqui, custam 15 cruzeiros por dúzia. Temos mais 20 baratas também.

— Não, não, quero uma dúzia das melhores. Vamos fazer uma salada de frutas. Preciso ainda de meio quilo de morangos, um melão, seis pêssegos, seis peras, meio quilo de uvas e algumas cerejas.

— Cerejas não tenho, a senhora sabe que tenho sempre tôdas as frutas nacionais mas não as estrangeiras. As uvas vêm de São Paulo, os pêssegos, as peras e os melões, do Rio Grande do Sul, mas as cerejas tem que vir da Europa, por isso não as temos.

— Não faz mal. Já temos muitas frutas para a salada.

Antônia foi depois ao armazem. Não levou muito tempo lá. Comprou duas garrafas de vinho e quatro de cerveja. Passou depois no açougue e escolheu um bom pedaço de carne. Foi para casa carregada de embrulhos.

— Pronto, mamãe. Está tudo aqui.

— Muito obrigada, minha filha. Você fêz boas compras. Que frutas bonitas!

— Qual vai ser o menu para o jantar, mamãe?

— Vamos ter primeiro uma sopa. Talvez uma canja, ainda não sei. Depois teremos um rosbife com batatas e creme de espinafres. Uma salada de alface e tomates. Para a sobremesa vou fazer uma boa salada de frutas.

— É uma boa sobremesa, todos gostam de salada de frutas. E como eu comprei muitas frutas, a salada vai ser variada. Que doce vamos ter?

— Uma compota de pêssego ou um sorvete, que é que você acha melhor?

— Oh! sorvete, mamãe, é muito melhor.

— Vou fazer um sorvete de creme Melba.

— Formidável! assim temos sorvete e compota de pêssego. Você é um gênio, mamãe.

E Antônia apesar de seus quinze anos e de seus ares de moça foi tôda contente dar a notícia aos irmãos.

PERGUNTAS

1. Quem é que Dona Maria ia receber para o jantar? 2. Que deu ela a Antônia? 3. Que respondeu Antônia à mãe? 4. Onde ia Antônia

comprar as frutas? 5. De que é que precisavam ainda? 6. Onde ia Antônia comprar o vinho e a cerveja? e a carne? 7. Onde era a quitanda? 8. Que disse o quitandeiro a Antônia? 9. Como era o quitandeiro? 10. Que comprou Antônia primeiro? 11. Quanto custavam os abacaxis? 12. Quantos abacaxis comprou Antônia? 13. Quanto custava a dúzia de mangas? 14. Que mangas comprou Antônia, as mais caras ou mais baratas? 15. Que frutas mais comprou a menina? 16. Por que é que o quitandeiro não tinha cerejas? 17. De que estado do Brasil vêm as uvas, em geral? e os pêssegos, as peras e os melões? 18. Onde foi Antônia depois? 19. Ela levou muito tempo no armazem? 20. Que comprou Antônia no armazem? 21. Onde foi ela depois do armazem? 22. O que fêz ela no açougue? 23. Como foi Antônia para casa? 24. Que disse ela à mãe? 25. Que respondeu D. Maria? 26. Qual ia ser o primeiro prato para o jantar? 27. Depois da sopa o que teriam? 28. De que seria a salada? 29. O que teriam para sobremesa? 30. Que respondeu D. Maria quando Antônia perguntou que doce iam ter? 31. Que escolheu Antônia, sorvete ou compota de pêssego? 32. O que disse D. Maria? 33. Antônia gostou da idéia? 34. Que fêz Antônia?

Drill

CLASSROOM EXERCISES

1. *Give the correct form of the verbs in parentheses:*

1. Ontem nós (ir) ao restaurante, (almoçar) com alguns amigos e depois (vir) para casa. 2. Infelizmente não (poder) ir amanhã a sua casa porque não (acabar) minhas lições. 3. Ela (fazer) um exame a semana passada e (ter) boa nota. 4. Nós (saber) hoje de manhã que nosso primo (estar) aqui em Nova York o mês passado e que (voltar) para o Brasil na segunda-feira passada. 5. Quarta-feira que vem (ir) a uma festa em casa do noivo de minha amiga. 6. Quando eu (sair) do teatro ontem à noite (chover) muito, por isso (correr) até o restaurante mais próximo onde (entrar) e (comer) alguma coisa. 7. Minha irmã esta manhã (trazer) para mim uns bonitos livros que ela (comprar) no Rio de Janeiro quando (estar) lá. 8. Eu me (deitar) todos os dias cedo mas (dormir) mal. 9. Meu pai (dizer) ontem durante o jantar que nós (ir) passar as férias numa casa grande perto do Rio. 10. Eu não (fazer) minhas lições porque (estar) doente a semana passada. 11. Você (dizer)

sempre que não (gostar) do frio mas o frio (ser) bom para a saúde.
12. Eu (trazer) aqui comigo todos os nossos papéis. 13. Você
(vir) hoje de manhã à escola mas não (saber) a sua lição. 14. Eu
já (comer) um bife com batatas fritas quando o « garçon » me
(trazer) um prato de arroz com feijão. 15. Quando eu (vir) ontem
aqui a criança (dormir), por isso não (falar) com ela.

2. *Fill in the blanks with the right forms:*

1. —— foi que disse isto? 2. A menina —— mãe está doente é
uma boa aluna. 3. O rapaz —— veio aqui ontem não é êsse.
4. Em —— das casas mora sua mãe? 5. —— é a capital do Brasil?
6. O livro —— eu deixei sôbre a mesa é o meu. 7. O homem a ——
eu dei o dinheiro é alto e magro. 8. —— são os meninos —— vêm
comigo? 9. As mulheres de —— ela lhe falou são alemãs. 10. Os
alunos —— notas não são boas não podem sair esta tarde. 11. A
moça de —— você me falou veio me ver esta manhã. 12. A mesa
em cima da —— está o livro é baixa. 13. O —— lhe disse êle?
14. O colégio —— alunos tiveram o primeiro prêmio no concurso,
é aquêle. 15. O jantar —— tive ontem em casa de minha amiga
foi delicioso. 16. —— são os seus livros e —— é a sua caneta?
17. —— está ai na porta? 18. Foi esta moça —— me disse tal
coisa. 19. Em —— rua você mora? 20. A família —— filhos
são fortes e bons é feliz.

3. *Fill in the blanks with* ***por*** *or its contractions,* ***para,*** *or* ***a*** *and its contractions:*

1. Vamos agora —— casa. 2. Minha mãe fêz tudo —— os filhos.
3. Meu pai trouxe êstes livros —— mim. 4. Passamos ontem ——
aquela cidade. 5. Vou —— quitanda comprar alguns legumes.
6. Minha irmã foi —— casa de minha sogra. 7. Trabalho ——
vocês. 8. Vamos —— Rio a semana que vem e voltaremos logo.
9. Ela comprou isto —— o pai. 10. Passei —— porta grande
quando vim. 11. Ela fêz o jantar —— o filho que estava com
fome. 12. Eu comprei o caderno —— cinco cruzeiros. 13. Ela
faz tudo —— dinheiro. 14. Vamos agora —— cinema e passaremos —— sua casa. 15. Não quero ir —— o norte, quero ir ——
o sul. 16. Fui —— restaurante —— jantar. 17. Quero 15 cruzeiros —— toalha. 18. Vim —— os Estados Unidos há dez anos.
19. Disse —— homem que você não estava aqui. 20. Vim aqui
—— falar com você.

LIÇÃO DEZESSEIS

IDIOMATIC DRILL

Study the following expressions and use them in original sentences:

saber de cor, to know by heart

Sei de cor todos os nomes das frutas.	I know all the names of the fruits by heart.

Eu sei lá ..., How should I know ...

Quantos anos ela tem? — Sei lá ...?	How old is she? — How should I know ...?

Isto é uma « canja » (*or* **uma « sopa »**). This is a "cinch."

O exame foi uma « canja » (*or* **« sopa »**).	The examination was a "cinch."

estar pronto, –a, to be ready

Estarei pronto às cinco horas.	I shall be ready at five o'clock.

... pronto, that's all, finished

Coma um doce mais e ... pronto.	Eat one sweet more and that's all.

estar passado, –a, to be overripe

Estas bananas já estão passadas.	These bananas are already overripe.
Essa mulher é bonita, mas está um pouco passada.	That woman is beautiful, but she is past her prime.

ASSIGNMENT

Translate into Portuguese:

1. The children went into a restaurant for dinner. 2. While they were eating their parents came in. 3. The mother ate meat, vegetables, and dessert. 4. One of the boys ate a steak, rare, with tomatoes and lettuce. 5. Pineapples and mangoes are domestic fruits. 6. The pear, the peach, and the melon are foreign fruits. 7. They took wine with their meal. 8. Grapes come from the state of São Paulo. 9. The mother gave the children bread and butter. 10. The waiter asked the children what they wanted for lunch. 11. The children answered

that they wanted meat, vegetables, fruit, and ice cream. 12. The girl takes tea in the morning. 13. In Brazil they drink much beer. 14. Before leaving the restaurant the father paid the bill and gave the waiter a good tip. 15. They knew how to speak Portuguese, but they could not speak English. 16. I learned that you were here this morning. 17. I am going to find out the whole story this afternoon. 18. I cannot do this because I don't know German. 19. I could not go and speak to her because it was too late; she was already asleep. 20. She sleeps very well but last night she did not sleep. 21. She came with me while her sister went with my mother. 22. She could not come yesterday because her father was sick, but she will come today. 23. I sleep very well when it is cold. 24. I was in the dining room when he came in and spoke to me. 25. I like fruit ices for dessert during the summer. 26. There were several kinds of fruit on the table: pineapples, mangoes, strawberries, melons, bananas, and oranges. 27. Brazilians eat rice and beans every day. 28. My grandfather eats very little. 29. Mangoes and pineapples are not expensive in Brazil.

LIÇÃO 17

VOCABULARY

admirar [ɐdmi'rar] to admire
a bôca [ɐ-'bokɐ] mouth
o barulho [u-bɐ'ruʎu] noise
bem feito, -a ['bẽ-'feitu] well shaped, well made
o braço [u-'brasu] arm
a cabeça [ɐ-kɐ'besɐ] head
o cabelo [u-kɐ'belu] hair
conhecer [koɲe'ser] to know
a conversa [ɐ-kõ'vɐrsɐ] conversation
o corpo [u-'korpu], pl. os corpos [us-'kɔrpus] body, figure
crespo, -a ['krespu] curly
o dedo [u-'dedu] finger
deitar [dei'tar] to lie
o dente [u-'dẽⁿti] tooth
interromper [ĩⁿterrõ'ᵐper] to interrupt
louro, -a ['lo(u)ru] blond
o mar [u-'mar] sea
mostrar [mos'trar] to show
o nariz [u-nɐ'ris] nose
a observação [ɐ-observɐ'sẽũ] observation

o ôlho [u-'oʎu], pl. os olhos [u'z-ɔʎus] eye
o ombro [u-'õᵐbru] shoulder
a onda [ɐ-'õⁿdɐ] wave
o pé [u-'pɛ] foot
a perna [ɐ-'pɐrnɐ] leg
o pescoço [u-pes'kosu] neck
as pestanas [ɐs-pes'tɐnɐs] eyelashes
pintar [pĩ'tar] to paint
o queixo [u-'ke(i)ʃu] chin
o rosto [u-'rrostu] face
a roupa de banho [ɐ-'rro(u)pɐ di-'bɐnu] bathing suit
o sinal [u-si'nał] signal; beauty spot
as sobrancelhas [ɐs-sobrɐ'seʎɐs] eyebrows
ter vontade de ['ter-võ'ⁿtadi-di] to wish to
a testa [ɐ-'tɛstɐ] forehead
tratado, -a [trɐ'tadu] well cared for, well-groomed
a unha [ɐ-'uɲɐ] fingernail
usar [u'zar] to wear, use

155

Grammar

83. Indefinite adjectives and pronouns: *todo, tôda, todos, tôdas*

a. Preceding the noun. The singular forms **todo, tôda,** mean *each, every;* they can be used with or without the article.

Todo o homem é mortal. ⎫ Every man is mortal.
Todo homem é mortal. ⎭

Tôda a mulher bonita é faceira. ⎫ Every pretty woman is coquet-
Tôda mulher bonita é faceira. ⎭ tish.

The plural forms **todos, tôdas,** mean *all;* they have to be followed by the article.

Todos os homens são mortais. All men are mortal.
Tôdas as mulheres bonitas são All pretty women are coquettish.
   faceiras.

b. Following the noun. **Todo** means *total, entire.*

Todo homem é mortal, mas o Every man is mortal, but not all
   homem todo não é mortal.   in man is mortal.

c. Used as an adverb. Following a noun, verb, or adjective, **todo, tôda** has the function of an adverb, meaning *totally, completely;* it retains, however, the forms of an adjective.

Ela se molhou tôda. She got all wet.
Ela está tôda molhada. She is soaked.

84. Use of *tudo*. **Tudo** is the neuter form of **todo** and is generally used as a pronoun.

E o que mais você sabe? — É And what else do you know?
   tudo.   — That is all.

Tudo followed by **que** always requires the article **o.**

Tudo o que êle me disse é ver- Everything he told me is true.
   dade.
Tudo o que eu soube foi isso. That is all I found out.
Tudo o que eu quero é possível. All I want is possible.

85. Forms of *ouvir*

OUVIR [ou'vir] to hear

Indicativo Presente	*Imperfeito*	*Pretérito Perfeito*	*Futuro*
ouço ['o(u)su]	ouvia [o(u)'viɐ]	ouvi [o(u)'vi]	ouvirei [o(u)vi're(i)]
ouves ['o(u)vis]	ouvias [o(u)'viɐs]	ouviste [o(u)'visti]	ouvirás [o(u)vi'ras]
ouve ['o(u)vi]	ouvia [o(u)'viɐ]	ouviu [o(u)'vɪu]	ouvirá [o(u)vi'ra]
ouvimos [o(u)'vimus]	ouvíamos [o(u)'viɐmus]	ouvimos [o(u)'vimus]	ouviremos [o(u)vi'remus]
ouvis [o(u)'vis]	ouvíeis [o(u)'vieis]	ouvistes [o(u)'vistis]	ouvireis [o(u)vi'reis]
ouvem ['o(u)vẽ(ĩ)]	ouviam [o(u)'viɐ̃ũ]	ouviram [o(u)'virɐ̃ũ]	ouvirão [o(u)vi'rɐ̃ũ]

Particípio Presente
ouvindo [o(u)'vĩⁿdu]

Particípio Passado
ouvido [o(u)'vidu]

86. Forms of *sentir*

SENTIR [seⁿ'tir] to feel

Indicativo Presente	*Imperfeito*	*Pretérito Perfeito*	*Futuro*
sinto ['sĩⁿtu]	sentia [sẽ'ⁿtiɐ]	senti [sẽ'ⁿti]	sentirei [sẽⁿti're(i)]
sentes ['sẽⁿtis]	sentias [sẽ'ⁿtiɐs]	sentiste [sẽ'ⁿtisti]	sentirás [sẽⁿti'ras]
sente ['sẽⁿti]	sentia [sẽ'ⁿtiɐ]	sentiu [sẽ'ⁿtɪu]	sentirá [sẽⁿti'ra]
sentimos [sẽ'ⁿtimus]	sentíamos [sẽ'ⁿtiɐmus]	sentimos [sẽ'ⁿtimus]	sentiremos [sẽⁿti'remus]
sentis [sẽ'ⁿtis]	sentíeis [sẽ'ⁿtieis]	sentistes [sẽ'ⁿtistis]	sentireis [sẽⁿti'reis]
sentem ['sẽⁿtẽ(ĩ)]	sentiam [sẽ'ⁿtiɐ̃ũ]	sentiram [sẽ'ⁿtirɐ̃ũ]	sentirão [sẽⁿti'rɐ̃ũ]

Particípio Presente *Particípio Passado*
sentindo [sẽ'ⁿtindu]   sentido [sẽ'ⁿtidu]

87. Forms of *ver*

VER ['ver] to see

Indicativo Presente	*Imperfeito*	*Pretérito Perfeito*	*Futuro*
vejo ['veʒu]	via ['viɐ]	vi ['vi]	verei [ve're(i)]
vês ['ves]	vias ['viɐs]	viste ['visti]	verás [ve'ras]
vê ['ve]	via ['viɐ]	viu ['vɪu]	verá [ve'ra]
vemos ['vemus]	víamos ['viɐmus]	vimos ['vimus]	veremos [ve'remus]
vêdes ['vedis]	víeis ['vieis]	vistes ['vistis]	vereis [ve'reis]
vêem ['vẽ(ĩ)]	viam ['viɐ̃ũ]	viram ['virɐ̃ũ]	verão [ve'rɐ̃ũ]

Particípio Presente *Particípio Passado*
vendo ['vẽⁿdu]   visto ['vistu]

Leitura

Margaret ainda não conhecia Julieta, a prima de seus amigos.
— Julieta é bonita? — perguntou ela um dia, na mesa do almôço.
— É muito bonita, — respondeu Antônia, que admirava
5 muito a prima.
— É alta ou baixa?
— É alta e magra. Tem um rosto lindo. A cabeça é pequena e bem feita, com cabelos louros e crespos. A testa é larga. Os olhos são grandes e castanhos, com as pestanas e

sobrancelhas muito pretas. Um nariz pequeno. Bôca pequena também e dentes muito brancos.

— Com um sinalzinho no queixo e outro no pescoço, — disse Zuzu que estava louca para se meter na conversa.

— Ela usa os cabelos soltos sôbre os ombros, — continuou Antônia. — As mãos são pequenas com as unhas sempre tratadas.

— E tem os braços e as pernas muito bonitos, — interrompeu José, — vê-se bem quando ela está de roupa de banho, na praia.

Todos acharam muita graça na observação de José.

— E ela também pinta as unhas dos pés, — disse Zuzu.

— Ela já é uma moça, — respondeu D. Maria, — e pode fazer isto. Você ainda é uma criança e não pode pintar as unhas. Tem que lavar muito bem a mão, os dedos e as unhas para mostrar a todos que é uma menina limpa.

D. Maria disse a Margaret que ela precisava conhecer Julieta. Por isso iam convidar a sobrinha para jantar no dia seguinte.

— Você vai gostar muito dela. É uma menina muito alegre. Fala bem o inglês e tem muita vontade de ir aos Estados Unidos.

Depois do almôço as crianças foram passear na praia. O dia estava lindo. Ouvia-se o barulho das ondas no mar.

— Eu me sinto tão bem na praia, — disse Margaret, — aqui no Rio a gente está sempre na praia; há praias por todos os lados. E que praias lindas!

— É verdade, vê-se o mar de quase todos os pontos da cidade e, no tempo de calor, quando a gente vem da escola ou do trabalho, ainda pode tomar um bom banho de mar antes do jantar.

— Eu gosto de me deitar na praia e sentir o sol sôbre meu corpo ouvindo o barulho do mar. É tão bom! — disse Margaret.

— E a gente pode fazer isto o ano inteiro aqui no Rio. Que delícia!

— Nós moramos na praia de Copacabana, — disse Joãozinho, mostrando o mar, — é a praia mais linda do mundo!

PERGUNTAS

1. Margaret já conhecia a prima dos amigos? 2. Que perguntou ela um dia, na mesa do almôço? 3. Que respondeu Antônia? 4. Julieta é alta ou baixa? 5. Como é o rosto dela? e a cabeça? 6. Como são os cabelos de Julieta? 7. A testa é larga? 8. Os olhos são grandes ou pequenos? 9. De que côr são os olhos? 10. E as pestanas, de que côr são? e as sobrancelhas? 11. O nariz é grande ou pequeno? 12. Como é a bôca? 13. Que tem ela no queixo e no pescoço? 14. Como é que ela usa os cabelos? 15. Como são as mãos? 16. Os braços e as pernas são feios ou bonitos? 17. Quando é que se pode ver bem os braços e as pernas dela? 18. O que é que Zuzu disse? 19. O que respondeu D. Maria? 20. Que disse D. Maria a Margaret? 21. Quando é que iam convidar Julieta para jantar? 22. Julieta fala bem o inglês? 23. Onde foram as crianças depois do almôço? 24. Como estava o dia? 25. O que é que se ouvia? 26. Que disse Margaret? 27. Pode-se ver o mar de vários pontos do Rio de Janeiro? 28. O que é que se pode fazer no tempo de calor? 29. De que é que Margaret gostava? 30. Pode-se tomar banho de mar o ano inteiro no Rio?

Drill

CLASSROOM EXERCISES

1. *Put the following sentences in the past tense:*

1. A criada traz o chá e bota-o sôbre a mesa, depois chama as crianças que vêm logo porque estão com fome. 2. Joãozinho faz anos êste mês; por isso dá uma festa e convida todos os seus amiguinhos. 3. Dona Maria diz aos filhos que já está na hora de partir para a escola. 4. Eu durmo até tarde, porque estou muito cansada. 5. As crianças voltam para casa às onze horas e almoçam ao meio-dia, vão depois para o colégio onde estudam até as quatro. 6. Vocês não sabem a lição de português porque não estudam como devem. 7. Eu não posso ir almoçar com você porque minha mãe está doente e eu tenho que ajudá-la. 8. Eu sinto muito a separação porque dou-me com ela. 9. Eu estudo muito porque tenho exames. 10. Eu vejo meu filho na escola. 11. Eu venho aqui para falar com o senhor sôbre o exame de português. 12. Ela vem à quitanda com a irmã, vão comprar frutas para o almôço. 13. Elas vêm umas frutas boas, por isso querem comprá-las imediatamente.

LIÇÃO DEZESSETE

14. Eu sinto frio neste quarto porque a janela está aberta. 15. Vejo umas meninas que estão brincando lá ao longe.

2. *Fill in the blanks with the appropriate form of* **todo, todos, tôda, tôdas,** *or* **tudo;** *use the article also if necessary:*

1. ―― ―― meninas foram ao cinema. 2. ―― ―― que eu disse ao senhor é verdade. 3. ―― ―― pais gostam de seus filhos mas não lhes podem fazer ―― ―― vontades. 4. Eu não pude estudar a lição ―― porque estive o dia ―― trabalhando e estou cansada. 5. ―― ―― mundo sabe que essa história não é verdadeira. 6. Não posso ir com você ao cinema porque tenho que preparar ―― ―― minhas lições para amanhã. 7. ―― ―― que eu quero é fácil de conseguir. 8. ―― ―― crianças estão em casa mas a família ―― ainda não chegou, faltam o pai e a mãe. 9. Isso é ―― ―― que temos para contar, o senhor já sabe ―― ―― história agora. 10. Minha filha está ―― molhada porque está chovendo e ela veio o caminho ―― a pé. 11. Nem ―― sabem ―― ―― que houve mas eu sei a verdade ――. 12. Ela está ―― contente porque soube a lição ―― e ganhou o prêmio. 13. ―― ―― dinheiro que êle tem não dá para viver. 14. ―― ―― meninas já chegaram mas os meninos ainda não estão ―― aqui. 15. Trabalhei durante ―― ―― minha vida e não fiz ―― ―― que queria. 16. Não acordei durante ―― ―― noite e agora vou trabalhar o dia ――. 17. Estive aqui durante duas horas lendo o tempo ――. 18. Estas casas, estas louças, êstes quadros, ―― isto é dêle. 19. ―― boa professora prepara ―― ―― suas aulas. 20. Levanto-me ―― ―― manhãs às sete horas e vou ―― ―― dias à escola mas não passo lá o dia ――.

IDIOMATIC DRILL

Study the following expressions and use them in original sentences:

sentir falta de . . ., to miss something or somebody

Sinto muita falta de minha filha.	I miss my daughter very much.
Sinto falta do mar.	I miss the sea.

sentir, to be sorry

Sinto muito o que aconteceu.	I am sorry for what happened.
Sinto não a ter visto.	I am sorry I did not see her.

sentir-se bem (mal, triste, *etc.*), to feel good (bad, sad, etc.)

Sinto-me bem aqui. I feel well (*or* happy) here.
Estou me sentindo mal hoje. I feel bad today.

vou ver, I shall try to

Vou ver se posso fazer isso. I shall try to do so.
Eu não sei falar inglês mas vou ver se aprendo. I don't know how to speak English, but I shall try to learn it.
Você pode fazer isto para mim? Can you do this for me? — I
— **Não sei, mas vou ver.** don't know, but I'll try.

ASSIGNMENT

1. *Put the verbs in the following sentences in the future:*

1. Estou ouvindo uma música brasileira. 2. Nós sentimos muito a partida dela para os Estados Unidos. 3. Você dorme todos os dias cedo. 4. Eu não estou me sentindo bem êste verão por causa do calor. 5. Eu estou escrevendo um livro. 6. Eu sei tudo o que se passa. 7. Êles podem falar português, inglês e francês. 8. As meninas trouxeram laranjas, bananas e abacaxis. 9. Meu pai fêz uma casa com dois quartos, uma sala e dois banheiros. 10. Êles disseram a verdade à mãe dêles. 11. Os senhores ouviram tôda a história. 12. Vieram com as primas e os tios. 13. Eu fui ver a minha amiga que está com o marido doente. 14. Nós viemos cedo porque o jantar é às sete menos um quarto. 15. Meus irmãos vieram à cidade com uns amigos.

2. *Translate into Portuguese:*

1. I am not feeling well today; it is too hot. 2. I could not see you this morning because I was still sleeping when you came. 3. My mother went to the market and bought some vegetables. 4. Yesterday we had dinner at a quarter to seven; we ate meat, potatoes, bread and butter; for dessert we had fruit. 5. She came back last week on Monday and brought me some oranges and a few pineapples. 6. I feel the sun on my body. 7. She has pretty arms and legs; her hands are always well-groomed. 8. I see that she is tall and blond with blue eyes and a pretty face. 9. She wears her hair over her shoulders. 10. He has a big nose, brown eyes, black eyelashes and eyebrows, a large chin, and a thin neck. 11. When I was in Brazil I ate rice and black beans almost every

day. 12. She had on a bathing suit. 13. I don't know how to do this, but I'll try. 14. His mouth is big and he has very white teeth. 15. While I was in the garden my sister was sleeping in her bedroom. 16. I told you that I did not know how to speak English, but that I can speak some French. 17. She came back with her grandfather and her parents two months ago. 18. I heard the noise you made in the dining room. 19. I saw when she came in; it was raining and I was lying on my bed. 20. I don't know her yet, but I know that she is very pretty.

LIÇÃO 18

VOCABULARY

apenas [ɐ'penɐs] hardly, only
a propósito [ɐ-pro'pɔzitu] by the way
o **bigode** [u-bi'gɔdi] moustache
bondoso, -a [bõ'ⁿdozu] kind
a **cara** [ɐ-'karɐ] face
a **cintura** [ɐ-sĩ'ⁿturɐ] waist
o **coração** [u-korɐ'sẽũ], *pl.* os **corações** [us-korɐ'sõĩs] heart
as **costas** [ɐs-'kɔstɐs] back
cuidadoso, -a [kwidɐ'dozu] careful
desde ['dezdi] since
o **ferro** [u-'fɛrru] iron
a **garganta** [ɐ-gɐr'gẽⁿtɐ] throat
a **língua** [ɐ-'lĩⁿgwɐ] tongue, language
mandar [mẽ'ⁿdar] to order, send
o **médico** [u-'mɛdiku] doctor

morrer [mo'rrer] to die
o **músculo** [u-'muskulu] muscle
nascer [nɐ'ser] to be born
nervoso, -a [ner'vozu] nervous
os **óculos** [u'z-ɔkulus] eyeglasses
o **osso** [u-'osu], *pl.* os **ossos** [u'z-ɔsus] bone
pálido, -a ['palidu] pale
o **peito** [u-'peitu] chest
a **pele** [ɐ-'pɛli] skin
provar [pro'var] to taste; prove, try on
o **pulmão** [u-puɫ'mẽũ], *pl.* os **pulmões** [us-puɫ'mõĩs] lung
o **pulso** [u-'puɫsu] wrist
receitar [resei'tar] to prescribe
o **remédio** [u-rre'mɛdju] medicine, remedy
respirar [rrespi'rar] to breathe
o **sangue** [u-'sẽⁿgi] blood

Grammar

88. Conditional. The conditional is formed by adding the following endings to the infinitive:

–ia ['iɐ]   –íamos ['iɐmus]
–ias ['iɐs]   –íeis ['ieis]
–ia ['iɐ]   –iam ['iẽũ]

LIÇÃO DEZOITO 165

The conditional of the verbs **dizer, fazer,** and **trazer** is formed (like the future) by using the contracted infinitive form: **dir, far, trar.**

Conditional

diria [di'riɐ]	faria [fɐ'riɐ]	traria [trɐ'riɐ]
dirias [di'riɐs]	farias [fɐ'riɐs]	trarias [trɐ'riɐs]
diria [di'riɐ]	faria [fɐ'riɐ]	traria [trɐ'riɐ]
diríamos [di'riɐmus]	faríamos [fɐ'riɐmus]	traríamos [trɐ'riɐmus]
diríeis [di'rieis]	faríeis [fɐ'rieis]	traríeis [trɐ'rieis]
diriam [di'riẽũ]	fariam [fɐ'riẽũ]	trariam [trɐ'riẽũ]

In conversational Portuguese the conditional is often replaced by the imperfect indicative.

> Eu gostava (*for* gostaria) de ir ao Rio agora. I should like to go to Rio now.

89. Orthographic changes in verbs. Verbs ending in **–car** change **c** to **qu** before the vowel **e** to preserve the original sound.

FICAR [fi'kar] to remain, stay, become, turn

Indicativo Presente	*Imperfeito*	*Pretérito Perfeito*
fico ['fiku]	ficava [fi'kavɐ]	fiquei [fi'ke(i)]
ficas ['fikɐs]	ficavas [fi'kavɐs]	ficaste [fi'kasti]
fica ['fikɐ]	ficava [fi'kavɐ]	ficou [fi'ko(u)]
ficamos [fi'kɐmus]	ficávamos [fi'kavɐmus]	ficámos [fi'kamus], [fi'kɐmus]
ficais [fi'kais]	ficáveis [fi'kaveis]	ficastes [fi'kastis]
ficam ['fikẽũ]	ficavam [fi'kavẽũ]	ficaram [fi'karẽũ]

Futuro	*Conditional*	*Particípio Presente*
ficarei [fikɐ're(i)]	ficaria [fikɐ'riɐ]	ficando [fi'kẽⁿdu]
ficarás [fikɐ'ras]	ficarias [fikɐ'riɐs]	
ficará [fikɐ'ra]	ficaria [fikɐ'riɐ]	*Particípio Passado*
ficaremos [fikɐ'remus]	ficaríamos [fikɐ'riɐmus]	
ficareis [fikɐ'reis]	ficaríeis [fikɐ'rieis]	
ficarão [fikɐ'rẽũ]	ficariam [fikɐ'riẽũ]	ficado [fi'kadu]

Verbs ending in -gar take **u** after the **g** before the vowel **e** to preserve the sound.

CHEGAR [ʃe'gar] to arrive

Indicativo Presente	*Imperfeito*	*Pretérito Perfeito*
chego ['ʃegu]	chegava [ʃe'gavɐ]	cheguei [ʃe'ge(i)]
chegas ['ʃegɐs]	chegavas [ʃe'gavɐs]	chegaste [ʃe'gasti]
chega ['ʃegɐ]	chegava [ʃe'gavɐ]	chegou [ʃe'go(u)]
chegamos [ʃe'gamos]	chegávamos [ʃe'gavɐmus]	chegámos [ʃe'gamus]
chegais [ʃe'gais]	chegáveis [ʃe'gaveis]	chegastes [ʃe'gastis]
chegam ['ʃegẽũ]	chegavam [ʃe'gavẽũ]	chegaram [ʃe'garẽũ]

Futuro	*Conditional*	*Particípio Presente*
chegarei [ʃegɐ're(i)]	chegaria [ʃegɐ'riɐ]	chegando [ʃe'gɐⁿdu]
chegarás [ʃegɐ'ras]	chegarias [ʃegɐ'riɐs]	
chegará [ʃegɐ'ra]	chegaria [ʃegɐ'riɐ]	*Particípio Passado*
chegaremos [ʃegɐ'remus]	chegaríamos [ʃegɐ'riɐmus]	
chegareis [ʃegɐ'reis]	chegaríeis [ʃegɐ'rieis]	chegado [ʃe'gadu]
chegarão [ʃegɐ'rẽũ]	chegariam [ʃega'riẽũ]	

90. Uses of the verb *ficar*. The verb **ficar** has many uses in Portuguese and corresponds to several English verbs. A few examples will give the student an idea of the importance of this verb.

Ela ficou em casa com a mãe.	She stayed at home with her mother.
Fiquei triste quando a vi tão doente.	I became sad when I saw her so ill.
As folhas ficam amarelas no outono.	The leaves turn yellow in autumn.
Êste chapéu não me fica bem.	This hat is not becoming to me.
O exame ficou para amanhã.	The examination was postponed until tomorrow.
Minha casa fica em Copacabana.	My house is in Copacabana.

Não posso comprar tantos livros, fico só com dois.	I cannot buy so many books, I'll take only two.
Fica mais barato viver em Nova York do que em Los Angeles.	It is cheaper to live in New York than in Los Angeles.

91. Uses of the verb *chegar*. The verb **chegar** can have the following meanings: *to come, arrive, be enough, fit in, amount to, go as far as, get to.*

Chega aqui, meu filho.	Come here, my son.
Ela chega hoje.	She arrives today.
Êste dinheiro não chega para viver.	This money is not enough to live on.
Esta fazenda não chega para um vestido.	This material is not enough for a dress.
Êste livro não chega na minha pasta.	This book does not fit in my brief case.
A despesa chegou a 100 cruzeiros.	The expenses amounted to one hundred cruzeiros.
Êle chegou a ser presidente da República.	He got to be President of the Republic.

In its reflexive form (**chegar-se**) this verb means *to come near, draw close to.*

A criança chegou-se à mãe.	The child drew close to his mother.

92. Indefinite adjectives and pronouns (cont.)

a **Algum, alguns, alguma, algumas** are generally used as adjectives and can be translated by the English word *some*.

O senhor tem alguma coisa para mim?	Do you have something for me?
Algum dia eu irei aos Estados Unidos.	Some day I shall go to the United States.
Você tem dinheiro? — Tenho algum.	Do you have money? — I have some.

Algum after the noun means *no, not any,* and is stronger than **nenhum** before the noun.

Não tenho amigo algum aqui.	I haven't a friend here.

b. **Alguém** is a pronoun corresponding to the English words *someone, somebody.*

Há alguém na sala.	There is somebody in the room.
Mora alguém nesta casa?	Is there someone living in this house?
Alguém falou com êle sôbre isto?	Did somebody speak to him about this?

c. **Algo** is not a conversational expression; it appears in literary speech or writing. It means **alguma coisa,** *something,* or **um tanto,** *somewhat, a little.*

Há algo de novo aqui.	There is something new here.
Êle está algo doente.	He is somewhat (a little) sick.

93. Negative adjectives and pronouns.

a. **Nenhum, nenhuns, nenhuma, nenhumas,** being the negative forms of **algum, alguns, alguma, algumas,** are generally used as adjectives, although they can be used also as pronouns.

Não há nenhum aluno na classe.	There is no student (at all) in the class.
Ela não tem família nenhuma.	She has no family at all.
Nenhum dêles está aqui.	None of them is here.

b. **Nenhum** and **nenhuma** are the contractions of the forms **nem um, nem uma;** the uncontracted forms **nem um, nem uma** are stronger than the contracted ones.

Ela tem amigos? — Nem um.	Has she any friends? — Not even one.

c. **Ninguém** means *nobody, none, no one.* When it comes before the verb it is not followed by another negative.

Ninguém vem aqui.	Nobody comes here.

When it comes after the verb the negative **não** precedes the verb.

Não vem ninguém aqui.	Nobody comes here.

d. **Nada** means *nothing*. Before the verb it is not followed by another negative.

Nada vi.   I saw nothing.

After the verb, the negative **não** precedes the verb.

Não vi nada.   I saw nothing.

NOTE: In Portuguese every negative idea must be expressed by making the verb negative, which is done by placing either **não** or some other negative word before the verb. If there is another negative idea in the sentence, Portuguese still uses a negative before the verb as well as the negative after the verb.

Nunca dou nada a ninguém. } I never give anything to anybody.
Não dou nada nunca a ninguém. }
Ninguém sabe nada.   Nobody knows anything.

Leitura

Antônia não estava se sentindo muito bem, por isso Dona Maria foi com ela ao médico. Êste era um velho amigo da família e conhecia as crianças desde que nasceram. Era um homem alto e forte, um pouco gordo, com cabelos brancos e um bigodinho fino. Usava óculos e tinha uma cara muito bondosa. Êle ficou contente quando viu Antônia e a mãe, porque gostava muito delas. Examinou a menina cuidadosamente. Primeiro a língua, os dentes e a garganta, depois os pulmões. Mandou Antônia respirar bem forte e dizer várias vezes: trinta e três. Viu os músculos e o coração, e tomou as medidas do peito, das costas e da cintura. Tomou-lhe o pulso, examinou bem os ossos e ao fim de uma meia hora disse a mãe:

— Não é nada, Dona Maria, a menina está apenas um pouco cansada; vou receitar um remedinho e dentro de uma semana ela ficará boa.

— Muito obrigada, doutor, — respondeu Dona Maria, — eu fiquei nervosa quando a vi assim doente, mas agora estou satisfeita.

— Mamãe pensou que eu ia morrer, — disse Antônia rindo.
— Qual é o remédio que o senhor vai me dar, doutor?
— Um pouco de ferro para o sangue, porque você está pálida, você vai gostar, é um vinho bom.

5 Quando Antônia e a mãe chegaram em casa eram quase horas de jantar; a menina foi descansar um pouquinho, deitou-se ali na sala mesmo, com os pés em cima do sofá, enquanto conversava com os irmãos. Margaret estava estudando o corpo humano em português, mas ainda não sabia dizer tudo. An-
10 tônia passou a mão no rosto e perguntou:
— Como se chama isto aqui?
— Pele, — respondeu Margaret; — e a propósito, você tem uma pele linda.
— Muito obrigada, — disse Antônia tôda satisfeita, — mas
15 agora vamos jantar, porque estou com uma fome louca e quero provar o remédio gostoso que o médico me deu.
— Você me dá um pouquinho do vinho, sim, Antônia? Eu também não estou me sentindo muito bem, — falou Zuzu baixinho.
20 — Dou, sim, mas é preciso não dizer aos outros, porque não chega para tantos.

Neste momento Dona Maria e o Senhor Antunes chegaram na sala e todos foram para a mesa.

PERGUNTAS

1. Como estava se sentindo Antônia? 2. Onde levou-a Dona Maria? 3. Quem era o médico? 4. Desde quando o médico conhecia as crianças? 5. Como era o médico? 6. Que usava êle? 7. Porque é que êle ficou contente quando viu Antônia e a mãe? 8. Que examinou primeiro? 9. O que mandou Antônia fazer? 10. Qual foi o número que ela disse? 11. O médico examinou os músculos? e o coração? 12. De que é que êle tomou as medidas? 13. Que disse a Dona Maria? 14. O que receitou para Antônia? 15. O remédio era ruim ou bom? 16. Quando é que êle achava que a menina estaria boa outra vez? 17. Que respondeu Dona Maria? 18. O que disse Antônia? 19. Que havia no remédio? 20. Para que é bom o ferro? 21. A que horas

LIÇÃO DEZOITO

chegaram Antônia e a mãe em casa? 22. Onde se deitou Antônia para descansar? 23. O que é que Margaret estava fazendo? 24. Margaret já sabia tudo em português? 25. Margaret acha a pele de Antônia bonita ou feia? 26. Antônia estava com fome? 27. Que pediu Zuzu? 28. O que é que Margaret disse? 29. Quem entrou na sala neste momento? 30. Para onde foram todos?

Drill

CLASSROOM EXERCISES

1. *Fill in the blanks with the required indefinite adjectives or pronouns:*

1. Você tem —— coisa para mim? 2. (*Some*) dia vou a Europa. 3. Ela tem (*some*) dinheiro, mas não chega para viver nos Estados Unidos. 4. Nós temos (*some*) livros mas gostaríamos de ter mais. 5. Há (*somebody*) na sala, mas não sei quem é. 6. O senhor tem (*some*) amigos aqui nesta cidade? Não, (*none*). 7. Ela ficou sem família ——; (*all*) os seus parentes morreram. 8. Êles trabalham o dia (*all*) e não têm quase dinheiro ——. 9. Eu não tive informação —— sôbre isto. 10. (*Somebody*) falou comigo esta manhã, acho que foi —— de suas filhas. 11. (*Everything*) o que êle me disse não é verdade mas (*something*) coisa é. 12. Eu não vi (*anybody*) nesta sala durante —— a manhã. 13. Infelizmente não tenho (*nothing*) para você hoje. 14. (*Somebody*) me disse que Maria não queria (*anybody*) para morar com ela. 15. (*All*) filhos de Paulo são inteligentes. 16. (*Nobody*) sabe ainda que ela está aqui. 17. O dinheiro não é (*all*) na vida. 18. Não conte a (*anybody*) o que eu lhe disse. 19. (*All*) as meninas já chegaram mas (*some*) das professoras ainda não vieram. 20. (*Nobody*) me contou a verdade (*all*), disseram-me apenas —— coisa. 21. Hoje estou cansada, não faço mais trabalho —— até amanhã.

2. *Give the past of the following sentences:*

1. Fico com êstes livros mas não com aquêles porque não gosto dêles. 2. Minha mãe chega hoje do Brasil, vai morar num bom hotel em Nova York. 3. Chego da escola às quatro horas e vou logo merendar. 4. Ela sente uma forte dor de cabeça e vai ao médico com a mãe. 5. Não ouço bem porque está muito barulho. 6. O rapaz vê os amigos ao longe. 7. Nós trazemos do mercado

frutas e legumes para o almôço. 8. Eu faço o jantar e você põe a mesa. 9. Trago os garfos, as facas, as colheres, os copos e os pratos e você põe a toalha sôbre a mesa. 10. Êle diz que a casa dêle tem quatro quartos, duas salas, uma copa, a cozinha e uma despensa. 11. Eu volto ao jardim com minha irmã e minha tia. 12. Meu avô sabe a história tôda, e conta-a a você. 13. Não posso ver ninguém hoje antes do almôço porque não tenho tempo. 14. Eu venho comprar pão e manteiga para o nosso jantar. 15. Vou com meu primo à casa de meu cunhado porque minha irmã está doente. 16. Eu não sei a verdade tôda. 17. O senhor vem aqui e depois vai à casa dela. 18. Eu não posso ir trabalhar hoje, tenho que ir ao médico. 19. Êle chega muito tarde e sente-se cansado. 20. Eu fico com dor de cabeça porque você grita muito.

IDIOMATIC DRILL

Study the following expressions and use them in original sentences:

ficar quieto, –a, to be quiet, be still

Fica quieto, menino. Be quiet, boy.

ficar calado, –a, to remain silent

Êle ficou calado durante todo o tempo. He remained silent during all the time.

ficar, to become, get, turn out

Êste menino está ficando muito alto. This boy is getting to be very tall.

A história ficou muito boa. The story turned out to be very good.

ficar doente, to be taken ill

Ela ficou doente a semana passada. She was taken ill last week.

ASSIGNMENT

1. *Fill in the blanks with the correct relative, interrogative, or personal pronouns:*

1. Minha mãe disse que o rapaz —— esteve aqui é brasileiro. 2. O livro está em cima da mesa, trouxe-—— esta manhã na minha

pasta. 3. Êste chapéu não —— fica bem. 4. Aquela moça —— veio com minha irmã trouxe alguma coisa para você e deu-—— ao criado. 5. Estive com teu tio e dei-—— a tua carta. 6. Sinto não ter visto a moça —— irmão está doente, porque poderia ter-—— dado o remédio. 7. O rapaz —— noiva veio aqui hoje quer falar com minha mãe. 8. A —— entregaste o remédio? 9. Fui eu —— fiz isto. 10. O —— é aquilo em cima da mesa? 11. —— estuda muito sabe muito. 12. Não sei nada disto, —— sabe é meu irmão. 13. Vou falar com aquêle homem —— esteve aqui ontem. 14. As cadeiras —— estão na sala não são as minhas, são as tuas. 15. Posso ir ver —— está na sala, mas creio que é aquela mulher —— filho é seu aluno. 16. —— disse isto a sua irmã? 17. —— alunos são êstes? 18. O homem com —— eu vim é alto e magro. 19. A criada —— disse que o jantar já está na mesa. 20. O livro —— comprei é bom e barato, vou dá-—— de presente a minha irmã.

2. *Translate into Portuguese:*

1. That hat is not becoming to me. 2. My Portuguese book does not fit in my brief case. 3. I became very sad when I saw her so sick. 4. She stayed at home with her brother. 5. She turned pale when she saw him. 6. The examination was postponed until next week. 7. I like all the hats but I shall take this one because it is cheaper. 8. It is cheaper to live in Rio than in New York. 9. We arrived yesterday and our grandfather came with us. 10. That girl has a lovely skin, but her legs and arms are too slender. 11. The doctor examined her carefully, first her throat, then her lungs and heart. 12. Her feet are small and pretty. 13. She has big eyes, a pretty mouth, white teeth, and black hair. 14. Each hand has five fingers. 15. I know that she is taller than I am, but I am more slender. 16. I heard somebody say that she was here. 17. Nobody came to my room this morning, but I saw someone entering father's room at eight o'clock. 18. I have something for you and you have nothing for me. 19. I worked all day yesterday, but I would not like to do this every day. 20. Is anybody there? 21. I lay on the beach this morning. 22. His mouth is bigger than mine. 23. The throat, the bones, the muscles, and the blood are also parts of the human body. 24. He was born (during the) last century and died yesterday. 25. He never gave anything to anybody; he is worse than his brother.

LIÇÃO 19

VOCABULARY

apinhado, –a [ɐpi'ɲadu] crowded
atender [ɐtẽ'ⁿder] to wait on, tend, take care of; grant, answer
o « **bâton** » [u–'bɐtõ] lipstick
um **bocadinho** [ũ–ᵐbokɐ'diɲu] a little, a short while
botar [bo'tar] to put
o **cabeleireiro** [u–kɐbelei'reiru] ladies' hairdresser
cortar o cabelo [kor'tar–u–kɐ'belu] to have a haircut
o **corte de cabelo** [u–'kɔrti–di–kɐ'belu] haircut
o **creme** [u–'kremi] cream
dentro em pouco ['dẽⁿtru–ẽ(ĩ)–'ᵐpo(u)ku] in a short while
ensaboar [ẽsɐbo'ar] to soap
enxaguar [ẽʃɐ'gwar] to rinse
a **escôva de cabelo** [ɐ–es'kovɐ–di–kɐ'belu] hairbrush
a **escôva de unhas** [ɐ–es'kovɐ–di–'uɲɐs] nailbrush
escovar [esko'var] to brush
fazer as unhas [fɐ'zer–ɐ'z–uɲɐs] to manicure the nails, have a manicure
o **freguês** [u–fre'ges]; **a fre-**

guesa [ɐ–fre'gezɐ] customer
o **jeito** [u–'ʒeitu] skill
lavar a cabeça [lɐ'var–ɐ–kɐ'besɐ] to wash the hair, give a shampoo
lavar o rosto (a cara) [lɐ'var–u–'rrostu (ɐ–'karɐ)] to wash one's face
limpar [lĩ'ᵐpar] to clean, wipe off
liso, –a ['lizu] straight, smooth
a **loção** [ɐ–lo'sẽũ] lotion
a **manicura** [ɐ–mɐni'kurɐ] manicurist
a **ondulação permanente** [ɐ–õⁿdulɐ'sẽũ–permɐ'nẽⁿti] permanent wave
pedir hora [pe'di'r–ɔrɐ] to ask for a professional appointment
o **pente** [u–'pẽⁿti] comb
o **penteado** [u–pẽ'ⁿtjadu] hairdo, coiffure
pentear [pẽ'ⁿtjar] to comb
a **pintura** [ɐ–pĩ'ⁿturɐ] make-up
o **pó de arroz** [u–'pɔ–di–ɐ'rros] face powder
precisar [presi'zar] to need

174

RIO DE JANEIRO — One of the many sidewalk cafés on the Avenida Rio Branco, Rio's main thoroughfare.

GUARUJA.
Casa Guaruja night club at Guaruja Beach. The spiral staircase leads up to a dance pavilion overlooking the beach.

PETRÓPOLIS — The summer palace of Dom Pedro II was constructed in the mid-nineteenth century in the mountains near Rio.

o **retoque** [u-rre'tɔki] final touch
o **rouge** [u-'rruʒi] rouge
o **sabão** [u-sɐ'bẽũ] soap, laundry soap
o **sabonete** [u-sɐbo'neti] toilet soap
o **salão de beleza** [u-sɐ'lẽũ-dibe'lezɐ] beauty parlor

o **secador** [u-sekɐ'dor] dryer
secar [se'kar] to dry
telefonar [telefo'nar] to telephone
a **tesoura** [ɐ-te'zo(u)rɐ] scissors
o **verniz** [u-ver'nis] enamel, nail polish

Grammar

94. Orthographic changes in verbs (cont.)

ESQUECER [eske'ser] to forget

Indicativo Presente

esqueço [es'kesu]   esquecemos [eske'semus]
esqueces [es'kɛsis]   esqueceis [eske'seis]
esquece [es'kɛsi]   esquecem [es'kɛsẽ(ĩ)]

The verb **esquecer**, as all verbs ending in –cer, changes c to ç before o and a in order to retain the sound of the stem.

NOTE: **Esquecer** is often used in the reflexive form (**esquecer-se**); in that case the preposition **de** precedes the object.

Ela não se esquece da filha.   She does not forget her daughter.

COMEÇAR [kome'sar] to begin

Indicativo Presente

começo [ko'mesu]   começamos [kome'sɐmus]
começas [ko'mɛsɐs]   começais [kome'sais]
começa [ko'mɛsɐ]   começam [ko'mɛsɐ̃ũ]

Pretérito Perfeito

comecei [kome'se(i)]   começámos [kome'sɐmus]
começaste [kome'sasti] começastes [kome'sastis]
começou [kome'so(u)]   começaram [kome'sarɐ̃ũ]

The verb **começar**, as all verbs ending in –çar, changes ç to c before e.

95. Indefinite adjectives and pronouns (cont.)

a. **Outro, –a, –os, –as** means *other* or *another*.

Os outros homens não vieram.	The other men did not come.
A outra menina era mais bonita.	The other girl was prettier.
Dê-me outro livro.	Give me another book.
As outras moças não estão ai.	The other young ladies are not there.

b. **Outro** also means *different*.

Êle é hoje outro homem.	Today he is a different man.

c. **Muito, –a, –os, –as** means *many, much*.

Eu quero muita água.	I want a lot of water.
Êle tem muito dinheiro	He has a lot of money.
Muitos são os que falam dêle.	Many are those who speak of him.

d. **Pouco, –a, –os, –as** means *little, few*.

Eu quero pouca água.	I want a little water.
Recebi poucas cartas hoje.	I received few letters today.
Poucos conhecem o seu talento.	Few know of his talent.

Um pouco means *a little, some*.

Espere um pouco.	Wait a little.
Dê-me um pouco dágua.	Give me some water.

e. **Tanto, –a, –os, –as** means *so much, so many*.

Se ela é bonita, tanto melhor.	If she is pretty, so much the better.
Tantos são os que a admiram.	There are so many who admire him.
Ela veio aqui tantas vezes.	She came here so many times.

Um tanto means *somewhat, rather*.

Ela é um tanto velha.	She is rather old.

Leitura

Dona Maria e Antônia têm um jantar em casa duns amigos, hoje à noite. Por isso querem ir antes ao cabeleireiro. Antônia telefonou para pedir hora. Foi muito difícil conseguir uma, porque era um sábado e, neste dia todos os salões de beleza ficam apinhados. Mas enfim, a hora foi marcada para as três 5
e meia.
Às três e vinte, mais ou menos, Dona Maria e a filha chegaram ao salão. Eram freguesas antigas, por isso todos os empregados as conheciam. Foram atendidas por um homem alto e magro, muito alegre e que era o cabeleireiro delas. 10
— Boa tarde, como vai a senhora, Dona Maria? e a senhora, Dona Antônia? Façam favor de esperar um pouco, eu vou atendê-las já. As senhoras estão com sorte, uma freguesa minha ficou doente e não pôde vir, só por isso é que pude lhes dar uma hora. 15
— Muito obrigada, Seu Ângelo, — disse Dona Maria, — nós esperamos aqui.
Mas não tiveram que esperar muito. Uma mocinha chamou Dona Maria.
— A senhora pode vir, eu vou lhe lavar a cabeça e depois 20
Seu Ângelo vai penteá-la.
Dona Maria sentou-se. A mocinha tomou uma escôva e escovou bem os cabelos de Dona Maria. Depois lavou-lhe a cabeça com sabão líquido, e enxaguou-a várias vezes com água morna. Dentro em pouco chegou o cabeleireiro: 25
— Vou cortar-lhe um pouco o cabelo, Dona Maria; está muito comprido, assim o penteado não fica bem.
— Pode cortar, Seu Ângelo, mas não curto demais, sim?
Seu Ângelo pegou na tesoura e no pente e com muito jeito cortou os cabelos, depois molhou-os bem e penteou-os. 30
— Pronto, Dona Maria, agora vou botar o secador e chamar a manicura para lhe fazer as unhas e vou pentear Dona An-

tônia. Creio que ela já está precisando de outra ondulação permanente. Que pena! Ela tem os cabelos tão lisos, não são crespos como os da senhora!

A manicura chegou com tudo o que era necessário para fazer
5 as unhas: água quente, sabão, escovinha de unhas, tesourinhas e verniz de todas as côres.

Quando acabaram eram mais de seis horas e, ali mesmo, no cabeleireiro, a mãe e a filha prepararam-se para o tal jantar. A empregada passou-lhes primeiro creme no rosto, depois
10 limpou-lhes a pele com uma loção. Antônia era morena e usava « rouge » escuro, o de Dona Maria era mais claro. Puseram depois pó de arroz no rosto e no pescoço e com muito cuidado passaram « bâton » nos lábios. Estavam quase prontas quando o cabeleireiro chegou e deu ao penteado um retoque
15 final.

PERGUNTAS

1. Onde vão Dona Maria e Antônia jantar hoje? 2. Onde querem ir antes do jantar? 3. Para que é que Antônia telefonou ao cabeleireiro? 4. Porque é que foi difícil conseguir uma hora? 5. A que horas sairam de casa? 6. Porque é que todos os empregados do salão de beleza as conheciam? 7. Que tipo de homem era o cabeleireiro delas? 8. Que disse êle a Dona Maria? 9. Quem é que chamou Dona Maria? 10. Que fêz a mocinha com a escôva? 11. Que fêz a empregada depois de escovar a cabeça de Dona Maria? 12. O que é que ela passou sôbre a cabeça? 13. Depois de passar o sabão o que fêz? 14. Com que enxaguou a cabeça de Dona Maria? 15. Quem chegou dentro em pouco? 16. Que disse êle a Dona Maria? 17. Porque é que o penteado não ficava bom? 18. Quais foram as duas coisas em que o cabeleireiro pegou? 19. Antes de pentear os cabelos, o que é que o cabeleireiro fêz? 20. Com o que é que secaram os cabelos de Dona Maria? 21. Quem veio fazer as unhas de Dona Maria? 22. De que é que Antônia já estava precisando? 23. Ela tinha os cabelos crespos ou lisos? e Dona Maria? 24. O que é que a manicura trouxe para fazer as unhas? 25. A que horas Antônia e Dona Maria acabaram? 26. Que passou a empregada primeiro no rosto delas para prepará-las? 27. Com que é que limpou a pele? 28. De que côr era o « rouge » de Antônia? Por quê? 29. De que côr era o « rouge » de Dona Maria?

30. O que é que puseram depois no rosto e no pescoço? 31. Que passaram nos lábios? 32. Quando o cabeleireiro chegou, o que fêz?

Drill

CLASSROOM EXERCISES

1. *Fill in the blanks with the correct expression:*

1. ——— (*All*) sabem que ela é brasileira. 2. Trabalhei ontem o dia ———, por isso fiquei muito cansado. 3. ——— o que eu tenho está aqui. 4. Tenho que ir à escola ——— os dias. 5. ——— me chamou, mas não sei quem é. 6. Ela não tem amiga ——— com ela. 7. Hoje não posso ir à sua casa mas vou ——— (*another*) dia dêste mês. 8. Você trouxe ——— coisa para mim? 9. Estou com ——— (*much*) fome. 10. Mora ——— nesta casa branca? 11. Ela não tem mais família ——— neste mundo. 12. ——— (*The other*) dia fui à sua casa. 13. A ——— (*other*) manicura era melhor do que esta. 14. Hoje vou fazer ——— (*another*) penteado. 15. A história não é esta, é ———. 16. Quero lavar a cabeça com ——— (*much*) água. 17. O homem deu ——— (*little*) dinheiro ao «garçon». 18. ——— (*Many*) pessoas vieram hoje ao cabeleireiro. 19. Ela já está um ——— velha. 20. Tenho ——— (*many*) amigos e gosto igualmente de ——— êles. 21. As ——— (*other*) meninas foram ——— vezes à sua casa mas não encontraram ——— (*anybody*) lá.

2. *Fill in the blanks with the necessary word:*

1. Em ——— das duas casas morou Maria? 2. ——— anos você tem? 3. ——— é a escova que você quer? 4. O pente ——— está aqui não é ——— ——— (*mine*), é ——— ——— (*his*). 5. ——— são os sabonetes ——— meu pai ——— deu (*gave me*)? 6. Foi ela ——— trouxe a tesoura para o cabeleireiro. 7. ——— está aí na sala? 8. O homem a ——— entreguei os garfos e as facas para o jantar é irmão da cozinheira. 9. Comprei o livro esta manhã e entreguei-——— a minha avó. 10. As meninas foram ao cinema ontem de noite, eu não ——— vi quando chegaram. 11. Estive com meu primo hoje e disse ——— para vir aqui amanhã. 12. O genro de meu amigo chamou-——— para ir à casa dêle. 13. ——— (*Which*) são as crianças ——— vão passear com meu avô hoje? 14. A sogra dela deu-——— (*her*) um bonito presente hoje, porque era dia de seus anos. 15. O sogro do rapaz trouxe ——— (*him*) umas frutas para o jantar.

16. Nós viemos tarde porque queriamos falar com meu pai, mas não —— (*him*) vimos. 17. Minha mãe gosta de —— (*me*) e eu também gosto muito dela. 18. Os meninos querem ir ao cinema, mas não podemos fazer- —— a vontade. 19. Estive com meu irmão e dei- —— a notícia. 20. Você —— (*me*) disse a verdade tôda e eu vou contá- —— a meu pai.

IDIOMATIC DRILL

Study the following expressions and use them in original sentences:

Êle atendeu o telefone.	He answered the telephone.
Ela atendeu meu pedido.	She granted my request.

fazer as malas, to pack

Minha mãe fêz as malas.	My mother packed.

mandar fazer, to order to have made

Mandei fazer um vestido branco.	I ordered a white dress made.

fazer uma refeição, to take a meal

Fiz tôdas as refeições na cama.	I took all my meals in bed.

ali mesmo, right there

Ela escreveu a carta ali mesmo.	She wrote the letter right there.

ASSIGNMENT

1. *Give the past tense of the verbs in italics in the following sentences:*

1. Nós *vamos* visitar nossos amigos fora da cidade; *é* muito longe, por isso *teremos* que sair cedo. 2. Eu *venho* aqui para ver meu irmão que *está* doente. 3. Êle *vem* do Sul e *vai* para o Norte. 4. Minha família *parte* para o Rio êste mês; minha mãe *faz* as malas. 5. Você *decide* e depois *fala* comigo. 6. Êles *dizem* que o filho *está* doente. 7. Nós *damos* a ela tudo o que *podemos*. 8. *Faço* as malas depressa. 9. Eu *quero* dizer que ela *está* aqui para falar comigo e não com você. 10. Ela *volta* esta semana mas não *fica* aqui muito tempo. 11. Eu *durmo* nove horas por dia e ainda *fico* com sono. 12. Eu *faço* tudo para me dar bem com ela. 13. Ela

LIÇÃO DEZENOVE

traz consigo todo o dinheiro que êle lhe *dá*. 14. O senhor não *pode* ir à casa de sua mãe porque todos lá *vão* passar o dia fora. 15. Êle *sabe* que a cunhada *chega* hoje e *vai* para o hotel. 16. Eu *ouço* alguém falar e vou ver quem *é*. 17. Eu *sinto* muito isto. 18. Eu *vejo* o homem que *vem* lá ao longe; *é* alto, magro e *está* andando na rua. 19. Ela *está* aqui hoje com o irmão. 20. Nós *ficamos* em casa mas ela *vai* esperar a mãe que *chega* hoje do Brasil.

2. *Translate into Portuguese:*

1. She is rather old and has little money. 2. What is the capital of Brazil? It is Rio de Janeiro. 3. Which of these houses is yours? 4. She is coming here alone, she has not one friend in this country. 5. She has to go to the hairdresser before six o'clock. 6. The manicurist came in with warm water, soap, scissors, and nail polish. 7. The lady went to the beauty shop. 8. The hairdresser cut her hair after having brushed it. 9. The girl put cold cream on her face and washed her face with cold water. 10. The lady bought a dark face cream because she is a brunette. 11. The husband gave his wife lipsticks in three colors. 12. She washed her face and neck with toilet soap, then she put on some face powder, rouge, and lipstick. 13. That girl needs a new permanent because her hair is not curly. It is a pity. 14. My father's hair is black and straight. 15. She has beautiful legs, but her arms are too thin. 16. She is calling the beauty parlor for an appointment. 17. The hairdresser washed her hair with warm water, then dried it with the dryer. 18. He brought the comb and the brush and waited on the customer. 19. He rinsed her hair three times before cutting it. 20. The manicurist is going to manicure my nails while my hair is drying. 21. He had to cut my hair for this new hairdo. 22. I am going to answer the telephone. 23. He did not wash my hair. 24. In a short while the hairdresser is going to wait on you. 25. I had to wait a little for the telephone.

LIÇÃO

20

VOCABULARY

abrir [ɐ'brir] to open
abrir a bôca [ɐ'brir-ɐ-'bokɐ] to yawn
aparar [ɐpɐ'rar] to trim
apareça! [ɐpɐ'resɐ] come again!
aumentar [aumẽ'ⁿtar] to increase
a barba [ɐ-'barbɐ] beard
o barbeiro [u-bɐr'be(i)ru] barber
bocejar [bose'ʒar] to yawn
a brilhantina [ɐ-briʎẽ'ⁿtinɐ] brilliantine
cara raspada ['karɐ-rrɐs'padɐ] clean-shaven face
dar um pulo ['dar ũ-'ᵐpulu] to jump
demorar [demo'rɐr] to take a long time, linger
dever [de'ver] to owe, must
encher [ẽ'ʃer] to fill
a escôva de dentes [ɐ-es'kovɐ-di-'dẽⁿtis] toothbrush
a escôva de roupas [ɐ-es'kovɐ-di-'rro(u)pɐs] clothesbrush
espreguiçar-se [espregi'sar-si] to stretch
a espuma [ɐ-es'pumɐ] lather, foam
estar com pressa [es'tar-kõ-'ᵐpresɐ]; ter pressa ['ter-'presɐ] to be in a hurry
fazer a barba [fɐ'zer-ɐ-'barbɐ] to shave
ganhar [gɐ'ɲar] to earn, gain
a gilete [ɐ-ʒi'lɛti] safety razor
machucar [mɐʃu'kar] to hurt
a máquina [ɐ-'makinɐ] machine
a navalha [ɐ-nɐ'vaʎɐ] razor
a pasta de dentes [ɐ-'pastɐ-di-'dẽⁿtis] tooth paste
pegar [pe'gar] to take, catch
pendurar [pẽⁿdu'rar] to hang up, hang
o pincel [u-pĩ'sɛɫ] shaving brush
a pressa [ɐ-'presɐ] hurry
raspar à máquina [rrɐs'par-ɐ-'makinɐ] to use the clipper
sair [sɐ'ir] to leave
sentar-se [sẽ'ⁿtar-si] to sit down
tirar [ti'rar] to take off, draw
a toalha de banho [ɐ-to'aʎɐ-di-'bɐɲu] bath towel
a toalha de mão [ɐ-to'aʎɐ-di-'mẽũ] hand towel
a toalha de rosto [ɐ-to'aʎɐ-di-'rrostu] face towel

LIÇÃO VINTE

Grammar

96. The simple pluperfect indicative. The pluperfect indicative is formed by dropping the last syllable — –ram — of the third plural form of the preterit indicative and adding the following endings:

–ra [rɐ]   –ramos [rɐmus]
–ras [rɐs] –reis [reis]
–ra [rɐ]   –ram [rẽũ]

FALAR	APRENDER	PARTIR
falaram	aprenderam	partiram
falara	aprendera	partira
[fɐ'larɐ]	[ɐprẽ'ⁿderɐ]	[pɐr'tirɐ]
falaras	aprenderas	partiras
[fɐ'larɐs]	[ɐprẽ'ⁿderɐs]	[pɐr'tirɐs]
falara	aprendera	partira
[fɐ'larɐ]	[ɐprẽ'ⁿderɐ]	[pɐr'tirɐ]
faláramos	aprendêramos	partíramos
[fɐ'larɐmus]	[ɐprẽ'ⁿderɐmus]	[pɐr'tirɐmus]
faláreis	aprendêreis	partíreis
[fɐ'lareis]	[ɐprẽ'ⁿdereis]	[pɐr'tireis]
falaram	aprenderam	partiram
[fɐ'larẽũ]	[ɐprẽ'ⁿderẽũ]	[pɐr'tirẽũ]

PÔR	SER	TER
puseram	foram	tiveram
pusera [pu'zɛrɐ]	fôra ['forɐ]	tivera [ti'vɛrɐ]
puseras [pu'zɛrɐs]	fôras ['forɐs]	tiveras [ti'vɛrɐs]
pusera [pu'zɛrɐ]	fôra ['forɐ]	tivera [ti'vɛrɐ]
puséramos [pu'zɛrɐmus]	fôramus ['forɐmus]	tivéramos [ti'vɛrɐmus]
puséreis [pu'zɛreis]	fôreis ['foreis]	tivéreis [ti'vɛreis]
puseram [pu'zɛrẽũ]	fôram ['forẽũ]	tiveram [ti'vɛrẽũ]

The pluperfect indicative is a rather literary form and is seldom used in conversational Portuguese, where the compound pluperfect is preferred.

The compound pluperfect is formed by the imperfect indicative of the verb **ter** (or the verb **haver,** although less frequently) and the past participle. There is no difference in meaning between the use of the two auxiliaries.

97. Past participle. The past participle of most verbs is formed by dropping the ending of the infinitive and adding **-ado** to verbs of the first conjugation and **-ido** to all the others.

>falar — falado
>aprender — aprendido
>partir — partido

Some verbs have irregular past participles. Here are the most common ones:

>abrir — aberto, *opened*
>cobrir — coberto, *covered*
>dizer — dito, *told, said*
>escrever — escrito, *written*
>morrer — morto, *died*
>
>fazer — feito, *made, done*
>pôr — posto, *put, placed*
>vir — vindo, *come*
>ver — visto, *seen*

Some verbs of the first conjugation have short past participles such as the following:

>ganhar — ganho, *earned*
>pagar — pago, *paid*
>aceitar — aceito, *accepted*
>
>entregar — entregue, *delivered*
>gastar — gasto, *spent*

The regular past participles, although grammatical, are seldom used in conversation.

98. The compound pluperfect indicative

FALAR

>tinha falado
> ['tiɲɐ–fɐ'ladu]
>tinhas falado
> ['tiɲɐs–fɐ'ladu]
>tinha falado
> ['tiɲɐ–fɐ'ladu]
>
>havia falado
> [ɐ'viɐ–fɐ'ladu]
>havias falado
> [ɐ'viɐs–fɐ'ladu]
>havia falado
> [ɐ'viɐ–fɐ'ladu]

LIÇÃO VINTE

tínhamos falado
['tiɲɐmus–fɐ'ladu]
tínheis falado
['tiɲeis–fɐ'ladu]
tinham falado
['tiɲẽũ–fɐ'ladu]

havíamos falado
[ɐ'viɐmus–fɐ'ladu]
havíeis falado
[ɐ'vieis–fɐ'ladu]
haviam falado
[ɐ'viẽũ–fɐ'ladu]

APRENDER

tinha }
havia } aprendido ['tiɲɐ (ɐ'viɐ) ɐprẽ'ⁿdidu]

PARTIR

tinha }
havia } partido ['tiɲɐ (ɐ'viɐ) pɐr'tidu]

SER

tinha }
havia } sido ['tiɲɐ (ɐ'viɐ) 'sidu]

TER

tinha }
havia } tido ['tiɲɐ (ɐ'viɐ) 'tidu]

PÔR

tinha }
havia } posto ['tiɲɐ (ɐ'viɐ) 'postu]

99. Use of the pluperfect, simple and compound. The pluperfect refers to an action already past at the time when another past action was taking place. It is the past of the past.

Ela ainda não tinha chegado quando eu saí.
Ela ainda não chegara quando eu saí.
} *She had not yet come when I left.*

Quando eu cheguei ela tinha falado no telefone com êle.
Quando eu cheguei ela falara no telefone com êle.
} *When I came she had spoken to him on the telephone.*

As previously indicated, the student should use the compound form.

100. Indefinite adjectives and pronouns (cont.)

a. **Quanto, –a, –os, –as** may be translated by *all that, everything that, all those who, how many,* etc.

Tudo quanto eu disse é verdade.	Everything that I said is true.
Quantos o conhecem o amam (*literary*).	All those who know him love him.
Quantas vezes você esteve aqui?	How many times were you here?

b. **Tanto quanto** means *as much as.*

Ela trabalhou tanto quanto eu.	She worked as much as I did.

c. **Quanto antes** means *as soon as possible.*

Venha quanto antes.	Come as soon as possible.

d. **Cada** is invariable and means *each, every.*

Cada dia gosto mais dela.	Every day I like her more.

e. **Cada qual, cada um** means *each one.*

Cada qual conta a sua história.	Each one tells his story.
Quero falar com cada um em particular.	I want to talk to each one in private.

f. **Qualquer** (plural **quaisquer**) for both genders, means *any.* The plural form is seldom used in conversation.

Falo com qualquer dêles.	I speak to any of them.

g. **Ambos, ambas** means *both.* It is used only in the plural. When followed by a substantive, it must be preceded by the definite article, or a demonstrative or possessive adjective.

Gosto de ambos.	I like both.
Tenho ambas as mãos machucadas.	I have both hands hurt.

Leitura

Eram sete horas da manhã. O Senhor Antunes ainda não se tinha levantado quando Dona Maria entrou no quarto e abriu as janelas.

— Já são horas, você ainda tem que tomar banho e fazer a barba e você sabe como demora no banheiro, assim você vai chegar atrasado no escritório hoje, anda, vamos!

O Senhor Antunes sentou-se na cama, esfregou os olhos, espreguiçou-se longamente, bocejou e deu um pulo no chão. Dona Maria já tinha preparado o banheiro para êle. Havia duas grandes toalhas de banho, duas de rosto, e sabonete. O sabão de barba, o pincel e a navalha estavam ao lado da pia. O Senhor Antunes não gostava de fazer a barba com gilete, só mesmo quando estava com muita pressa, porque era mais rápido. Mas hoje êle tinha tempo.

Lavou primeiro o rosto com água morna, depois molhou o pincel, passou-o sôbre o sabão de barba e encheu a cara de espuma. Com muito cuidado tirou tôda a barba, passando a navalha duas vezes. Depois lavou outra vez o rosto. Pôs pasta de dentes na escôva e escovou os dentes; depois escovou bem as unhas e finalmente tomou um banho de chuveiro morno.

O Senhor Antunes usava cara raspada, mas quando era mocinho tinha tido um bigodinho; tirara-o fora quando se casou, a pedido de Dona Maria. Quando voltou ao quarto Dona Maria ainda estava com a escôva de roupas na mão, mas já tinha acabado o seu trabalho e a roupa estava cuidadosamente pendurada.

Depois de ter tomado o café, o Senhor Antunes saiu de casa e, como ainda era cedo, antes de ir para o escritório, entrou no seu barbeiro para cortar o cabelo. Havia lá bastante gente e o Senhor Antunes falou com um rapaz alto e moreno:

— Bom dia, Seu Pedro, o senhor pode me atender já, estou com um pouco de pressa.

— Já, já, não, mas dentro de cinco minutos posso atendê-lo. O que é que o senhor quer?

— Só um corte de cabelo e mais nada, estou com uma verdadeira cabeça de artista, os cabelos estão quase pelos ombros.

5 Daí a pouco o barbeiro atendeu o Senhor Antunes.

— Como quer o corte?

— Não muito curto, regular, e pode raspar o pescoço com a máquina, mas tome cuidado para não me machucar, tenho a pele muito fina.

10 O barbeiro começou a trabalhar, cortando daqui e dali, muito depressa, mas com muito jeito.

— Está bem assim, Seu Antunes?

— Tire mais um pouquinho em cima das orelhas.

— O senhor quer o corte alemão?

15 — Não, não, apare só mais um pouquinho.

O barbeiro pegou a tesoura e cortou mais um pouco.

— Agora está bom, — disse o Senhor Antunes, — ponha um pouco de brilhantina antes de pentear porque estou com os cabelos muito secos. — Quanto lhe devo? — perguntou o Se-
20 nhor Antunes já pronto para sair.

— São cinco cruzeiros, está um pouco mais caro, mas tudo aumentou.

— Está bem, tome lá, — disse o Senhor Antunes, pagando a nota e deixando mais um cruzeiro de gorjeta. — Até a vista.

25 — Muito obrigado, — respondeu o barbeiro, — aqui estamos às suas ordens, apareça.

PERGUNTAS

1. O Senhor Antunes já se tinha levantado quando Dona Maria entrou no quarto? 2. Que fêz Dona Maria? 3. Que disse ela ao marido? 4. O que é que o Senhor Antunes fêz? 5. O banheiro já estava preparado? 6. Quem o tinha preparado? 7. O que havia no banheiro? e ao lado da pia? 8. O Senhor Antunes gostava de fazer a barba com gilete? 9. Com o que é que êle fazia a barba? 10. Quando é que êle fazia a barba com gilete? 11. Que fêz êle primeiro? 12. O que é que êle fêz com o pincel? 13. De que é que êle encheu a cara? 14. Como

fêz a barba? 15. Que pôs na escôva de dentes? 16. O que é que êle fêz com a escôva de dentes? 17. Que escovou êle depois dos dentes? 18. Finalmente o que fêz êle? 19. O Senhor Antunes tinha um bigode? 20. Como é que êle usava a cara? 21. Quando é que tinha tido bigode? 22. Quando o tirou fora? 23. O que é que Dona Maria tinha na mão quando o Senhor Antunes voltou ao quarto? 24. Como estava a roupa? 25. Que fêz o Senhor Antunes depois de ter tomado café? 26. Antes de ir para o escritório, onde foi êle? 27. Já havia lá alguém? 28. A quem se dirigiu o Senhor Antunes? 29. O que perguntou o Senhor Antunes ao rapaz? 30. O que respondeu o barbeiro? 31. Que queria o Senhor Antunes? 32. Como estava a cabeça do Senhor Antunes? 33. O barbeiro demorou muito a atender o freguês? 34. Que perguntou êle ao Senhor Antunes? 35. Que respondeu o Senhor Antunes? 36. Como trabalhou o barbeiro? 37. O que perguntou o barbeiro quando achou que o trabalho estava terminado? 38. O que respondeu o Senhor Antunes? 39. O Senhor Antunes queria o corte alemão? 40. Que queria êle? 41. O que é que o Senhor Antunes quis nos cabelos antes de pentear? 42. De quanto foi a conta? 43. Por que é que estava mais caro? 44. Quanto deu o Senhor Antunes de gorjeta?

Drill

CLASSROOM EXERCISES

1. *Give the correct form of the verbs in parentheses:*

1. Quando Dona Maria (entrar) no quarto o Senhor Antunes ainda não se (levantar). 2. Ela (aprender) português quando (ter) cinco anos. 3. João (ir) a casa do irmão mas quando (chegar) lá o irmão já (sair). 4. Meu cunhado (vir) me ver ontem e (dizer) que minha mãe (partir) o mês passado para o Brasil. 5. O professor (decidir) examinar os alunos hoje. 6. Quando eu (ser) pequeno (ir) sempre à casa de minha avó brincar com meus primos. 7. Eu ontem (dar) a ela dez cruzeiros; ela (comprar) frutas e doces para o jantar, não (comprar) carne porque a criada já (comprar) de manhã. 8. Nós (querer) ter boas notas nos exames, por isso (estudar) muito. 9. Nosso tio (voltar) de São Paulo há duas semanas, (estar) lá com várias pessoas de nossa família. 10. (Estar) cansado porque ontem não (dormir) bem, (ter) dôr de cabeça tôda a noite. 11. Quando minha irmã (chegar) na sala, as outras pessoas já (chegar). 12. Nós

(fazer) um passeio pela praia de Copacabana ontem à tarde, (haver) muita gente na calçada e o mar (estar) bonito. 13. O genro de meu amigo (trazer) um presente muito bonito para êle, (comprar)-o no Rio de Janeiro. 14. Quando eu (chegar) em casa dela, ela (falar) no telefone com a mãe, por isso não (poder) me ver imediatamente. 15. Eu (ouvir) muito bem, mas não (ver) bem, e tenho que usar óculos. 16. Eu (sentir) muito a falta dela, ela (partir) a semana passada. 17. Nós (ficar) aqui até o mês que vem. 18. Eu (chegar) tarde ontem porque o relógio não (tocar) às sete horas como de costume. 19. Meu sogro já (jantar) quando eu (chegar) para falar com êle. 20. Quando minha amiga (vir) para Nova York já (acabar) os estudos superiores.

2. *Substitute the correct expressions for the English in parentheses:*

1. (*All*) o que eu disse é verdade. 2. (*How many*) vezes você me chamou? 3. (*How many*) pentes o cabeleireiro tem? 4. (*How much*) é que o senhor ganha? 5. Meu pai tem (*more*) dinheiro (*than*) meu tio. 6. Foi ela quem (*answer*) o telefone. 7. Esta menina fica (*each*) dia mais bonita. 8. A mãe chamou-os e deu a (*each one*) uma banana e uma pera para a merenda. 9. O barbeiro perguntou (*who*) estava lá. 10. Estive na sala (*all*) a manhã e não vi (*nobody*). 11. Comprei (*many*) sabonetes para casa. 12. Passamos o dia (*all*) na praia. 13. Hoje vou descansar, não tenho (*nothing*) para fazer. 14. (*Other*) dia fomos ao barbeiro mas não cortamos o cabelo porque havia (*many*) gente lá. 15. Tenho (*much*) água e (*little*) vinho no copo. 16. (*All*) ela ganha é (*this*). 17. Esta senhora tem (*many*) filhos, falarei com (*anyone of them*). 18. Estive lá e falei com (*somebody*) mas não sei (*who*) é. 19. Fiquei só o dia (*all*), (*nobody*) veio me ver. 20. (*How many*) dias o senhor vai ficar fora?

IDIOMATIC DRILL

Study the following idioms and use them in original sentences:

O sarampo é doença que *pega*.	Measles are a contagious disease.
O menino *pegou* a bola.	The boy caught the ball.
Preciso *tirar* dinheiro do banco.	I need to draw money from the bank.
Anda, vamos ...	Come on ...

LIÇÃO VINTE

ASSIGNMENT

1. *Fill in the blanks with the correct expressions:*

1. No Brasil há quatro refeições: de manhã o ——, ao meio-dia o ——, às quatro horas a —— e às sete horas o ——. 2. As principais —— de uma casa são: o —— onde dormimos, a —— onde fazemos as refeições, a —— onde se prepara a comida, a —— onde passamos em geral o dia, a —— que fica perto da cozinha, e o —— onde tomamos banho. 3. Em cima da mesa põe-se uma ——; em cima da toalha ficam os ——, de cada lado dos pratos estão os ——, os ——, as —— e as ——. 4. Na cozinha há um —— onde se faz a comida, uma —— onde se lava a louça; dentro das —— cozinhamos os alimentos. 5. Dormimos em cima da ——; a cama tem um ——, sôbre êle botamos os —— e os ——; o travesseiro é coberto com a ——. 6. O banheiro tem uma —— onde tomamos banho; uma —— onde lavamos o rosto e as mãos. 7. A sala de jantar tem uma grande —— no centro com —— em volta e um —— de cada lado. 8. A sala de visitas tem um —— onde nos sentamos, um —— onde tocamos, um —— sôbre o chão e —— na parede.

2. *Translate into Portuguese:*

1. The lady took the clothesbrush and gave it to her husband. 2. The barber had already finished shaving the man when somebody came in and asked for a haircut. 3. The razor, the shaving brush and the shaving soap were on the table; his wife had put them there for her husband. 4. He used to have a moustache when he was very young, but he shaved (*lit.* took) it off after his marriage. 5. I want a face towel and two bath towels, because I am taking a warm shower. 6. The barber used an electric razor on Mr. Antunes' neck; he had already shaved him. 7. When the clock rang, the boy sat up in bed, stretched out his arms, yawned two or three times, and then jumped to the floor. 8. She took a long time at the beauty parlor because she had a permanent; she had had one two months ago, but her hair was straight already. 9. I opened that door, but my sister had already opened the window. 10. I am sleepy, but I must get up. 11. My mother hung up my father's clothes after she had finished brushing them. 12. I am in a hurry; could you take care of me immediately? I want a haircut and a manicure. 13. The hairdresser hurt the skin on (of) my

neck with the razor. 14. My hair is very dry; please put on some brilliantine after washing it. 15. She had filled her glass and she asked her mother if she too wanted some wine. 16. Thank you for the tip. Do come again! 17. I wore short hair when I was a child; now my hair is long and curly. 18. They had gone to the movies yesterday, but today they stayed at home. 19. When I came in she had already gone to the hairdresser. 20. My cousin bought some face cream, face powder, rouge, lipstick, and nail polish for her sister who (had) arrived from school yesterday.

LIÇÃO 21

VOCABULARY

agüentar [ɐgwẽ'ⁿtar] to stand
além disso [ɐ'lẽ'ⁿdisu] besides
à medida que [a-me'didɐ-ke] as (*in a progressive idea*)
a blusa [ɐ-'bluzɐ] blouse
a calça [ɐ-'kɑɫsɐ] pants
os calçados [us-kɑl'sadus] footwear
a camisola [ɐ-kɐmi'sɔlɐ] nightgown
o capote [u-kɐ'pɔti]; o casaco [u-kɐ'zaku] coat
o chapéu [u-ʃɐ'pɛu] hat
a cinta [ɐ-'sĩⁿtɐ] girdle
colocar [kolo'kar] to place, put
a combinação [ɐ-kõᵐbinɐ'sɐ̃ũ] slip
o costume [u-kos'tumi] suit
a costureira [ɐ-kostu're(i)rɐ] dressmaker
encomendar [ẽᵑkomẽ'ⁿdar] to order
o enxoval [u-ẽʃo'vɑɫ] trousseau
o esporte [u-es'pɔrti] sport
o estoque [u-es'tɔki] stock
gastar [gɐs'tar] to spend

a jaqueta [ɐ-ʒɐ'ketɐ] jacket
jogar [ʒo'gar] to play; gamble
o jôgo [u-'ʒogu] game, gambling, set, play
a loja [ɐ-'lɔʒɐ] shop, store
a luvaria [ɐ-luvɐ'riɐ] glove shop
as luvas [ɐz-'luvɐs] gloves
as meias [ɐz-'meiɐs] stockings
o par de sapatos [u-'par-di-sɐ'patus] pair of shoes
a roupa [ɐ-'rro(u)pɐ] clothes
a roupa branca [ɐ-rro(u)pɐ-'brɐ̃ⁿkɐ] underwear
a roupa feita [ɐ-'rro(u)pɐ-'feitɐ] ready-made clothes
a roupa sob medida [ɐ-'rro(u)pɐ-sob-me'didɐ] made-to-order clothes
a saia [ɐ-'sajɐ] skirt
ùltimamente [uɫtimɐ'mẽⁿti] lately
o vestido [u-ves'tidu] dress
o vestido de baile [u-ves'tidu-di-'baili] evening dress
o vestido de rua [u-ves'tidu-di-'rruɐ] street dress

Grammar

101. The perfect indicative. The perfect indicative is formed with the present indicative of **ter** and the past participle.

tenho falado ['teɲu-fɐ'ladu]   temos falado ['temus-fɐ'ladu]
tens falado ['tēs-fɐ'ladu]   tendes falado ['tēⁿdis-fɐ'ladu]
tem falado ['tē(ĩ)-fɐ'ladu]   têm falado ['tē(ĩ)-fɐ'ladu]

102. Uses of the perfect indicative. The perfect indicative expresses a repeated action or state of being that is somehow linked to the present. It is not the equivalent of it but it approaches the English perfect progressive in meaning.

Êste verão tem sido muito quente.   This summer has been very hot. (*If the summer is not yet over.*)

But

O verão passado foi muito quente.   Last summer was very hot. (*If the summer is over.*)

Tenho estado em sua casa mas não o tenho visto.   I came to your house (*several times*), but I didn't get to see you.

But

Fui à sua casa, mas não o vi.   I went over to your house (*once*), but I didn't see you.

103. Diminutive and augmentative endings: meaning. Portuguese has a series of endings which may be attached to words, thus qualifying these words with regard to size, but quite often adding other connotations. This is one of the characteristics of Portuguese and the student will find augmentative and diminutive words very frequently in his reading.

Diminutive endings. Portuguese has several diminutive endings which can be attached not only to nouns, but also to adjectives and adverbs. They are: –inho, –ito, –ete, –ote, –ilho, –ino, etc. The ending –inho is the most common. These endings generally give the idea of smallness, and frequently imply an attitude of friendliness or tenderness difficult to translate.

Minha irmã é muito bonitinha.	My sister is very pretty.
As mocinhas já chegaram.	The girls (*very young ladies*) have already arrived.
Que florzinha bonita.	What a beautiful little flower.
Adeusinho, meu benzinho.	Good-bye, my darling.

Augumentative endings. Similarly, Portuguese has several augmentative endings: –ão, –arrão, –aço, –az, etc. These endings denote great size, but quite frequently impart to the word a comic or contemptuous meaning.

Êle é casado com uma mulherona.	He is married to a big woman.
Vivo sòzinha neste casarão.	I live all alone in this enormous house.

104. Diminutive and augmentative endings: form. If the word ends in a simple oral vowel, the endings are usually attached to the radical.

> bonita — bonitinha, *pretty*
> bonito — bonitão, *handsome*

a. But if the word ends in a diphthong, a nasal sound, or an **r,** the ending itself takes an initial **z** and is attached to the whole word.

> flor — florzinha, *flower — little flower*
> homem — homenzarrão, *man — big man*

The change of spelling in **homem** is due to the fact that the letter **m** can never be followed by any consonant other than **b** or **p.**

b. The original sound of the word is always preserved; thus **pouco, amigo,** etc. change their spelling in the diminutive form, **pouquinho, amiguinho,** to preserve the original sound.

When the masculine augmentative is made by the addition of the suffix –ão, the feminine form is –ona (**bonitão, bonitona**). Sometimes the masculine form is given to a feminine subject.

It denotes greater size, or an idea of masculinity in the subject.

Êle é casado com uma mulherão.   He is married to a big and masculine woman.

105. Forms of *vestir*

VESTIR [ves'tir] to dress

Presente Indicativo	*Imperfeito*	*Pretérito Perfeito*	*Mais-que-Perfeito*
visto ['vistu]	vestia [ves'tiɐ]	vesti [ves'ti]	vestira [ves'tirɐ]
vestes ['vɛstis]	vestias [ves'tiɐs]	vestiste [ves'tisti]	vestiras [ves'tirɐs]
veste ['vɛsti]	vestia [ves'tiɐ]	vestiu [ves'tɪu]	vestira [ves'tirɐ]
vestimos [ves'timus]	vestíamos [ves'tiɐmus]	vestimos [ves'timus]	vestíramos [ves'tirɐmus]
vestis [ves'tis]	vestíeis [ves'tieis]	vestistes [ves'tistis]	vestíreis [ves'tireis]
vestem ['vɛstẽ(ĩ)]	vestiam [ves'tiẽũ]	vestiram [ves'tirẽũ]	vestiram [ves'tirẽũ]

Particípio Passado

vestido [ves'tidu]

106. Forms of *despir*

DESPIR [des'pir] to undress

Indicativo Presente	*Imperfeito*	*Pretérito Perfeito*	*Mais-que-Perfeito*
dispo ['dispu]	despia [des'piɐ]	despi [des'pi]	despira [des'pirɐ]
despes ['dɛspis]	despias [des'piɐs]	despiste [des'pisti]	despiras [des'pirɐs]
despe ['dɛspi]	despia [des'piɐ]	despiu [des'pɪu]	despira [des'pirɐ]

despimos	despíamos	despimos	despíramos
[des'pimus]	[des'piɐmus]	[des'pimus]	[des'pirɐmus]
despis	despíeis	despistes	despíreis
[des'pis]	[des'pieis]	[des'pistis]	[des'pireis]
despem	despiam	despiram	despiram
['dɛspē(ĭ)]	[des'piɐ̃ŭ]	[des'pirɐ̃ŭ]	[des'pirɐ̃ŭ]

Particípio Passado
despido [des'pidu]

Leitura

Julieta, a prima de Joãozinho, que está noiva, foi hoje, com a mãe, fazer compras para o enxoval. Ùltimamente ela tem comprado muita coisa, mas o enxoval ainda não está completo. Hoje pela manhã, a mãe e a filha foram à casa da costureira encomendar alguns vestidos. No Brasil, em geral, não se 5 compra roupa feita; é tudo sob medida. Roupa feita, só os modelos, mas êstes são caríssimos.

Quando Julieta e a mãe chegaram à casa da costureira, esta já as estava esperando. Julieta tinha telefonado antes, pois não queria demorar-se muito porque tinham que ir a outros 10 lugares. A costureira era muito boa e tinha um estoque variado. Julieta despiu-se e começou a vestir os vestidos que a costureira lhe trazia, olhando-se cuidadosamente no grande espêlho colocado diante de si. À medida que a costureira lhe trazia a roupa, ela a ia vestindo e perguntava à mãe sua opinião: 15

— O que é que você acha dêste costume, mamãe; não me fica mal, não é? Gosto da côr e além disso é muito prático porque marrom vai com tôdas as côres. Posso usá-lo com blusas verdes, brancas, azuis, amarelas ou vermelhas, combinando-as com o chapéu e a bolsa! 20

Enfim, depois de muito escolher e discutir, Julieta encomendou dois costumes; um marrom e um preto; três vestidos de baile; um branco, um roxo e outro preto; duas saias de esporte, uma jaquetinha vermelha e uns seis vestidos de rua. Não encomendou capote porque já tinha comprado um, numa francesa, um modêlo muito bonito.

Julieta e a mãe foram depois a uma loja de roupas brancas, muito elegante, na esquina da Rua da Assembléia. Lá gastaram um dinheirão porque Julieta é louca por lingerie e roupas de casa. Compraram seis jogos de seda: dois brancos, dois azuis, dois côr-de-rosa. Cada jôgo tem uma combinação, uma calça e uma camisola. Julieta já tinha comprado três boas cintas e não precisava de mais nenhuma. Quanto aos chapéus ela decidira comprá-los à última hora. Mas foram a uma luvaria onde compraram cinco pares de luvas e meia duzia de pares de meias. Ainda tiveram tempo de passar na loja de calçados e comprar três pares de sapatos: um preto, um marrom e um azul-marinho. O pé de Julieta é pequeno, número 33 no Brasil, o que corresponde, mais ou menos, ao número 4 nos Estados Unidos.

Julieta ainda queria comprar umas bolsas mas a mãe estava muito cansada e disse:

— Fica para amanhã, minha filha, temos andado tanto esta semana que não agüento mais. Vamos agora já para casa.

PERGUNTAS

1. Onde foi Julieta hoje? 2. Com quem foi ela fazer compras? 3. O enxoval já está completo? 4. O que foram elas fazer na costureira? 5. Compra-se roupa feita em geral no Brasil? 6. Os modêlos são baratos ou caros? 7. Por que é que a costureira já estava esperando Julieta e a mãe? 8. Elas ainda tinham que ir a outros lugares? 9. A costureira tinha um bom estoque? 10. O que fazia Julieta com os vestidos que a costureira lhe trazia? 11. Onde é que ela se olhava? 12. Julieta achava que o costume marrom lhe ficava mal? 13. Por que é que o marrom é uma côr prática? 14. Qual é a côr que você prefere? 15. Quantos costumes encomendou Julieta? 16. De que côres eram os costumes? 17. Quantos vestidos de baile encomendou ela? 18. De que côres eram os vestidos de baile? 19. O que é que ela encomendou mais? 20. Por que é que Julieta não encomendou um capote? 21. Onde é que Julieta e a mãe foram depois? 22. Onde estava situada a loja? 23. Por que é que gastaram um dinheirão nesta loja? 24. O

que foi que compraram nesta loja? 25. De que côres eram os jogos? 26. De que se compõe cada jôgo? 27. Quantas cintas ela já tinha comprado? 28. Quando é que ela ia comprar os chapéus? 29. Onde é que elas foram para comprar luvas? 30. Quantos pares de luvas compraram? 31. E quantos pares de meias? 32. Onde foram depois? 33. Quantos pares de sapatos compraram? 34. De que côres eram? 35. Que número é o pé de Julieta no Brasil? 36. A que número corresponde nos Estados Unidos? 37. O que é que Julieta ainda queria comprar? 38. O que disse a mãe?

Drill

CLASSROOM EXERCISES

1. *Substitute the correct expressions for the English in parentheses:*

   1. (*How many*) vezes você esteve aqui? 2. Isto é tudo (*that*) eu tenho. 3. Eu não tenho (*as much*) dinheiro (*as*) ela. 4. Minha mãe está doente; eu preciso ir vê-la (*as soon as possible*). 5. (*Each*) ano que se passa fico mais velho. 6. (*Each*) menino tem consigo uma maçã e duas peras. 7. A professora chamou (*each one*) em particular. 8. Verei (*both*) os alunos. 9. Eu trabalhei (*so much*) para ajudá-lo. 10. Ela tem (*so many*) livros que não sabe onde pô-los. 11. Ela é rica, (*so much*) melhor para o senhor. 12. Ela é (*rather*) velha, mas trabalha bem. 13. A (*other*) sala era maior do que esta. 14. (*Nobody*) estudou a lição. 15. Eu não acredito tudo (*that*) me dizem. 16. (*How many*) filhos ela tem? 17. (*The more*) mais ela fala, menos eu compreendo. 18. Eu não quero esta bolsa, gosto da (*other*). 19. Gosto dos dois vestidos, ficarei com (*both*). 20. Eu falei com (*each one*) das meninas. 21. (*Any*) coisa serve.

2. *Give the correct form of the verbs in parentheses:*

   1. Êste ano (trabalhar) muito, mas o ano que vem não vou trabalhar tanto. 2. Quando eu (ser) pequeno (morar) naquela casa branca. 3. (Ir) ontem a casa de Julieta mas não a (ver) porque ela (estar) com a mãe na cidade. 4. Amanhã eu (responder) à carta de minha avó; já há muitos dias que a (receber). 5. (Fazer) meu exame daqui a três dias, (estudar) muito mas ainda não sei tudo. 6. Que horas (ser) quando o senhor chegou? 7. (Gostar) de ir ao Rio de Janeiro mas não tenho dinheiro. 8. Eu (ir) ontem visitar meu

irmão, êle ainda não (jantar) quando eu cheguei. 9. (Vender) meus móveis todos a semana passada porque (morar) com minha mãe. 10. Eu não concordo com o que a senhora (dizer). 11. Quando ela (ir) para casa ontem (achar) o irmão doente. 12. Nós ontem (pôr) a mesa para o jantar, primeiro (estender) uma toalha, depois (botar) os pratos e os talheres. 13. Os meninos (bocejar) todo o tempo durante a conferência a noite passada. 14. O mar é muito perigoso, muita gente (morrer) lá. 15. O mês passado (brigar) com meu primo porque êle não (atender) o meu pedido. 16. Quando eu (chegar) à casa dela (estar) todos à mesa e as crianças já (ir) deitar-se. 17. Fecho as janelas quando me (despir). 18. Porque é que a senhora (vestir) êste vestido ontem? 19. Nós (ver) seu irmão quando êle (estar) aqui a semana passada. 20. O senhor (dizer) a êle que nós (ir) à casa dêle ontem mas não o (encontrar).

IDIOMATIC DRILL

Study the following expressions in italics and use them in original sentences:

Êste navio *joga* muito.	This ship rocks (*or* rolls) very much.
Joguei fora a carta dêle.	I threw away his letter.
Joguei a bola longe.	I threw the ball far.
Comprei um bonito *jôgo* de roupa branca.	I bought a beautiful set of underwear.
O *jôgo* das luzes sôbre a água é lindo.	The play of the lights on the water is lovely.
Marrom *vai com* tôdas as côres.	Brown goes well with all colors.
Salada *vai bem com* carne.	Salad goes well with meat.

ASSIGNMENT

Translate into Portuguese:

1. I have been washing clothes in the bathtub because I don't have a better place to do it. 2. My sister is engaged to a young Brazilian; she is buying her trousseau. 3. I bought two suits, one green and one brown, and six street dresses. 4. Yesterday I went to the dressmaker; I ordered two skirts, a blue jacket, and several blouses of different colors. 5. A red hat goes well with a brown suit. 6. I said to Mother that I would like to buy a heavy coat for the winter. 7. Yes-

terday I saw a beautiful set of underwear; it had a slip, panties, and a nightgown. 8. When we went to the glove shop, Mary was already there and she had already chosen one pair of white gloves and six pairs of fine stockings. 9. I want to buy a new purse; I have been using this yellow one for more than a year. 10. I don't want that pink girdle; I'll take this blue one. It is better and cheaper. 11. She got undressed and went to bed. 12. When my sister was a child she always dressed in blue or white. 13. We bought three pairs of shoes from the shoe store. 14. In Brazil ready-made clothes are not used very much. 15. In general everybody wears clothes made-to-order. 16. I went shopping this morning for my sister's trousseau. 17. I telephoned my dressmaker; I am going there tomorrow at 2 o'clock. 18. He has been gambling all his life, that's why he never has any money. 19. This ship rocks very much. 20. I have been wearing blue dresses since I was a child. I love them. 21. Brazil has fewer (*lit.* less) sports than the United States. 22. The play of lights on the water is beautiful. 23. I spent all my money in that shoe store. They have a large stock and I am crazy about shoes. 24. My evening dress is rather old. I have to buy a new one. I would like to have a pink one. 25. As the dressmaker brought the dresses, Juliet would choose the ones she liked.

LIÇÃO 22

VOCABULARY

o **alfaiate** [u–ɑlfɐ'jati] tailor
  ao passo que [ɐu–'pasu–ke] while
o **artigo** [u–ɐr'tigu] article
o **balcão** [u–bɑɫ'kẽũ] counter
o **bolso** [u–'boɫsu] pocket
o **caixeiro** [u–kɐ(i)'ʃe(i)ru] clerk
as **calças** [ɐs–'kɑɫsɐs] trousers
a **camisa** [ɐ–kɐ'misɐ] shirt
a **camiseta** [ɐ–kɐmi'setɐ] undershirt
a **casaca** [ɐ–kɐ'zakɐ] "tails"
o **colarinho** [u–kolɐ'riɲu] collar
o **colête** [u–ko'leti] vest
crescido, –a [kre'sidu] grown-up
a **cueca** [ɐ–'kwɛkɐ] shorts
de côr [di–'kor] colored
discutir [disku'tir] to discuss
a **fazenda** [ɐ–fɐ'zẽⁿdɐ] material; farm
o **feitio** [u–fei'tɪu] cut, style
a **gravata** [ɐ–grɐ'vatɐ] necktie
justo, –a ['ʒustu] just; tight
o **lenço** [u–'lẽsu] handkerchief

a **medida** [ɐ–me'didɐ] measure
medir [me'dir] to measure
as **meias** [ɐz–'meiɐs] socks
ou antes [o(u)–'ẽⁿtis] or better, or rather
o **padrão** [u–pɐ'drẽũ] standard, pattern
o **paletó** [u–pɐle'tɔ] coat
parar [pɐ'rar] to stop
pedir [pe'dir] to ask for
o **pijama** [u–pi'ʒɐmɐ] pajama
pontudo, –a [põ'ⁿtudu] sharp
próprio, –a ['prɔpriu] adequate; self
a **seção** [ɐ–se'sẽũ] section
servir [ser'vir] to serve, be of use, fit
o « **smoking** » [u–es'mokĩʒ] tuxedo
o **sobretudo** [u–sobri'tudu] overcoat
o **terno** [u–'tɛrnu] suit
tratar [trɐ'tar] to treat, make arrangements

Grammar

107. Forms of *medir*

MEDIR [me'dir] to measure

Indicativo Presente	*Imperfeito*	*Pretérito Perfeito*	*Mais-que-Perfeito*
eu meço ['mɛsu]	media [me'diɐ]	medi [me'di]	medira [me'dirɐ]
tu medes ['mɛdis]	medias [me'diɐs]	mediste [me'disti]	mediras [me'dirɐs]
êle mede ['mɛdi]	media [me'diɐ]	mediu [me'dɪu]	medira [me'dirɐ]
nós medimos [me'dimus]	medíamos [me'diɐmus]	medimos [me'dimus]	medíramos [me'dirɐmus]
vós medis [me'dis]	medíeis [me'dieis]	medistes [me'distis]	medíreis [me'direis]
êles medem ['mɛdẽ(ĩ)]	mediam [me'diɐ̃ũ]	mediram [me'dirɐ̃ũ]	mediram [me'dirɐ̃ũ]

Particípio Passado

medido, -a [me'didu]

108. Forms of *pedir*

PEDIR [pe'dir] to ask for

Indicativo Presente	*Imperfeito*	*Pretérito Perfeito*	*Mais-que-Perfeito*
eu peço ['pɛsu]	pedia [pe'diɐ]	pedi [pe'di]	pedira [pe'dirɐ]
tu pedes ['pɛdis]	pedias [pe'diɐs]	pediste [pe'disti]	pediras [pe'dirɐs]
êle pede ['pɛdi]	pedia [pe'diɐ]	pediu [pe'dɪu]	pedira [pe'dirɐ]

nós pedimos	pedíamos	pedimos	pedíramos
[pe'dimus]	[pe'diɐmus]	[pe'dimus]	[pe'dirɐmus]
vós pedis	pedíeis	pedistes	pedíreis
[pe'dis]	[pe'dieis]	[pe'distis]	[pe'direis]
êles pedem	pediam	pediram	pediram
['pedẽ(ĩ)]	[pe'diɐ̃ũ]	[pe'dirɐ̃ũ]	[pe'dirɐ̃ũ]

Particípio Passado
pedido, –a [pe'didu]

109. Forms of *servir*

SERVIR [ser'vir] to serve, be of use, fit

Indicativo Presente	*Imperfeito*	*Pretérito Perfeito*	*Mais-que-Perfeito*
eu sirvo	servia	servi	servira
['sirvu]	[ser'viɐ]	[ser'vi]	[ser'virɐ]
tu serves	servias	serviste	serviras
['sɛrvis]	[ser'viɐs]	[ser'visti]	[ser'virɐs]
êle serve	servia	serviu	servira
['sɛrvi]	[ser'viɐ]	[ser'vɪu]	[ser'virɐ]
nós servimos	servíamos	servimos	servíramos
[ser'vimus]	[ser'viɐmus]	[ser'vimus]	[ser'virɐmus]
vós servis	servíeis	servistes	servíreis
[ser'vis]	[ser'vieis]	[ser'vistis]	[ser'vireis]
êles servem	serviam	serviram	serviram
['sɛrvẽ(ĩ)]	[ser'viɐ̃ũ]	[ser'virɐ̃ũ]	[ser'virɐ̃ũ]

Particípio Passado
servido, –a [ser'vidu]

110. Exclamatory words.

The most common exclamatory words in Portuguese are:

a. **Como!** *how!*

Como é bonita essa moça!	How beautiful that girl is!
Como ela é boa!	How good she is!
Como êle fala bem o inglês!	How well he speaks English!

b. **Que!** *how! what! what a!*

Que bonita ela é!   How beautiful she is!
Que bom livro êste!   What a good book this one is!

NOTE: **Que!** is never accompanied by a definite article.

Que homem!   What a man!
Que tolice!   What nonsense!

Either **como** or **que** may be used when the exclamation contains an adjective or an adverb. As you can see in the examples given, **como** is used before a verb or before the verb preceded by its subject, while **que** is used before an adjective or an adverb.

Como é bonita esta moça! }
Que bonita é esta moça! } *How beautiful this girl is!*

Como êle fala bem! }
Que bem êle fala! } *How well he speaks!*

111. Various meanings of *servir*.

Êste homem **serve** em nossa casa há muitos anos.   This man has been serving in our house for many years.

Não jogue fora esta pena, ela ainda **serve**.   Don't throw away this pen, it can still be used.

Êste livro não me **serve** porque é em alemão e eu não falo essa língua.   This book is of no use to me because it is in German and I don't speak that language.

O capote é bonito mas não me **serve**.   The coat is beautiful but it does not fit me.

Leitura

Dona Maria achava que os meninos estavam precisando de roupa, por isso foi com Joãozinho e José, a uma grande loja na Avenida Rio Branco, de onde eram fregueses antigos. O caixeiro já os conhecia e veio logo atendê-los, todo amável.

— Que posso lhes mostrar primeiro, Dona Maria?

— Eu gostaria de ver umas camisas de esporte para os meninos, de uma fazenda leve, mas forte, em padrões variados; êles mesmos vão escolher as que lhes agradam mais.

O caixeiro trouxe uma porção de camisas de feitios e fazendas diferentes, e botou-as sôbre o balcão. Os meninos depois de muita indecisão acabaram, por fim, fazendo a escolha, e cada um comprou seis camisas. José gostava de colarinho
5 pontudo ao passo que Joãozinho preferia-os redondos.

— E agora, — disse Dona Maria ao caixeiro, — o senhor pode trazer umas cuecas, uns pijamas, umas camisetas finas, uns pares de meias resistentes e uns lenços, porque nós precisamos de tudo isto.

10 O caixeiro, depois de alguns minutos, veio com os artigos e estendeu-os no balcão. Os meninos quase nunca usavam camiseta, porque o Rio tem um clima quente, mas mesmo assim compraram duas para cada um. Ficaram também com seis cuecas brancas cada um, três pijamas, oito pares de meias e
15 oito lenços finos. Já iam deixar a loja quando José lembrou-se das gravatas. Pararam então na seção própria e escolheram duas gravatas, uma branca e outra de côr. De lá foram ao alfaiate, pois Dona Maria queria encomendar três ternos para cada filho; os que tinham estavam velhos e muito justos. O
20 alfaiate era um velho magro e alto, de óculos, que os recebeu, todo sorridente.

— Chi! como estão crescidos êstes meninos, meu Deus! Em que posso serví-la hoje, Dona Maria?

— Queria ver algumas fazendas bonitas, para dois ternos
25 de colégio e umas de melhor qualidade para um terno mais fino.

O alfaiate trouxe as fazendas e os três ou antes, os quatro, puseram-se a examiná-las e discutir.

— Que bonita fazenda esta! — dizia um.
30 — Gosto mais dessa, — respondia o outro.

Dona Maria aconselhava os meninos, mas êles próprios decidiram o que queriam. O alfaiate achou melhor tomar novas medidas porque as que tinha já não serviam mais. À medida que ia medindo os meninos, ia tomando notas no seu grande
35 livro. Depois discutiram o feitio. Dona Maria disse que não

SÃO PAULO — Catholic nun escorts boys to school.

PETRÓPOLIS.
Beautiful Quitandinha Hotel as seen from the lakeside dining porch.

RIO DE JANEIRO.
Fairyland Capital.

seria necessário fazer coletes pois os meninos não os usavam
nunca. José recomendou muito que queria três bolsos no interior do paletó e Joãozinho disse que queria suas calças bem
largas.

— A senhora não quer encomendar um sobretudo para os
meninos, Dona Maria?

— Não, seu Alves, o dêles ainda está bom, e além disso, um
sobretudo, aqui no Rio, quase que não é necessário, mas meu
marido está precisando de um « smoking » e talvez também de
uma casaca. Êle vai passar aqui uma manhã dessas para
tratar com o senhor.

— Muito obrigado, Dona Maria, aqui estou às ordens da
família; eu telefonarei marcando hora e a senhora trará os
meninos para experimentar os ternos.

— Peço-lhe o favor de não demorar muito.

— Pois não, Dona Maria, prometo-lhe que os ternos ficarão
prontos dentro de quinze dias.

PERGUNTAS

1. Onde foi Dona Maria com os meninos? 2. Êles já eram fregueses
desta loja? 3. Como os atendeu o caixeiro? 4. Que disse o caixeiro?
5. O que é que Dona Maria queria ver primeiro? 6. Onde é que o
caixeiro botou as camisas? 7. Quantas camisas compraram os meninos? 8. Como é que José gostava do colarinho? 9. Como os preferia Joãozinho? 10. Que mais pediu Dona Maria ao caixeiro?
11. Onde estendeu o caixeiro os artigos? 12. Por que é que os meninos
quase nunca usavam camiseta? 13. Quantas camisetas compraram?
14. Quantas cuecas compraram? de que côr? 15. E quantos pijamas? 16. Quantos pares de meias? 17. Quantos lenços? 18. De
que é que José se lembrou quando já iam deixar a loja? 19. Onde
pararam êles? 20. Quantas gravatas compraram? 21. Como eram as
gravatas? 22. Da loja, para onde foram? 23. Quantos ternos Dona
Maria queria encomendar para cada filho? 24. Como estavam os
ternos que os meninos tinham? 25. Como era o alfaiate? 26. O que
disse o alfaiate? 27. O que respondeu Dona Maria? 28. O que
aconteceu quando o alfaiate trouxe as fazendas? 29. Por que é que o
alfaiate tomou novas medidas dos meninos? 30. O que é que o al-

faiate fazia à medida que media os meninos? 31. O que discutiram depois? 32. Por que é que Dona Maria achava que os coletes não seriam necessários? 33. Quantos bolsos queria José no interior do paletó? 34. E Joãozinho, como é que queria as calças? 35. O que é que o alfaiate perguntou a Dona Maria? 36. Por que é que um sobretudo não é necessário no Rio? 37. De que é que o Senhor Antunes estava precisando? 38. Qual foi o favor que Dona Maria pediu ao alfaiate?

Drill

CLASSROOM EXERCISES

1. *Give the correct form of the verbs in parentheses:*

1. Eu (pedir) todos os dias notícias de meu filho. 2. O senhor (medir) as janelas de meu quarto ontem. 3. Quando eu (fazer) meus trabalhos escolares não (gostar) de barulho em volta de mim. 4. Eu me (vestir) com elegância porque só (comprar) coisas boas. 5. A menina (despir-se) antes de ir para a cama. 6. Eu já (começar) a escrever quando ela (chegar) a minha casa ontem à noite. 7. Eu (ficar) muito triste quando (receber) a notícia da morte dêle. 8. Nós (ver) a filha dela esta manhã. 9. Eu (sentir) muito saber que seu pai (morrer). 10. Agora (estar) doente dos ouvidos; por isso não (ouvir) bem. 11. Você (saber) ontem que sua mãe partirá do Brasil dentro de duas semanas. 12. Êle não (poder) vir a nossa casa ontem porque (trabalhar) o dia todo. 13. Êle (fazer) tudo o que (poder) para melhorar a situação. 14. Nós (trazer) laranjas para o almôço ontem, mas ninguém as (comer) porque não estavam boas. 15. Enquanto eu (dormir) ela (estudar) suas lições de português. 16. Nós (ir) para Boston a semana que vem e só (voltar) no fim do ano. 17. Ela me (convidar) para ir à casa dela mas eu não (querer) aceitar o convite. 18. Quando eu (ser) pequeno, (ir) sempre à casa de minha avó que me (dar) doces e frutas. 19. Nós (dar) dinheiro ontem a êsse pobre homem. 20. Eu (dizer) esta manhã a minha mãe que nosso amigo (vir) aqui ontem. 21. Nós (ir) para o Brasil dentro de alguns meses.

2. *Translate into Portuguese:*

1. My mother has been going to that hairdresser for a long time; we all go to him. 2. What a beautiful sister you have! 3. My

aunt has beautiful eyes, black eyebrows and eyelashes, but she has a fair skin. 4. I bought you a box of face powder and lipstick. I did not buy nail polish because I knew you had already bought it. 5. My fingernails are too long now. 6. When my sister was a child she used to have curly hair, but it is straight now. 7. How thin she is! 8. The teeth are in the mouth. 9. The forehead, the nose, and the chin are parts of the face. 10. What a man! He is always eating (something). 11. How well she writes Portuguese. 12. We have three meals a day: breakfast, lunch, and dinner. 13. Before dinner I always take soup, but I like my coffee with my meal. 14. Butter is very expensive now, but we can buy bread, meat, and eggs at low prices. 15. I brought her two dozen oranges, one pineapple, six pears, thirteen bananas, and some cherries.

IDIOMATIC DRILL

Study the following expressions in italics and use them in original sentences:

O médico *tratou* do menino.	The doctor treated the child.
Eu vou *tratar* da questão.	I am going to take care of the matter.
Menino, *trate* de estudar.	Boy, you'd better get busy studying.
Eu ainda não *tratei* preço com a nova empregada.	I did not yet settle the wages with the new maid.
Esta mulher não *trata* do filho.	This woman does not take care of her son.
Ela tem o nariz grande, mas *mesmo assim* é bonita.	She has a big nose, but she is beautiful just the same.
eu próprio; ela própria, *etc.*,	I myself; she herself, etc.
Ela própria falou comigo.	She herself spoke to me.

ASSIGNMENT

Translate into Portuguese:

1. The coat of that suit is too tight and the trousers are too long. 2. I never wear a vest during the summer; it's too hot. 3. The customer came in and ordered a black overcoat. 4. I don't like the material of these shirts and I don't like their collars either. 5. Men are all crazy about neckties. 6. In the United States we always wear

an undershirt because the climate is cold. 7. I asked the clerk for shorts and socks because I must buy some for my son. 8. I have asked the tailor to put four pockets on the coat of my blue suit. 9. We can frequently use a tuxedo, but "tails" are almost of no use today. 10. I am measuring my bedroom because I am going to buy new rugs for it. 11. The clerk laid (put) on the counter pajamas of different styles and colors. 12. My brother likes neckties in brilliant colors, while my father likes them plain. 13. When we walk in the streets my sister stops to look at every dress. 14. That boy is so grown-up that all his clothes don't fit (*trans.* are of no use to) him any more. 15. I am going to the tailor's tomorrow to order a blue suit with two (pairs of) trousers, one vest and one coat, an overcoat, and a sport coat. 16. I was going to throw away that necktie, but it can still be used. 17. The boy was sick, but the doctor treated him well. 18. He does not take care of his clothes. 19. My son, you'd better get busy studying if you want to go out with me during your vacation. 20. This overcoat is of no use to me. It is too long, too large, and it does not have any pockets.

LIÇÃO 23

VOCABULARY

o **anel** [u–ɐ'nɛɫ] ring
o **brilhante** [u–bri'ʎẽⁿti] diamond
o **broche** [u–'brɔʃi] pin, brooch
cair [kɐ'ir] to fall
a **capa de borracha** [ɐ–'kapɐ–di–bo'rraʃɐ] raincoat
o **chinelo** [u–ʃi'nɛlu] slipper
a **cigarreira** [ɐ–sigɐ'rreirɐ] cigarette case
o **cinto** [u–'sĩⁿtu] belt
o **colar** [u–ko'lar] necklace
conhecer [koɲe'ser] to know
consertar [kõser'tar] to fix, repair
a **echarpe** [ɐ–e'ʃarpi] woman's scarf
faltar [faɫ'tar] to lack, miss
a **galocha** [ɐ–gɐ'lɔʃɐ] rubber overshoes
a **gritaria** [ɐ–gritɐ'riɐ] shouting
o **guarda-chuva** [u–'gwardɐ-'ʃuvɐ] umbrella
o **joalheiro** [u–ʒwa'ʎe(i)ru] jeweler
a **joia** [ɐ–'ʒɔjɐ] jewel, piece of jewelry
a **joia fantasia** [ɐ–'ʒɔjɐ–fẽⁿtɐ'ziɐ] costume jewelry
justamente [ʒustɐ'mẽⁿti] justly, exactly
o **ouro** [u–'o(u)ru] gold
o **pedaço** [u–pe'dasu] piece
o « **peignoir** » [u–pɛ'ɲwar] negligee
perder [per'der] to lose
a **pérola** [ɐ–'pɛrolɐ] pearl
pisar [pi'zar] to step on
a **pulseira** [ɐ–puɫ'se(i)rɐ] bracelet
preferir [prefe'rir] to prefer
quebrar [ke'brar] to break
o **roupão** [u–rro(u)'pẽũ] bathrobe
o **vestígio** [u–ves'tiʒju] trace, vestige

Grammar

112. Forms of the subjunctive

a. Present Subjunctive. The stem of the present subjunctive for regular verbs and the great majority of the irregular verbs

211

is formed by dropping the final –o of the first person singular, present indicative, and adding the following endings:

Indicativo Presente; Primeira Pessoa do Singular

fal-o	aprend-o	part-o
[falu]	[ɐ'prẽⁿdu]	['partu]

Presente do Subjuntivo

fal-e	aprend-a	part-a
['fali]	[ɐ'prẽⁿdɐ]	['partɐ]
fal-es	aprend-as	part-as
['falis]	[ɐ'prẽⁿdɐs]	['partɐs]
fal-e	aprend-a	part-a
['fali]	[ɐ'prẽⁿdɐ]	['partɐ]
fal-emos	aprend-amos	part-amos
[fɐ'lemus]	[ɐprẽ'ⁿdɐmus]	[pɐr'tɐmus]
fal-eis	aprend-ais	part-ais
[fɐ'leis]	[ɐprẽ'ⁿdais]	[pɐr'tais]
fal-em	aprend-am	part-am
['falẽ(i)]	[ɐ'prẽⁿdɐ̃ũ]	['partɐ̃ũ]

Indicativo Presente; Primeira Pessoa do Singular

lev-o	trag-o	vist-o
['lɛvu]	['tragu]	['vistu]

Presente do Subjuntivo

lev-e	trag-a	vist-a
['lɛvi]	['tragɐ]	['vistɐ]
lev-es	trag-as	vist-as
['lɛvis]	['tragɐs]	['vistɐs]
lev-e	trag-a	vist-a
['lɛvi]	['tragɐ]	['vistɐ]
lev-emos	trag-amos	vist-amos
[le'vemus]	[trɐ'gɐmus]	[vis'tɐmus]
lev-eis	trag-ais	vist-ais
[le'veis]	[trɐ'gais]	[vis'tais]
lev-em	trag-am	vist-am
['lɛvẽ(i)]	['tragɐ̃ũ]	['vistɐ̃ũ]

b. Seven irregular verbs have an irregular stem in the whole present subjunctive.

Presente do Subjuntivo

DAR	ESTAR	SER
dê ['de]	esteja [es'teʒɐ]	seja ['seʒɐ]
dês ['des]	estejas [es'teʒɐs]	sejas ['seʒɐs]
dê ['de]	esteja [es'teʒɐ]	seja ['seʒɐ]
dêmos ['demus]	estejamos [esteʒɐmus]	sejamos [se'ʒɐmus]
deis ['deis]	estejais [este'ʒais]	sejais [se'ʒais]
dêem ['dẽ(ĩ)]	estejam [es'teʒẽũ]	sejam ['seʒẽũ]

Presente do Subjuntivo

IR	HAVER	SABER	QUERER
vá ['va]	haja ['aʒɐ]	saiba ['saibɐ]	queira ['ke(i)rɐ]
vás ['vas]	hajas ['aʒɐs]	saibas ['saibɐs]	queiras ['ke(i)rɐs]
vá ['va]	haja ['aʒɐ]	saiba ['saibɐ]	queira ['ke(i)rɐ]
vamos ['vɐmus]	hajamos [ɐ'ʒɐmus]	saibamos [sai'bɐmus]	queiramos [ke(i)'rɐmus]
vades ['vadis]	hajais [ɐ'ʒais]	saibais [sai'bais]	queirais [ke(i)'rais]
vão ['vẽũ]	hajam ['aʒẽũ]	saibam ['saibẽũ]	queiram ['ke(i)rẽũ]

113. Uses of the present subjunctive. Portuguese uses the subjunctive mood a great deal in dependent clauses, depending on the attitude expressed in the introductory clause. This attitude may be divided into four aspects:

a. Denial (generally in clauses introduced by **que**).

 É impossível que ela saiba   It is impossible that she knows
  português.   Portuguese.

b. Doubt, uncertainty, probability.

Duvido que êle vá ao Rio êste ano.	I doubt that he will go to Rio this year.
Ela não está certa de que o irmão esteja aqui.	She is not sure that her brother is here.
É provável que meu pai comece a trabalhar amanhã.	It is probable that my father will begin to work tomorrow.

NOTES: 1. Certainty calls for the indicative.

Sei que ela está doente.	I know that she is sick.

2. Conviction in affirmative sentences also calls for the indicative.

Acho que ela vai morrer.	I believe she is going to die.

c. Commanding, advising, wishing, preferring, requesting, insisting, permitting, and the like.

Quero que todos venham à minha casa.	I want all to come to my house.
Desejamos que ninguém dê nada a ela.	We want no one to give her anything.
Prefiro que ela não fale agora.	I prefer that she does not speak now.

d. Emotion, wishes, and petitions with **que**.

Que pena que ela não venha!	What a pity she is not coming!
Tomara que chova amanhã.	I wish it would rain tomorrow.
Sinto que ela seja tão feia.	I am sorry she is so ugly.

114. Relative clauses. The indicative is used in clauses introduced by a relative pronoun indicating that the antecedent is definite.

Quero a casa que me agrada.	I want the house that pleases me.

If the antecedent is indefinite the subjunctive is used.

Quero uma casa que me agrade.	I want a house that pleases me.

115. The irregular verbs *perder,* *cair,* **and** *preferir.*

LIÇÃO VINTE E TRÊS

Indicativo Presente

PERDER [per'der] to lose	CAIR [kɐ'ir] to fall	PREFERIR [prefe'rir] to prefer
perco ['perku]	caio ['kaju]	prefiro [pre'firu]
perdes ['pɐrdis]	cais ['kais]	preferes [pre'fɛris]
perde ['pɐrdi]	cai ['kai]	prefere [pre'fɛri]
perdemos [per'demus]	caímos [kɐ'imus]	preferimos [prefe'rimus]
perdeis [per'deis]	caís [kɐ'is]	preferis [prefe'ris]
perdem ['pɐrdẽ(ĩ)]	caem ['kaẽ(ĩ)]	preferem [pre'fɛrẽ(ĩ)]

Pretérito Perfeito

perdi [per'di]	caí [kɐ'i]	preferi [prefe'ri]
perdeste [per'desti]	caíste [kɐ'isti]	preferiste [prefe'risti]
perdeu [per'deu]	caiu [kɐ'ɪu]	preferiu [prefe'rɪu]
perdemos [per'demus]	caímos [kɐ'imus]	preferimos [prefe'rimus]
perdestes [per'destis]	caístes [kɐ'istis]	preferistes [prefe'ristis]
perderam [per'derɐ̃ũ]	caíram [kɐ'irɐ̃ũ]	preferiram [prefe'rirɐ̃ũ]

Mais-que-perfeito

perdera [per'derɐ]	caira [kɐ'irɐ]	preferira [prefe'rirɐ]
perderas [per'derɐs]	cairas [kɐ'irɐs]	preferiras [prefe'rirɐs]
perdera [per'derɐ]	caira [kɐ'irɐ]	preferira [prefe'rirɐ]
perdêramos [per'derɐmus]	caíramos [kɐ'irɐmus]	preferíramos [prefe'rirɐmus]
perdêreis [per'dereis]	caíreis [kɐ'ireis]	preferíreis [prefe'rireis]
perderam [per'derɐ̃ũ]	cairam [kɐ'irɐ̃ũ]	preferiram [prefe'rirɐ̃ũ]

Leitura

Julieta teve ontem muitas amiguinhas que a vieram visitar. Chegaram mais ou menos às 4 horas e depois de tomar chá na varanda, pois estava um dia lindo, foram tôdas ao quarto de

Julieta para ver o enxoval. Muitas tinham-lhe trazido presentes e outras perguntaram-lhe o que ainda estava faltando pois só queriam dar-lhe coisas úteis. Uma das moças tinha trazido um bonito guarda-chuva e Julieta disse que ainda não tinha
5 galochas.

— Pois êsse vai ser o meu presente, — respondeu uma das amigas, — não creio que ninguém se lembre de te dar um par de galochas.

— Eu sempre perco meus guarda-chuvas, — disse Julieta,
10 — por isso prefiro andar só com capa de borracha, quando o tempo está mau.

As moças foram depois ver as joias que Julieta tinha recebido de presente. O noivo tinha-lhe dado um bonito anel de brilhante que ela trazia sempre no dedo. Uma tia que ela mal
15 conhecia, pois vivia na Europa, mandara-lhe um colar de pérolas, pequeno, mas muito bonito; esta mesma tia também dera ao noivo de Julieta uma cigarreira de ouro. A mãe comprara para ela um broche antigo que fêz a admiração de todos e umas duas ou três pulseiras fantasia.

20 O enxoval já estava quase pronto. Faltavam ainda uns dois roupões de banho, um bonito « peignoir » e um par de chinelos. Coisas pequenas, assim como echarpes, cintos e lenços, ela sabia que receberia de presente das amigas, por isso preferia não comprá-las já.

25 Iam todos deixando o quarto quando uma das pulseiras caíu no chão e alguém pisou sôbre ela, quebrando-a em três pedaços. Foi uma gritaria geral, exclamações daqui e dali e Julieta ficou tristíssima porque justamente era a pulseira de que gostava mais. Felizmente sua mãe entrou nesse momento
30 e disse que conhecia um joalheiro que consertaria a pulseira sem deixar vestígios do acidente.

PERGUNTAS

1. Quem veio visitar Julieta ontem? 2. A que horas mais ou menos chegaram as amigas? 3. Onde tomaram chá? 4. Para onde foram

LIÇÃO VINTE E TRÊS

depois de tomar chá? 5. Que foram ver? 6. O que é que as amigas perguntaram a Julieta? 7. O que é que Julieta ainda não tinha? 8. O que tinha uma das moças trazido para Julieta? 9. Que acontecia sempre com as galochas e o guarda-chuva de Julieta? 10. Como é que ela preferia andar quando o tempo estava mau? 11. Que foram as moças ver depois? 12. Qual tinha sido o presente do noivo? 13. Que lhe mandara a tia? 14. Onde vivia a tia? 15. Que dera a tia ao noivo de Julieta? 16. O que é que a mãe comprara para Julieta? 17. O que faltava ainda para o enxoval? 18. Quais eram as coisas pequenas que Julieta não ia comprar? Por quê? 19. O que é que aconteceu quando iam todos deixando o quarto? 20. Em quantos pedaços quebrou-se a pulseira? 21. Por que é que Julieta ficou tristíssima? 22. Quem entrou no quarto nesse momento? 23. O que disse sua mãe?

Drill

CLASSROOM EXERCISES

1. *Give the correct form of the verbs in parentheses:*

1. Estou procurando um homem que (ir) ao Brasil para mandar uma carta a meu pai. 2. Quando eu morava na Europa (jogar) sempre cartas e (perder) sempre muito dinheiro. 3. Quero que o senhor não (perder) nada do que vou lhe entregar. 4. A pulseira (cair) das mãos da menina quando ela ia saindo do quarto. 5. Não quero que você (pôr) essas galochas, estão velhas e tenho mêdo de que você (cair) com elas. 6. Eu (preferir) usar capa de borracha porque (perder) sempre meus guarda-chuvas. 7. Não creio que ela (preferir) um costume de lã a um de seda. 8. Meu Deus, tomara que minha mãe (vir) hoje! 9. Ela talvez (vir) hoje à tarde, mas não é certo. 10. Quero que você (faltar) à aula hoje para vir comigo à cidade. 11. Sinto muito que o senhor (preferir) seguir êsse caminho. 12. Acho que êle (trazer) os livros consigo. 13. Não acho que êle (voltar) amanhã. 14. Acharei alguém que (servir) para o que quero. 15. Achei alguém que (fazer) o que quero. 16. Quero um vestido que (estar) bom. 17. Quero comprar o chapéu que me (agradar). 18. Quero que você (despir) esta roupa antes que sua mãe (vir). 19. Não quero que você (pedir) dinheiro a ninguém. 20. Há muitos anos que êste empregado nos (servir).

2. *Translate into Portuguese:*

1. I want a suit with two pairs of trousers, a coat, and no vest. 2. In Rio we never wear an overcoat. It is not cold enough. 3. I want you to buy me three white shirts with sport collars. 4. I don't know if this undershirt is good. 5. I don't think he is going to wear his new tie today. 6. My brother needs three (pairs of) shorts, four pairs of socks, two pajamas, and six handkerchiefs. 7. The tailor wants me to go there this afternoon to try on my tuxedo. 8. The clerk said that this suit is too tight for me. 9. The customers want to see several materials with different patterns. 10. I don't like the style of that dress. 11. I stopped near the counter to speak to him. 12. My sister likes blue and pink blouses while my mother likes only white blouses. 13. I don't want you to buy that purse; it is too expensive. 14. I don't think she needs more nightgowns for her trousseau. 15. She is going to buy three slips and two pairs of stockings.

IDIOMATIC DRILL

Study the following expressions in italics and use them in original sentences:

Preciso *passar* meu vestido branco.	I must press my white dress.
As populações na Europa estão *passando* fome.	Peoples in Europe are starving.
O professor já *passou* a lição para amanhã.	The teacher has already assigned the lesson for tomorrow.
O que é que se *passa* nesta casa?	What is going on in this house?
Passemos a outro assunto.	Let's get on to another subject.
andar de branco, preto, costume, *etc.*, to wear white, black, suits, etc.	
Ela só anda de costume.	She only wears suits.

ASSIGNMENT

Translate into Portuguese:

1. I want to buy a new umbrella and a pair of rubbers. I lost mine last week. 2. I don't think she is giving me a (woman's) scarf for

my birthday. 3. I want to buy a belt that pleases me. I don't like this red one. 4. She showed me her jewelry. She has a beautiful pearl necklace, a diamond bracelet, a pin, and two or three rings. 5. I don't think he will lose this golden cigarette case, he knows it is very expensive. 6. I want a bathrobe that is warm. I am always cold in winter. 7. I gave her a pink robe and a pair of slippers that go with the robe. 8. I know a man who speaks Portuguese, but I don't think he speaks Spanish. 9. I don't want you to lose any money gambling. 10. I prefer to wear a raincoat when the weather is bad; I am always losing my umbrellas. 11. She has everything ready for her marriage. The trousseau is bought. 12. She stepped on my foot when she was leaving the room. 13. I don't want you to break this glass. 14. It is impossible for her to come (*lit.* that she come) today. 15. When one of the girls stepped on the bracelet, it broke into several pieces and there was a general panic (*trans.* shouting). 16. I don't believe this jeweler will repair my necklace; I have to (*trans.* it is necessary that I) look for a better one. 17. He repaired my suit so well that we don't see any traces of the accident. 18. I miss her very much. I don't think she will come back this week. 19. I pressed my blouse this morning. I'll wear it tonight. 20. What is going on here? Everybody is shouting.

LIÇÃO 24

VOCABULARY

arrepender [ɐrrepẽ'ⁿder] to repent, regret
berrar [be'rrar] to moo
o **bezerro** [u-bi'zerru] bull calf
o **boi** [u-'boi] ox
a **cabra** [ɐ-'kabrɐ] nanny goat
o **cabrito** [u-kɐ'britu] kid
o **campo** [u-'kẽᵐpu] field, country
o **carneiro** [u-kɐr'ne(i)ru] ram
a **carroça** [ɐ-kɐ'rrɔsɐ] wagon
o **cavalo** [u-kɐ'valu] horse
o **colega** [u-ko'lɛgɐ], a **colega** [ɐ-ko'lɛgɐ] schoolmate, colleague
correr [ko'rrer] to run
o **curral** [u-ku'rrał] barnyard
de raça [di-'rrasɐ] thoroughbred
divertir-se [diver'tir-si] to have a good time, have fun
a **fazenda** [ɐ-fɐ'zẽⁿdɐ] farm
o **fazendeiro** [u-fɐzẽ'ⁿdeiru] farmer
a **fêmea** [ɐ-'femjɐ] female
o **gado** [u-'gadu] cattle
a **moda** [ɐ-'mɔdɐ] fashion; **à moda antiga** [a-'mɔdɐ-ẽ'ⁿtigɐ] in the old-fashioned way

montar a cavalo [mõ'ⁿtar-ɐ-kɐ'valu], **andar a cavalo** [ẽ'ⁿdar-ɐ-kɐ'valu] to ride on horseback
negócio [ne'gɔsju] business
pastar [pɐs'tar] to graze
o **pasto** [u-'pastu] pasture
por mais que [por-'mais-ke] much as
protestar [protes'tar] to protest
puxar [pu'ʃar] to pull
o **rebanho** [u-rre'bɐɲu] flock of sheep
o **reprodutor** [u-rreprodu'tor] breeding bull
a **roça** [ɐ-'rrɔsɐ] cleared land
o **roubo** [u-'rro(u)bu] theft
saltar [sał'tar] to jump
talvez [tał'ves] perhaps, maybe
tirar leite [ti'rar-'leiti] to milk
o **touro** [u-'to(u)ru] bull
o **trabalhador** [u-trɐbɐʎɐ'dor] worker
a **vaca** [ɐ-'vakɐ] cow
o **vaqueiro** [u-vɐ'ke(i)ru] cowboy

220

Grammar

116. Uses of the subjunctive (cont.). In order to give a better understanding of the subjunctive in Portuguese, we shall review the principal clauses that introduce it.

a. Denial (in sentences introduced generally by **que**).

Nego que êle me ame.	I deny that he loves me.
É impossível que ela faça isto.	It is impossible for her to do this.

b. Doubt, uncertainty.

Por bom que seja não é perfeito.	However good it may be, it is not perfect.
Irei vê-la, quer chova quer não chova.	I shall go to see her, whether it rains or not.
Vou-me embora, ela queira ou não queira.	I'll go away, whether she wants to or not.

NOTE: Sentences introduced by **quem** after impersonal **haver** contain an element of indefiniteness that calls for the subjunctive.

Há quem diga que nós fizemos mal.	There are those who say we have done wrong.

c. Commanding, wishing, etc.

Fala devagar para que todos te compreendam.	Speak slowly so that everybody may understand you.
Esperemos até que ela venha.	Let us wait until she comes.

NOTE: Remember that the element of certainty calls for the indicative. In other words, if an action has already taken place, you use the indicative instead of the subjunctive.

Esperámos até que êle veio.	We waited until he came.

d. Emotion (in clauses generally introduced by **que**).

Sinto que ela esteja doente.	I am sorry she is sick.
Espero que ela venha hoje.	I hope she will come today.
Receio que êle não tenha dinheiro.	I am afraid he does not have money.

REMARKS: The verbs **dizer, escrever,** or the like, in sentences introduced by **que** expressing request, orders, etc., call for a dependent clause in the subjunctive. When the main clause expresses a statement of fact, it is followed by an indicative clause.

    Vou lhes dizer que venham já.   I shall tell them to come immediately.
    Vou lhes dizer que Maria está aqui.   I shall tell them that Mary is here.

117. Verbs in –*ear* and –*iar*

a. Verbs ending in –**ear** add **i** before the endings of the forms in which the stress falls on the stem.

PASSEAR [pɐ'sjar] to stroll, take a walk

Indicativo Presente	*Subjuntivo Presente*	*Particípio Presente*
passeio [pɐ'seju]	passeie [pɐ'seji]	passeando [pɐsi'ẽⁿdu]
passeias [pɐ'sejɐs]	passeis [pɐ'sejis]	
passeia [pɐ'sejɐ]	passeie [pɐ'seji]	
passeamos [pɐsi'amus]	passeemos [pɐsi'emus]	*Particípio Passado*
passeais [pɐsi'ais]	passeeis [pɐsi'eis]	
passeiam [pɐ'sejẽũ]	passeiem [pa'sejẽ(ĩ)]	passeado [pɐsi'adu]

SEMEAR [se'mjar] to sow

Indicativo Presente	*Subjuntivo Presente*	*Particípio Presente*
semeio [se'meju]	semeie [sc'meji]	semeando [se'mjẽⁿdu]
semeias [se'mejɐs]	semeies [se'mejis]	
semeia [se'mejɐ]	semeie [se'meji]	
semeamos [se'mjamus]	semeemos [semi'emus]	*Particípio Passado*
semeais [se'mjais]	semeeis [semi'eis]	
semeiam [se'mejẽũ]	semeiem [se'mejẽ(ĩ)]	semeado [se'mjadu]

b. Verbs ending in –**iar** are conjugated regularly, with a few exceptions. **Odiar** takes **ei** before the endings of the forms in which the stress falls on the stem.

ODIAR [o'djar] to hate

Indicativo Presente	*Subjuntivo Presente*	*Particípio Presente*
odeio [o'deju]	odeie [o'deji]	odiando [odi'ẽⁿdu]
odeias [o'dejɐs]	odeies [o'dejis]	
odeia [o'dejɐ]	odeie [o'deji]	
odiamos [odi'amus]	odiemos [odi'emus]	*Particípio Passado*
odiais [odi'ais]	odieis [odi'eis]	
odeiam [o'dejẽũ]	odeiem [o'dejẽ(ĩ)]	odiado [odi'adu]

118. Orthographic changes in verbs (cont.)

a. Verbs ending in –**car** and –**gar** change **c** and **g** to **qu** and **gu** respectively before an **e**.

FICAR [fi'kar]   CHEGAR [ʃe'gar]

Subjuntivo Presente

fique ['fiki]	chegue ['ʃegi]
fiques ['fikis]	chegues ['ʃegis]
fique ['fiki]	chegue ['ʃegi]
fiquemos [fi'kemus]	cheguemos [ʃe'gemus]
fiqueis [fi'keis]	chegueis [ʃe'geis]
fiquem ['fikẽ(ĩ)]	cheguem ['ʃegẽ(ĩ)]

b. Verbs ending in –**çar** change **ç** to **c** before an **e**.

COMEÇAR [kome'sar]

Subjuntivo Presente

comece [ko'mɛsi]	comecemos [kome'semus]
comeces [ko'mɛsis]	comeceis [kome'seis]
comece [ko'mɛsi]	comecem [ko'mɛsẽ(ĩ)]

c. Verbs ending in –**guir** change **gu** to **g** before the vowels **a** and **o**.

CONSEGUIR [kõse'gir] to succeed, achieve, obtain

Indicativo Presente	Subjuntivo Presente	Particípio Presente
consigo [kõ'sigu]	consiga [kõ'sigɐ]	conseguindo [kõse'gĩⁿdu]
consegues [kõ'sɛgis]	consigas [kõ'sigɐs]	
consegue [kõ'sɛgi]	consiga [kõ'sigɐ]	
conseguimos [kõse'gimus]	consigamos [kõsi'gɐmus]	Particípio Passado
conseguis [kõse'gis]	consigais [kõsi'gais]	
conseguem [kõ'sɛgẽ(ĩ)]	consigam [kõ'sigẽũ]	conseguido [kõse'gidu]

119. Forms of *valer*

VALER [vɐ'ler] to be worth

Indicativo Presente	Pretérito Perfeito	Subjuntivo Presente	Particípio Presente
valho ['vaʎu]	vali [vɐ'li]	valha ['vaʎɐ]	valendo [vɐ'lẽⁿdu]
vales ['valis]	valeste [vɐ'lesti]	valhas ['vaʎɐs]	
vale ['vali]	valeu [vɐ'leu]	valha ['vaʎɐ]	
valemos [vɐ'lemus]	valemos [vɐ'lemus]	valhamos [vɐ'ʎɐmus]	Particípio Passado
valeis [vɐ'leis]	valestes [vɐ'lestis]	valhais [vɐ'ʎais]	
valem ['valẽ(ĩ)]	valeram [vɐ'lerẽũ]	valham ['vaʎẽũ]	valido [vɐ'lidu]

Leitura

Enfim as grandes férias chegaram e as crianças foram passar dois meses na fazenda de um amigo do Senhor Antunes, em Minas Gerais. A fazenda era uma casa enorme com quartos imensos, salas ainda maiores e terra a perder de vista. O fa-
5 zendeiro, Senhor Manoel Gonçalves, tinha sido colega de colégio do Senhor Antunes, por isso era sempre com prazer que recebia os filhos de seu amigo. Êle também tinha uma família grande e a criançada divertia-se correndo os campos e montando a cavalo.

LIÇÃO VINTE E QUATRO

Era uma fazenda de gado, havia mais de duas mil vacas leiteiras. As crianças levantavam-se de manhã bem cedo e iam logo para o curral, ver tirar leite. O leite era tirado à moda antiga, pela mão do homem. Os bezerrinhos, coitados, berravam ali juntinho da mãe, como que protestando contra aquêle roubo!

Depois de um bom café da manhã as crianças montavam a cavalo e iam com os vaqueiros tratar dos animais que estavam no pasto. Pelo caminho encontravam bois puxando carroças e, as vacas pastavam tranquilamente ao lado de seus bezerros. Os touros ficavam em lugar separado; havia alguns que valiam uma fortuna, eram os reprodutores.

A fazenda tinha também um pequeno rebanho; algumas cabras, e uma porção de cabritos que saltavam no pasto. O Senhor Gonçalves tinha conseguido selecionar uns carneiros de raça e as crianças gostavam de vê-los pastar. Joãozinho pediu um carneirinho ao fazendeiro:

— Eu quero um que seja bem branquinho e que tenha uma lã bem macia, sim?

— Você pode escolher, mas faça-o com cuidado, para que não se arrependa depois; você talvez prefira uma fêmea, ela pode ter filhos mais tarde.

Do que as crianças mais gostavam, porém, era dos cavalos. Ajudavam os empregados a escová-los, a dar-lhes água e sal. E como era divertido vê-los correndo!

Ao meio-dia quando as crianças voltavam para casa, passavam sempre pela roça onde os trabalhadores estavam semeando batatas, arroz, feijão e outras coisas, pois uma fazenda sempre deve produzir tudo o que nela se come, é preciso que não se compre nada fora.

PERGUNTAS

1. Que é que chegou? 2. Onde foram as crianças passar dois meses? 3. Em que estado estava situada a fazenda? 4. A casa da fazenda era grande ou pequena? 5. Tinha muita terra? 6. Como se chamava o

fazendeiro? 7. Êle também tinha filhos? 8. Como é que a criançada divertia-se? 9. De que era a fazenda? 10. Quantas vacas leiteiras havia? 11. A que horas levantavam-se as crianças? 12. Para onde iam logo que se levantavam? 13. O que iam ver? 14. Como era tirado o leite? 15. Que faziam os bezerrinhos? 16. Onde iam as crianças depois de ter tomado o café da manhã? 17. O que é que encontravam pelo caminho? 18. O que faziam as vacas? 19. Onde ficavam os touros? 20. Os reprodutores valiam muito? 21. O que é que a fazenda tinha também? 22. Que tinha o rebanho? 23. Onde é que os cabritos saltavam? 24. O que é que o Senhor Gonçalves tinha conseguido selecionar? 25. O que é que as crianças gostavam de fazer? 26. Que pediu Joãozinho ao fazendeiro? 27. Como queria êle o carneirinho? 28. Que respondeu o fazendeiro? 29. De que é que as crianças gostavam mais na fazenda? 30. Elas ajudavam os empregados a fazer o quê? 31. Que era divertido? 32. Por onde passavam as crianças quando voltavam para casa? 33. O que é que os trabalhadores semeavam na roça? 34. O que é que uma fazenda deve sempre produzir?

Drill

CLASSROOM EXERCISES

1. *Give the correct form of the verbs in parentheses:*

1. Há quem (pensar) que nós somos ricos. 2. Eu não (conseguir) aprender o inglês por mais que (fazer); é muito difícil para mim. 3. Na roça nós não (semear) nada porque ainda não (chegar) o tempo. 4. É preciso que você (semear) milho para que os cavalos (ter) bastante comida. 5. Há quem (dizer) que eu (valer) muito, mas não é verdade. 6. Para que um cavalo (valer) muito é preciso que (ser) de puro sangue. 7. Nós devemos jantar antes que ela (vir). 8. Eu não (poder) ir à estação agora, mas talvez o senhor (poder). 9. Para que o senhor (saber) inglês é necessário que o senhor (tomar) um bom professor. 10. Ela está estudando comigo de modo que eu (vir) aqui todos os dias. 11. Quero que o senhor me (trazer) hoje o que lhe (pedir) ontem. 12. Ela me (escrever) uma carta assim que (chegar) a Nova York mas não a (receber). 13. Êste potro por bom que (ser) não (valer) tanto dinheiro. 14. Você não conseguirá aprender inglês quer você (estudar) quer não (estudar). 15. Eu irei êste ano para a Europa quer meu marido (querer) quer não (querer). 16. Eu já (tomar) suas medidas

para o terno, mas é preciso que eu (medir) ainda a sua cintura. 17. Pago bem a um empregado para que êle me (servir) bem. 18. Vamos fazer o negócio com cuidado para que não (perder) dinheiro nêle. 19. Não compreendo que a senhora (preferir) morar fora da cidade. 20. Quando vou à casa de minha prima (vestir-se) sempre com elegância.

2. *Translate into Portuguese:*

1. I have two dresses but they are not new; I have to buy another one so that I can come to your party. 2. Where did you buy your blue suit? Do you think I can find one for that price? 3. She gave me a silk set: a slip, panties, and a nightgown. 4. This girdle is too tight for me; I am going to give it to my sister. 5. I could not buy that blue dress because when I went to the store my friend had already bought it. 6. I want you to put on your slippers. 7. I can never wear ready-made clothes; I have to have all my clothes made to order. 8. I shall take the green blouse so that I can wear it with my brown suit. 9. I want you to bring me my black gloves; I left them yesterday at your house. 10. I might buy a red hat to go (*trans.* that goes) with my new dress. 11. When he arrived at the restaurant, he saw his friends there. 12. We have to eat meat and eggs; they are good for the health. 13. I don't think we can find pineapples at this time of the year. 14. Tomatoes and potatoes are expensive now; I shall look for something that is not so expensive. 15. Everybody should eat vegetables every day. 16. The farmer is sowing beans and rice. 17. I need three pairs of stockings, can you buy them for me? 18. If you want to eat good fish you should go to that restaurant at the corner of the street. 19. Do you think you could come to my house today? Perhaps you could have lunch with me. 20. I know a man who sells good chickens, but I am looking for someone who has good fruit.

IDIOMATIC DRILL

Study the following expressions in italics and use them in original sentences:

Falta pouca coisa para meu enxoval.	Few things are missing in my trousseau.
Falta um quarto para as quatro.	It is a quarter to four.
Eu não *falto* nunca à minha palavra.	I never break my word.

A mãe *faltou-lhe* desde muito cedo.	His mother died when he was very young.
Não *faltava* mais nada!	That would be the last straw!
Ela *faltou* à aula hoje.	She missed class today.
Nunca lhe *faltou* nada, porque a família é rica.	He never lacked anything, because his family is rich.

ASSIGNMENT

Translate into Portuguese:

1. The farmer lives in a large house with his family; the children ride horseback every morning. 2. The oxen need a good pasture so that they can pull the trucks. 3. I want you to sow rice and beans in the cleared land. 4. The horses were running in the fields. 5. I used to ride horseback every day when I was a child. 6. I can give you this brown calf; it is almost four months old. 7. You must put all the cows in the barnyard; I want to count them. 8. The cowboy is milking the cows. Afterward he will take the bull to the pasture. 9. When he arrived there the farmer had already sold the best breeding bull. 10. The kids (*young goats*) were grazing and jumping in the fields when I arrived with the farmer. 11. There are those who say that the best flocks of sheep are in Argentina. 12. In order that a sheep may be worth a lot of money it has to be a thoroughbred. 13. Yesterday we had a good time riding horseback, but today we cannot go out. We have to wait here until she comes back. 14. As soon as the workers arrived we left. 15. That farm, however good it may be, is not worth that much. 16. I shall come here tomorrow whether my mother likes (*trans.* wants) it or not. 17. I might buy your bull, but I must talk to my father first. 18. What is going on here? 19. I have to do this because I don't want to break my word. 20. I missed the class yesterday because I went to visit a friend who was sick. 21. Some cows are missing here; they must be over there. 22. It is ten of two and we have to be there at three; we must go at once. 23. I want you to press my new dress and put it on my bed. 24. I know a girl who can do this for you, but I don't think she can do anything for me. 25. She wants a hat that is becoming to her, and I think this one is too big. 26. Whether she comes or not, I shall go shopping with you tomorrow.

LIÇÃO 25

VOCABULARY

o **burro** [u-'burru] donkey
o **cachorro** [u-kɐ'ʃorru] dog
carregar [kɐrre'gar] to carry, bear
a **cavalariça** [ɐ-kɐvɐlɐ'risɐ] horse stable
a **cesta** [ɐ-'sestɐ] basket
o **chiqueiro** [u-ʃi'keiru] pigsty
coitado, –a [koi'tadu] poor, miserable
crer ['krer] to believe, think
a **distração** [ɐ-distrɐ'sẽũ] amusement; absent-mindedness, slip
empurrar [ẽᵐpu'rrar] to push
esquecer(-se) [eske'sersi] to forget
o **frango** [u-'frẽᵑgu] spring chicken
o **fubá** [u-fu'ba] corn meal
a **galinha** [ɐ-gɐ'liɲɐ] hen, chicken
o **galinheiro** [u-gɐli'ɲeiru] chicken house

o **galo** [u-'galu] rooster
o **ganso** [u-'gẽsu] goose
o **gato** [u-'gatu] cat
a **horta** [ɐ-'ɔrtɐ] vegetable garden
o **jumento** [u-ʒu'mẽtu] ass
o **lago** [u-'lagu] lake
levar [le'var] to carry, take
a **manjedoura** [ɐ-mẽʒc'do(u)rɐ] manger, trough
mentir [mẽ'ⁿtir] to lie
nadar [nɐ'dar] to swim
a **pata** [ɐ-'patɐ] duck
o **pato** [u-'patu] drake
o **peru** [u-pi'ru] turkey
piar ['pjar] to peep
o **pinto** [u-'pĩⁿtu] baby chick
o **pomar** [u-po'mar] orchard
a **porca** [ɐ-'pɔrkɐ] sow
o **porco** [u-'porku] pig
o **prazer** [u-prɐ'zer] pleasure
preferido, –a [prefe'ridu] favorite

Grammar

120. The imperfect subjunctive. The imperfect subjunctive is formed by dropping the last syllable (–ram) of the third person plural of the preterite indicative and adding –sse, –sses, –sse, –ssemos, –sseis, –ssem.

Infinitivo

falar [fɐ'lar] aprender [ɐprẽ'ⁿder]

Pretérito Perfeito

falaram [fɐ'larẽũ] aprenderam [ɐprẽ'ⁿderẽũ]

Imperfeito do Subjuntivo

falasse [fɐ'lasi] aprendesse [ɐprẽ'ⁿdesi]
falasses [fɐ'lasis] aprendesses [ɐprẽ'ⁿdesis]
falasse [fɐ'lasi] aprendesse [ɐprẽ'ⁿdesi]

falássemos [fɐ'lasemus] aprendêssemos [ɐprẽ'ⁿdesemus]
falásseis [fɐ'laseis] aprendêsseis [ɐprẽ'ⁿdeseis]
falassem [fɐ'lasẽ(ĩ)] aprendêssem [ɐprẽ'ⁿdesẽ(ĩ)]

Infinitivo

partir [pɐr'tir] pôr ['por]

Pretérito Perfeito

partiram [pɐr'tirẽũ] puseram [pu'zɛrẽũ]

Imperfeito do Subjuntivo

partisse [pɐr'tisi] pusesse [pu'zɛsi]
partisses [pɐr'tisis] pusesses [pu'zɛsis]
partisse [pɐr'tisi] pusesse [pu'zɛsi]

partíssemos [pɐr'tisemus] puséssemos [pu'zɛsemus]
partísseis [pɐr'tiseis] puséseis [pu'zɛseis]
partíssem [pɐr'tisẽ(ĩ)] puséssem [pu'zɛsẽ(ĩ)]

Infinitivo

trazer [trɐ'zer] ser — ir ['ser] — ['ir]

Pretérito Perfeito

trouxeram [tro(u)'sɛrẽũ] foram ['forẽũ]

Imperfeito do Subjuntivo

trouxesse [tro(u)'sɛsi]	fôsse ['fosi]
trouxesses [tro(u)'sɛsis]	fôsses ['fosis]
trouxesse [tro(u)'sɛsi]	fôsse ['fosi]
trouxéssemos [tro(u)'sɛsemus]	fôssemos ['fosemus]
trouxésseis [tro(u)'sɛseis]	fôsseis ['foseis]
trouxessem [tro(u)'sɛsẽ(ĩ)]	fôssem ['fosẽ(ĩ)]

As you can see, the vowels preceding −ssemos and −sseis in the first and second plural take an acute accent in almost all verbs except regular verbs of the second conjugation. The regular verbs of the second conjugation take a circumflex. **Ser** and **ir** take a circumflex in all persons.

121. Uses of the imperfect subjunctive. The imperfect subjunctive is used:

a. To express a strong desire or imprecation with respect to a present or future act.

Ah! se eu pudesse falar com ela.	Oh! if I could speak to her.

b. When the main verb of a sentence is in the past or the conditional, the dependent verb goes in the imperfect subjunctive when expressing actions simultaneous with, or subsequent to, the time of the main action.

Disse-lhe que viesse hoje.	I told her to come today.
Ela negou que houvesse alguém em casa.	She denied that anyone was in the house.
Seria preciso que eu lhe escrevesse hoje.	It would be necessary that I write him today.

c. When the main verb of a sentence is in the present tense, but the dependent verb refers to the past, it takes the imperfect subjunctive.

Sinto muito que ela não estivesse lá.	I am sorry she was not there.

Leitura

Uma das grandes distrações das crianças na fazenda era a de ver dar comida aos porcos. Para isso era preciso que estivessem no chiqueiro às 7 horas da manhã, pois era a hora em que os empregados tratavam dos porcos. Como era engraçado vê-los!
5 Uns muito grandes e gordos, empurrando os outros, para ter mais lugar na manjedoura! Havia uma porca branca com seis porquinhos, e Joãozinho ia sempre levar comida para ela, com mêdo de que ficasse com fome, porque ela nunca empurrava os outros, ficava atrás com seus filhotes.
10   Outra coisa de que as crianças gostavam muito era a de dar milho às galinhas. Levavam uma cesta cheia de milho e lá no meio do galinheiro chamavam: « P-r-r-r-r-r. . . . » Corria tudo: os galos em primeiro lugar porque eram os mais fortes, depois as galinhas e os frangos. Os pintinhos, coitadinhos, ficavam
15 atrás, piando, mas ninguém se esquecia dêles, não. Êles tinham uma comida especial, fubá molhado. Os patos e as patas estavam numa divisão separada, onde havia um lago, pois pato não pode passar sem água. Que coisa linda, os patinhos amarelinhos nadando no lago, uns atrás dos outros! Lá estavam tam-
20 bém os gansos, gritando muito e fazendo um barulho terrível. Havia ainda outra divisão para os perus; os peruzinhos são tão feinhos, coitados!
  Outro prazer grande era o de visitar as cavalariças. O Senhor Gonçalves tinha cavalos lindos, alguns de puro sangue; era
25 preciso lavá-los e escová-los muito bem. Os meninos levavam sempre açúcar para êles. Zuzu tinha um cavalinho preferido e quando acabava de dar-lhe açúcar ela dizia sempre: « Eu creio que êle está me pedindo mais, olha como vem atrás de mim! »
30   Os burros e os jumentos eram utilizados no serviço da fazenda; puxavam carroças, carregavam cestas e eram montados pelos empregados.
  Perto da casa havia uma horta com tôda sorte de legumes e

LIÇÃO VINTE E CINCO

mais adiante um grande pomar que fazia as delícias das crianças. Hum! quanta fruta gostosa!

Dentro de casa as crianças divertiam-se com os gatos e cachorros; Zuzu escrevia à mãe contando-lhe tôdas essas coisas e, não mentia, quando dizia que nunca tinha se divertido tanto em sua vida.

PERGUNTAS

1. Qual era uma das grandes distrações das crianças na fazenda? 2. A que horas deviam estar no chiqueiro? 3. Por que é que os porcos se empurravam? 4. Quantos porquinhos tinha a porca branca? 5. Por que é que Joãozinho ia sempre levar comida para ela? 6. O que é que as crianças gostavam de dar às galinhas? 7. Que levaram para o galinheiro? 8. O que é que faziam no meio do galinheiro? 9. Quem corria em primeiro lugar? 10. Quem vinha depois? 11. E os pintinhos, onde ficavam? 12. Qual era a comida dos pintinhos? 13. Onde estavam os patos? 14. Que havia nessa divisão? 15. Por que é que havia um lago lá? 16. Como é que os patinhos nadavam no lago? 17. Que faziam os gansos? 18. Para que é que havia ainda outra divisão? 19. Qual era o outro grande prazer das crianças? 20. O Senhor Gonçalves tinha bons cavalos? 21. O que era preciso fazer? 22. O que é que os meninos levavam sempre para os cavalos? 23. Zuzu tinha algum cavalinho preferido? 24. O que é que ela dizia sempre quando acabava de dar-lhe açúcar? 25. Onde eram utilizados os burros e os jumentos? 26. Que faziam? 27. O que é que havia perto da casa? E mais adiante? 28. Como divertiam-se as crianças dentro de casa? 29. A quem é que Zuzu escrevia? 30. Ela não mentia quando dizia o quê?

Drill

CLASSROOM EXERCISES

1. *Give the correct form of the verbs in parentheses:*

1. Era preciso que eu (ir) ontem à casa dela. 2. Tomara que minha mãe (vir) hoje. 3. Quando eu cheguei ontem ela já (falar) com você sôbre o assunto. 4. Ah! se eu (poder) ir a Europa agora, como eu (gostar). 5. Sinto muito que o senhor (estar) doente a semana passada. 6. Meu irmão quis que eu (trazer) todo o dinheiro

comigo. 7. Para eu preparar a festa seria preciso que ela (comprar) tudo hoje. 8. Não é necessário que o senhor (saber) perfeitamente o inglês para ir à América. 9. Eu não creio que ela (ver) bem, é preciso que ela (ir) ao médico. 10. Estou procurando um chapéu que me (ficar) bem. 11. Não quero que você (despir) êste vestido com a janela aberta. 12. Eu quis que a senhora (medir) a menina porque perdi as medidas que eu (tomar). 13. Se nós (ir) já, ainda chegaríamos na hora. 14. Pedi-lhe ontem que (vir) a minha casa hoje. 15. Eu quero que o senhor me (esperar) mesmo que eu (chegar) tarde. 16. Contanto que você não (mentir), está tudo bem. 17. Se eu (levar) êste dinheiro a Paulo êle poderia comprar o chapéu. 18. Venho aqui todos os dias para que êle (poder) ir ver a mãe. 19. É possível que isto não (servir) para nada, mas vou levá-lo comigo. 20. Eu cai da escada ontem, por isso pus uma lâmpada no teto para que os outros lá não (cair).

2. *Translate into Portuguese:*

1. My father gave a good tip to the waiter who waited on the table. 2. Sometimes we go to the market and we buy fruit in season (*trans.* fruits of the season). 3. I did not say this to her; she is lying. 4. For dessert I had ice cream and my sister had pineapple. She had bought some fruit at the fruit store. 5. In Brazil they drink a lot of beer, but I prefer wine. 6. Last summer we went to our friend's farm and spent two months there. 7. We used to eat melon, strawberries, and grapes every day. 8. Pineapples, bananas, and oranges are Brazilian fruits. I always ate those fruits when I was there. 9. I did not pay for the hat because they had already sent the bill to my husband. 10. I don't want you to eat so much. 11. Waiter, I want you to bring me immediately a steak and two vegetables. 12. She got all wet because she walked in the rain for two hours and a half. 13. That is all I could learn yesterday, but it is necessary for me to know (*trans.* that I know) the whole story. 14. I know a man who has red hair, but I am looking for a girl who has blond hair. 15. I think that she has a beauty spot on her neck, but I don't think she has blue eyes. 16. These boys are growing so fast! They were so small last year! 17. There are many apartment houses in this city. 18. She always goes to a movie. 19. My sister-in-law has a small head, a large forehead, brown eyes, a small nose, and beautiful arms and legs. 20. Neither my uncle nor my grandfather went to Argentina, but I hope that they will come here, to the United States, next year.

LIÇÃO VINTE E CINCO

IDIOMATIC DRILL

Study the following expressions in italics and use them in original sentences:

A doença *levou* a menina em cinco dias.	The illness carried off the girl in five days.
O trem *leva* hora e meia de Filadelfia a Nova York.	The train takes an hour and a half from Philadelphia to New York.
Que fim *levou* Maria?	What ever happened to Maria?
Eu vou *levar* estas frutas para minha mãe.	I am going to take these fruits to my mother.
Desculpe, eu não quis dizer isso, foi uma *distração*.	Excuse me, I did not mean to say that, it was a slip.
Tôdas as professoras são *distraidas*.	All teachers are absent-minded.

ANEDOTA

Explicação lógica (Logical explanation)

Dona Maria chamou o filhinho, um travesso (*mischievous*) menino de quatro anos.

— Lulu, eu deixei aqui em cima do aparador dois pêssegos. Agora só vejo um, como é que você explica isto?

— Ah! mamãe, é porque eu não vi o outro.

ASSIGNMENT

Translate into Portuguese:

1. The children went to the pigsty and took half an hour feeding the sow and her little pigs. 2. What ever happened to that black rooster I gave you last summer? 3. I am looking for some chickens that are not too fat. 4. I want you to take this corn meal to the chicken house for the baby chicks. 5. I saw the ducks swimming in the lake. The mother duck was in front. 6. Geese make a lot of noise; I don't like to have them in my house. 7. I doubt that you will be able to buy a turkey for your Christmas dinner, but you might find chickens and ducks. 8. The mule and the horses always do the hard work on the farms. They pull the wagons and carry heavy baskets. 9. One of my favorite amusements is to look at the horses and take care of them at the

stable. 10. I did not want to tell you this; it was a slip. 11. I wanted to buy a dog that you would like, but I could not find it. 12. I am sorry that we did not have tomatoes in our vegetable garden. 13. You did not need to lie to your father. 14. I believe that he will take two hours to do this work. It is a difficult translation and he does not know enough Portuguese yet. 15. The kittens were pushing their mother. 16. I thought there was food for the cows in the manger, but I was wrong. 17. My greatest pleasure was to go to the orchard and eat fruit. 18. I did not forget that I have to buy three spring chickens for our dinner tomorrow. I would like to go to the market with you. 19. The baby chicks are peeping in the chicken house; perhaps they are hungry. 20. I want a basket to carry vegetables; it must be large.

LIÇÃO

26

VOCABULARY

a **agilidade** [ɐ-ɐʒili'dadi] agility
ativo, -a [ɐ'tivu] active, diligent
a **bala** [ɐ-'balɐ] candy; bullet
a **borboleta** [ɐ-burbu'letɐ] butterfly
a **briga** [ɐ-'brigɐ] fight
o **camelo** [u-kɐ'melu] camel
carioca [kɐ'rjɔkɐ] inhabitant of Rio de Janeiro
a **cobra** [ɐ-'kɔbrɐ] snake
o **deserto** [u-de'zɛrtu] desert
o **elefante** [u-ele'fẽⁿti] elephant
o **espanto** [u-es'pẽⁿtu] wonder, astonishment
exterminar [estermi'nar] to exterminate
a **formiga** [ɐ-for'migɐ] ant
o **formigueiro** [u-formi'ge(i)ru] ant hill
o **galho** [u-'gaʎu] branch
a **girafa** [ɐ-ʒi'rafɐ] giraffe
a **graça** [ɐ-'grasɐ] gracefulness

o **inseto** [u-ĩ'sɛtu] insect
o **jardim zoológico** [u-ʒɐr'dĩ-zoo-'lɔʒiku] zoological garden
o **leão** [u-'ljẽũ] lion
a **leoa** [ɐ-'ljoɐ] lioness
ligeiro, -a [li'ʒe(i)ru] fast
o **lobo** [u-'lobu] wolf
o **macaco** [u-mɐ'kaku] monkey
a **mosca** [ɐ-'moskɐ] fly
o **mosquito** [u-mos'kitu] mosquito
pacato, -a [pɐ'katu] quiet, calm
o **papagaio** [u-pɐpɐ'gaju] parrot
a **pena** [ɐ-'penɐ] feather; pen
a **rã** [ɐ-'rrẽ] frog
a **raposa** [ɐ-rrɐ'pozɐ] fox
o **rei** [u-'rrei] king
o **sapo** [u-'sapu] toad
a **tartaruga** [ɐ-tɐrtɐ'rugɐ] turtle
o **tigre** [u-'tigri] tiger
o **urso** [u-'ursu] bear
o **veado** [u-'vjadu] deer

Grammar

122. The future subjunctive. The future subjunctive is formed by dropping the last syllable (–ram) of the third person plural, preterite indicative, and adding –r, –res, –r, –rmos, –rdes, –rem.

FALAR APRENDER PARTIR

Pretérito do Indicativo; Terceira Pessoa do Plural

falaram aprenderam partiram

Futuro do Subjuntivo

falar aprender partir
[fɐ'lar] [ɐprẽ'ⁿder] [pɐr'tir]
falares aprenderes partires
[fɐ'laris] [ɐprẽ'ⁿderis] [pɐr'tiris]
falar aprender partir
[fɐ'lar] [ɐprẽ'ⁿder] [pɐr'tir]
falarmos aprendermos partirmos
[fɐ'larmus] [ɐprẽ'ⁿdermus] [pɐr'tirmus]
falardes aprenderdes partirdes
[fɐ'lardis] [ɐprẽ'ⁿderdis] [pɐr'tirdis]
falarem aprenderem partirem
[fɐ'larẽ(ĩ)] [ɐprẽ'ⁿderẽ(ĩ)] [pɐ̆r'tirẽ(ĩ)]

PÔR DIZER SER — IR

Pretérito do Indicativo; Terceira Pessoa do Plural

puseram disseram foram

Futuro do Subjuntivo

puser [pu'zɛr] disser [di'sɛr] fôr ['for]
puseres [pu'zɛris] disseres [di'sɛris] fores ['foris]
puser [pu'zɛr] disser [di'sɛr] fôr ['for]
pusermos [pu'zɛrmus] dissermos [di'sɛrmus] formos ['formus]
puserdes [pu'zɛrdis disserdes [di'sɛrdis] fordes ['fordis]
puserem [pu'zɛrẽ(ĩ)] disserem [di'sɛrẽ(ĩ)] forem ['forẽ(ĩ)]

123. Uses of the future subjunctive. The future subjunctive is employed to express a future action or state introduced by the following conjunctions: **quando,** *when;* **assim que,** *as soon*

The coast of *Paquetá*, an island only two hours away from Rio de Janeiro.

SÃO PAULO.
Ipiranga Monument.

SÃO PAULO.
The Martinelli Building.

SÃO PAULO.
The Materazzo Building.

BELO HORIZONTE — The back of Igreja de São Francisco da Pampulha is decorated with this huge blue and white tile mural designed by Candido Portinari and executed by the studios of Paulo Rossi Ossir.

LIÇÃO VINTE E SEIS

as; **logo que,** *as soon as;* **depois que,** *after;* and **enquanto,** *while.*

Quando eu vier falarei com ela.	When I come I'll speak to her.
Assim que nós chegarmos você pode sair.	As soon as we arrive you may leave.
Logo que êles acabarem, vamos almoçar.	As soon as they finish, let us have lunch.
Depois que os rapazes saírem, nós faremos o trabalho.	After the boys leave, we shall do the work.

a. The future subjunctive is used to refer to something uncertain in the future.

Se eu fôr amanhã ao Rio, irei de automóvel.	If I go to Rio tomorrow, I shall go by automobile.
Conforme o dinheiro que ganharmos nesse negócio, poderemos ficar ricos.	According to the money we make in that business, we may become rich.

b. The future subjunctive referring to something uncertain in the future is used in relative clauses.

Aquêles que vierem serão bem recebidos.	Those who come will be welcome.
Ouvirei tudo quanto o senhor disser.	I shall hear everything that you say.

c. The future subjunctive is used after the conjunction **como** introducing a clause implying a future action.

Faz como quiseres.	Do as you please.
Farei como puder.	I shall do as I can.
Será como Deus quiser.	It will be as God wishes.

d. The future subjunctive is used in certain set adverbial phrases, such as the following:

Irei a Europa êste ano, haja o que houver.	I shall go to Europe this year, whatever happens.
Receberei com prazer, seja o que fôr.	I'll be glad to accept, whatever it is.

124. Forms of *subir*

subir [su'bir] to go up

Indicativo Presente	*Pretérito Perfeito*
subo ['subu]	subi [su'bi]
sobes ['sɔbis]	subiste [su'bisti]
sobe ['sɔbi]	subiu [su'bɪu]
subimos [su'bimus]	subimos [su'bimus]
subis [su'bis]	subistes [su'bistis]
sobem ['sɔbẽ(ĩ)]	subiram [su'birẽũ]

125. Forms of *ler*

ler ['ler] to read

Indicativo Presente	*Pretérito Perfeito*	*Particípio Passado*
leio ['leju]	li ['li]	lido ['lidu]
lês ['les]	lêste ['lesti]	
lê ['le]	leu ['leu]	
lemos ['lemus]	lemos ['lemus]	
ledes ['ledis]	lêstes ['lestis]	
lêem ['lẽ(ĩ)]	leram ['lerẽũ]	

Leitura

As crianças assim que chegaram ao Rio foram passar um domingo no jardim zoológico. Saíram de casa lá pelas nove horas da manhã levando uma boa merenda, pois só voltariam para o jantar.

5 Os primeiros animais que viram foram o leão e a leoa, chamados os reis dos animais. Estiveram muito tempo admirando a graça e a agilidade do tigre, e Zuzu teve bastante mêdo do lobo apesar de estar preso.

— Chi! disse ela, — que olhos! Parece que êste lobo quer
10 comer a gente.

LIÇÃO VINTE E SEIS 241

Mas, bem ali ao lado, estava o elefante, grande e pacato, e as crianças divertiram-se dando-lhe açúcar e balas. Zuzu, tôda entusiasmada, gritou:

— Se êle quiser, pode comer todos os meus chocolates e tôda a minha merenda!

— E quando você tiver fome, — disseram os irmãos, — o que é que você faz?

— Ora, — respondeu ela, — cada um de vocês me dá um bocadinho da sua merenda!

O tamanho da girafa encheu-os de espanto.

— Que bicho grande, meu Deus!

Quando viram o camelo lembraram-se logo das histórias do deserto, e tiveram a sorte de ver dois ursos brigando, mas briga de verdade mesmo! Quando passaram diante da raposa, Antônia explicou a Zuzu que, daquêle animal é que se tirava a pele, com que as elegantes se cobrem no inverno, e chamam pelo nome francês *renard*. Os veados, tão ligeiros, corriam de um lado para outro! As crianças não gostaram nada de ver as cobras, tão feias e tão perigosas. No lago do jardim havia sapos, rãs e algumas tartarugas nadando.

— Ah! meu Deus, — disse Zuzu, — os macacos, como sobem depressa na árvore e como saltam de um galho para outro!

Havia papagaios lindos, com as penas verdes e amarelas, e que falavam! No Rio de Janeiro gosta-se muito de papagaios e há muitas anedotas sôbre êles; por isso é que Walt Disney escolheu êste animal para representar o carioca, com o seu tipo *Joe Carioca*.

Era uma tarde quente de verão e pelo jardim voavam borboletas de tôdas as côres, azuis, côr-de-rosa, brancas, douradas e vermelhas... que beleza! Felizmente não havia mosquitos nem moscas, há um serviço especial na Saúde Pública do Rio de Janeiro, para exterminar tais insetos na cidade.

As crianças gostaram também muito de ver as formigas, muito ativas nos seus formigueiros, pois tinham lido há pouco tempo um livro sôbre a vida das formigas.

PERGUNTAS

1. Onde foram as crianças passar o domingo? 2. A que horas saíram de casa? 3. Que levaram consigo? 4. Quais foram os primeiros animais que viram? 5. O que é que admiraram no tigre? 6. De que animal Zuzu teve mêdo? 7. Que disse ela? 8. O que é que as crianças deram ao elefante? 9. Que disse Zuzu? 10. O que encheu-os de espanto na girafa? 11. De que é que se lembraram quando viram o camelo? 12. Quais eram os animais que estavam brigando? 13. De que animal é que se tira a pele que as elegantes brasileiras usam no inverno? 14. Que faziam os veados? 15. O que é que as crianças não gostaram de ver? 16. Que havia no lago do jardim? 17. Que faziam os macacos? 18. De que côres são as penas dos papagaios? 19. Por que é que Walt Disney escolheu o papagaio para símbolo do carioca? 20. Que estação do ano era? 21. Que é que voava pelo jardim? 22. De que côres eram as borboletas? 23. O que é que felizmente não havia? Por quê? 24. Por que é que as crianças gostaram de ver as formigas?

Drill

CLASSROOM EXERCISES

1. *Give the correct form of the verbs in parentheses:*

1. Logo que eu (vir) telefonarei a meu pai. 2. Não é possível que eu (terminar) êste trabalho antes que elas (chegar). 3. Houve quem (dizer) que nós ganhamos muito dinheiro nesse negócio. 4. Falarei com ela assim que (poder), mas não creio que eu (ter) tempo hoje. 5. Enquanto vocês não (acabar) o que estão fazendo, não poderemos sair. 6. Não creio que você (conseguir) alguém que (falar) português aqui, mas se (conseguir) terá que pagar-lhe muito. 7. Se nós (ir) amanhã ao jardim zoológico talvez (ter) que sair antes do almôço. 8. É preciso que (descansar) mais se (querer) gozar saúde. 9. Conforme (fazer) os exames seremos promovidos ou não. 10. (Haver) o que (haver) é preciso que você (dizer) a verdade tôda. 11. Todos aquêles que me (servir) bem serão recompensados. 12. É possível que êste capote não (servir) mais no menino, talvez (estar) muito justo. 13. Tudo quanto êles (dizer) será ouvido com atenção, mas não creio que (conseguir) nada. 14. Não sei escrever inglês, mas farei o melhor que (poder). 15. Para que vocês não (perder) dinheiro nisso seria bom que (consultar) mais alguém. 16. A costureira não quer que **nós**

(vestir) êste costume verde, houve quem o (comprar) antes de nós. 17. É possível que ela não (ouvir) bem, mas se (fazer) um esfôrço poderá acompanhar a aula. 18. Se nós (ficar) aqui até o mês que vem, é possível que (poder) ir ver essa fita. 19. Se você (mentir) a seu pai êle não acreditará mais no que você lhe (dizer). 20. Para que eu (ver) bem ao longe é preciso que (usar) uns bons óculos.

2. *Translate into Portuguese:*

1. It is necessary that I stay longer in the United States. 2. I don't think we can have our breakfast before eight o'clock in the morning. 3. He came earlier yesterday so that we could have dinner together. 4. Last year meat, butter, and milk were very expensive, but they are even more expensive now. 5. I would like to have you serve me (*trans.* that you serve me) some fruit for dessert. 6. I eat steak, rice, and beans every day. 7. Potatoes and some vegetables are cheap this summer; but the prices of sugar and oranges went up. 8. My goodness! I don't want so much orange juice; it's enough for three people. 9. If I go to the market this afternoon I shall buy some vegetables, some fruit, and a dozen oranges. 10. He's going up the stairs. 11. She is very rich, and because of this she looks down on everybody. 12. I would like you to buy me three dresses, a hat, a pair of gloves, and some stockings. 13. If you go to the vegetable store, I want you to bring me lettuce, tomatoes, and potatoes. 14. She went shopping for the family, and I hope she won't forget what I asked her. 15. Once in a while they sell good fruit here, but in general we have to buy it somewhere else (*trans.* in another place). 16. I don't want you to go out with your little sister. 17. I could not buy grapes because they had already sold all of them when I arrived. 18. This morning when I arrived she was leaving the house. I hardly saw her. 19. I shall have to talk to her when she comes. 20. Whatever happens, I shall go to her house today so that we can finish that work.

IDIOMATIC DRILL

Study the following expressions in italics and use them in original sentences:

Que *quer dizer* isto?	What does this mean?
Que *quer dizer* esta palavra?	What does this word mean?
Eu fiz isto *sem querer.*	I did not mean to do this (*lit.* I did this without wanting to).

Ela *quer bem* ao filho.	She loves her son.
Ela *tirou a sorte grande*.	She hit the jack pot.
É muito cedo para *tirar conclusões;* não conhecemos todos os fatos.	It is too early to draw conclusions, we don't know all the facts.
Meu filho *tirou o retrato* ontem.	My son had his picture taken yesterday.
Eu quero que você *tire* duas *cópias* dêsse trabalho.	I want you to make two copies of that work.

ANEDOTA

Entre amigos

— Qual é a viúva mais inconsolável?
— A que não encontra novo marido.

ASSIGNMENT

Translate into Portuguese:

1. When we go to the zoological garden we shall see the lion and the lioness. 2. The tiger is very fast, but it does not have the monkey's agility. 3. Camels drink a lot of water, so that they can spend several days in the desert without drinking. 4. Wolves like meat. They eat a lot of meat every day. 5. When I go near the elephant, I shall give him some candy. 6. As soon as the white bear saw the black one they began to fight. They must not (*trans.* it is necessary that they don't) stay together. 7. As soon as the deer sees you he will run, but if you call him, he will come back. 8. We must fill up the pond (lake) so that the frogs and toads can swim. 9. After they exterminate the flies and the mosquitoes here, it will be a nice place to live in. We won't have any more insects. 10. I thought this fox was smaller than your dog, but it is bigger. 11. Not all snakes are dangerous, but when I see one I run. 12. In Brazil they have huge turtles. I don't like them because I think they are too lazy. 13. We have exterminated the ants in our garden. 14. Children are always running after butterflies because they are so beautiful. 15. You must remind me that we have to give water to the parrots before eleven o'clock. 16. She has on a new hat. It has blue and red feathers. 17. We went up to our room so that we could read our books. 18. They say that the lion is the king of the animals, but he does not have either the tiger's gracefulness nor the monkey's agility. 19. That tree has

too many branches; I want you to take some of them out. 20. The giraffe filled the children with wonder. They had never seen such a big animal. 21. I covered the child with a blanket so that she would not be cold. 22. Elephants are quiet, while deer are very active. 23. The inhabitants of Rio are called *cariocas*. It means *white people* in one of the Indian languages. 24. If you arrive before me you will have to wait so that I can open the door for you. 25. He might come to your house tomorrow, but I think he will stay at home the whole day because he has a lot of work to do.

LIÇÃO 27

VOCABULARY

acender a luz [ɐsẽⁿder-ɐ-'lus] to put on the light
o aeroporto [u-ɐero'portu] airport
a alfândega [ɐ-ał'fẽⁿdigɐ] customs, customhouse
apagar a luz [ɐpɐ'gar-ɐ-'lus] to put out the light
o arranha-céu [u-ɐrrɐɲɐ'sɛu] skyscraper
arregalar [ɐrregɐ'lar] to open one's eyes wide
atravessar [ɐtrɐve'sar] to cross
a avenida [ɐ-ɐve'nidɐ] avenue
o bairro [u-'bairru] section of town, neighborhood
banhar(-se) [bɐ'ɲarsi] to bathe
o bilhete [u-bi'ʎeti] ticket, note
o bonde [u-'bõⁿdi] streetcar, trolley
o cabo [u-'kabu] handle, holder, supporter
a calçada [ɐ-kał'sadɐ] sidewalk
o caminhão [u-kɐmi'ɲẽũ] truck
o chope [u-'ʃopi] beer on tap
o correio [u-ko'rreju] post office
a curva [ɐ-'kurvɐ] curve
dobrar [do'brar] to fold; **dobrar a esquina, a rua,** etc. to turn the corner, the street, etc.
esguio, -a [ez'giu] slender
a exclamação [ɐ-esklɐmɐ'sẽũ] exclamation
fazer questão de [fɐ'zer-kes'tẽũ-di-] to make a point of
o hospital [u-ospi'tał] hospital
o hotel [u-o'tɛł] hotel
a igreja [ɐ-i'greʒɐ] church
a luz [ɐ-'lus] light
os matutos [uz-mɐ'tutus] hillbillies
o movimento [u-movi'mẽⁿtu] movement
o ônibus [u-'onibus] bus
o parque [u-'parki] park
perceber [perse'ber] to notice, realize
pois bem ... ['poiz-'bẽ(ĩ)] well ...
a praça ['prasɐ] square
a prefeitura [ɐ-prefe(i)'turɐ] city hall
o quarteirão [u-kwɐrte(i)'rẽũ] city block
o teatro [u-te'atru] theater
tonto, -a ['tõⁿtu] dizzy
o transeunte [u-trɐ'zeũⁿti] pedestrian
a vitrina [ɐ-vi'trinɐ] shop window

Grammar

126. The infinitive. Portuguese has two types of infinitives: the personal and the impersonal. The personal infinitive is derived from the impersonal and is regular for all verbs. It is formed by the addition of suffixes to the regular infinitive. Study carefully the following models:

Infinitivo Pessoal

FALAR	APRENDER	PARTIR	PÔR
falar	aprender	partir	pôr
[fɐ'lar]	[ɐprẽ'ⁿder]	[pɐr'tir]	['por]
falares	aprenderes	partires	pores
[fɐ'laris]	[ɐprẽ'ⁿderis]	[pɐr'tiris]	['poris]
falar	aprender	partir	pôr
[fɐ'lar]	[ɐprẽ'ⁿder]	[pɐr'tir]	['por]
falarmos	aprendermos	partirmos	pormos
[fɐ'larmus]	[ɐprẽ'ⁿdermus]	[pɐr'tirmus]	['pormus]
falardes	aprenderdes	partirdes	pordes
[fɐ'lardis]	[ɐprẽ'ⁿderdis]	[pɐr'tirdis]	['pordis]
falarem	aprenderem	partirem	porem
[fɐ'larẽ(ĩ)]	[ɐprẽ'ⁿderẽ(ĩ)]	[pɐr'tirẽ(ĩ)]	['porẽ(ĩ)]

SER	DIZER	IR	VIR
ser	dizer	ir	vir
['ser]	[di'zer]	['ir]	['vir]
seres	dizeres	ires	vires
['seris]	[di'zeris]	['iris]	['viris]
ser	dizer	ir	vir
['ser]	[di'zer]	['ir]	['vir]
sermos	dizermos	irmos	virmos
['sermus]	[di'zermus]	['irmus]	['virmus]
serdes	dizerdes	irdes	virdes
['serdis]	[di'zerdis]	['irdis]	['virdis]
serem	dizerem	irem	virem
['serẽ(ĩ)]	[di'zerẽ(ĩ)]	['irẽ(ĩ)]	['virẽ(ĩ)]

The impersonal infinitive has the ending –ar, –er, or –ir, depending on the conjugation. Only the verb pôr and its compounds have an infinitive in –or. The impersonal infinitive is not inflected.

127. Uses of the infinitive. The personal infinitive should be used when necessary for the clarity of the sentence. This frequently happens when the main verb and the infinitive have different subjects.

Êle pediu para cantarmos. He asked us to sing.
Saí sem me verem. I left without their seeing me.

However, when the sentence is clear despite the two different subjects, the personal infinitive is not required.

Ouviremos cantar os passarinhos. We shall hear the birds sing.

a. When the subject of the main verb and the subject of the infinitive is the same but far removed, the personal infinitive is generally used for clarity.

Depois de conferenciarmos com os professores estrangeiros, saímos. After having a conference with the foreign professors, we left.

b. The personal infinitive is often used for the euphony of the sentence even though not required for the sake of clarity.

Fizemos isso por sermos ricos. We did that because we are rich.

The use of the personal infinitive for the sake of euphony varies greatly according to the style of writers.

Fizemos os meninos saírem.
Fizemos os meninos sair. } We made the boys leave.

c. Personal infinitives are not used after the verbs **começar a, dever, haver de, poder, querer,** etc.

Elas começaram a escrever. They began to write.
Nós devemos fazer isso logo. We must do that immediately.

128. The infinitive for the English present participle. The infinitive translates the English present participle preceded by a preposition. English prepositions *on* or *upon* are translated by Portuguese **ao** followed by the infinitive, personal or impersonal. This form, which is found frequently in literature, is seldom used in conversation. Brazilians use the present participle without a preposition.

Ao saírem (*or* saindo) viram o pai.	On leaving they saw their father.
Ao chegar (*or* chegando), falou comigo.	On arriving he spoke to me.

129. The infinitive as a substantive. The infinitive may be used as a noun with the masculine form of the definite article.

O rir faz bem à saúde.	Laughing is good for the health.
O amar é natural da mocidade.	Loving is natural to youth.

130. Forms of *sair*

SAIR [sɐ'ir] to go out

Indicativo Presente	*Pretérito Perfeito*	*Particípio Presente*
saio ['saju]	saí [sɐ'i]	saindo [sɐ'ĩⁿdu]
sais ['sais]	saíste [sɐ'isti]	
sai ['sai]	saiu [sɐ'ju]	*Particípio Passado*
saímos [sɐ'imus]	saímos [sɐ'imus]	saido [sɐ'idu]
saís [sɐ'is]	saístes [sɐ'istis]	
saem ['saẽ(ĩ)]	saíram [sɐ'irẽũ]	

Leitura

O Senhor Antunes recebeu em sua casa uns amigos fazendeiros que vinham pela primeira vez ao Rio. Eram quatro pessoas: o casal e dois filhos, um menino de doze anos e uma menina de quatorze. As crianças foram com os pais esperá-los à estação. Vieram de automóvel para casa e Joãozinho percebeu que êles 5

estavam um pouco tontos com o movimento das ruas. Automóveis indo e vindo, bondes apinhados de gente, caminhões enormes, ônibus de todo o tamanho, até uns de dois andares que os cariocas chamam *chope duplo*, luzes verdes e vermelhas
5 apagando e acendendo nas esquinas, as calçadas cheias de transeuntes, enfim, que diferença da pacata cidadezinha de Minas Gerais, que fica a uns vinte quilômetros da fazenda!
Ao chegarem na Avenida Rio Branco, arregalaram os olhos diante dos arranha-céus! Mas os nossos fazendeiros não abriam
10 a bôca, ninguém « piava ». As pessoas que vêm do interior tem mêdo de passar por matutos, por isso fazem questão de não mostrar espanto diante de coisa alguma. Atravessaram silenciosamente parques, avenidas e praças e nem fizeram uma exclamação quando o automóvel, dobrando a Praça Paris, en-
15 trou pela Avenida Beira-Mar mostrando em tôda a sua glória a Baía de Guanabara com sua curva de infinita beleza.
— Olha lá, o Pão de Açúcar, — disse Joãozinho, todo prosa, apontando a montanha esguia e elegante que se via ao longe.
— Vocês estão vendo aquêle bondezinho, atravessando lá
20 em cima, pendurado pelos cabos? Pois bem, um dêsses dias nós vamos tomá-lo para ir ao Pão de Açúcar.
Na manhã seguinte Dona Maria e as crianças saíram com os amigos para mostrar-lhes a cidade. Começaram dando uma volta a pé pelo quarteirão do bairro de Copacabana onde mora-
25 vam, apreciando as vitrinas. O fazendeiro queria, antes de mais nada, ver os edifícios públicos. Por isso Dona Maria levou-os aos Correios e Telégrafo, à Alfândega, prédio muito velho e feio, à Prefeitura, que também não é lá grande coisa, a alguns hospitais, e a uma ou duas igrejas. Andaram de auto-
30 móvel todo o tempo, de modo que não se cansaram e almoçaram no restaurante do aeroporto Santos Dumont, de onde se vê, de um lado, a baia com suas águas azuis brilhantes banhadas pelo sol e, do outro, a cidade, com seus arranha-céus, hotéis modernos e ruas largas. O aeroporto está bem no centro da cidade;
35 fica a dez minutos da Avenida Rio Branco, que é a rua principal.

LIÇÃO VINTE E SETE

Dona Maria não quis que seus amigos se cansassem muito neste primeiro dia; já tinham comprado bilhetes para o teatro esta noite, por isso foram para casa cedo para que pudessem descansar antes do jantar. Êles iam ficar no Rio ainda umas três semanas, pelo menos, e seria melhor fazer tudo com calma, 5 ainda havia muita coisa bonita que se ver na cidade e ainda tinham muito tempo diante de si.

PERGUNTAS

1. Quem é que o Senhor Antunes recebeu em sua casa? 2. Quantas pessoas eram? 3. Onde é que as crianças foram esperá-los? 4. O que é que Joãozinho percebeu? 5. Qual é o movimento das ruas? 6. Como chamam os cariocas, os ônibus de dois andares? 7. De que côres eram as luzes nas esquinas? 8. Onde estavam os transeuntes? 9. Diante de quê os fazendeiros arregalaram os olhos na Avenida? 10. Os fazendeiros fizeram muitas exclamações? 11. Por que é que as pessoas que vêm do interior fazem questão de não mostrar espanto diante de coisa alguma? 12. Que partes da cidade atravessaram? 13. Onde entraram, depois de dobrar a Praça Paris? 14. Que viram na Avenida Beira-Mar? 15. O que é que Joãozinho mostrou? 16. O que leva as pessoas ao alto do Pão de Açúcar? 17. O que é que Dona Maria e as crianças fizeram no dia seguinte? 18. Por onde deram uma volta a pé? 19. Que apreciaram? 20. O que é que o fazendeiro queria ver? 21. Quais foram os edifícios públicos que viram? 22. Como andaram todo o tempo, de automóvel, de bonde, de ônibus ou a pé? 23. Onde almoçaram? 24. Que pode ver uma pessoa do aeroporto? 25. A quantos minutos do centro da cidade fica o aeroporto? 26. Por que é que Dona Maria não quis que seus amigos se cansassem muito nesse dia? 27. Quanto tempo ainda iam ficar no Rio?

Drill

CLASSROOM EXERCISES

1. *Give the correct form of the verbs in parentheses:*

1. O professor deu a explicação para nós (compreender). 2. É preciso que (sair) já para (chegar) à estação antes das três horas. 3. Ao (entrar) em casa vimos seu irmão que saía. 4. Não quero

que você lhe (dizer) isso para que êle não (ficar) triste. 5. Amanhã ouviremos (cantar) os meninos. 6. Iremos à festa se (ser) convidados, mas creio que não o (ser) porque não somos amigos da família. 7. (Dar) aos pobres é um dever de todos. 8. Se (voltar) antes das sete iremos (jantar) com minha mãe, mas acho que só (chegar) lá pelas nove horas. 9. Quando vocês (ir) à cidade, peço que me (comprar) um chapéu. 10. Vocês devem (dizer) a seus pais que (querer) mais tempo para (estudar) porque os exames (estar) perto. 11. Aprenderam depressa o inglês por (ser) muito inteligentes e (ter) capacidade de trabalho. 12. Para que êle (vir) amanhã seria necessário que lhe (escrever) ainda hoje, mas não creio que ninguém (saber) onde êle (morar). 13. Preciso que você (medir) as janelas para (comprar) cortinas que (servir). 14. Você conhece alguém que (saber) falar o português e o francês? 15. Para (chegar) antes das oito ao teatro é preciso que nós (sair) imediatamente. 16. Quando (vestir) os casacos teremos que (sair) logo, senão (sentir) calor. 17. Êles riram ao (ver)-nos (cair) no chão. 18. Tomara que eu (conseguir) o que quero, mas creio que não o (conseguir). 19. Meu irmão talvez (levar) consigo aquela carta; é preciso (dizer)-lhe que ao (entregar)-la a minha mãe, o (fazer) com cuidado, porque as notícias não são boas. 20. Compreendo que você (mentir) de vez em quando, mas se você o (fazer) frequentemente ninguém o acreditará quando (dizer) a verdade.

2. *Give the correct form of the verbs in parentheses and fill in the blanks with the appropriate pronoun:*

1. Para que o telhado da casa (ficar) pronto a semana que vem, é preciso que —— (começar) já. 2. A vidraça está suja, é preciso (limpar)-——. 3. Procuro telhas que (ser) de boa qualidade, mas ainda não —— encontrei. 4. O terreno é pequeno para a casa, é preciso (aumentar)-——. 5. Maria, quero que você (pôr) primeiro a toalha na mesa, depois os pratos, os copos e os talheres; tome êstes guardanapos e (colocar)-—— em cima dos pratos. 6. Os garfos e as colheres estão aqui, mas as facas estão na cozinha; quero que você (ir) lá (buscar)-——. 7. Não creio que aquêle tapête (ficar) bem na sala com nossos móveis; é preciso (trocar)-—— assim que nós (ir) à cidade. 8. Se você (ver) Maria, diga-—— que (esperar) até que cheguemos. 9. As árvores do jardim estão ficando amarelas; quero que você (ir) (ver)-—— antes que o outono (acabar). 10. É possível que êle (chegar) pela noitinha quando os grilos (estar) cantando lá fora, assim que —— (avistar)

chamaremos nossa mãe. 11. Dentro em pouco deveremos (dar) a seu pai o dinheiro que —— devemos, mas talvez êle não —— (querer) aceitar. 12. É preciso que você (pôr) êsse sofá na sala, perto do piano de cauda, em baixo do quadro grande; mas não —— coloque muito longe da parede. 13. Não sairei da loja sem que meu marido (comprar)-—— um colchão, dois travesseiros, seis lençois, seis fronhas e um cobertor. 14. Procuro um banheiro que (ter) uma boa banheira, um chuveiro forte e uma pia grande. 15. Quando tomo um banho morno antes de (deitar)-——, (dormir) sempre bem. 16. Sentei-—— na poltrona da sala de visitas e peguei no sono até que alguém (vir) acordar-——. 17. Tome êstes pratos e ponha- —— na prateleira da cozinha; estão limpos, eu mesma —— lavei. 18. As crianças não devem nadar no lago, tenho mêdo que —— (afogar). 19. Abri a torneira da cozinha, vá (fechar)-—— depressa, a pia já (dever) estar quase cheia. 20. No escritório de meu pai tudo é confortável porque minha mãe mesma (comprar) todos os móveis e (arrumar)-—— com cuidado.

IDIOMATIC DRILL

Study the following expressions in italics and use them in original sentences:

Nós nos encontrámos *na cidade.*	We met (each other) downtown.
O ônibus leva quinze minutos daqui até *a cidade.*	The bus takes fifteen minutes from here downtown.
Êle *saltou do bonde* **na primeira esquina.**	He got off the trolley at the first corner.
Preciso *saltar* **já** *do ônibus.*	I must get off the bus at once.

ANEDOTA

Entre amigas

— Você continua estudando (*keep on studying*) canto, Milóca?
— Naturalmente, Maria.
— E com quem é que você está estudando agora?
— Comigo mesma; canto e faço o acompanhamento.
— Pois você resolveu (*solved*) um problema bem difícil!
— Qual foi?
— O de estar só e ao mesmo tempo mal acompanhada.

ASSIGNMENT

Translate into Portuguese:

1. The city of Rio has almost two million inhabitants; they are called *cariocas*. 2. When they crossed the avenues and the streets, they saw on the corners the red and green lights going on and off. 3. If they lived in this block it would not be far from the school, but they live in that large square. 4. I don't think we can go fast now; there are many pedestrians on the sidewalk. 5. The children would like to play in the park, but this section of the town is dangerous; I am sure their mother will not let them. 6. I want you to see the City Hall, the Customs House, the Post Office, and the churches before we leave Rio. 7. I must go to meet him at the station. If I leave the house now I shall be there before the train arrives. 8. He is in the hospital; his mother comes here every day. 9. I got off the bus at the airport so that I could meet my friend who was coming from the United States. 10. If I buy some tickets for the theater tomorrow you can come with me. But if I cannot buy them, then you will have to stay at home. 11. She wants to go downtown to look at the shop windows; I want you to go with her. 12. I think we shall have to wait because there are a truck and a trolley in front of our automobile. 13. On seeing the skyscrapers and the movement in the streets they opened their eyes wide, but they did not show their amazement. 14. From my hotel you can see the slender and beautiful mountain called the *Sugar Loaf*. 15. Only yesterday I noticed that she was really sick. Her mother wants her to go to the hospital. 16. Upon seeing me he did not say a word, but he wrote me a note today. 17. In Rio they have wonderful beaches where we can bathe every day of the year. 18. My automobile was going to cross the square when the green light went off, so we had to wait. 19. I don't want you to cross the street when the red light is on; something may happen. 20. If you want to meet your friend at the station you have to be there at two o'clock and wait until the train arrives. 21. I get dizzy when I see too much movement. 22. I told her that I don't want anybody here this week. I make a point of it. 23. Walking is good for the health. 24. Studying is hard. 25. On arriving they saw her.

LIÇÃO 28

VOCABULARY

a (em) caminho para... [ɐ-, ẽ-ⁿkɐˈmiɲu-pɐrɐ] on one's way to...
apesar de [ɐpeˈzar-di] in spite of
apreciado, -a [ɐpreˈsjadu] enjoyed, admired
o asilo [u-ɐˈzilu] refuge, orphanage
a biblioteca [ɐ-biblioˈtɛkɐ] library
a cadeira [ɐ-kɐˈdeirɐ] jail
o café [u-kɐˈfɛ] café
a Câmara dos Deputados [ɐ-ˈkɐmɐrɐ-duz-depuˈtadus] House of Representatives
o cemitério [u-semiˈtɛrju] cemetery
o chofer [u-ʃoˈfɛr] chauffeur, driver
o cigarro [u-siˈgarru] cigarette
a confeitaria [ɐ-kõfeitɐˈriɐ] confectionery; teahouse
o Corpo de Bombeiros [u-ˈkorpu-di-bõˈᵐbe(i)rus] firemen corps
cuidado! [kwiˈdadu] watch out, be careful
estar com vontade... [esˈtar-kõ-võˈⁿtadi] to feel like...

fumar [fuˈmar] to smoke
interessante [ĩntereˈsẽⁿti] interesting
interessar [ĩntereˈsar] to interest
o jornal [u-ʒorˈnaɫ] newspaper
a leiteria [ɐ-leiteˈriɐ] dairy
a livraria [ɐ-livrɐˈriɐ] bookstore
o monumento [u-monuˈmẽⁿtu] monument
o museu [u-muˈzeu] museum
a padaria [ɐ-pɐdɐˈriɐ] bakery
a parada do bonde (ônibus) [ɐ-pɐˈradɐ-du-ˈbõⁿdi (ˈonibus)] trolley (bus) stop
a população [ɐ-populɐˈsẽũ] population
pôr abaixo [ˈpor-ɐˈba(i)ʃu] to put down
o preconceito [u-prekõˈseitu] prejudice
a revista [ɐ-rreˈvistɐ] magazine
saltar do bonde (ônibus) [saɫˈtar-du-ˈbõⁿdi (ˈonibus)] to get off the trolley (bus)
o Senado [u-seˈnadu] Senate
o subúrbio [u-suˈburbju] suburb
o táxi [u-ˈtaksi] taxi

255

Grammar

131. Compound tenses of the subjunctive. The compound tenses of the subjunctive in Portuguese are formed with the proper subjunctive tense of the auxiliary **ter** followed by the past participle of the verb.

a. Pretérito perfeito composto. The present perfect subjunctive is formed with the present subjunctive of **ter**.

> tenha falado tenhamos falado
> tenhas falado tenhais falado
> tenha falado tenham falado

b. Pretérito mais-que-perfeito composto. The past perfect subjunctive is formed with the imperfect subjunctive of **ter**.

> tivesse falado tivéssemos falado
> tivesses falado tivésseis falado
> tivesse falado tivessem falado

c. Futuro composto. The future perfect subjunctive is formed with the future subjunctive of **ter**.

> tiver falado tivermos falado
> tiveres falado tiverdes falado
> tiver falado tiverem falado

NOTE: The past subjunctives may also be formed with the auxiliary **haver** (ex. **houvesse falado**). This is a rather literary form, seldom encountered in speech.

132. Uses of the perfect subjunctives. The perfect subjunctives are for the subjunctive mood what the present, future, and past perfect indicative are for the indicative mood. They are used when a verb in a perfect tense is introduced by an expression which takes the subjunctive.

> Duvido que ela já tenha falado com a mãe sôbre este assunto. I doubt that she has already spoken to her mother about this matter.

Se eu tivesse comprado o que você pediu, não teriamos dinheiro agora.	If I had bought what you asked for, we would have no money now.
Se eu não tiver acabado de ler o livro até amanhã, não poderei apresentar o relatório esta semana.	If I have not finished reading the book by tomorrow, I shall not be able to turn in the report this week.
Quando eu tiver falado a minha mãe sôbre isso, poderemos responder a êle.	When I have talked to Mother about that, we can answer him.

133. Sequence of tenses. In order to give the student a clearer picture of the sequence of tenses, the following paragraphs will condense the main uses of the subjunctives previously covered.

a. If the main verb of a sentence is in the present, the dependent subjunctive should be in the present if it refers to the present or the future, in the imperfect or the past perfect if it refers to the past.

Espero que ela esteja em casa.	I hope she is at home.
Espero que ela venha aqui amanhã.	I hope she will come here tomorrow.
Sinto que ela não viesse me ver.	I am sorry she did not come to see me.
Sinto que ela não tivesse vindo me ver.	I am sorry she did not come to see me.

b. If the main verb is in the past, an action taking place at the same time or after the time of the main verb is expressed in the imperfect subjunctive; all other actions are expressed in the past perfect subjunctive.

Pensei que ela estivesse lá.	I thought she was there.
Disse-lhe que voltasse a semana que vem.	I told him to come back next week.
Pensei que o senhor já tivesse falado com êle.	I thought you had already spoken with him.
Pedí-lhe que viesse me ver.	I asked him to come and see me.

134. Forms of *caber*

CABER [kɐ'ber] to fit into

Indicativo Presente	*Subjuntivo Presente*	*Pretérito Perfeito*
caibo ['kaibu]	caiba ['kaibɐ]	coube ['ko(u)bi]
cabes ['kabis]	caibas 'kaibɐs]	coubeste [ko(u)'bɛsti]
cabe ['kabi]	caiba ['kaibɐ]	coube ['ko(u)bi]
cabemos [kɐ'bemus]	caibamos [kɐi'bɐmus]	coubemos [ko(u)'bemus]
cabeis [kɐ'beis]	caibais [kɐi'bais]	coubestes [ko(u)'bɛstis]
cabem ['kabẽ(ĩ)]	caibam ['kaibɐ̃ũ]	couberam [ko(u)'bɛrɐ̃ũ]

Imperfeito do Subjuntivo	*Particípio Presente*
coubesse [ko(u)'bɛsi]	cabendo [kɐ'bẽⁿdu]
coubesses [ko(u)'bɛsis]	
coubesse [ko(u)'bɛsi]	*Particípio Passado*
coubéssemos [ko(u)'bɛsemus]	
coubésseis [ko(u)'bɛseis]	cabido [kɐ'bidu]
coubessem [ko(u)'bɛsẽ(ĩ)]	

135. Forms of *correr*

CORRER [ko'rrer] to run

Indicativo Presente	*Subjuntivo Presente*	*Particípio Presente*
corro ['korru]	corra ['korrɐ]	correndo [ko'rrẽⁿdu]
corres ['kɔrris]	corras ['korrɐs]	
corre ['kɔrri]	corra ['korrɐ]	*Particípio Passado*
corremos [ko'rremus]	corramos [ko'rrɐmus]	
correis [ko'rreis]	corrais [ko'rrais]	corrido [ko'rridu]
correm ['kɔrrẽ(ĩ)]	corram ['korrɐ̃ũ]	

NOTE: **Correr** is a radical-changing verb; the second and third person singular and the third person plural of the present indicative have an open **o**.

136. Orthographic changes in verbs (cont.). Verbs ending in
–ger and –gir take a j instead of the g before the vowels a and o
to preserve the original sound.

DIRIGIR [diri'ʒir] to direct, drive, head

Indicativo	Subjuntivo	Particípio
Presente	Presente	Presente

dirijo [di'riʒu]   dirija [di'riʒɐ]   dirigindo [diri'ʒĩⁿdu]
diriges [di'riʒis]   dirijas [di'riʒɐs]
dirige [di'riʒi]   dirija [di'riʒɐ]   *Particípio*
dirigimos [diri'ʒimus]   dirijamos [diri'ʒɐmus]   *Passado*
dirigis [diri'ʒis]   dirijais [diri'ʒais]   dirigido [diri'ʒidu]
dirigem [di'riʒẽ(ĩ)]   dirijam [di'riʒẽũ]

Leitura

Os amigos do Senhor Antunes tinham lido muita coisa sôbre
o Rio antes de virem visitar a cidade. Sabiam que tinha uma
população de quase dois milhões de habitantes e conheciam a
história dos principais monumentos.

— Onde iremos hoje? — disse D. Maria aos amigos. — On- 5
tem fomos ver alguns subúrbios e talvez seja bom, hoje, não
sairmos da cidade.

— Meu marido, — respondeu a fazendeira, — queria ver alguns monumentos importantes, assim como a Câmara de Deputados, a Biblioteca Nacional, o Museu de Artes e outros. 10

— Está muito bem. Se sairmos cedo teremos tempo de ir a
muitos lugares.

— Vamos primeiro ao Corpo de Bombeiros, — disse Joãozinho.

— Não, meu filho, o Corpo de Bombeiros não tem nada de 15
interessante. Se nossos amigos ainda não tiverem visto o novo
hospital da cidade é por lá que vamos começar.

— E como vamos, de táxi ou de ônibus?

— Pedi a seu pai que falasse com o chofer que nos serviu ontem que estivesse aqui à nossa porta, hoje às dez horas. Mas não creio que êle tenha falado porque saiu atrasado para o escritório. Se o chofer não estiver aqui com o táxi, à hora marcada, tomaremos o ônibus. Há uma parada perto do hospital.

Às dez horas o automóvel não estava na porta, por isso tomaram o ônibus.

— Cuidado, menino, — disse D. Maria a José, — não salte com o ônibus andando.

— Quando nós vamos para o colégio, êle sempre salta do bonde andando, — disse Joãozinho.

— Pois faz muito mal. É preciso que o bonde pare primeiro para que vocês possam saltar.

Depois de verem o hospital decidiram tomar um táxi que os levaria pela cidade mais depressa.

— Olha, lá vem um!

— Mas êste é muito pequeno, nós não cabemos todos nêle.

— Ah! agora vem um grande. Psst, aqui chofer.

Durante a viagem D. Maria foi mostrando aos amigos o que havia de mais interessante. Viram a Cadeia, um cemitério, um asilo, alguns hotéis e jardins públicos.

— Mamãe, êste chofer dirige muito bem, hein!

— Todos os choferes profissionais dirigem bem, em geral.

De tarde, as crianças, apesar de terem almoçado muito bem estavam com fome. Foram tomar chá numa confeitaria. D. Maria e a amiga tomaram chá, mas as crianças tôdas quiseram sorvete com doces. Os homens foram a um café, tomar um cafèzinho e fumar um cigarro. « Tomar um cafèzinho » é um hábito brasileiro. Em quase tôdas as esquinas há um café, com mesinhas redondas, alguns têm até mesas do lado de fora, na calçada. Nos cafés serve-se café. Também pode se servir refeições ligeiras. Os cafés mais elegantes têm uma seção para senhoras, mas muitas mulheres, pondo abaixo os preconceitos, entram na seção comum.

LIÇÃO VINTE E OITO

Antes de ir para casa, D. Maria foi com os amigos a uma livraria. Na fazenda, as noites são longas e, além do rádio, não há muitas outras distrações. Por isso livros, jornais e revistas são coisas muito apreciadas.

Em caminho para casa pararam numa padaria onde compraram pão fresco para o jantar, e numa leiteiria, porque Joãozinho estava com muita vontade de comer um bom queijo na sobremesa.

Ao chegarem em casa encontraram o Senhor Antunes e o amigo saltando de um táxi.

— Oh! pensei que vocês já tivessem chegado! Assim vocês não terão que esperar pelo jantar, — disse D. Maria.

PERGUNTAS

1. Os amigos do Senhor Antunes já tinham lido alguma coisa sôbre o Rio antes da visita à capital? 2. Qual é a população do Rio de Janeiro? 3. Que perguntou D. Maria aos amigos? 4. Onde tinham ido antes? 5. Que monumentos queria ver o fazendeiro? 6. Onde queria ir Joãozinho em primeiro lugar? 7. O que lhe respondeu a mãe? 8. A quem é que D. Maria tinha pedido para falar ao chofer? 9. A que horas deveria estar o chofer na porta? 10. Por que é que D. Maria não achava que o Senhor Antunes tivesse falado com o chofer? 11. Se o chofer não estivesse lá à hora marcada, como iriam? 12. Que é que havia perto do hospital? 13. O automóvel veio à hora marcada? 14. O que tomaram então? 15. O que disse D. Maria a José? 16. O que disse Joãozinho? 17. O que respondeu D. Maria? 18. Que fizeram depois de ver o hospital? 19. Por que é que não tomaram o primeiro táxi? 20. O que foi D. Maria mostrando aos amigos durante a viagem? 21. Que viram êles? 22. Que disse uma das crianças a D. Maria? 23. Que respondeu ela? 24. Como estavam as crianças, de tarde? 25. Onde foram? 26. O que tomaram as crianças? 27. Onde foram os homens? 28. Qual é um hábito brasileiro? 29. Que há em quase tôdas as esquinas? 30. Como são os cafés? 31. O que se serve nos cafés? 32. Que têm os cafés mais elegantes? 33. Que fazem muitas mulheres? 34. Onde foi D. Maria com amigos antes de ir para casa? 35. Por que é que os livros, revistas e jornais são tão apreciados na fazenda? 36. Onde pararam em caminho para casa? 37. Que compraram na padaria? e na leiteiria? 38. Quem encontraram ao chegarem em casa? 39. Que disse D. Maria?

Drill

CLASSROOM EXERCISES

1. *Give the correct form of the verbs in parentheses:*

1. Não é possível que ela (comprar) esta casa porque é muito cara. 2. Os amigos se (reunir) em casa ontem à noite e (festejar) o aniversário de Paulo. 3. Se ela não (vir) até amanhã de manhã é preciso que alguém (ir) procurá-la. 4. O chofer não (saber) onde (ficar) situado o museu, temos que ir a pé. 5. Pensei que você já (ir) à padaria, agora é tarde. 6. O açougue onde nós (fazer) nossas compras é aquêle lá. 7. Êste condutor (dirigir) o bonde depressa demais, é preciso que você (falar) com êle sôbre isso. 8. Quando eu (chegar) (escrever) o que (prometer) a você ontem. 9. Êste grande armazem nos (servir) há muitos anos. 10. Seria preciso que ela (ir) ao médico hoje, há muitos dias que ela se (sentir) doente. 11. Quando eu (chegar) ao Senado meu tio já (acabar) de falar. 12. O automóvel (levar) o doente para o hospital e eu (ir) visitá-lo lá ontem à noite. 13. Quando nós (ser) criança (ir) sempre esperar nosso pai na parada do bonde, quando (vir) do trabalho, à tarde. 14. Se eu (vir) a esta livraria a semana passada poderia (comprar) todos os livros de que (precisar); agora já estão vendidos. 15. Esta cadeia é muito pequena; quinhentos homens não (caber) nela. 16. Todos nós não (caber) neste automóvel mas talvez (caber) no outro. 17. Se êstes livros não (caber) na pasta não os (comprar). 18. As crianças (correr) sempre de casa até o colégio. 19. Se nós não (comprar) mais papel, não (ter) o suficiente para acabar o livro. 20. Eu (saber) tudo porque ela me (contar).

2. *Fill in the blanks with the correct pronouns and give the correct forms of the verbs in parentheses:*

1. É preciso que eu (ouvir) o que ela (ter) a dizer, por isso disse—— que (vir) aqui hoje para —— ver. 2. O fazendeiro (deixar) a fazenda ontem, entregou—— a um amigo que vai dirigí-——. 3. Êle não fez caso do que eu —— (dizer), é possivel que (perder) dinheiro nisso. 4. Faz hoje dois meses que ela (partir); eu (acompanhar)-—— à estação e (dizer)-—— adeus. 5. Êle talvez (conseguir) ver a moça hoje, mas duvido que (poder) falar-——. 6. Eu não (saber) que ela (levar) a filha consigo para os Estados Unidos; vou escrever-—— ainda esta semana. 7. Meu colega

LIÇÃO VINTE E OITO

(dizer)-—— hoje que (ter) um exame amanhã. 8. Os bezerros berrando assim —— (dar) dor de cabeça. 9. Eu —— (divertir) sempre quando (ir) ao cinema. 10. Houve quem (dizer) que o roubo foi grande. 11. O rapaz (estar) aqui esta manhã, (ver)- —— quando (sair). 12. O touro (ser) comprado muito caro, é preciso que nós —— (vender) por muito dinheiro. 13. O vaqueiro, a semana passada, (deixar) que três vacas (sair) do pasto, (encontrar)-—— hoje pela manhã. 14. Os bois que (puxar) a carroça são aquêles, vou traze-—— aqui. 15. Se nós não (poder) comprar êste reprodutor é preciso que (encontrar) outro. 16. Por mais que eu (gostar) de você não posso —— prometer o que você —— (pedir). 17. Ela (empurrar) a irmã quando desciam a escada e —— (fazer) cair. 18. Há —— (dizer) que você já foi casada. 19. —— esteve aqui ontem? 20. Se ela (falar) com êle como me prometeu, êle já teria vindo —— procurar.

IDIOMATIC DRILL

Study the following idioms and use them in original sentences:

caber em si (mim, ti, *etc.***) de contente (alegre),** to be beside oneself with joy

Ela não cabe em si de contente porque o noivo chega hoje.	She is beside herself with joy because her fiancé is coming today.
Êsses livros não cabem na minha pasta.	Those books do not fit in my brief case.
Não cabe a mim dizer isto a ela.	It is not for me to tell her this.
O prêmio que me coube não foi grande.	The prize I got was not big.
Cabe a você decidir a questão.	It is up to you to decide the matter.
Êle dirigiu o carro durante todo o tempo.	He drove the car all the time.
Êste homem não dirige bem a firma.	This man does not manage the firm well.
Ela quando entrou dirigiu-se a mim.	When she came in she spoke to me.
Esta carta foi dirigida a minha mãe e não a mim.	This letter was written (or addressed) to my mother and not to me.

Êle correu um grande perigo ontem a noite.	He ran a great risk last night.
Fui ontem à corrida de automóveis.	Yesterday I went to the automobile races.
Foi aquêle cavalo que venceu a corrida.	That was the horse that won the race.

ANEDOTAS

Entre escritores

— Eu também vivo da minha pena.
— Para quem escreve?
— Para meu pai, pedindo-lhe dinheiro...

— Eu levei (*It took me*) dez anos para chegar à conclusão de que não sabia escrever.
— E então (*And then*) começou a fazer outra coisa?
— Oh não! Então, eu já era célebre...

ASSIGNMENT

Translate into Portuguese:

A. 1. Rio de Janeiro has a population of about two million inhabitants and has several museums, beautiful churches, modern hospitals, and a very good fire department (*trans.* firemen corps). 2. When she comes to the library I want you to tell her that I have been waiting for her until noon. 3. I bought many books in that bookstore but I did not like the girl that waited on me. 4. If she does not come by (*trans.* until) tomorrow, she will not come this week. 5. I am sorry that you sold the book before I saw it. 6. The bus stop should not be here; it should be nearer to the orphanage. 7. I doubted that he had lunch at that restaurant yesterday, but you were right; my brother saw him there. 8. I said that she took a taxi to be there on time, but the driver did not know the suburbs well. 9. The Senate and the House of Representatives are beautiful buildings situated in the same section of the city. 10. I saw that he was nervous and I told him to write to you. 11. This café is very good; everybody comes here. 12. I asked him to buy (*trans.* that he should buy) me two magazines and one newspaper so that I might have something to read after dinner.

B. 1. She went to the butcher's, the grocery store, the bakery, and the dairy to buy what we need for tomorrow. 2. I am sorry that you did not find my father in that café; I thought he was there. 3. I saw him yesterday; we were in the same trolley. 4. If I have not finished my work by Saturday, I shall not go to the party. 5. You can come tomorrow. If my mother has arrived, we shall go to my sister's house. 6. This man does not have any prejudices. 7. If I had gone to that confectionery store, I could have bought all I needed. 8. Watch out! don't get off the bus in motion. 9. I like to smoke a cigarette after dinner. 10. I feel like going to a movie. 11. He told me she was on her way to my house. 12. In spite of everything I feel happy here. 13. This book is very interesting; you must read it.

LIÇÃO 29

VOCABULARY

o **aeroplano** [u–ɐero'plɐnu] airplane
o **avião** [u–ɐ'vjẽũ] airplane
a **bicicleta** [ɐ–bisi'klɛtɐ] bicycle
o **bilhete de ida e volta** [u–bi'ʎeti-di–'idɐ–i–'vɔłtɐ] round-trip ticket
a **cabine** [ɐ–kɐ'bini], o **leito** [u–'leitu] room, berth on a Pullman
o **camarote** [u–kɐmɐ'rɔti] stateroom
o **carregador** [u–kɐrregɐ'dor] porter, carrier
confortável [kõfor'tavɛł] comfortable
descarregar [deskɐrre'gar] to unload
desembarcar [desẽᵐbɐr'kar] to get off
despedir-se [despe'dir–si] to say good-bye
embarcar [ẽᵐbɐr'kar] to embark
entregar [ẽⁿtre'gar] to deliver, give
esperar [espe'rar] to wait, meet at the station, pier, *etc.*

a **estrada de ferro** [ɐ–es'tradɐ–di–'fɛrru] railroad
explicar [espli'kar] to explain
a **exportação** [ɐ–esportɐ'sẽũ] export
o **frete** [u–'frɛti] freight
o **guichê** [u–gi'ʃe] ticket window
o **horário** [u–o'rarju] timetable
a **importação** [ɐ–ĩᵐportɐ'sẽũ] import
ir ao estrangeiro ['ir–ɐu–estrẽ-'ʒeiru] to go abroad
ir para bordo ['ir–pɐrɐ–'bordu] to go on board
a **locomotiva** [ɐ–lokomo'tivɐ] locomotive
a **mala** [ɐ–'malɐ] trunk
a **mercadoria** [ɐ–merkɐdo'riɐ] merchandise
o **navio** [u–nɐ'vıu] ship
os **negócios** [uz–ne'gɔsjus] business
parar [pɐ'rar] to stop
o **passageiro** [u–pɐsɐ'ʒeiru] passenger
o **passaporte** [u–'pasɐ'pɔrti] passport

o **porto** [u-'portu], *pl.* os **portos** [us-'pɔrtus] port
o **rápido** [u-'rrapidu] express train
terminar [termi'nar] to finish
o **trem** [u-'trẽ(ĩ)] train
o **trem noturno** [u-'trẽ(ĩ)-no-'turnu] night train
o **trilho** [u-'triʎu] track
o **vagão** [u-vɐ'gẽũ], *pl.* os **vagões** [uz-vɐ'gõĩs] car (*of train*), freight car
o **vapor** [u-vɐ'por] ship
a **viagem** [ɐ-'vjaʒẽ(ĩ)] voyage
o **viajante** [u-vjɐ'ʒẽⁿti] passenger

Grammar

137. The imperative. To express a command Portuguese uses the imperative mood, which, however, has only second-person forms. In all other forms of command Portuguese uses the present subjunctive. The imperative mood is used only for the affirmative command, the negative command being expressed by the present subjunctive.

The second person forms of the affirmative imperative for all the regular verbs and the majority of the irregular verbs are formed by the respective forms of the present indicative, dropping the final **s**. The other forms of the affirmative imperative and all forms of the negative imperative are expressed by the present subjunctive with no alteration.

FALAR [fɐ'lar] to speak

Imperativo Afirmativo

fale   falemos
 ['fali]   [fɐ'lemus]
fala   falai
 ['falɐ]   [fa'lɐi]
fale   falem
 ['fali]   ['falẽ(ĩ)]

Imperativo Negativo

não fale   não falemos
 [nẽũ-'fali]   [nẽũ-fɐ'lemus]
não fales   não faleis
 [nẽũ-'falis]   [nẽũ-fɐ'leis]
não fale   não falem
 [nẽũ-'fali]   [nẽũ-'falẽ(ĩ)]

The verb **ser** has irregular second person forms for the affirmative imperative:

         sê ['se]   sêde ['sedi]

Note: In conversational Portuguese the negative imperative for the forms **você, o senhor, a senhora** (expressed or omitted) is quite often expressed by the present indicative.

Não faz isso, menino.
  instead of
Não faça isso, menino.
} Don't do that, boy.

138. Uses of the imperative

a. The imperative is used to express commands and wishes.

Vai-te embora já! — Go away immediately!
Falem mais baixo. — Speak lower.

b. After the expression of request: **faça favor de, façam o favor de, faz favor de,** etc., the infinitive is used.

Faça o favor de vir imediatamente. — Please come immediately.

c. The English expression *let's* is translated in Portuguese by **vamos** followed by the infinitive.

Vamos falar com êle já. — Let's speak with him immediately.

139. Forms of *construir*

CONSTRUIR [kõ'strwir] to construct, build

Indicativo Presente	*Subjuntivo Presente*	*Particípio Presente*
construo [kõ'struu]	construa [kõ'struɐ]	construindo [kõ'strwĩⁿdu]
constróis *or* construis [kõ'strɔis, kõ'struis]	construas [kõ'struɐs]	*Particípio Passado*
constrói *or* construi [kõ'strɔi, kõ'strui]	construa [kõ'struɐ]	construido [kõ'strwidu]
construímos [kõ'strwimus]	construamos [kõ'strwɐmus]	
construís [kõ'strwis]	construais [kõ'strwais]	
constroem *or* construem [kõ'strɔẽ(ĩ), kõ'struẽ(ĩ)]	construam [kõ'struɐ̃ũ]	

LIÇÃO VINTE E NOVE

Note: The regular forms of the second and third singular and third plural of the present indicative are not used in current Portuguese.

descobrir [desko'brir] to uncover

The verb **descobrir** follows the pattern of **cobrir**.

140. Additional verbs

consentir [kõsẽ'ⁿtir] to consent

The verb **consentir** follows the pattern of **sentir**.

despedir-se [despe'dir-si] to say good-bye, bid farewell

The verb **despedir-se** follows the pattern of **pedir**.

Leitura

O Senhor Antunes tinha uns primos que viviam em Recife, capital de Pernambuco, no norte do Brasil. Durante suas férias, o Senhor Antunes decidiu fazer uma viagem com a família e ir a Recife visitar os primos. Iriam primeiro a São Paulo onde o Senhor Antunes tinha que fazer alguns negócios.

No dia marcado, saíram todos de casa bem cedo, para chegarem à estação ainda com tempo e não terem que correr. Foram de noturno. O trem deixa o Rio às nove horas da noite. O Senhor Antunes já tinha reservado as cabines com leitos, mas teve que ir ao guichê comprar os bilhetes. Não os quís comprar de ida e volta porque não voltariam diretamente para o Rio.

É a estrada de ferro Central do Brasil que faz o serviço de trens entre São Paulo e o Rio. O trem não era muito grande, tinha apenas 12 vagões e uma locomotiva. Os dois últimos vagões eram para mercadorias. Um pouco antes das nove horas todos os passageiros já estavam na estação e muitos já tinham subido para o carro.

As crianças despediram-se dos amigos que as acompanharam à estação e foram para suas cabines. Antes de irem para a cama leram o horário para ver a que horas chegariam em São Paulo. Deviam chegar às oito horas se o trem não se atrasasse. Quando
5 chegaram na estação de São Paulo, as crianças divertiram-se muito vendo descarregar a mercadoria e mudar os trens de trilhos. O Senhor Antunes chamou um carregador, entregou-lhe as malas, tomaram um táxi e foram para o hotel onde se demoraram uns dias até que o pai terminasse os negócios.
10 Discutiram um pouco sôbre a viagem a Pernambuco. As crianças queriam ir de avião.

— É tão rápido! A gente toma o aeroplano no aeroporto de São Paulo e no mesmo dia chega a Pernambuco; de navio leva-se uma porção de tempo.
15 Mas o Senhor Antunes já tinha decidido que iriam de vapor e já tinha até comprado as passagens.

— Vocês podem ir como quiserem, até de bicicleta, mas sua mãe e eu vamos num navio que parte amanhã do porto de Santos, às oito horas da noite.
20 O navio não era grande mas era muito confortável. Não tinha muitos passageiros. O Senhor Antunes tinha conseguido três camarotes muito bons. Embarcaram no porto de Santos, porto de exportação e importação mais importante do Brasil. Na hora do embarque Zuzu perguntou ao Senhor Antunes se os
25 passaportes estavam prontos. O pai riu-se e explicou à filha que os passaportes só eram necessários para viagens ao estrangeiro. O navio parou na Baía para descarregar frete e os viajantes puderam saltar e passar algumas horas na cidade mas todos foram para bordo antes das seis horas da tarde. Quando che-
30 garam ao Recife, desembarcaram com um dia lindo, e encontraram no cais os primos que tinham ido esperá-los.

PERGUNTAS

1. Onde viviam os primos do Senhor Antunes? 2. Onde está situado Pernambuco? 3. O que é que o Senhor Antunes resolveu fazer

SÃO PAULO — The mailman delivers a letter to a young girl at her door.

Mato Grosso Cowboy.

GUAIBA — Oxen are used almost exclusively in Guaiba's rice industry.

LIÇÃO VINTE E NOVE

durante as férias? 4. Onde iriam primeiro? Por quê? 5. Por que é que todos sairam de casa cedo no dia marcado? 6. Por que trem foram? 7. A que horas o trem deixa o Rio? 8. O Senhor Antunes já tinha reservado as cabines? 9. Onde foi comprar os bilhetes? 10. Por que não comprou bilhetes de ida e volta? 11. Quem faz o serviço de trens entre Rio e São Paulo? 12. Quantos vagões tinha o trem? e quantas locomotivas? 13. Para que serviam os dois últimos vagões? 14. Quando é que os passageiros chegaram à estação? 15. De quem se despediram as crianças? 16. Para onde foram? 17. Que fizeram antes de irem para a cama? 18. A que horas deviam chegar a São Paulo? 19. Por que é que as crianças se divertiram quando chegaram à estação de São Paulo? 20. A quem é que o Senhor Antunes entregou as malas? 21. Que tomaram para ir ao hotel? 22. Por que é que se demoraram uns dias em São Paulo? 23. Por que é que discutiram sôbre a viagem? 24. Como é que as crianças queriam viajar? 25. Qual é a vantagem do avião? 26. Mas o que tinha decidido o Senhor Antunes? 27. Que disse êle aos filhos? 28. Como era o navio? 29. Tinha muitos passageiros? 30. Quantos camarotes tinha conseguido o Senhor Antunes? 31. Onde embarcaram? 32. É importante o porto de Santos? 33. Que perguntou Zuzu ao pai na hora do embarque? 34. O que é que o Senhor Antunes explicou à filha? 35. Porque é que o navio parou na Baia? 36. Os viajantes puderam saltar? 37. Como estava o dia quando desembarcaram em Recife? 38. Quem os estava esperando no cais?

Drill

CLASSROOM EXERCISES

1. *Give the correct form of the verbs in parentheses:*

1. Os viajantes (chegar) ontem às cinco horas; (estar) muito cansados. 2. Minha mãe não (consentir) que meus irmãos (ficar) na rua até tarde. 3. Menino, não (fazer) isso. 4. Durante o inverno êle, geralmente, não (sair) de casa por causa da chuva e da neve. 5. É preciso que eu (descobrir) a verdade tôda ainda hoje. 6. Para que ela (dizer) a verdade tôda seria preciso que você (estar) presente na ocasião. 7. Eu não quero que você (dar) dinheiro a êsse homem, assim êle não (trabalhar) nunca. 8. Eu já (voltar) quando ela chegou. 9. Se nós (conseguir) falar com êle será muito bom. 10. Se você me (trazer) os livros que lhe pedi,

poderei começar a estudar logo. 11. Quando nós (fazer) o trabalho, é preciso que êle nos (dar) tôdas as notas. 12. Se até amanhã eu não (saber) o que houve, escreverei a minha mãe sôbre a questão. 13. Se êle (saber) o que aconteceu, ficaria muito triste. 14. Eu (sentir) que ela não (poder) ter ido à festa. 15. Menina, (ficar) quieta agora. 16. Eu (começar) a estudar português o ano passado, mas já (saber) o espanhol e o francês nesta época. 17. Eu quero que você (pedir) licença para vir passar as férias comigo, se você (vir) ainda esta semana poderemos passear de automóvel domingo. 18. Menino, você está doente, (despir) e (ir) para a cama imediatamente. 19. Ela continuou a (dormir) apesar da chuva e do barulho. 20. Se nós (pôr) a capa de borracha quando saimos, não (estar) agora tão molhados.

2. *Give the correct translation of the words in parentheses:*

1. O homem foi ao (*ticket window*) comprar os bilhetes para a (*trip*). 2. No navio há quarenta (*passengers*), todos com (*tickets*) de ida e volta. 3. A (*merchandise*) foi desembarcada no (*port*) de Santos. 4. O carregador pegou as (*trunks*) e levou-as até o automóvel. 5. A (*city*) do Rio de Janeiro tem quase dois milhões de (*inhabitants*). 6. O (*driver*) do taxi não conhece bem os subúrbios da (*city*). 7. O bonde tem sempre muitos (*passengers*). 8. Os homens estão na (*jail*). 9. O ônibus não parou aqui porque a (*stop*) é naquela esquina. 10. Nós fomos à (*bookshop*) para comprar uns livros. 11. Os homens descarregaram a (*merchandise*) no porto. 12. Precisamos de um (*passport*) para irmos ao estrangeiro. 13. O trem tem dez (*cars*) e uma (*locomotive*). 14. A (*library*) desta escola tem livros muito bons. 15. O doente chegou ao (*hospital*) depois dos médicos. 16. Fomos ao (*butcher's*) comprar carne e à (*bakery*) comprar pão. 17. Compramos queijo e leite na (*dairy*) e doces na (*confectionery*). 18. Havia hoje muitas frutas na (*fruit store*) mas nós só comprámos abacaxis e laranjas. 19. O (*timetable*) do trem está errado. 20. A viagem mais rápida é a de (*airplane*).

IDIOMATIC DRILL

Study the following idioms and use them in original sentences:

fazer bonito, to make a good impression (on a certain occasion)

| **Ela hoje fêz um bonito; não teve nem um erro no ditado.** | She did wonderfully today; she did not have a single mistake in her dictation. |

LIÇÃO VINTE E NOVE

fazer um feio, to make a bad impression

Êle hoje fêz um feio; não soube o que responder ao ataque do deputado.
He made a fool of himself today; he did not know what to answer to the Congressman's attack.

fazer a côrte, to court

Êle está fazendo a côrte a ela mas sem resultado.
He is courting her, but with no results.

dar em nada, to have no results, fall through (of a project)

O negócio deu em nada.
The business fell through.

A conferência deu em nada.
The conference got nowhere.

dar parte de alguém, to report somebody

O professor deu parte dela ao diretor do colégio.
The professor reported her to the principal of the school.

fazer um pé de meia, to save up a nest egg, save

Ela está trabalhando muito e fazendo seu pé de meia.
She is working hard and saving up a nest egg.

ANEDOTA

Daqui para onde? (*Where do we go from here?*)

Uma senhora muito nervosa e já de idade avançada (*quite old*) tomou o bonde aéreo que leva ao Pão de Açucar. Chegando ao meio do caminho (*midway*) a senhora olhou para baixo e ficou com mêdo ao ver a que altura estavam (*how high they were*), suspensos no espaço.

— Condutor — disse ela, — será que estamos bem garantidos (*quite safe*) aqui?

— Não tenha mêdo, minha senhora, o cabo (*cable*) que sustenta (*holds*) o bonde é muito forte.

— E se êste cabo arrebentar (*breaks*), onde vamos parar (*where shall we land*)?

— Há um segundo cabo que sustentará o bonde automáticamente.

— E se êsse segundo cabo também arrebentar?

— Há ainda um terceiro cabo que sustentará o bonde.

— Mas, condutor, — replicou a senhora, tôda nervosa, — e se êsse terceiro cabo também arrebentar, onde é que eu vou parar?

— Ah! minha senhora, — respondeu calmamente o condutor, — isso depende da vida que a senhora levou (*that depends on the life you led*).

ASSIGNMENT

Translate into Portuguese:

1. The railroad has three different tracks. 2. The bus and the trolley stop at the corner of that street. 3. If we had bought our tickets yesterday we could take the seven o'clock train, but now it is too late; the ticket window is closed already. 4. I saw the eight o'clock train yesterday; it had two locomotives and thirty cars. 5. The ship was loaded with merchandise, but it had also some passengers that were going to the next port. 6. If they had unloaded the merchandise this morning, the men could deliver it now. 7. They were discussing the voyage because the children wanted to go by airplane, but the parents wanted to take a ship. 8. The driver took the trunks from the taxi and the porter took them to the stateroom of the ship. 9. Please give me this timetable, I want to see at what time the train leaves for São Paulo. 10. I want you to say good-bye to your friends before we go on board. 11. Please give these passports to your mother. 12. They are discussing Brazil's imports and exports; they have been talking for more than one hour. 13. I want you to embark at Rio de Janeiro and get off at Santos. 14. In order for me to give you a new bicycle you have to (*trans.* it is necessary that you) study very well. 15. He has some business to finish before he can take a trip abroad. 16. I do not consent to have you (*trans.* that you) do this. 17. I think it is better for us to go by the night train so that we won't be so tired when we arrive. 18. I want you to go to the station and buy two round-trip tickets to São Paulo and a compartment with two berths. 19. This room is very comfortable and I ask you to let me sleep in it for two or three days. 20. Let's go and see the airplanes. 21. I am taking an express train to Santos and from there I'll take the boat.

LIÇÃO 30

VOCABULARY

o abatimento [u-ɐbɐti'mẽⁿtu] discount
abrir uma conta [ɐ'brir-umɐ-'kõⁿtɐ] to open an account
o algodão [u-aɫgo'dẽũ] cotton
o anúncio [u-ɐ'nũsju] advertisement
baiano, -a [bɐ'jɐnu] from Baía
a boneca [ɐ-bo'nɛkɐ] doll
os brincos [uz-'brĩᵑkus] earrings
o cacau [u-kɐ'kau] cocoa
o cheque [u-'ʃɛki] check
a compra a prestações [ɐ-'kõᵐprɐ-ɐ-prestɐ'sõĩs] purchase on installments
contribuir [kõⁿtribu'ir] to contribute
dar fiança ['dar-'fjẽsɐ] to give security
de idéias largas [di-i'dɛjɐz-'largɐs] foresighted, of big ideas
depositar dinheiro no banco [depozi'tar-di'ɲeiru-nu-'bẽᵑku] to deposit money in the bank
despachar [despɐ'ʃar] to ship
emprestar [ẽᵐpres'tar] to lend

a fábrica [ɐ-'fabrikɐ] factory
favoràvelmente [fɐvo'ravɛɫ-'mẽⁿti] favorably
fazer um bom negócio [fɐ'zer-ũ-'ᵐbõ-ne'gɔsju] to make a good bargain, do a good business
fazer um empréstimo [fɐ'zer-ũ-ẽ'ᵐprestimu] to make a loan
fazer um seguro [fɐ'zer ũ-se'guru] to take out insurance
fechar o negócio [fe'ʃar u-ne-'gɔsju] to settle an affair, make a deal
fechar uma conta [fe'ʃar umɐ-'kõⁿtɐ] to close an account
a indústria [ɐ-ĩ'ⁿdustriɐ] industry
a indústria agrícola [ɐ-ĩ'ⁿdustriɐ-ɐ'grikolɐ] farming industry
a máquina [ɐ-'makinɐ] machine
a matéria prima [ɐ-mɐ'tɛrjɐ-'primɐ] raw material
o negociante [u-nego'sjẽⁿti] businessman

275

por atacado [por-ɐtɐ'kadu] wholesale
o **produto** [u-pro'dutu] product
produzir [produ'zir] to produce
a **propaganda** [ɐ-propɐ'gẽⁿdɐ] propaganda, advertisement
prudente [pru'dẽⁿti] prudent
a **quantia** [ɐ-kwẽⁿ'tiɐ] sum, amount

resolver [rrezol'ver] to decide, resolve, solve
o **tecido** [u-te'sidu] tissue
tirar dinheiro do banco [ti'rar-di'ɲeiru du-'bẽⁿku] to draw money from the bank
a **varejo** [ɐ-vɐ'reʒu] retail
à venda [a-'vẽⁿdɐ] on sale

Grammar

141. The reflexive construction. When the action of a verb is done to the subject of that verb, the construction is called reflexive. In other words, with a reflexive verb the subject and the object are the same.

me, myself, to *or* for myself
te, yourself, to *or* for yourself

nos, ourselves, to *or* for ourselves
vos, yourselves, to *or* for yourselves

se { herself, to *or* for herself
himself, to *or* for himself
itself, to *or* for itself
yourself, to *or* for yourself
themselves, to *or* for themselves
yourselves, to *or* for yourselves

NOTE: Reflexive pronouns follow the same general rules as other object pronouns given in paragraph 57.

142. Use of the reflexive. Portuguese employs the reflexive construction much more than English. Verbs that are not reflexive in English are expressed in Portuguese by a reflexive construction.

Eu me lembro da senhora.
Nós nos acordamos cedo.
Eu me esqueci da hora.

I remember you.
We woke up early.
I forgot about the time.

The reflexive pronoun is the object of the reflexive verb; therefore, when another object comes along in the sentence it must be linked to the verb by a preposition.

Mário casou-se com a minha sobrinha.	Mario married my niece.
Esqueci-me dela.	I forgot her.

Some verbs can be conjugated with or without the reflexive pronoun. If the verb expresses an action of the subject upon itself the reflexive form is used.

Ela levantou-se. She got up.

If the verb does not express an action of the subject upon itself the reflexive form is not used.

Ela levantou a mão. She raised her hand.

143. The reflexive to express reciprocal actions. When an action is interchanged between the various members composing the subject, Portuguese uses the reflexive construction.

Êles se amam.	They love each other.
Êles se compreendem.	They understand one another.

When absolutely necessary for clarity or for emphasis, expressions like **mùtuamente** or **um ao outro** can be used together with the reflexive form.

Disseram-se tudo um ao outro. They said everything to each other.

144. Use of the impersonal reflexive. The impersonal reflexive is generally expressed by **se**. It corresponds to the English uses of *you, they, one, people*, etc.

Diz-se que êle vai ser ministro.	They say that he is going to be a minister.
Está-se bem aqui neste hotel.	One is comfortable here in this hotel.
Por onde se vai para o seu hotel?	Which way does one take to go to your hotel?

However, when *they* is the unspecified agent, the active verb is often used.

Dizem que êle vai ser ministro. They say he is going to be a minister.

145. The present participle (*or* gerund). In verbal expressions denoting manner or circumstances of an action, where English uses the verbal form ending in *–ing*, Portuguese employs the present participle (or gerund).

Êle entrou cantando. He came in singing.
Ficámos na escola estudando. We stayed in school studying.

English frequently reinforces the idea with words like *by*, *while*, *when*, etc., but Portuguese does not use any such words.

Trabalhando êle enriqueceu. By working he got rich.
Caiu da cama dormindo. He fell from bed while sleeping.

a. In verbal expressions denoting continuance of an act, Portuguese employs the present participle, where English uses either the infinitive or the present participle.

Ela continuou falando. She kept on speaking (continued to speak).

146. Forms of *distribuir*

DISTRIBUIR [distri'bwir] to distribute

Indicativo	*Subjuntivo*	*Particípio*
Presente	*Presente*	*Presente*
distribuo	distribua	distribuindo
[distri'buu]	[distri'buɐ]	[distri'bwĩⁿdu]
distribues	distribuas	
[distri'buis]	[distri'buɐs]	
distribui	distribua	
[distri'bui]	distri'buɐ]	

LIÇÃO TRINTA 279

distribuímos [distri'bwimus]
distribuís [distri'bwis]
distribuem [distri'buẽ(ĩ)]

distribuamos [distri'bwɐmus]
distribuais [distri'bwais]
distribuam [distri'buɐ̃ũ]

Particípio Passado

distribuido [distri'bwidu]

Verbs in –uir (not –guir) have irregularities in the singular.

147. Forms of *consumir*

CONSUMIR [kõsu'mir] to consume

Indicativo Presente

consumo ['kõsumu]
consomes [kõ'sɔmis]
consome [kõ'sɔmi]
consumimos [kõsu'mimus]
consumis [kõsu'mis]
consomem [kõ'sɔmẽ(ĩ)]

Subjuntivo Presente

consuma [kõ'sumɐ]
consumas [kõ'sumɐs]
consuma [kõ'sumɐ]
consumamos [kõsu'mɐmus]
consumais [kõsu'mais]
consumam [kõ'sumɐ̃ũ]

Particípio Presente

consumindo [kõsu'mĩndu]

Particípio Passado

consumido [kõsu'midu]

148. Orthographic-changing verbs

PAGAR [pɐ'gar] to pay

Indicativo Presente

pago ['pagu]
pagas ['pagɐs]
paga ['pagɐ]

Pretérito Perfeito

paguei [pɐ'ge(i)]
pagaste [pɐ'gasti]
pagou [pɐ'go(u)]

Subjuntivo Presente

pague ['pagi]
pagues ['pagis]
pague ['pagi]

Particípio Presente

pagando [pɐ̃'gɐ̃ndu]

pagamos	pagámos	paguemos	*Particípio*
[pɐ'gɐmus]	[pɐ'gamus]	[pɐ'gemus]	*Passado*
pagais	pagastes	pagueis	
[pɐ'gais]	[pɐ'gastis]	[pɐ'geis]	pagado
pagam	pagaram	paguem	[pɐ'gadu]
['pagẽũ]	[pɐ'garẽũ]	['pagẽ(ĩ)]	pago
			['pagu]

NOTE: Verbs ending in –gar take u before the vowels e and i to preserve the sound. The past participle pago is more used than pagado.

Leitura

O Senhor Antunes saiu para se encontrar com um amigo, negociante. Era um negociante que vendia por atacado. Seu principal produto eram tecidos de algodão. Tinha uma fábrica grande com máquinas modernas, quase tôdas importadas dos
5 Estados Unidos. Distribuia sua mercadoria pelo melhor comércio a varejo do país, fazendo abatimentos especiais para as cidades do interior. Felizmente podia comprar quase tôda a matéria prima de que precisava no mercado nacional, pois o Brasil está produzindo muito algodão. Era um homem que
10 dava para negócios. Tinha começado a vida pobre, mas hoje estava muito bem. Além de sua fábrica de algodão tinha uma pequena indústria agrícola no norte do país, cujo produto principal era o cacau. Homem de idéias largas, compreendera cedo a importância da propaganda e seus anúncios contribuíram
15 muito para a grande venda de seus tecidos.

Tinham proposto ao Senhor Antunes um bom negócio e êle, antes de fechá-lo, queria conversar com o amigo. Seria preciso que êste lhe emprestasse dinheiro ou que o ajudasse a fazer um empréstimo num banco. Qualquer banco aceitaria a fiança
20 dêsse industrial. Almoçaram juntos, foram depois ao banco onde conversaram com o diretor e tudo ficou resolvido favoràvelmente.

À tarde, ao chegar em casa, o Senhor Antunes contou à fa-

LIÇÃO TRINTA

mília como as cousas se tinham passado e, muito satisfeito, disse-
lhes também que decidira comprar um automóvel. Havia um
muito bom à venda. O automóvel, naturalmente, seria comprado a prestações, mas dentro de um ano estaria pago. Foi
uma alegria geral na família, todos eram loucos por automóvel. 5
As crianças, então, não cabiam em si de contentes. Dona
Maria, muito prudente, disse logo que seria bom fazer um seguro
contra acidentes. Todos se riram pois ninguém pensava nisto,
iam era divertir-se muito (*what they were going to do was to have
a great deal of fun*). 10
 No dia seguinte Joãozinho saiu com o pai para fazer uns pequenos negócios seus. Êle também tinha sua continha no banco.
Abrira-a há dois anos, ao receber de seu padrinho, como presente
de aniversário, um cheque de mil cruzeiros. E não pretendia
fechá-la tão cedo (*for a long time*). Quando ganhava algum 15
dinheiro, depositava-o logo. Mas agora êle queria tirar do
banco uma certa quantia porque iam mandar para Margaret, nos Estados Unidos, um presente. Margaret e Antônia
escreviam-se sempre e mandavam-se presentes. A família tôda
continuou sentindo muita falta de Margaret. Dentro de quatro 20
semanas era o dia dos anos dela e queriam mandar-lhe uma linda
boneca baiana. A boneca era linda! Preta, com uma saia de
algodão em côres vivas, uma blusa azul, um lenço na cabeça
e enormes brincos nas orelhas. Custava caro, mas Joãozinho,
o capitalista da família, ia adiantar o dinheiro aos irmãos. 25
 — Vocês me pagarão mais tarde, quando puderem.
 O caixeiro estava arranjando a boneca para despachá-la
quando Joãozinho chegou. Acabando o trabalho, entregou a
encomenda a Joãozinho que pagou-a e saíu para o Correio. Ao
entrar no Correio perguntou: 30
 — O senhor pode me dizer por onde se vai ao guichê de despachos para o estrangeiro?
 — Por aquela sala ali, é o último guichê.
 — Muito obrigado. — Joãozinho despachou a boneca e voltou para casa. 35

PERGUNTAS

1. Com quem foi se encontrar o Senhor Antunes? 2. Êsse negociante vendia por atacado ou a varejo? 3. Qual era o seu principal produto? 4. Como era a sua fábrica? 5. De onde eram importadas quase tôdas as máquinas? 6. Onde distribuia sua mercadoria? 7. Para quem fazia abatimentos? 8. Onde comprava grande parte da matéria prima? Por quê? 9. Êsse negociante tinha começado a vida pobre ou rico? 10. Como estava hoje? 11. Que tinha, além da fábrica de algodão? 12. Qual era o principal produto dessa indústria? 13. Que compreendera êle cedo? 14. O que é que contribuiu muito para a grande venda de seus tecidos? 15. Por que é que o Senhor Antunes queria conversar com o amigo? 16. Que seria preciso para que o Senhor Antunes fechasse o negócio? 17. Onde foram os dois amigos depois do almôço? 18. Como ficou tudo resolvido? 19. Que fêz o Senhor Antunes à tarde quando chegou em casa? 20. Que ia também comprar o Senhor Antunes? 21. Como seria comprado o automóvel? 22. Quando estaria pago? 23. A família ficou contente? 24. Que disse Dona Maria? 25. Onde foi Joãozinho no dia seguinte? 26. O que é que êle tinha no banco? 27. Quando é que abrira sua continha? 28. Qual foi o presente que o padrinho lhe dera? 29. O que fazia Joãozinho quando ganhava algum dinheiro? 30. O que é que êle queria fazer no banco? 31. A quem iam mandar um presente? 32. Onde estava Margaret? 33. Quando era o aniversário de Margaret? 34. Qual seria o presente? 35. Como estava vestida a boneca? 36. Quem ia emprestar o dinheiro? 37. Como é que os irmãos de Joãozinho iriam pagar-lhe? 38. Que fazia o caixeiro quando Joãozinho chegou? 39. Depois de pagar a boneca onde foi Joãozinho? 40. Que perguntou êle no correio? 41. Onde era o guichê de despachos para o estrangeiro?

Drill

CLASSROOM EXERCISES

1. *Give the correct form of the verbs in parentheses:*

1. O comércio brasileiro (distribuir) seus produtos no mercado interno. 2. É preciso que os homens (consumir) mais para desenvolver o comércio do país. 3. Ontem (ir) ao banco e (pagar) minha prestação sôbre o automóvel. 4. Eu não (consentir) que você

(dizer) isso a ela. 5. Ele (comprar) uma casa a prestações. 6. Quero que você (descobrir) a rua onde ela mora. 7. O piano que meu pai (comprar) para mim a semana passada, não (caber) na sala ontem quando o (querer) botar lá. 8. Para que tudo (caber) na pasta é preciso que (ser) bem grande. 9. Nós (correr) até a esquina para (pegar) o bonde que (passar) a uma hora. 10. Para que eu (dirigir) um automóvel é preciso que (ter) um. 11. Pensei que ela (saber) falar bem o inglês. 12. Disse-lhe que (distribuir) a mercadoria entre os negociantes. 13. Seria preciso que êle (ver) a casa antes que nós a (comprar). 14. Se êle (vir) aqui amanhã quero que você lhe (dizer) que nós vamos sair da cidade a semana que vem. 15. Quando nós (fazer) o trabalho teremos que pedir duas semanas de férias. 16. Se eu (poder) ir ao Rio êste ano, iria ver minha mãe. 17. Ontem quando (ir) à sua casa pensei que você (falar) com ela sôbre isso. 18. Nós não (lembrar-se) do aniversário dela e não lhe (dar) nada. 19. É preciso que nós (sentar-se) antes que os outros (chegar). 20. Se nós não (despachar) esta mercadoria até amanhã não (chegar) a tempo em Nova York.

2. *Fill in the blanks with the proper expressions:*

1. Falei com o negociante e disse-——— que viesse fechar o negócio. 2. Recebi a carta e entreguei-——— a você ontem à noite. 3. O rapaz ——— esteve aqui foi ——— me disse que você tinha chegado. 4. A moça em ——— casa você me levou é filha de uma amiga de minha mãe. 5. Em ——— das duas casas mora êle? 6. Tenho o seu livro ——— (*with me*) mas ainda preciso dêle. 7. ——— esteve aqui não foi Paulo, foi o irmão. 8. Êle não fez mal a ninguém, sòmente a ——— próprio. 9. ——— são os meninos que já chegaram? 10. ——— filhos ela tem? 11. ——— vezes você esteve em casa dela? 12. A moça a ——— estou escrevendo não compreende o português. 13. Tome êste chapéu e entregue-——— à pessoa ——— veio buscá-———. 14. Os alunos trouxeram o livro e entregueram-——— ao professor. 15. Você está enganada, ela não deu o livro a ——— (*him*), mas a ——— (*me*). 16. Nós jantamos com êle a semana passada e êle vem jantar ——— (*with us*). 17. Êle traz sempre ——— (*with him*) papel e lápis. 18. Os rapazes já chegaram, as moças sairam com êles para diverti-———. 19. Nós ——— (*him*) chamamos pelo telefone mas êle não pode vir ver-——— hoje. 20. Comprei o que você ——— pediu mas não pude trazê-——— porque é muito grande. 21. Falei com os rapazes e pedí-——— que ——— (*me*) ajudassem a acabar o trabalho.

IDIOMATIC DRILL

Study the following idioms and use them in original sentences:

estar bem, to be well off

Ela não é rica mas está muito bem.	She is not rich but she is very well off.

Está bem! That's all right!

Só posso chegar a sua casa depois das sete. — Está bem.	I can only be at your house after seven. — That's all right.

passar-se, to go on

Como se passou a operação?	How did the operation go?
Como está se passando a entrevista?	How is the interview going?

tão cedo, for a long time... (*with idea of future*)

Eu não acabarei de escrever êste livro tão cedo.	I shall not finish writing this book for a long time.
Pode levar êste livro porque eu não precisarei dêle tão cedo.	You can take this book because I shall not need it for a long time.

ANEDOTA

Em casa do Senhor e da Senhora Peixoto estão celebrando as bodas de ouro do casal (50 anos de casados). Um dos netos, rapaz de vinte e dois anos, e que está a ponto de ficar noivo (*about to become engaged*), pergunta ao avô qual o segrêdo da sua longa felicidade. O Senhor Peixoto num pequeno discurso (*speech*) diz que vai dar à família, ali reunida, a receita (*recipe*) da felicidade conjugal (*happiness in marriage*).

— No dia de nosso casamento, — disse êle, — sua avó e eu combinámos o seguinte: ela cederia (*would give in*) nas coisas de grande importância e eu cederia nas coisas de pequena importância.

— Formidável! — comentaram todos.

— E sempre seguiram à risca (*followed strictly*) esta resolução? perguntou alguém.

— Sempre, — respondeu o avô, — mas nestes 50 anos de casados nunca houve uma decisão de grande importância a ser tomada (*to be taken*).

LIÇÃO TRINTA

ASSIGNMENT

Translate into Portuguese:

1. My father is going to take out an insurance against accidents.
2. If that man closes his factory, it will be a bad thing for the business of the town.
3. I thought he had distributed all his fortune among his relatives.
4. Last year we produced more cotton than this year.
5. They sell merchandise to each other.
6. She contributes time and money for the poor people.
7. The new tissue is not yet on sale, that's why I could not ship your order.
8. That man is going to send you the merchandise you asked for, but he has to draw some money from the bank.
9. I get a big discount on everything I buy because I am a friend of the owner.
10. That businessman has bought all the machines he needs from the United States.
11. The commerce and industry of this town need some advertisement of their products.
12. Cocoa and cotton can both be found in Brazil.
13. In Brazil they consume more American products than we think, and they buy some of our raw materials.
14. If I buy an automobile, it will be on the installment plan.
15. My sister has deposited a large sum in the bank and I am going to ask her to give me a check for two thousand cruzeiros.
16. If he does not lend me the money I shall have to ask my bank for a loan.
17. He works in the wholesale business and his brother works in the retail business.
18. Her mother gave her a very beautiful Spanish doll with a pair of golden earrings.
19. It is not wise to carry such a large sum of money on you.
20. If I decide to come to the party I'll call you tonight.
21. By studying he learned a great deal.
22. He kept on writing to her.
23. He fell while sleeping.
24. They write each other every month.
25. By working he became rich.

LIÇÃO 31

VOCABULARY

aplaudir [ɐplau'dir] to applaud
assistir [ɐsis'tir] to attend, go
o **ato** [u-'atu] act
o **ator** [u-ɐ'tor] actor
a **atriz** [ɐ-ɐ'tris] actress
a **atuação** [ɐ-ɐtwɐ'sẽũ], a **representação** [ɐ-rrepresẽⁿtɐ'sẽũ] the acting
o **autor** [u-au'tor] author
o **balcão** [u-baɫ'kẽũ] balcony
a **bilheteria** [ɐ-biʎete'riɐ] ticket office
o **camarote** [u-kɐmɐ'rɔti] box
célebre ['sɛlebri] famous
o **cenário** [u-se'narju] scenery
o **elenco** [u-e'lẽᵑku] cast
o **enrêdo** [u-ẽ'rredu] plot
a **entrada** [ɐ-ẽ'ⁿtradɐ], o **bilhete** [u-bi'ʎeti] ticket
o **espetáculo** [u-espe'takulu] performance
estar certo [es'tar-'sɛrtu] to be sure, be right
a **estréia** [ɐ-es'trɛjɐ] première
a **estrêla** [ɐ-es'trelɐ] star
a **fila** [ɐ-'filɐ] row
a **frisa** [ɐ-'frizɐ] lowest box
o **galã** [u-gɐ'lẽ] male star; lover
a **galeria** [ɐ-gɐle'riɐ] gallery

o **guarda-roupa** [u-'gwardɐ-'rro(u)pɐ] costumes
o **intervalo** [u-ĩⁿter'valu] intermission
a **lotação** [ɐ-lotɐ'sẽũ] capacity house
o **lugar** [u-lu'gar], a **cadeira** [ɐ-kɐ'deirɐ] seat
os **meiados** [uz-me'jadus] do mês, do ano, *etc.* middle days of the month, year, *etc.*
o **moço dos programas** [u-'mosu dus-pro'grɐmɐs] usher
o **palco** [u-'paɫku] stage
o **pano (de bôca)** [u-'pɐnu (di-'bokɐ)] curtain
o **papel** [u-pɐ'pɛl] rôle
a **peça** [ɐ-'pɛsɐ] play
a **platéia** [ɐ-plɐ'tɛjɐ] audience, orchestra seats
representar [rrepresẽⁿ'tar] to play, act
a **revista** [ɐ-rre'vistɐ] musical comedy
a **temporada** [ɐ-tẽᵐpo'radɐ] season
tomar assinatura [to'mar ɐsinɐ'turɐ] to buy a season ticket

Grammar

149. Conditional sentences. Conditional sentences are made of two parts: the *if*-clause, which is the dependent clause, and the conclusion, which is the main clause. When the *if*-clause refers to the present or past, and is not contrary-to-fact, the indicative is used in both verbs.

> Há dois meses que estou em férias; se chove fico em casa, se faz bom tempo vou passear.
> I have been on a vacation for two months; if it rains I stay home, if the weather is nice I go for a stroll.
>
> Se êle esteve ontem aqui em casa, eu não o sabia.
> If he was here at home yesterday, I did not know it.

a. When the *if*-clause expresses a condition in the future, the present indicative or the future subjunctive is used in the *if*-clause and the future indicative (or the present indicative instead of the future) in the conclusion.

> Se chover amanhã nós não iremos (vamos) à festa.
> *or*
> Se chove amanhã nós não iremos (vamos) à festa.
> If it rains tomorrow we shall **not** go to the party.

b. When the *if*-clause expresses a doubtful condition in the future, the imperfect subjunctive is used in the dependent clause and the conditional (or the imperfect instead of the conditional) is used in the main clause.

> Se eu fosse convidado para diretor, aceitaria (aceitava) o convite.
> If I should be invited to be the director, I would accept the position.

c. When the sentence is contrary-to-fact and the statement refers to the present time, the imperfect subjunctive is used in the *if*-clause and the conditional (or the imperfect) in the conclusion.

> Se eu tivesse dinheiro agora iria (*or* ia) ao Rio ver minha mãe.
> If I had the money now I would go to Rio to see my mother.

d. When the sentence is contrary-to-fact and the statement refers to a past time, the past perfect subjunctive is used in the *if*-clause and the conditional perfect in the conclusion.

Se tivesse tido dinheiro o ano passado, teria comprado esta casa.	If I had had the money last year, I would have bought this house.

150. Future perfect. The future perfect is formed with the future of **ter** followed by the past participle.

terei comprado [te'rei–kõ'ᵐpradu]	teremos comprado [te'remus–kõ'ᵐpradu]
terás comprado [te'ras–kõ'ᵐpradu]	tereis comprado [te'reis–kõ'ᵐpradu]
terá comprado [te'ra–kõ'ᵐpradu]	terão comprado [te'rẽũ–kõ'ᵐpradu]

No fim do ano que vem eu já terei comprado meu automóvel.	By the end of next year I shall have bought my car.

151. Conditional perfect. The conditional perfect is composed of the conditional of **ter** followed by the past participle.

teria comprado [te'riɐ–kõ'ᵐpradu]	teríamos comprado [te'riɐmus–kõ'ᵐpradu]
terias comprado [te'riɐs–kõ'ᵐpradu]	teríeis comprado [te'rieis–kõ'ᵐpradu]
teria comprado [te'riɐ–kõ'ᵐpradu]	teriam comprado [te'riẽũ–kõ'ᵐpradu]

Se tivessem me oferecido esta casa eu a teria comprado.	If they had offered me this house I would have bought it.
Eu teria ido vê-la se soubesse que estava aqui.	I would have come to see her if I had known she was here.
Você o teria visto ontem se tivesse vindo aqui.	You would have seen him yesterday if you had come here.

152. Forms of *divertir-se*

DIVERTIR-SE [diver'tir-si] to amuse oneself, have a good time

Indicativo
Presente

eu me divirto
['eu–mi–di'virtu]
tu te divertes
['tu–ti–di'vɛrtis]
êle se diverte
['eli–si–di'vɛrti]
nós nos divertimos
['nɔs–noz–diver'timus]
vós vos divertis
['vɔs–voz–diver'tis]
êles se divertem
['elis–si–di'vɛrtẽ(ĩ)]

Subjuntivo
Presente

eu me divirta
['eu–mi–di'virtɐ]
tu te divirtas
['tu–ti–di'virtɐs]
êle se divirta
['eli–si–di'virtɐ]
nós nos divirtamos
['nɔs–noz–divir'tɐmus]
vós vos divirtais
['vɔs–voz–divir'tais]
êles se divirtam
['elis–si–di'virtɐ̃ũ]

Particípio
Presente

divertindo
[diver'tĩⁿdu]

Particípio
Passado

divertido
[diver'tidu]

The verb **divertir,** when not reflexive, means *to amuse*.

153. Orthographic changes in verbs (cont.).

Verbs in **-gir** change **g** to **j** before the vowels **o** and **a** to preserve the original sound.

FUGIR [fu'ʒir] to flee

Indicativo
Presente

fujo ['fuʒu]
foges ['fɔʒis]
foge ['fɔʒi]
fugimos [fu'ʒimus]
fugis [fu'ʒis]
fogem ['fɔʒẽ(ĩ)]

Subjuntivo
Presente

fuja ['fuʒɐ]
fujas ['fuʒɐs]
fuja ['fuʒɐ]
fujamos [fu'ʒɐmus]
fujais [fu'ʒais]
fujam ['fuʒɐ̃ũ]

Particípio
Presente

fugindo [fu'ʒĩⁿdu]

Particípio
Passado

fugido [fu'ʒidu]

154. Forms of *estrear*

ESTREAR [estre'jar] to do *or* use something
for the first time

Indicativo Presente	*Subjuntivo Presente*	*Particípio Presente*
estréio [es'trɛju]	estréie [es'trɛji]	estreando [estre'jẽⁿdu]
estréias [es'trɛjɐs]	estréies [es'trɛjis]	
estréia [es'trɛjɐ]	estréie [es'trɛji]	*Particípio Passado*
estreamos [estre'jɐmus]	estreiemos [estre'jemus]	
estreais [estre'jais]	estreieis [estre'jeis]	estreado [estre'jadu]
estréiam [es'trɛjẽũ]	estréiem [es'trɛjẽ(ĩ)]	

Leitura

A temporada teatral no Rio de Janeiro é no inverno; começa sempre lá pelos meiados de Junho ou princípios de Julho. O Senhor Antunes tinha tomado uma assinatura para a ópera no Municipal, teatro mais importante da cidade. Iriam também
5 assistir a algumas peças da companhia francesa e levariam as crianças a certas comédias que fossem próprias para a idade delas. Nessa noite dava-se a estréia da companhia de óperas no Municipal. Os lugares de Dona Maria e do Senhor Antunes eram cadeiras na platéia, numa boa fila ao centro. Êles não
10 gostavam muito de camarotes nem de frisas porque ficam colocados de lado. Como era uma peça muito boa, Antônia também ia com uma amiga.

Jantaram um pouco mais cedo, porque o teatro começa quase sempre às oito e quarenta e Dona Maria não queria perder o
15 princípio. Antônia e a amiga ainda não tinham comprado os bilhetes. Não estavam certas de encontrar nada que servisse porque era tarde, mas se não conseguissem bons lugares, iriam a um cinema.

LIÇÃO TRINTA E UMA

Tomaram todos um automóvel depois do jantar e, na porta do teatro, separaram-se. Dona Maria e o Senhor Antunes entraram diretamente e as mocinhas foram à bilheteria ver se ainda podiam comprar entradas.
— O senhor tem dois lugares bons que nos possa vender? — disse Antônia ao empregado que se achava no guichê.
— A lotação está quase completa e vai ser difícil, — respondeu o empregado, — mas, vamos ver, talvez se consiga alguma coisa. Onde é que as senhoras querem os lugares, na platéia?
— Oh! não, — disse Antônia, — é muito caro. O senhor tem duas cadeiras juntas na primeira fila das galerias?
— Não, nada mais nas galerias, são os primeiros lugares que se vendem para a estação da ópera. Tenho porém duas cadeiras juntas, no segundo balcão ao centro, serve?
— Hum! o balcão é um pouco caro para nós, mas já que não há outro remédio, ficamos com as cadeiras. Quanto custam?
— Oitenta cruzeiros cada uma.

As moças pagaram, pegaram as entradas e saíram correndo pois o espetáculo já devia estar começando. O moço dos programas mostrou-lhes os lugares e elas sentaram-se sem barulho. O pano de bôca já estava levantado e os atores iam entrando no palco.
— Que bom! não perdemos nada, — disse Antônia à amiga.

A peça era uma das grandes óperas e o elenco de primeira qualidade. O galã era um artista italiano de grande fama. Havia também uma artista francesa muita moça que fazia um papel pequeno, mas cuja voz e atuação eram excelentes; essa chegaria naturalmente a ser uma estrêla. O enrêdo, embora conhecido, sempre agradava ao público. Ao fim do primeiro ato, houve um intervalo, as moças desceram e foram encontrar-se com o Senhor Antunes e D. Maria no foyer. O espetáculo acabou por volta de meia-noite e foram todos tomar alguma coisa antes de ir para casa.
— Então, como é, vocês gostaram? perguntou o senhor Antunes às meninas.

— Muito, — disse Antônia, — a representação foi boa em geral, os cenários muito bonitos e ricos e a estrêla tem um guarda-roupa lindíssimo. Nós aplaudimos com entusiasmo.

— A semana que vem vou levar vocês e as outras crianças a
5 uma revista muito boa, conheço o autor, é um rapaz de talento e a música dêle agrada muito.

— Que bom! — disseram as duas meninas ao mesmo tempo.

PERGUNTAS

1. Quando é a temporada teatral no Rio de Janeiro? 2. Quando começa? 3. Qual é o teatro mais importante do Rio de Janeiro? 4. De que companhia eram as peças que o Senhor Antunes e D. Maria iam assistir? 5. E onde levariam as crianças? 6. O que é que se dava essa noite? 7. Onde eram os lugares de D. Maria e do Senhor Antunes? 8. Por que é que êles não gostavam de camarotes nem de frisas? 9. Com quem ia Antônia ao teatro? 10. Por que é que jantaram um pouco mais cedo? 11. Antônia já tinha comprado os bilhetes? 12. Onde iriam se não conseguissem bons lugares? 13. Como é que foram para o teatro? 14. Onde foram as mocinhas depois que se separaram do Senhor Antunes? 15. O que disse Antônia ao empregado no guichê? 16. Que respondeu o empregado? 17. Por que é que as meninas não queriam lugares na platéia? 18. O que é que elas perguntaram depois ao empregado? 19. Que disse o empregado? 20. Quais são os primeiros lugares que se vendem na estação da ópera? 21. Onde eram os lugares que lhes foram oferecidos? 22. As meninas ficaram com êles? 23. Quanto custavam? 24. Que fizeram as moças? 25. Quem é que mostrou a elas onde ficavam os lugares? 26. O pano de bôca já estava levantado? 27. Quem ia entrando no palco? 28. O que disse Antônia à amiga? 29. Qual era a peça? 30. Como era o elenco? 31. Quem era o galã? 32. Que papel fazia a artista francesa? 33. Ela era boa artista? 34. O que é que ela chegaria a ser, naturalmente? 35. O enrêdo era novo? 36. O que é que houve ao fim do primeiro ato? 37. O que fizeram as moças? 38. A que horas acabou o espetáculo? 39. Onde foram todos antes de ir para casa? 40. Que perguntou o Senhor Antunes às meninas? 41. Que respondeu Antônia? 42. Onde é que o Senhor Antunes prometeu levá-las na próxima semana? 43. Que disseram as meninas? 44. Qual é o teatro mais importante em Nova York? 45. Quais são os lugares que o senhor prefere? 46. Quando é a temporada teatral em Nova York?

Drill

CLASSROOM EXERCISES

1. *Give the correct form of the verbs in parentheses:*

1. Se me (dizer) isto ontem à noite eu não teria ido à casa dela. 2. Para que eu me (divertir) é preciso que a peça seja muito boa. 3. Os homens (fugir) com mêdo da chuva. 4. A Companhia Francesa (estrear) amanhã no Municipal. 5. Quero que a platéia (aplaudir) muito esta artista. 6. Se eu (saber) que levavam esta peça no Municipal (ir) vê-la. 7. Estou certo de que êles (aplaudir) a peça quando a (ver). 8. Para que nós (assistir) a peça tôda é preciso que (sair) daqui já, senão (chegar) atrasadas. 9. Se ela (representar) bem, nós a (escolher) para êste papel, mas não creio que o (poder) fazer bem. 10. Os rapazes ontem (chegar) atrasados no teatro e (ter) que subir até as galerias. 11. Eu quero que ela (subir) ao meu quarto para (discutir) o caso. 12. Se ela (vir) antes das onze, (poder) almoçar conosco. 13. Quando eu (ir) a sua casa quero que você (dizer) à criada que me (fazer) arroz com feijão para o almôço. 14. Se eu (ver) que ela não está estudando (sair) com ela para dar um passeio. 15. O moço dos programas geralmente não (receber) gorjetas, mas (dar)-lhe cinco cruzeiros ontem, porque (ser) muito amável comigo. 16. Eu os (ver) anteontem na segunda frisa do teatro mas êles não me (ver). 17. É bom que o senhor (sair) um pouco à noite para que (dormir) bem. 18. Precisamos tratar bem os criados para que nos (servir) bem. 19. Essa mulher há cinco anos que (servir) em nossa casa e nós todos (gostar) muito dela porque (ser) boa e honesta. 20. O guarda-roupa da artista que (estar) no Municipal a temporada passada (ser) rico e bonito mas ela não (representar) bem os papéis.

2. *Fill in the blanks with the right words or expressions:*

1. O dia de —— é a 25 de Dezembro. 2. As panelas ficam em cima do —— quando se prepara a comida. 3. No meu —— tenho uma boa cama e uma mesa. 4. Na —— da minha casa há uma mesa grande com cadeiras em volta e dois ——, um de cada lado. 5. Para comer precisamos de garfo, —— e colher. 6. Dei à empregada dois —— e um cobertor para fazer a cama. 7. Às oito horas da manhã tomamos café; o —— é ao meio-dia e o —— às sete. 8. Entre o

almôço e o jantar pode-se fazer uma —— quando se tem fome.
9. Devemos ter trinta e dois —— na bôca. 10. Ela usa —— porque não tem boa vista. 11. A mão tem cinco ——. 12. Nós temos duas mãos e dois ——. 13. O médico me —— êste remédio porque estou doente. 14. O —— da peça que eu vi não é bom, é a história de uma moça pobre e bonita. 15. Aquêle artista faz parte do —— da companhia de óperas. 16. Êste livro é muito grande, não —— na minha pasta. 17. O dinheiro que eu lhe dei é pouco, não —— para comprar um vestido. 18. O dinheiro não é —— na vida. 19. Ela molhou-se tôda e —— doente. 20. As —— são os lugares mais baratos do teatro e os —— os mais caros.

IDIOMATIC DRILL

Study the following idioms and use them in original sentences:

levar uma peça, uma fita, *etc.,* to have a play on, a film, etc.

O Teatro Municipal está levando uma peça muito boa.	The Municipal Theater is giving a very good play.

dar-se a estréia de . . ., to have the première

A estréia da peça dá-se amanhã	Tomorrow will be the première of the play.

fazer as pazes, to make up

Os políticos brigam muito mas no fim fazem sempre as pazes.	Politicians quarrel a lot but in the end they always make up.

pregar uma peça, to play a practical joke or a trick

Ela pregou uma peça ao amigo e êle zangou-se.	She played a trick on her friend and he became angry.
Não há remédio.	There is no way out of it.
É o único remédio.	It is the only way.

ANEDOTA

No elevador

Uma senhora muito indagadeira (*inquisitive*) entrou uma ocasião num elevador e perguntou ao ascensorista (*operator*):

— O senhor não se cansa (*get tired*) de subir e descer o dia todo?
— Canso-me, sim senhora, — respondeu o rapaz.
E a senhora querendo ser espirituosa (*trying to be witty*), acrescentou:
— É de subir que o senhor se cansa?
— Não, senhora.
— É de descer, então?
— Não, senhora.
— Deve ser de parar (*to stop*), não é?
— Não, senhora.
— Mas, então, de que é?
— É de responder a perguntas tôlas, minha senhora.

ASSIGNMENT

Translate into Portuguese:

1. We want to buy a season ticket for the opera this winter. 2. I saw her with her husband and her daughter at the theater last night; they had seats in the fifth row in the orchestra. 3. My father gave me a box for the play tomorrow. 4. Your friend told me that he would buy tickets in the gallery because those in the balcony would be too expensive. 5. Can you see her in that lowest box near the stage? 6. Could you wait for me while I go to the ticket office? 7. I could not get anything because the house is sold out (*trans.* the capacity is full). 8. She went down during the intermission and the usher showed her to her seat when she came back. 9. Tomorrow will be the première of the musical comedy; the cast is very good and the costumes are rich and beautiful. 10. The young French artist will have an important rôle; she plays very well. 11. The acting of the Italian artist was very good, but the star was sick and could not sing well. 12. The curtain of this theater is red and the scenery is very beautiful. 13. The performance will begin at nine o'clock sharp. Please don't be late. 14. The audience applauded the male star several times, and I think that they liked the plot very much. 15. I am sure that this play has three acts and that it was written by a famous actor. 16. They will go to the show if we give them the money. 17. I shall stay there until the middle of June. 18. The most important rôle should be played by the young actress and not by the one who acted last night; she is not very good. 19. Could you sell me two tickets in the first five rows for tomorrow's performance? 20. I quarreled with my brother but we made up this morning. 21. What is this theater showing (*lit.* having) on Monday? I would like to go if it's a good play.

LIÇÃO 32

VOCABULARY

o **açougueiro** [u-ɐso'ge(i)ru] butcher
o **amor** [u-a'mor] love
bem ['bẽ(ĩ)] (+ *adj.*) pretty (+ *adj.*)
  bem direitinho ['bẽ-ⁿdirei'tiɲu] fairly well
o **bombeiro** [u-bõ'be(i)ru] plumber
o **carpinteiro** [u-kɐrpĩ'ⁿte(i)ru] carpenter
a **chapeleira** [ɐ-ʃɐpe'le(i)rɐ] hat maker
o **chapeleiro** [u-ʃɐpe'le(i)ru] hat maker
o **confeiteiro** [u-kõfei'te(i)ru] confectioner
  consertar [kõser'tar] to mend, repair
a **conversa** [ɐ-kõ'vɛrsɐ] conversation
  dedicar-se [dedi'kar-si] to devote
o **defeito** [u-de'feitu] defect
o **diário** [u-'djarju] daily newspaper
o **emigrante** [u-emi'grẽⁿti] emigrant
o **encanamento** [u-ẽⁿkɐnɐ'mẽⁿtu] plumbing, piping
  engraxar [ẽᵘgrɐ'ʃar] to polish

o **engraxate** [u-ẽᵘgrɐ'ʃati] bootblack
a **escola profissional** [ɐ-es'kɔla profisjo'nał] vocational school
a **fortuna** [ɐ-for'tunɐ] fortune
  interromper [ĩⁿterrõ'ᵐper] to interrupt
o **jardineiro** [u-ʒɐrdi'ne(i)ru] gardener
o **jornaleiro** [u-ʒorna'le(i)ru] newspaper dealer
o **leiteiro** [u-lei'teiru] milkman
  manejar [mɐne'ʒar] to handle
o **muro** [u-'muru] wall
o **ofício** [u-o'fisju] craft
o **operário** [u-ope'rarju] worker
  ora essa! ['orɐ-'ɛsɐ] of course! what a question!
o **padeiro** [u-pɐ'de(i)ru] baker
o **pedreiro** [u-pe'dre(i)ru] mason
o **povo** [u-'povu] people
  procurar [proku'rar] to look for
o **sapateiro** [u-sɐpɐ'te(i)ru] shoemaker
  sem um vintém [sẽ-ũ-vĩ'ⁿtẽ] penniless
  sustentar [sustẽ'ⁿtar] to maintain, support
a **voz** [ɐ-'vɔs] voice

Grammar

155. Conjunctions governing the subjunctive. As a rule Portuguese conjunctions require careful attention. Some of them are followed by the subjunctive while others are followed by the indicative. The most common conjunctions that are followed by the subjunctive are:

a. Conjunctions of denial.

sem que, without, unless

Não partirei sem que venhas.   I won't leave unless you come.

NOTE: The future subjunctive is never used after **sem que**.

b. Conjunctions of concession.

ainda que, although, even
embora }
posto que } <i>although</i>
mesmo que, <i>even</i></p>

Sairei mesmo que chova.	I shall go out even if it rains.
Dar-lhe-ei o trabalho embora não o conheça.	I shall give him the work although I don't know him.

NOTE: The future subjunctive is not used after these conjunctions.

c. Conjunctions of condition.

contanto que }
sempre que } <i>provided that</i>
no caso que, <i>in case that</i>
a menos que }
a não ser que } <i>unless</i></p>

Irei à festa contanto que ela me dê dinheiro.	I shall go to the party provided that she gives me money.

d. Conjunctions of purpose.

para que
afim que
de modo que
de maneira que } <i>so that, in order that</i></p>

> Falarei com ela para que tudo se faça.
> I shall speak to her so that everything will get done.

NOTE: When result rather than purpose is expressed the indicative is used instead of the subjunctive.

> Dei-lhe dinheiro de modo que pude comprar o que queria.
> I gave him money so that he was able to buy what he wanted.

e. Conjunctions of time may take either the subjunctive or the indicative according to what the verb expresses:

1. If the verb anticipates the fulfillment of an action, the conjunction is followed by the subjunctive.

> Ficarei aqui até que ela chegue.
> I shall remain here until she arrives.

2. If the verb expresses an accomplished action or records an action as habitual, the conjunction is followed by the indicative.

> Ela estava dormindo quando cheguei.
> She was sleeping when I arrived.
> Sempre fico na cama quando estou doente.
> I always stay in bed when I am ill.

156. Forms of *sacudir*

SACUDIR [sɐku'dir] to shake

Indicativo Presente	*Pretérito Perfeito*	*Subjuntivo Presente*
sacudo [sɐ'kudu]	sacudi [sɐku'di]	sacuda [sɐ'kudɐ]
sacodes [sɐ'kɔdis]	sacudiste [sɐku'disti]	sacudas [sɐ'kudɐs]
sacode [sɐ'kɔdi]	sacudiu [sɐku'dɪu]	sacuda [sɐ'kudɐ]
sacudimos [sɐku'dimus]	sacudimos [sɐku'dimus]	sacudamos [sɐku'dɐmus]
sacudis [sɐku'dis]	sacudistes [sɐku'distis]	sacudais [sɐku'dais]
sacodem [sɐ'kɔdẽ(ĩ)]	sacudiram [sɐku'dirẽū]	sacudam [sɐ'kudẽū]

Particípio Presente   *Particípio Passado*
sacudindo [sɐku'dĩⁿdu]   sacudido, –a [sɐku'didu]

157. Forms of *atrair*

ATRAIR [ɐtrɐ'ir] to attract

Indicativo Presente	*Pretérito Perfeito*	*Subjuntivo Presente*
atraio [ɐ'traju]	atraí [ɐtrɐ'i]	atraia [ɐ'trajɐ]
atrais [ɐ'trais]	atraíste [ɐtrɐ'isti]	atraias [ɐ'trajɐs]
atrai [ɐ'trai]	atraíu [ɐtrɐ'ɪu]	atraia [ɐ'trajɐ]
atraímos [ɐtrɐ'imus]	atraímos [ɐtrɐ'imus]	atraiamos [ɐtrɐ'jɐmus]
atraís [ɐtrɐ'is]	atraístes [ɐtrɐ'istis]	atraiais [ɐtrɐ'jais]
atraem [ɐ'traẽ(ĩ)]	atraíram [ɐtrɐ'irẽũ]	atraiam [ɐ'trajẽũ]

Particípio Presente   *Particípio Passado*
atraindo [ɐtrɐ'ĩⁿdu]   atraído, –a [ɐtrɐ'idu]

Leitura

A família estava sentada na sala de jantar, depois do jantar. Zuzu contava o que tinham feito na escola durante o dia. A professora tinha levado os estudantes a visitar uma escola profissional.

— Papai, a escola profissional é muito mais interessante que 5
a minha. Os alunos lá aprendem um ofício, trabalham com as mãos e estão sempre fazendo alguma coisa.

— O filho do nosso padeiro, — disse Joãozinho, entrando na conversa, — vai ser carpinteiro. Êle está nessa escola profissional que você foi ver hoje. 10

— Eu o vi lá, — respondeu Zuzu, — sentei-me até numa cadeira bem bonitinha que êle tinha acabado de fazer. Há outros meninos que vão à escola de manhã e, de tarde, estudam nas fábricas com os operários, aprendem a manejar as máquinas. 15

— E lá êles ensinam também os ofícios de sapateiro e alfaiate? — perguntou Joãozinho à irmã.

— Também, — respondeu a menina. — Olha, lá se ensina tudo; eu vi meninas que vão ser chapeleiras, fazendo chapéus de verdade; eu até experimentei um de que gostei muito. Também os pedreiros fazem muros e paredes no jardim da escola e, às vezes, ganham dinheiro consertando as casas dos vizinhos.

— Não, minha filha, — disse o Senhor Antunes, — lá não se ensina tudo. Há ainda muitas outras profissões manuais que você conhece mas que não viu na escola.

— Quais são elas? — perguntou Zuzu muito admirada.

— Bom, vamos começar aqui por casa mesmo e você vai ver quantas pessoas trabalham para que você possa viver.

— Ora, papai, é você quem trabalha para nos sustentar a todos, eu sei disso.

— Você vai ver que a coisa não é tão fácil assim. Quem é que traz o leite de manhã?

— O leiteiro, ora essa!

— E a carne?

— O empregado do açougueiro traz o que mamãe pede pelo telefone.

— E quem faz o pão?

— O padeiro.

— E os doces de que você gosta tanto?

— Ah! O confeiteiro ali da esquina, mamãe compra tudo nêle porque é bom e barato.

— E quem nos vende o peixe?

— O peixeiro, um homem tão simpático, que fala português com sotaque de italiano.

— É porque êle é um emigrante.

— E os emigrantes italianos são muito bons, — disse Joãozinho que queria tomar parte na conversa. — Há muitos no Brasil, principalmente em São Paulo, mas temos também alguns no Rio.

— O nosso sapateiro também é italiano, não é, papai? — perguntou José.

— É, sim, meu filho. Mas os emigrantes italianos vêm em geral para São Paulo onde se dedicam à lavoura e a várias indústrias. E chegam às vezes a ser muito ricos; algumas das grandes fortunas de São Paulo são de antigos emigrantes italianos que vieram para cá sem um vintém. Um emigrante italiano, o conde de Matarazzo, deixou, quando morreu, a maior fortuna brasileira. Êsse homem fêz muito pelo desenvolvimento da indústria em São Paulo.

— Mas, papai, disse Joãozinho, — há muitos italianos que são jornaleiros, passam cantando « A Noite... O Jornal... O Diário Carioca...» e têm uma voz tão bonita!

— O engraxate de papai também é um italiano — comentou José, — êle engraxa o sapato da gente, conversando e rindo, contando histórias, e o sapato fica brilhando como um espêlho.

— É um povo muito alegre, muito trabalhador, — disse D. Maria, — e muito artista.

— O nosso jardineiro disse que êle é um artista, interrompeu Zuzu, — mas êle é português.

— Há artistas em todos os povos e tôdas ås profissões, minha filha. O nosso jardineiro acha-se um artista porque é com amor que êle trata das plantas e das flôres e procura a beleza em tudo o que faz.

A criada chegou nesse momento com a notícia de que as torneiras da cozinha estavam precisando de um consêrto, havia um defeito qualquer no encanamento. Dona Maria pediu a Antônia que chamasse o bombeiro logo que se levantasse no dia seguinte.

PERGUNTAS

1. Onde estava a família sentada? 2. Que contava Zuzu? 3. Onde é que a professora tinha levado os estudantes durante o dia? 4. O que é que ela disse ao pai? 5. O que é que os estudantes faziam na escola profissional? 6. Que estava aprendendo o filho do padeiro? 7. Que tinha acabado de fazer? 8. O que é que certos meninos estu-

dam de tarde nas fábricas? 9. Quem é que faz os sapatos? e os ternos de homem? 10. Quem faz os chapéus? 11. Que fazem os pedreiros? 12. Quem traz o leite de manhã? 13. Onde se compra carne? 14. Quem dirige o açougue? 15. Quem faz o pão? e os doces? 16. Quem vende o peixe? 17. Há muitos emigrantes italianos no Brasil? 18. Para que estado vão, principalmente? 19. Quais são as profissões a que se dedicam os italianos em geral? 20. Chegam às vezes a ser ricos? 21. Quem é que deixou a maior fortuna brasileira? 22. Quem vende os jornais na rua? 23. Como se chamam os que engraxam os sapatos? 24. O que é que D. Maria disse sôbre os italianos? 25. Por que é que o jardineiro se achava um artista? 26. Quem chegou nesse momento? 27. Qual foi a notícia que a criada deu? 28. O que é que D. Maria pediu a Antônia para fazer?

Drill

CLASSROOM EXERCISES

1. *Give the correct form of the verbs in parentheses:*

1. Quando eu (passar) pela esquina, hoje de manhã, (ver) um jornaleiro (vender) jornais de São Paulo. 2. Certas profissões (atrair) os emigrantes italianos. 3. É preciso que a senhora (sacudir) a garrafa antes de abrí-la. 4. A criada (sacudir) o tapête esta manhã quando (arrumar) a casa. 5. Para que uma mulher (atrair) os homens é necessário que (ser) bonita. 6. Não foi mamãe quem (pôr) a mesa, se (ser) ela, (pôr) os garfos à direita e não à esquerda como a senhora o (fazer). 7. Se o senhor (perder) dinheiro nesse negócio não (dizer) que o (fazer) por minha causa, sempre lhe (dizer) que o negócio (ser) mau. 8. Quando minha mãe anda na neve, (cair) sempre, ontem quase (quebrar) a perna. 9. Eu (preferir) a côr azul a tôdas as outras, sempre (achar)-a linda. 10. Quero que a senhora (medir) as janelas de seu quarto porque vamos lhe dar umas cortinas de presente, e é preciso que (servir). 11. Minha tia (vestir)-se sempre de preto ou azul marinho porque não (gostar) de côres claras. 12. Durante o inverno nós sempre nos (despir) com as janelas fechadas. 13. Eu me (despir) tôdas as noites cedo, mas só (dormir) muito tarde. 14. Meu pai pediu que o senhor (abrir) nossa casa todos os dias enquanto nós (estar) fora. 15. Durante o jôgo ela (atirar) a bola várias vezes mas o rapaz só a (pegar) duas vezes. 16. Os trabalhadores (semear)

RIO DE JANEIRO — Monroe Palace, the Senate Chamber.

BRAZIL — Drying cocoa beans.

SANTA LUZIA — Here, a tile is thrown from the ground to a worker on the roof who puts it in place.

BRAZIL — View of Rio de Janeiro by night, with the lights of Jardim da Glória and Guanabara Bay.

SÃO PAULO — Stadium.

RIO DE JANEIRO — The cable car spins along like a giant spider on its web to Rio's famous Sugar Loaf.

o milho duas vezes por ano e o (colher) em grande quantidade.
17. Vou ver se (conseguir) umas férias êste ano, o ano passado (ficar) na cidade durante todo o verão. 18. Nós sempre pensamos que (valer) mais do que os outros. 19. O proprietário disse que me (pagar) 50 dólares por semana mas eu não (valer) tanto, porque não (conhecer) bem o trabalho. 20. Para que a senhora (sair) amanhã é preciso que (fazer) bom tempo.

2. *Fill in the blanks with the right conjunctions:*

1. —— (*In order that*) eu possa fazer esse negócio é preciso que tenha dinheiro. 2. —— (*When*) nós chegarmos, iremos logo falar com ela. 3. Ficarei em casa amanhã —— (*if*) chover. 4. —— (*Although*) ela não venha daremos a festa. 5. Vou dar-lhe dinheiro —— (*so that*) ela possa viajar. 6. —— (*As soon as*) ela vier me ver pedirei que fale com a mãe. 7. Peço-lhe o favor de me chamar —— (*as soon as*) ela chegue. 8. Não poderei começar o trabalho —— (*while*) ela estiver aqui. 9. Ela está muito doente —— (*so that*) o médico tem que vir vê-la todos os dias. 10. Vocês só falem com ela —— (*when*) eu sair. 11. Dei-lhe o meu livro —— (*so that*) ela pôde estudar a lição. 12. Procurarei ganhar dinheiro —— (*until*) ficar rico. 13. —— (*When*) nós chegámos ela já tinha saido. 14. —— (*If*) chover ficaremos em casa. 15. —— (*In order that*) você compreenda a lição é preciso —— (*that*) preste atenção. 16. —— (*If*) não me tivessem dito nada, não teria percebido que havia alguma coisa. 17. Ela não passou os exames —— (*although*) estudasse muito. 18. —— (*Even*) que você trabalhe a noite tôda, não conseguirá acabar o trabalho. 19. —— (*When*) nós sairmos logo à noite iremos à loja. 20. —— (*While*) eu lia ela escrevia.

IDIOMATIC DRILL

Study the following idioms and use them in original sentences:

sem um vintém, penniless, without a penny

Ela me deixou sem um vintém. She left me without a penny.

pelo sim, pelo não, just in case

Pelo sim, pelo não, telefone-me amanhã. Just in case, call me up tomorrow.

tomar parte na conversa, to enter into the conversation

Ela não tomou parte na conversa.	She did not enter into the conversation.

não ter pé nem cabeça, not to make sense, have neither head nor tail

O discurso dêle não tem pé nem cabeça.	His speech does not make any sense.

ANEDOTA

O Garcia ia entrando em casa do Moreira, um grande amigo seu. De repente, um enorme cachorro levanta-se de detrás duma árvore e sai, latindo (*barking*) muito, ao encontro do pobre homem apavorado (*frightened*). Nisso o Moreira chega à varanda e diz ao Garcia, parado (*standing*) no meio do jardim e que não ousava avançar (*did not dare to go on*).

— Entre, Garcia, não tenha mêdo. Pois você não sabe que cão que ladra não morde (*does not bite*)?

— Eu sei, — respondeu o Garcia, guardando prudente distância (*keeping a safe distance*), — mas o que eu não sei é se o cachorro também sabe disso (*but I don't know whether the dog also knows it*).

ASSIGNMENT

Translate into Portuguese:

1. The workers begin their day in the factory at seven o'clock in the morning. 2. The baker did not bring the bread this morning; you have to go to the bakery shop to buy us some bread. 3. She is married to a confectioner who came here as an immigrant some years ago. 4. It is necessary for the butcher to bring (*lit.* that the butcher bring) us fresh meat every day. 5. When the milkman arrives tell him that we want more milk. 6. If the plumbing is not good I shall go and bring a plumber here. 7. I would like you to call the carpenter; I want to ask him if he can make me some chairs. 8. My gardener is a Portuguese; he always gives me very beautiful flowers. 9. I don't think that the shoemaker will have the shoes that I need. 10. She is a teacher at a vocational school and her sister is a hat maker in Rio. 11. They are learning how to work the big machines at the factory; they are doing it quite well. 12. The wall of my

garden is too low; we should call a mason to make another one. 13. He supports his mother and sisters so that they can live in New York. 14. The conversation was in English and I could not understand a word (of it). 15. She devotes her time to the poor children. 16. The newspaper boys in Brazil are frequently Italian emigrants. 17. He left a great fortune, although he did not have a penny when he arrived here. 18. She has a beautiful voice; she is going to be a singer. 19. The shoemaker polishes shoes and mends them sometimes. 20. She interrupted the conversation to say something to her father.

LIÇÃO 33

VOCABULARY

- o **advogado** [u–ɐdvoˈgadu] lawyer
- o **arquiteto** [u–ɐrkiˈtɛtu] architect
- a **carreira (profissão) liberal** [ɐ–kɐˈrreirɐ–(profiˈsẽũ–)libeˈrał] liberal career
- o **cirurgião** [u–sirurˈʒjẽũ], os **cirurgiões** [uz–sirurˈʒjõĩs] surgeon
- o **cliente** [u–ˈkljẽⁿti] client
- **cobrar** [koˈbrar] to charge
- **construir** [kõˈstrwir] to build
- **dedicar(-se)** [dediˈkar–si] to devote
- o **dentista** [u–dẽˈⁿtistɐ] dentist
- o **engenheiro** [u–ẽʒeˈɲeiru] engineer
- a **Escola de Belas Artes** [ɐ–esˈkɔlɐ–di–ˈbɛlɐˈz–artis] School of Fine Arts
- o **escritor** [u–eskriˈtor] writer
- o **escultor** [u–eskuɫˈtor] sculptor
- o **estilo** [u–esˈtilu] style
- o **farmacêutico** [u–fɐrmɐˈseutiku] pharmacist
- a **farmácia** [ɐ–fɐrˈmasjɐ] pharmacy, drugstore
- o **funcionário público** [u–fũsjoˈnarju–ˈpubliku] civil-service employee
- o **jornalista** [u–ʒornɐˈlistɐ] journalist
- o **juiz** [u–ˈʒwis] judge
- **ligar o rádio** [liˈgar u–ˈradju] to turn on the radio
- o **médico** [u–ˈmɛdiku] doctor, physician
- o **ministro** [u–miˈnistru] minister
- **oferecer** [ofereˈser] to offer
- a **operação** [ɐ–operɐˈsẽũ] operation
- a **perspectiva** [ɐ–perspekˈtivɐ] prospects
- o **pintor** [u–pĩˈⁿtor] painter
- **preocupar(-se) (com)** [preokuˈpar–si kõ] to worry
- o **químico** [u–ˈkimiku] chemist
- **tocar piano** [toˈkar ˈpjɐnu] to play the piano
- **tornar(-se)** [torˈnar–si] to become
- o **veterinário** [u–veteriˈnarju] veterinarian

Grammar

158. The passive voice

a. The verb in the passive voice is made up of the appropriate form of **ser** together with a past participle which agrees in gender and number with the subject.

Os meninos são amados pelos pais.	Children are loved by their parents.

b. If the agent is expressed, it is introduced by the preposition **por** or one of its contractions.

O Brasil foi descoberto pelos portugueses.	Brazil was discovered by the Portuguese.
A carta foi escrita por mim.	The letter was written by me.
As mulheres são amadas pelos homens.	Women are loved by men.
Os rapazes foram recebidos pelo diretor.	The young men were received by the director.

Portuguese may use the passive voice even though the agent is not expressed.

Paulo é encontrado ali tôdas as manhãs.	Paul is found there every morning.
O criminoso será castigado.	The criminal will be punished.

159. The reflexive for the passive. The passive voice is much less used in Portuguese than in English. Instead of the passive, Portuguese frequently uses the reflexive. In that case, the subject stands after the verb, and the verb agrees in number with the subject.

Fala-se português aqui.	Portuguese is spoken here.
Falam-se tôdas as línguas neste país.	All languages are spoken in this country.
Vende-se barato esta mercadoria.	This merchandise is sold cheap.
Vendem-se livros franceses nesta loja.	French books are sold in this store.

Como se escreve isto?	How is this spelled?
Admiro-me da resposta.	I am surprised by the answer.
A cidade chama-se Belo Horizonte.	The city is called Belo Horizonte.

Leitura

— Mamãe, — disse Zuzu a D. Maria na mesa do jantar, — Joãozinho quando crescer quer ser médico.

— Vou ser médico-cirurgião, — interrompeu Joãozinho, — gosto muito de cortar e sei que os cirurgiões ganham muito
5 dinheiro. Cobram uma fortuna por cada operação. E José, se quiser, pode ser farmacêutico; mandarei todos os meus clientes comprarem remédios na farmácia dêle.

Todos se riram com a idéia de Joãozinho, menos José que não achou graça nenhuma na coisa.

10 — Eu vou ser arquiteto e não precisarei de seus clientes.

A conversa ficou muito animada, pois a futura profissão é assunto que sempre interessa as crianças. No Brasil, em geral, os filhos de famílias abastadas procuram sempre carreiras liberais. Poucos se dedicam ao comércio. A indústria só agora
15 começa a oferecer mais oportunidades. Um grande número de rapazes e também de moças tornam-se funcionários públicos, embora seja uma profissão que não ofereça grandes perspectivas de futuro. Os pais sempre fazem o possível para que os filhos sigam o curso superior, sendo que as três carreiras preferidas
20 são a de médico, de advogado e de engenharia.

— Papai, — perguntou Zuzu, — o que é que se ensina na Escola de Belas Artes?

— Estuda-se arte, minha filha.

— Um dos irmãos de minha professora é pintor e ensina na
25 Escola de Belas Artes, o outro vai ser escultor e ainda está estudando na Escola.

— É uma família de artistas, — informou D. Maria, — a sua professora toca piano muito bem, embora não seja uma profissional.

Antônia não dizia nada a ninguém mas tinha esperanças de vir a ser uma escritora, possìvelmente jornalista. Ela tinha jeito para escrever, sempre recebia notas altas em estilo. José não sabia ainda se seria arquiteto ou químico. Discutiu com os irmãos as duas carreiras. Os pais não deram grande importância ao que os filhos diziam pois sabiam que ainda era muito cedo para se preocuparem com a questão. Ninguém queria ser dentista, nem veterinário.

— Chi! médico de animais, é que eu não vou ser, — dizia Joãozinho com ênfase, — e nem dentista.

— Mas os dentistas ganham muito dinheiro, — disse D. Maria rindo. — Você não viu a conta que nós pagámos êste mês ao nosso?

— É, mas eu não quero ficar trabalhando na bôca dos outros o dia todo.

Acabaram de jantar às oito horas; as crianças foram para a sala de estar. O rádio estava ligado e ouvia-se um programa de música. D. Maria e o Senhor Antunes prepararam-se para sair. Iam visitar um grande amigo, juiz no Rio de Janeiro e que tinha sido Ministro da Justiça.

PERGUNTAS

1. Que queria ser Joãozinho? 2. Por que é que Joãozinho queria ser médico? 3. Que faria êle por José? 4. Quem é que não achou graça no que disse Joãozinho? 5. O que é que José disse? 6. Por que é que a conversa tornou-se animada? 7. Quais são as carreiras que, em geral, seguem os filhos de famílias abastadas no Brasil? 8. Muitos se dedicam ao comércio? 9. Qual é a situação da indústria agora? 10. O que é que procuram ser muitos rapazes e moças? 11. Quais são as três carreiras preferidas pelos rapazes brasileiros? 12. Como se chamam no Brasil as escolas onde se estuda arte? 13. O que eram os irmãos da professora de Zuzu? 14. O que é que Antônia tinha vontade de ser? 15. Ela tinha jeito para escrever? 16. Quais eram as duas carreiras em que José pensava? 17. Por que é que os pais não davam grande importância à discussão das crianças? 18. O que é que ninguém queria ser? 19. Os bons dentistas ganham muito ou pouco dinheiro? 20. Para onde foram as crianças depois do jantar?

21. O que estava ligado na sala? 22. Qual era o programa que se ouvia? 23. Onde foram D. Maria e o Senhor Antunes? 24. Quem era êsse amigo?

Drill

CLASSROOM EXERCISES

1. *Give the correct form of the verb in parentheses:*

    1. Os rapazes (preferir) as carreiras liberais. 2. Quero que a senhora (ligar) o rádio na sala de estar para que eu (ouvir) meu programa predileto. 3. Pensei que ela (tocar) bem piano mas (ver) ontem que ela não (saber) tocar quase nada. 4. Quando meu filho (ser) pequeno eu me (preocupar) muito com a carreira que (ir) seguir. 5. Se nós (oferecer) um almôço à família, creio que ela (vir). 6. É preciso que nós (cobrar) mais caro do que isso, do contrário (perder) dinheiro. 7. Meu pai os (sustentar) durante muitos anos, mas hoje todos estão bem. 8. O povo (aplaudir) o ministro quando o (ver) chegar à janela. 9. Para que eu (consertar) minhas meias (precisar) ter mais luz no quarto. 10. Engraxate, (engraxar) meus sapatos até que (brilhar). 11. Se nós (interromper) a conversa não seria delicado. 12. Sinto que você não (interromper) a conversa, ontem à noite. 13. Quando o jornaleiro (passar) eu já (comprar) o jornal. 14. Para que nós (manejar) bem a máquina é preciso que a (conhecer) bastante. 15. O carpinteiro (estar) aqui a semana passada e (consertar) a cadeira da sala. 16. Quero que a chapeleira me (deixar) experimentar êsse chapéu, se me (ficar) bem e se o senhor me (dar) dinheiro poderei comprá-lo. 17. Os emigrantes (vir) de um país frio, por isso não se (dar) bem com o nosso clima. 18. O confeiteiro (vender) todos os doces quando estivemos lá esta manhã. 19. A revista é muito boa; é pena que o senhor não (poder) assistí-la. 20. Para que nós (assistir) à peça tôda, devemos estar no teatro antes que o pano (subir).

2. *Fill in the blanks with the right words or expressions:*

    1. O —— trata dos doentes. 2. Quem faz as operações é o ——. 3. Na —— podemos comprar remédios. 4. O —— constrói casas. 5. O —— constrói ruas e estradas. 6. Fui à —— do teatro para comprar bilhetes. 7. Meu cachorro está doente, por isso mandei chamar o —— para vê-lo. 8. Ela —— piano bem mas não é uma

artista. 9. O ator inglês —— o papel de galã nesta ——. 10. Durante o primeiro ——, descemos para tomar alguma coisa, depois voltamos às nossas cadeiras antes que o segundo ato começasse. 11. Não pudemos comprar bilhetes porque a —— do teatro está completa. 12. O —— cuida das flôres e do jardim. 13. O —— foi chamado para consertar o encanamento. 14. O pão é feito pelo ——. 15. Quem prepara o jantar é a ——. 16. O —— serve a mesa no restaurante. 17. O —— dirige o automóvel. 18. O —— deixa todos os dias leite na porta das casas. 19. Os —— trabalham nas fábricas. 20. A —— dá lições aos alunos.

3. *Put the verbs in parentheses in the correct form of the passive voice:*

1. A carta (escrever) ontem por minha mãe. 2. A professora (encontrar) tôdas as manhãs na sua classe. 3. Se você não souber a lição (castigar). 4. As casas (vender) muito barato. 5. Amanhã todos os meus móveis (vender). 6. Êsse menino (receber) pelo diretor do colégio. 7. O doente (tratar) com muito cuidado. 8. O trabalho da semana passada ainda não (fazer). 9. O jantar (servir) amanhã em sua casa, às sete horas da noite. 10. Amanhã você (informar) de tudo. 11. A casa (comprar) há três dias. 12. As flôres (dar) pelo rapaz que esteve aqui ontem. 13. O livro (ler) em duas horas. 14. A viagem (fazer) em três dias. 15. O dinheiro (receber) por meu tio.

IDIOMATIC DRILL

Study the following idioms and use them in original sentences:

formar-se, to graduate

Ela se formou o ano passado.	She graduated last year.

fazer exame, to take an examination

Amanhã vou fazer exame de francês.	Tomorrow I shall take an examination in French.

ser reprovado, –a no exame, to fail in an examination

Ela está muito triste porque foi reprovada no exame de inglês.	She is very sad because she failed in the English examination.

passar o exame, to pass the examination

Felizmente passei todos os meus exames.	Luckily I passed all my examinations.

estudar direito, to study law

Êle tem um filho que estuda direito.	He has a son who studies law.

Escola de Direito, Law School

A Universidade do Brasil tem uma boa Escola de Direito.	The University of Brazil has a good Law School.

ANEDOTA

Coisas de matuto (moron)

Um caipira (*hillbilly*) vindo do interior do Brasil, tomou um bonde quase vazio. Chovia a cântaros (*It was pouring*). Havia uma goteira (*leak*) bem no lugar (*right on the spot*) onde estava sentado o caipira. O condutor (*conductor*) vendo a água cair sôbre o pobre homem, perguntou-lhe:

— Mas porque é que o senhor não troca (*change*) de lugar? Não vê que aí está chovendo?

— É, já pensei nisso, — respondeu o matuto, — mas trocar com quem?

ASSIGNMENT

Translate into Portuguese:

A. 1. All the judge's sons are studying for a liberal career. 2. The surgeon who came here remembers you very well. 3. The veterinarian rose and took the dog in his hands. 4. I forgot to tell you that the druggist does not have the medicine you asked for. 5. She told everything to her lawyer and he called his doctor to examine her. 6. My father spoke to the dentist; he wants me to see him next Friday. 7. The minister came here with his nephew the chemist. 8. I don't like this journalist; I don't think he writes well. 9. My sister and this writer love each other. 10. They told each other everything and made up. 11. Please turn on the radio; I want to hear the music program. 12. This country does not offer very good prospects for our industry. 13. She worries about her son's career. 14. She is in an Art School; she will graduate next June. 15. I like this writer's style;

I read his articles every day. 16. That drugstore charges too much for everything; I am not going there any more. 17. The doctor charged very little for the operation; he knew that his client was a poor man. 18. My father is a civil-service employee; he has been working for the government for more than twenty years. 19. She has three sons. One is an architect, the others are painters. Their father was a great sculptor. 20. We woke up at about seven o'clock and went to the garden.

B. 1. The house cannot be seen tomorrow. 2. Portuguese is spoken here. 3. The teacher can be found every morning in this room. 4. They say that he is going to marry her. 5. How is that done? 6. One does not know what to do in this place. 7. Almost all languages are spoken in this city. 8. The book was written by my mother. 9. Books are sold in this store. 10. Good meals are served in this restaurant. 11. Beautiful flowers were sent to her. 12. How is this read? 13. How does one go to the library? 14. How much does one pay for a room in that hotel? 15. It is not yet known who is going to be the minister.

LIÇÃO 34

VOCABULARY

acertar o relógio [ɐser'tar-u-rre'lɔʒiu] to set the clock (watch)
anunciar [ɐnũ'sjar] to announce
o **aparelho** [u-ɐpɐ'reʎu] apparatus
a **audição** [ɐ-audi'sẽũ] hearing
bater palmas [bɐ'ter-'paɫmɐs] to clap hands
o **comentário** [u-komẽ'ⁿtarju] commentary
o **comentarista** [u-komẽⁿtɐ'ristɐ] commentator
... **como o quê** ... ['komu-u-'ke] immensely, very much, loads of
desligar o rádio [desli'gar u-'radju] to turn the radio off
o **disco** [u-'disku] record
a **emissão** [ɐ-emi'sẽũ] transmission
a **estação emissora (transmissora)** [ɐ-estɐ'sẽũ-emi'sorɐ (trɐzmi'sorɐ)] transmitting station
a **estática** [ɐ-es'tatikɐ] static
falar ao rádio [fɐ'lar-au-'radju] to broadcast

a **hora certa** [ɐ-'orɐ-'sertɐ] right time
o **instrumento** [u-ĩstru'mẽⁿtu] instrument
a **irradiação** [ɐ-irrɐdjɐ'sẽũ] broadcast
irradiar [irrɐ'djar] to broadcast
o **locutor** [u-loku'tor] speaker
o **meio de comunicação** [u-'meju-di-komunikɐ'sẽũ] means of communication
o **microfone** [u-mikro'foni] microphone
a **notícia** [ɐ-no'tisjɐ] news
as **ondas curtas** [ɐ'z-õⁿdɐs-'kurtɐs] short waves
as **ondas longas** [ɐ'z-õⁿdɐz-'lõⁿgɐs] long waves
o **ouvinte** [u-o(u)'vĩⁿti] listener
perturbar [pertur'bar] to disturb
a **rêde** [ɐ-'rredi] net
sintonizar [sĩⁿtoni'zar] to tune
o **suplemento musical** [u-suple'mẽⁿtu-muzi'kaɫ] musical supplement
trazer informado, -a [trɐ'zer-ĩfor'madu] to keep informed

314

LIÇÃO TRINTA E QUATRO

Grammar

160. Dependent infinitives. In Portuguese, verbs introduce dependent infinitives either directly, with no linking preposition, or by means of the various prepositions **a, de, em, para, por,** as the case may require.

a. Here are some important verbs that require no preposition to introduce a dependent infinitive:

acreditar [ɐkredi'tar] *to believe to*
causar [kɑu'zar] *to cause to*
conseguir [kõse'gir] *to succeed in*
contar [kõ'ⁿtar] *to intend, expect to*
crer ['krer] *to believe . . . ing*
decidir [desi'dir] *to decide to*
deixar [de(i)'ʃar] *to allow, let*
desejar [deze'ʒar] *to wish to*
dever [de'ver] *ought to, must*
esperar [espe'rar] *to hope to*
evitar [evi'tar] *to try not to*
fazer [fɐ'zer] *to make*
fingir [fĩ'ʒir] *to pretend to*
ir ['ir] *to go to*
mandar [mɐ̃'ⁿdar] *to order to; cause, have to*
merecer [mere'ser] *to deserve to*
oferecer [ofere'ser] *to offer to*
ordenar [orde'nar] *to order to*
ouvir [o(u)'vir] *to hear . . . ing*
parecer [pɐre'ser] *to seem to*
pensar [pẽ'sar] *to intend to*

permitir [permi'tir] *to allow to*
poder [po'der] *to be able to, can*
preferir [prefe'rir] *to prefer to*
procurar [proku'rar] *to try to*
proibir [proi'bir] *to forbid, prohibit*
prometer [prome'ter] *to promise to*
querer [ke'rer] *to wish to, want to*
recear [rre'sejar] *to fear to, be afraid to*
recusar [rreku'zar] *to refuse to*
rogar [rro'gar] *to beg to*
saber [sɐ'ber] *to know how to, be able to*
sentir [sẽ'ⁿtir] *to feel . . . ing; feel sorry to*
temer [te'mer] *to fear to*
tencionar [tẽsjo'nar] *to intend to*
tentar [tẽ'ⁿtar] *to try to*
ver ['ver] *to see . . . ing*
vir ['vir] *to come (to)*

b. Some important verbs that take the preposition **a** before a dependent infinitive:

aconselhar a [ɐkõse'ʎar-ɐ-] *to advise to*
acostumar-se a [ɐkostu'marsi-ɐ-] *to get used to*
ajudar a [ɐʒu'dar-ɐ-] *to help to, assist*

aprender a [ɐprẽ'ⁿder-ɐ-] *to learn (how or to)*
apressar-se a [ɐpre'sar-si-ɐ-] *to hurry to*
atrever-se a [ɐtre'ver-si-ɐ-] *to dare to*

começar a [kome'sar–ɐ–] *to begin to*
continuar a [kõⁿti'nwar–ɐ–] *to keep on*
convidar a (*or* para) [kõvi'dar–ɐ–, pɐrɐ–] *to invite to*
decidir-se a [desi'dir–si–ɐ–] *to decide to*
ensinar a [ẽsi'nar–ɐ–] *to teach* (*how or to*)
obrigar a [obri'gar–ɐ–] *to oblige to*

preparar-se a (*or* para) [prepɐ'rar–si–ɐ–, pɐrɐ–] *to get ready to, prepare to*
resolver-se a [rrezoł'ver–si–ɐ–] *to decide to*
subir a [su'bir–ɐ–] *to go up to*
tardar a [tɐr'dar–ɐ–] *to be long in . . . ing*
tornar a [tor'nar–ɐ–] *to . . . again*
vir a ['vir–ɐ–] *to happen to*
voltar a [voł'tar–ɐ–] *to . . . again*

c. Some important verbs that take the preposition **de** before a dependent infinitive:

acabar de [ɐkɐ'bar–di–] *to finish . . . ing, have just*
acusar de [ɐku'zar–di–] *to charge with . . . ing*
cansar-se de [kẽ'sar–si–di–] *to get tired of*
cessar de [se'sar–di–] *to cease . . . ing*
deixar de [de'ʃar–di–] *to stop . . . ing*

esquecer-se de [eske'ser–si–di–] *to forget to*
folgar de (*or* em) [fɔł'gar–di–, ẽ(ĩ)–] *to be glad to*
gostar de [gos'tar–di–] *to like to*
lembrar-se de [lẽ'ᵐbrar–si–di–] *to remember to*
parar de [pɐ'rar–di–] *to stop . . . ing*

d. Some important verbs that take other prepositions before a dependent infinitive:

acabar por [ɐkɐ'bar–por–] *to finish by . . . ing*
começar por [kome'sar–por–] *to begin by . . . ing*
consentir em [kõsẽ'ⁿtir–ẽ(ĩ)–] *to allow to*
contentar-se com [kõⁿtẽ'ⁿtar–si–kõ–] *to be satisfied with*
convir em [kõ'vir–ẽ(ĩ)–] *to agree to*

folgar em (*or* de) [fɔł'gar–ẽ(ĩ), di–] *to be glad to*
hesitar em [ezi'tar–ẽ(ĩ)–] *to hesitate to*
insistir em [ĩsis'tir–ẽ(ĩ)–] *to insist on*
pedir para [pe'dir–pɐrɐ–] *to ask to*
preparar-se para (*or* a) [prepɐ'rar–si–pɐrɐ–, –a] *to get ready to*

NOTE: After a preposition Portuguese uses the infinitive instead of the present participle often used in English.

Falei com ela antes de comer. | I talked to her before eating.
Estou cansada de escrever cartas. | I am tired of writing letters.

Leitura

Um amigo do Senhor Antunes que era locutor de rádio convidou as crianças para irem assistir a um programa especial na estação emissora onde trabalhava.

No Brasil não há tantos rádios quanto nos Estados Unidos naturalmente, mas é um meio de comunicação muito apreciado. Nas fazendas, onde os jornais chegam dificilmente e sempre atrasados, o rádio é o instrumento que traz aquela população informada sôbre o que se passa no resto do mundo. Nas cidades, os aparelhos de ondas curtas são relativamente raros, porque os bons programas fazem-se em ondas longas pelas estações emissoras do lugar. Mas, no interior, preferem-se os rádios de ondas curtas porque é a única maneira de se apanhar programas dos grandes centros. É verdade que a estática nesses aparelhos perturba a audição mas, em noites claras, com o céu bem azul, consegue-se ouvir muito claramente, quando o rádio está bem sintonizado.

Nessa tarde iam irradiar as notícias e comentários feitos por um comentarista célebre e um suplemento musical muito interessante.

D. Maria ficaria em casa, mas ligaria o rádio para ouvir o programa que seria irradiado pela maior rêde do Brasil.

As crianças chegaram cedo, sentaram-se em seus lugares e prestaram muita atenção a tudo o que se passava. Às quatro horas em ponto, o locutor chegou diante do microfone e disse a hora certa. Joãozinho lembrou-se que, em casa, Joana, a cozinheira devia estar acertando o relógio.

Meu relógio está sempre certo pelo rádio, ela dizia tôda prosa.

Depois chegou o comentarista, anunciado pelo locutor, com uma porção de adjetivos ... célebre, famoso, internacional ... leu as notícias e fêz os tais comentários que lhe davam tanto dinheiro. Esta parte não interessou muito Joãozinho mas,

assim mesmo, êle bateu palmas junto com os outros quando o comentarista acabou. O programa musical não ia ser irradiado por discos, como às vezes é, eram dois artistas conhecidos, um tocava piano e o outro cantava. Joãozinho gostava muito de
5 música e divertiu-se como o quê ouvindo a irradiação. Quando os artistas acabaram, ainda houve um homem que veio falar ao rádio, mas não era coisa que interessasse. Era sôbre uma brilhantina formidável que dava côr ao cabelo e tornava elegantes todos os que a usavam.
10 Quando saíram, Joãozinho pensou que a mãe estaria desligando o rádio pois ela nunca ficava muito tempo ouvindo programas. Gostava de um ou outro, principalmente os de música.

— Ora, — disse Zuzu, — falar no rádio é bem bom; a gente
15 chega alí diante do microfone, diz umas coisinhas, e ganha um dinheirão. Vocês não viram aquêle homem que fêz os comentários, só ficou falando quinze minutos e... pronto... botou o dinheiro no bolso. É o que eu vou ser quando crescer!

— É, mas quando você chegar ao microfone e disser: « Meus
20 caros ouvintes » todo o mundo desliga o rádio, — respondeu Joãozinho.

PERGUNTAS

1. Quem convidou as crianças para sair? 2. O que era êsse amigo? 3. Onde trabalhava? 4. Onde há mais rádios, no Brasil ou nos Estados Unidos? 5. Por que é que o rádio é tão importante nas fazendas? 6. O que é mais comum nas cidades, o aparelho de ondas longas ou curtas? 7. Que espécie de aparelho se prefere nas fazendas? 8. O que é que perturba a audição nos rádios de ondas curtas? 9. Quando é que se consegue ouvir claramente uma transmissão em ondas curtas? 10. O que é que iam irradiar nessa tarde? 11. Quem é que ficaria em casa? 12. Por quem ia ser irradiado o programa? 13. As crianças chegaram cedo ou tarde? 14. Que fizeram? 15. A que horas começou o programa? 16. O que fêz o locutor? 17. De que é que se lembrou Joãozinho? 18. O que é que a cozinheira sempre dizia? 19. Quem é que anunciou o comentarista? 20. Como é que foi anunciado o comentarista? 21. Que fêz êle? 22. O que é que

LIÇÃO TRINTA E QUATRO

Joãozinho fêz quando o comentarista acabou? 23. O programa musical ia ser irradiado por discos? 24. Quem ia fazê-lo? 25. Por que é que Joãozinho divertiu-se muito? 26. Quando os artistas acabaram o que é que se passou? 27. O que é que Joãozinho pensou quando sairam? 28. De que programas gostava D. Maria? 29. Qual foi o comentário de Zuzu? e a resposta de Joãozinho?

Drill
CLASSROOM EXERCISES

1. *Give the correct form of the verbs in parentheses:*

1. Para que eu (divertir-se) na festa de ontem teria sido necessário que os artistas (ser) melhores. 2. Uma mulher (divertir-se) com facilidade, mais fàcilmente que um homem. 3. Se (chover) enquanto (estar) na rua, nós (ter) que fugir da chuva e (procurar) uma casa qualquer onde (entrar). 4. Não (fugir) se (ver) um leão, (ficar) quieto e êle não te (fazer) mal. 5. Queremos que a companhia (estrear) amanhã, mas não sei se os artistas todos (chegar) a tempo. 6. Eu (estrear) meu vestido novo na festa de ontem à noite, todos (gostar) muito e (achar) que me (ficar) muito bem. 7. Peço-te que (distribuir) êsses pães entre as crianças pobres do bairro. 8. Êle (distribuir) todo o dinheiro entre os filhos e (ficar) pobre. 9. Se (distribuir) todo o dinheiro do mundo ainda assim (haver) muita gente pobre. 10. Quando ela (chegar) amanhã eu já (distribuir) todos os meus livros de modo que ela não (ter) nenhum. 11. Para que um povo (consumir) muito é preciso que (ganhar) muito. 12. Se nós (consumir) mais (viver) melhor. 13. Em pouco tempo ela (consumir) tudo o que (ter). 14. Quando nós (pagar) tudo o que (dever) (ficar) com muito pouco; tenho mêdo que não (ser) suficiente para (viver) o resto do ano. 15. Peço-lhe que (pagar) ao padeiro o que lhe (dever) e (dizer)-lhe que não (deixar) mais pão para nós porque vamos nos mudar. 16. Eu não (consentir) que você (ir) ao cinema hoje à noite, a menos que você (acabar) antes tôdas as suas lições. 17. Para que meu pai (consentir) que eu (fazer) a viagem é preciso que minha mãe o (pedir). 18. Seria necessário que o govêrno (construir) muitas casas de apartamento, porque o povo não tem onde morar. 19. Para

que o senhor (construir) esta casa é preciso que (ter) muito dinheiro. 20. Quero que você (descobrir) onde é que ela está morando.

2. *Fill in the blanks with the right words or expressions:*

1. Quando o artista chegou diante do —— o locutor já o tinha anunciado. 2. Não podemos ouvir bem a —— porque o rádio está mal sintonizado. 3. Poderemos acertar nossos relógios quando o rádio der a ——. 4. Os rádios de ondas curtas têm mais —— do que os de ondas longas. 5. O —— faz comentários pelo rádio. 6. Quando queremos ouvir rádio temos que —— o aparelho e o —— quando a irradiação acaba. 7. A assistência —— quando o artista terminou. 8. A —— transmite as irradiações a várias estações. 9. O rádio é um bom —— do pensamento. 10. O Brasil —— pelos portugueses em 1500. 11. Nos Estados Unidos —— inglês. 12. Os principais meios de —— são: o ônibus, o trem e o ——. 13. Quando nós acabámos de jantar pagámos a —— e saimos. 14. A —— põe ovos. 15. O galo e a galinha ao nascerem chamam-se ——. 16. O —— tem árvores frutíferas. 17. O feminino de peru é ——. 18. Os legumes são plantados na ——. 19. Usamos —— nas mãos e sapatos nos pés. 20. O —— do homem compõe-se de calça e paletó.

3. *Fill in blanks with the correct preposition when required by the dependent infinitive:*

1. Vou —— fazer o jantar agora. 2. Ela me ajudou —— fazer a cama. 3. Aprendemos —— falar português em três meses. 4. Acabei —— escrever a meus pais. 5. Decidimos —— ir ao Rio êste ano. 6. Gosto —— morar em Nova York. 7. Meu filho esteve aqui e começou —— contar que tinha passado os exames. 8. Meu diretor não consentiu —— deixar-me sair. 9. O homem pediu-me —— falar com a mãe dêle. 10. Nós parámos —— estudar às cinco horas da manhã. 11. As crianças não deixaram —— fazer barulho. 12. O orador tornou —— falar. 13. Eu ouvi —— dizer que êle vai ser o ministro. 14. Êle parece —— gostar da moça. 15. Vou —— falar com ela sôbre o assunto. 16. Êle chegou —— ser presidente da República. 17. Ela não tardará —— chegar. 18. Ela veio —— ganhar muito dinheiro. 19. Nós nos resolvemos —— fazer o trabalho. 20. Cansei-me —— esperar por ela, por isso parti.

IDIOMATIC DRILL

Study the following idioms and use them in original sentences:

...como o quê..., very much, loads of, lots of

Êle tem dinheiro como o quê.	He has loads of money.
Eu diverti-me como o quê na festa de ontem.	I had lots of fun at the party yesterday.

...cheio de corpo..., plump, stout

A mãe dela é aquela senhora cheia de corpo que está perto da janela.	Her mother is that stout woman who is near the window.

...ligar importância, to notice, attach importance to, give consideration or value

Ela não liga importância ao dinheiro.	She does not attach any value to money.
Êle não ligou importância ao que o pai disse.	He did not pay any attention to what his father said.

...ligar..., to pay attention, give consideration or value, notice

Ela não liga à casa nem aos filhos.	She does not give any attention either to her house or to her children.
Eu não ligo ao que êle pensa de mim.	I don't care what he thinks of me.

ANEDOTA

Amigo de quem

Um caçador (*hunter*) estava contando uma das suas aventuras de caça a um amigo. Segundo o que contava, tinha ido, sem saber, caçar lebres (*hares*) num lugar onde havia onças (*ocelote*).

— Mas escuta aqui, — disse o amigo, — e se uma onça aparecesse de repente na sua frente?

— Ora, eu não me apertava (*I would not get frightened*). Tirava a minha espingarda (*rifle*) e fazia fogo no bicho (*and I would shoot the animal*).

— Mas a onça podia não dar tempo para isto. Ela pula com muita rapidez.

— Então eu me punha a correr assim que visse a onça.

— Mas a onça corre muito mais depressa do que um homem; ela num instante apanhava você (*would catch you*).

— Lá isso é verdade, mas eu subia na primeira árvore que encontrasse.

— Mas a onça havia de subir na árvore também.

— Homem, — disse o caçador já aborrecido com a insistência do outro, — você, afinal de contas (*after all*), é meu amigo ou é amigo da onça?

ASSIGNMENT

Translate into Portuguese.

1. The transmitting station is not in this city; it is very far from here. 2. I bought a radio that can be used for long and short waves. 3. During the broadcast one could hear another person speaking near the microphone. 4. The minister's speech could not be heard very well because of too much static in the air. 5. They are building a large network for Brazil. 6. This speaker is liked by everybody because of the way he says things. 7. Everything will be broadcast to the people by tomorrow night. 8. Portuguese is spoken during the three o'clock broadcast, on Sundays, for the listeners who cannot understand English. 9. The news and commentaries will be heard at a quarter to seven P.M. 10. The commentator must speak before the music (supplement). 11. Every day at six o'clock in the morning the right time is given on the radio. 12. The record was played before we arrived. 13. I want you to tune in on the radio at the station where my friend is speaking. 14. Don't forget to turn the radio off before you go to bed. 15. The radio is one of the best means of communication. 16. This apparatus is very expensive but really good. 17. All instruments can be sold at this counter. 18. A strong static disturbed the hearing of the program last night. 19. He was announced by the speaker and everybody applauded when he finished talking. 20. I always set my watch by the radio.

LIÇÃO 35

VOCABULARY

a **admissão** [ɐ-ɐdmi'sẽũ] entrance
o **ano letivo** [u-'ɐnu-le'tivu] school year
a **bôlsa** [ɐ'-bołsɐ] scholarship
científico, -a [sjẽ'ⁿtifiku] scientific
clássico, -a ['klasiku] classical
o **complemento** [u-kõᵐple'mẽⁿtu] complement, supplement
compulsório, -a [koᵐpuł'sɔrju] compulsory
conforme [kõ'fɔrmi] according, it depends
corpo docente ['korpu-do'sẽⁿti] faculty
cuidadosamente [kwidɐ'dozɐ-'mẽⁿti] carefully
o **currículo** [u-ku'rrikulu] curriculum
depender [depẽ'ⁿder] to depend
desnecessário, -a [deznese-'sarju] unnecessary
dispor [dis'por] to dispose
a **escola particular** [ɐ-es'kɔlɐ-pɐrtiku'lar] private school
a **escola primária (elementar)** [ɐ-es'kɔlɐ-pri'marjɐ (elemẽ-'ⁿtar)] elementary school
a **escola pública** [ɐ-es'kɔlɐ-'publikɐ] public school

a **escola secundária** [ɐ-es'kɔlɐ-sekũ'ⁿdarjɐ], secondary school
o **exame de admissão** [o-e'zɐmidi-ɐdmi'sẽũ] entrance examination
fiscalizar [fiskɐli'zar] to inspect
a **freqüência** [ɐ-fre'kwẽsjɐ] attendance
freqüentar [frekwẽ'ⁿtar] to attend
fundado, -a [fũ'ⁿdadu] founded
gratuito, -a [grɐ'tuitu] free
a **informação** [ɐ-ĩformɐ'sẽũ] information
a **instrução** [ɐ-ĩstru'sẽũ] education
justamente [ʒustɐ'mẽⁿti] exactly
a **lei** [ɐ-'lei] law
manter [mẽ'ⁿter] to maintain
a **mensalidade** [ɐ-mẽsɐli'dadi] tuition, monthly allowance
a **nota** [ɐ-'nɔtɐ] grade
a **opinião** [ɐ-opi'njẽũ] opinion
o **padrão** [u-pɐ'drẽũ] standard
por isso mesmo [po'r-isu-'mezmu] for that very reason
a **promoção** [ɐ-promo'sẽũ] promotion

323

o **recurso** [u-rreˈkursu] resource
reprovar [reproˈvar] to fail (*examination*)
a **responsabilidade** [ɐ-rrespõsɐbiliˈdadi] responsibility
sàbiamente [ˈsabjɐ-ˈmẽⁿti] wisely

sustentar [sustẽˈⁿtar] to maintain
tentar [tẽˈⁿtar] to try, tempt
a **universidade** [ɐ-universiˈdadi] university

Grammar

161. Adverbs. In Portuguese adverbs may be formed by attaching the ending –mente to the feminine form of the adjective.

    lindo, *beautiful* lindamente

The adjective part of the adverb retains a secondary stress on its own strong syllable. The main stress is on the first syllable of –mente. If the adjective has an open (acute) accent mark, this is replaced in the adverb by a grave accent mark; if the adjective has a closed (circumflex) accent mark, this is retained in the adverb.

   sábio, *wise*   sàbiamente
   cômodo, *comfortable* cômodamente

If two adverbs are linked by **e**, only the second one acquires the adverbial ending, although the feminine form of the adjective is used in both.

  Viajámos rápida e cômodamente. We traveled rapidly and comfortably.

a. Many adjectives have only one form for both genders, therefore –mente is added directly to the adjective without further change.

    forte, *strong* fortemente
    fácil, *easy*   fàcilmente

b. Portuguese frequently uses prepositional phrases with adverbial value instead of adverbs.

Vejo-o com freqüência.   I see him frequently.
Fiz o trabalho de boa vontade.   I did the work willingly.

162. Past participles used as adjectives. The past participles of most verbs of action can be used as adjectives in Portuguese, just as in English.

Esta menina é bem educada.   This girl is well-bred.
Êste homem é muito conhecido.   This man is very well-known.

Leitura

O Senhor Antunes recebeu em sua casa um amigo norte-americano que tinha ido passar algum tempo no Brasil. Homem muito inteligente, Mr. Alexander Johnson, interessava-se principalmente pelo problema educacional do Brasil.

Estavam todos sentados na sala de estar onde, depois de tomar um cafèzinho que a empregada trouxe como complemento do jantar, continuaram a conversa que tinham começado à mesa.

— Quem tem a responsabilidade da educação primária ou elementar? — perguntou Mr. Johnson ao Senhor Antunes.

— Os estados têm inteira responsabilidade da educação primária.

— Quantos anos tem o curso primário?

— Depende. O curso é de cinco anos, mas nem todos os estados têm recursos econômicos para sustentar um curso primário tão longo. De modo que certos estados só oferecem em suas escolas um curso de quatro anos e outros, os mais pobres, só podem dar instrução primária de três anos.

— Estas escolas sustentadas pelos estados são gratuitas, naturalmente?

— Sim, tôdas as escolas públicas são gratuitas. Mas nós temos também uma grande quantidade de escolas particulares

pagas. As escolas particulares oferecem quase sempre um curso primário completo, isto é, de cinco anos.
— As escolas particulares são muito caras?
— Conforme. Há escolas muito caras, outras menos caras.
5 As crianças das famílias abastadas ou de maiores recursos freqüentam sempre escolas particulares, sendo as escolas públicas freqüentadas por crianças das classes mais pobres.
— E há leis compulsórias para freqüência escolar?
— Há, mas desnecessárias, segundo minha opinião. As es-
10 colas públicas atraem um grande número de crianças, maior do que o que podem receber. O nosso problema tem sido o de dar, pelo menos, instrução primária a tôdas as nossas crianças, o que, infelizmente, ainda não foi conseguido.
— E o que é que o senhor me diz sôbre a educação secundária?
15 — A educação secundária é tôda ela fiscalizada pelo Govêrno Federal.
— É gratuita?
— Não, as escolas secundárias são, em geral, pagas. O Govêrno Federal, no Rio de Janeiro, mantém uma escola se-
20 cundária, conhecida como padrão, cujas mensalidades são muito pequenas havendo muitas bolsas para os melhores estudantes.
— É o colégio Pedro II, não é?
— Justamente. É uma escola muito conhecida, fundada pelo Imperador Pedro II. Seu corpo docente é sabia e cuidadosa-
25 mente escolhido e por isso mesmo muito bem pago.
— E não há escolas secundárias gratuitas?
— Os estados mantém todos, pelo menos uma escola secundária gratuita sendo que, alguns estados, dispõem de várias.
— E como se faz a admissão na escola secundária? É apenas
30 por promoção da escola primária?
— Não. A admissão à escola secundária faz-se por um exame de admissão.
— E que acontece ao aluno reprovado?
— O aluno reprovado, ou tenta novamente o exame no ano
35 seguinte ou entra para uma escola profissional. Mas só a

escola secundária regular dá direito à entrada da Universidade.
— Quantos anos tem o curso secundário?
— Tem sete. Os quatro primeiros anos têm um currículo único para todos os alunos do país. Os três últimos têm dois currículos: o clássico e o científico.
— A entrada na Universidade é também por exame de admissão?
— Também.
Joãozinho vinha entrando neste momento e ainda pôde ouvir o fim da conversa. Também quis dar a sua informaçãozinha.
— Olhe, Mr. Johnson, nós nos instruímos muito porque o ano letivo é muito comprido. Imagine o senhor, que começa a 15 de Março e só acaba no dia 30 de Novembro. Em Junho nós só temos umas férias pequenininhas. E há alguns professores que são muito maus para dar notas. Mas mesmo assim nós estudamos de boa vontade.

PERGUNTAS

1. Quem recebeu o Senhor Antunes em sua casa? 2. Como era Mr. Johnson? 3. Por que se interessava êle? 4. O que tomaram na sala de estar? 5. Onde tinham começado a conversa? 6: No Brasil quem tem a responsabilidade da educação primária? 7. Como se chama também a educação primária? 8. Quantos anos tem o curso primário no Brasil? 9. Como se chamam as escolas sustentadas pelos estados? 10. As escolas públicas são gratuitas? 11. Como se chamam as escolas não sustentadas pelos estados? 12. São muito caras as escolas particulares? 13. Que crianças freqüentam as escolas públicas? 14. Há leis compulsórias para a freqüência escolar? 15. O Senhor Antunes achava necessárias essas leis? Por quê? 16. Por quem é fiscalizada a educação secundária? 17. A educação secundária é paga ou gratuita? 18. Como se chama o colégio mantido pelo Govêrno Federal, no Rio de Janeiro? 19. As mensalidades dêsse colégio são caras? 20. O colégio dá bolsas? 21. Por quem foi fundado o Colégio Pedro II? 22. É bem pago o corpo docente dêsse colégio? 23. Não há escolas secundárias gratuitas no Brasil? 24. Como se faz a admissão na escola secundária? 25. Que acontece ao aluno reprovado no exame de admissão? 26. Quantos anos tem o curso secundário? 27. Quais são os dois currículos finais? 28. Como

se faz a entrada para a Universidade? 29. O que é que Joãozinho acha do ano letivo brasileiro? 30. Quando começa geralmente o ano letivo nos Estados Unidos? e no Brasil? 31. Em que mês acaba o ano letivo nos Estados Unidos? e no Brasil? 32. As férias de Junho no Brasil são muito grandes? 33. Que é que Joãozinho achava de alguns professores?

Drill

CLASSROOM EXERCISES

1. *Give the adverbial form of the adjectives in parentheses.*

   1. O professor falou (sábio). 2. Aprendemos (fácil) o português, mas muito (difícil) o francês. 3. Chegámos às oito horas e esperámos (cômodo) sentados até êle chegar. 4. Ela explicou (claro) o que queria. 5. O homem falou (lindo e sábio) sôbre a situação econômica do país. 6. A mulher que vimos hoje vive (triste e pobre). 7. Nós fizemos o trabalho (cuidadoso). 8. O rapaz passou (brilhante) os exames. 9. As mulheres francesas vestem-se (elegante). 10. Ela respondeu (fraco) à pergunta. 11. Êle escreveu o livro (claro e rápido). 12. Vimos (freqüente) a êste teatro, conseguimos (fácil) bons lugares porque conhecemos o dono. 13. Ela arranjou a casa (lindo). 14. Esta família vive (rico e elegante) no bairro mais caro da cidade. 15. Ela faz tudo (inteligente). 16. Nós dissemos (decidido) que não. 17. A instrução deve ser dada (gratuito) a todos. 18. O número de alunos aumentou (considerável). 19. Não compreendi bem a questão porque foi explicada (científico). 20. O povo dêste país vive (livre).

2. *Fill in the blanks with the right word or expression.*

   1. As flôres plantam-se no ———. 2. As escolas públicas são ——— e as escolas particulares são pagas. 3. Para ir de Filadélfia a Nova York tomamos o ônibus, o automóvel ou o ———. 4. Os chapéus são feitos pelo ———. 5. Os vestidos são feitos pela ———. 6. Quando estamos doentes vamos ao ———. 7. Para tratar dos dentes vamos ao ———. 8. O pão é feito pelo ———. 9. A empregada foi ao ——— comprar carne. 10. Quando queremos frutas e legumes vamos à ———. 11. As aulas são dadas pelos ———. 12. Para nos instruirmos vamos a ———. 13. Nos hotéis quem serve a mesa é o ———. 14. Uma mulher para pentear o cabelo vai ao ———. 15. Um homem para comprar um terno vai ao ———. 16. Para comprar as

coisas precisamos de ——. 17. Só podemos ir dos Estados Unidos ao Brasil por navio ou por ——. 18. Ao meio-dia fazemos uma refeição que se chama ——. 19. Quando o aluno trabalha bem o professor lhe dá uma boa ——. 20. Para cortar o cabelo e fazer a barba, um homem vai ao ——.

IDIOMATIC DRILL

Study the following idioms and use them in original sentences:

pôr (ou botar) os pontos nos ii, to get things straightened out (*lit.* to dot one's i's)

Vamos sentar e conversar porque faço questão de botar os pontos nos ii.	Let's sit down and talk this over, because I am anxious to get things straightened out.

perder o seu latim, to waste one's efforts

Falei com êle hoje, expliquei-lhe tudo, mas perdi o meu latim, não obtive nada.	I talked to him today, I explained everything to him, but it was wasted effort, I didn't get anywhere.

fazer uma conferência, to give a lecture

Êle faz uma conferência tôdas as semanas.	He gives a lecture every week.

fazer gazeta, to play hooky

Como o dia estava lindo, os meninos resolveram fazer gazeta.	Since it was a lovely day, the boys decided to play hooky.

ANEDOTA

Vaidade . . . feminina?

No tempo do Império, no dia do aniversário da Imperatriz (*Empress*) deram na côrte um grande jantar.

Havia sessenta convidados (*guests*) escolhidos entre a gente mais fina do país. A Imperatriz, sentada à cabeceira da mesa, dirigia a conversação. A um dado momento a conversa caíu (*the conversation fell*) sôbre a vaidade. Todos os homens asseguravam que a vaidade é essencialmente feminina e que, só excepcionalmente, encontra-se um homem vaidoso. As mulheres protestavam (*objected*) dizendo que os homens são até mais vaidosos do que os componentes do sexo fraco.

A discussão estava animada quando a Imperatriz tomou a palavra.
— Eu creio que os homens têm razão. Realmente é muito raro encontrar-se um homem vaidoso.
A opinião da Imperatriz levantou uma onda de protesto entre as damas.
— E posso provar o que digo, — continuou a Imperatriz, — todos poderão verificar (*testify*), aqui mesmo (*right here*), a simplicidade dos homens. O cavalheiro (*gentleman*) mais elegante do Império, está sentado conosco à mesa, e tem o seu laço de gravata (*bow tie*) desfeito (*undone*), e não dá a isto a menor atenção (*does not pay the slightest attention to it*).
Havia trinta homens à mesa e imediatamente trinta mãos levantaram-se ao pescoço para tocar as gravatas.

ASSIGNMENT

Translate into Portuguese:

1. The school year in Brazil is not very long; it has only eight and a half months. 2. Admission to the secondary schools and the university is gained (*trans.* made) through an entrance examination. 3. Students who fail the entrance examination (**reprovados no exame de admissão**) generally go to the vocational schools. 4. School attendance is compulsory by law. 5. Some states maintain several public secondary schools which are free. 6. The faculty of this school is wisely and carefully selected. 7. All secondary schools are inspected by the Federal Government. 8. There are many elementary schools which are private and very expensive. 9. This school was founded by the Emperor; it is attended by children who cannot pay tuition. 10. I can give you the information. The school has two courses of study: classical and scientific. 11. I don't know if she will get the scholarship; it depends on the examination. 12. I shall give her a grade according to what she says during the examination. 13. In my opinion that should be the standard for everybody. 14. The school has (*trans.* disposes of) large economical resources. 15. I would like to try the examination again; if I pass it, they will give me a promotion. 16. The states have the responsibility for elementary education in Brazil. 17. It is exactly what I think; the people who are well known are not always the best. 18. Coffee is good after dinner; I always drink it after my meals. 19. That law is unnecessary because the parents bring their children to school willingly. 20. This book is very well written. The author is making a lot of money and he can support his family in Europe now.

APPENDIX

Regular Verbs

INFINITIVE MOOD

Impersonal

FALAR	APRENDER	PARTIR

Personal

Present Tense

falar	aprender	partir
falares	aprenderes	partires
falar	aprender	partir
falarmos	aprendermos	partirmos
falardes	aprenderdes	partirdes
falarem	aprenderem	partirem

Perfect Tense

ter falado	ter aprendido	ter partido
teres falado	teres aprendido	teres partido
ter falado	ter aprendido	ter partido
termos falado	termos aprendido	termos partido
terdes falado	terdes aprendido	terdes partido
terem falado	terem aprendido	terem partido

PARTICIPLES

Present

falando	aprendendo	partindo

Past

falado	aprendido	partido

INDICATIVE MOOD

Present Tense

falo	aprendo	parto
falas	aprendes	partes
fala	aprende	parte
falamos	aprendemos	partimos
falais	aprendeis	partis
falam	aprendem	partem

Imperfect Tense

falava	aprendia	partia
falavas	aprendias	partias
falava	aprendia	partia
falávamos	aprendíamos	partíamos
faláveis	aprendíeis	partíeis
falavam	aprendiam	partiam

Preterite Tense

falei	aprendi	parti
falaste	aprendeste	partiste
falou	aprendeu	partiu
falámos	aprendemos	partimos
falastes	aprendestes	partistes
falaram	aprenderam	partiram

Pluperfect Tense

Simple

falara	aprendera	partira
falaras	aprenderas	partiras
falara	aprendera	partira
faláramos	aprendêramos	partíramos
faláreis	aprendêreis	partíreis
falaram	aprenderam	partiram

Compound

tinha falado	tinha aprendido	tinha partido
tinhas falado	tinhas aprendido	tinhas partido
tinha falado	tinha aprendido	tinha partido

tínhamos falado	tínhamos aprendido	tínhamos partido
tínheis falado	tínheis aprendido	tínheis partido
tinham falado	tinham aprendido	tinham partido

Future Tense

falarei	aprenderei	partirei
falarás	aprenderás	partirás
falará	aprenderá	partirá
falaremos	aprenderemos	partiremos
falareis	aprendereis	partireis
falarão	aprenderão	partirão

CONDITIONAL MOOD

falaria	aprenderia	partiria
falarias	aprenderias	partirias
falaria	aprenderia	partiria
falaríamos	aprenderíamos	partiríamos
falaríeis	aprenderíeis	partiríeis
falariam	aprenderiam	partiriam

IMPERATIVE MOOD

Second Person Singular

fala	aprende	parte

Second Person Plural

falai	aprendei	parti

SUBJUNCTIVE MOOD

Present Tense

fale	aprenda	parta
fales	aprendas	partas
fale	aprenda	parta
falemos	aprendamos	partamos
faleis	aprendais	partais
falem	aprendam	partam

Imperfect Tense

falasse	aprendesse	partisse
falasses	aprendesses	partisses
falasse	aprendesse	partisse
falássemos	aprendêssemos	partíssemos
falásseis	aprendêsseis	partísseis
falassem	aprendessem	partissem

Future Tense

falar	aprender	partir
falares	aprenderes	partires
falar	aprender	partir
falarmos	aprendermos	partirmos
falardes	aprenderdes	partirdes
falarem	aprenderem	partirem

SYSTEMATIC CHANGES

Verbs ending in −ear § 117   Verbs ending in −iar § 117
Verbs ending in −uir § 146

ORTHOGRAPHIC–CHANGING VERBS

Verbs ending in −car §§ 89, 118   Verbs ending in −ger § 136
Verbs ending in −gar §§ 89, 118   Verbs ending in −gir §§ 136, 153
Verbs ending in −çar § 94   Verbs ending in −cer § 94
Verbs ending in −guir § 118

RADICAL–CHANGING VERBS

Verbs with radical e

DESPIR	DEVER	DIVERTIR

Present Indicative

dispo	devo	divirto
despes	deves	divertes
despe	deve	diverte
despimos	devemos	divertimos
despis	deveis	divertis
despem	devem	divertem

RIO DE JANEIRO — Ribeiro House.

Apartments, Praia do Flamengo, 322, Rio de Janeiro.

AMAZON VALLEY, BELTERRA — A rubber plantation, showing workers' homes and hospital.

Present Subjunctive

dispa	deva	divirta
dispas	devas	divirtas
dispa	deva	divirta
dispamos	devamos	divirtamos
dispais	devais	divirtais
dispam	devam	divirtam

LEVAR   **PREFERIR**   **SERVIR**

Present Indicative

levo	prefiro	sirvo
levas	preferes	serves
leva	prefere	serve
levamos	preferimos	servimos
levais	preferis	servis
levam	preferem	servem

Present Subjunctive

leve	prefira	sirva
leves	prefiras	sirvas
leve	prefira	sirva
levemos	prefiramos	sirvamos
leveis	prefirais	sirvais
levem	prefiram	sirvam

VESTIR

Present Indicative		Present Subjunctive	
visto	vestimos	vista	vistamos
vestes	vestis	vistas	vistais
veste	vestem	vista	vistam

NOTE: Radical **e**, followed by **m** or **n** in the same syllable, accented or unaccented, is always closed, except in the first singular present indicative and the whole present subjunctive of the verbs of the third conjugation, where it is changed to **i**.

SENTIR

Present Indicative

sinto	sentimos
sentes	sentis
sente	sentem

Present Subjunctive

sinta	sintamos
sintas	sintais
sinta	sintam

Verbs with radical o

COBRIR   **CORRER**   **DORMIR**

Present Indicative

COBRIR	CORRER	DORMIR
cubro	corro	durmo
cobres	corres	dormes
cobre	corre	dorme
cobrimos	corremos	dormimos
cobris	correis	dormis
cobrem	correm	dormem

MORAR   **VOLTAR**

Present Indicative

MORAR		VOLTAR	
moro	moramos	volto	voltamos
moras	morais	voltas	voltais
mora	moram	volta	voltam

Present Subjunctive

more	moremos	volte	voltemos
mores	moreis	voltes	volteis
more	morem	volte	voltem

Verbs with radical u (third conjugation)

SACUDIR   **SUBIR**

Present Indicative

SACUDIR		SUBIR	
sacudo	sacudimos	subo	subimos
sacodes	sacudis	sobes	subis
sacode	sacodem	sobe	sobem

Present Subjunctive

sacuda	sacudamos	suba	subamos
sacudas	sacudais	subas	subais
sacuda	sacudam	suba	subam

LIST OF

Infin. and Part.	Pres. Ind.	Imperf. Ind.	Pret. Ind.	Plup. Ind.	Fut. Ind.
atrair	atraio	atraía	atraí	atraíra	atrairei
(*to attract*)	atrais	atraías	atraíste	atraíras	atrairás
atraindo	atrai	atraía	atraíu	atraíra	atrairá
atraído	atraímos	atraíamos	atraímos	atraíramos	atrairemos
	atraís	atraíeis	atraístes	atraíreis	atraireis
	atraem	atraíam	atraíram	atraíram	atrairão
caber	caibo	cabia	coube	coubera	caberei
(*to fit in, be*	cabes	cabias	coubeste	couberas	caberás
contained	cabe	cabia	coube	coubera	caberá
in)	cabemos	cabíamos	coubemos	coubéramos	caberemos
cabendo	cabeis	cabíeis	coubestes	coubéreis	cabereis
cabido	cabem	cabiam	couberam	couberam	caberão
cair	caio	caía	caí	caíra	cairei
(*to fall*)	cais	caías	caíste	caíras	cairás
caindo	cai	caía	caíu	caíra	cairá
caido	caímos	caíamos	caímos	caíramos	cairemos
	caís	caíeis	caístes	caíreis	caireis
	caem	caíam	caíram	caíram	cairão
dar	dou	dava	dei	dera	darei
(*to give*)	dás	davas	deste	deras	darás
dando	dá	dava	deu	dera	dará
dado	damos	dávamos	demos	déramos	daremos
	dais	dáveis	destes	déreis	dareis
	dão	davam	deram	deram	darão
dizer	digo	dizia	disse	dissera	direi
(*to say*)	dizes	dizias	disseste	disseras	dirás
dizendo	diz	dizia	disse	dissera	dirá
dito	dizemos	dizíamos	dissemos	disséramos	diremos
	dizeis	dizíeis	dissestes	disséreis	direis
	dizem	diziam	disseram	disseram	dirão
estar	estou	estava	estive	estivera	estarei
(*to be*)	estás	estavas	estiveste	estiveras	estarás
estando	está	estava	esteve	estivera	estará
estado	estamos	estávamos	estivemos	estivéramos	estaremos
	estais	estáveis	estivestes	estivéreis	estareis
	estão	estavam	estiveram	estiveram	estarão

IRREGULAR VERBS

Pres. Cond.	Imper.	Pres. Subj.	Imperf. Subj.	Fut. Subj.	Pers. Infin.
atrairia		atraia	atraísse	atrair	atrair
atrairias	atrai	atraias	atraísses	atraíres	atraíres
atrairia		atraia	atraísse	atrair	atrair
atrairíamos		atraiamos	atraíssemos	atrairmos	atrairmos
atrairíeis	atraí	atraiais	atraísseis	atrairdes	atrairdes
atrairiam		atraiam	atraíssem	atraírem	atraírem
caberia		caiba	coubesse	couber	caber
caberias	cabe	caibas	coubesses	couberes	caberdes
caberia		caiba	coubesse	couber	caber
caberíamos		caibamos	coubéssemos	coubermos	cabermos
caberíeis	cabei	caibais	coubésseis	couberdes	caberdes
caberiam		caibam	coubessem	couberem	caberem
cairia		caia	caísse	cair	cair
cairias	cai	caias	caísses	caíres	caíres
cairia		caia	caísse	cair	cair
cairíamos		caiamos	caíssemos	cairmos	cairmos
cairíeis	caí	caiais	caísseis	cairdes	cairdes
cairiam		caiam	caíssem	caírem	caírem
daria		dê	desse	der	dar
darias	dá	dês	desses	deres	dares
daria		dê	desse	der	dar
daríamos		demos	déssemos	dermos	darmos
daríeis	dai	deis	désseis	derdes	dardes
dariam		dêem	dessem	derem	darem
diria		diga	dissesse	disser	dizer
dirias	dize	digas	dissesses	disseres	dizeres
diria		diga	dissesse	disser	dizer
diríamos		digamos	disséssemos	dissermos	dizermos
diríeis	dizei	digais	dissésseis	disserdes	dizerdes
diriam		digam	dissessem	disserem	dizerem
estaria		esteja	estivesse	estiver	estar
estarias	está	estejas	estivesses	estiveres	estares
estaria		esteja	estivesse	estiver	estar
estaríamos		estejamos	estivéssemos	estivermos	estarmos
estaríeis	estai	estejais	estivésseis	estiverdes	estardes
estariam		estejam	estivessem	estiverem	estarem

Infin. and Part.	Pres. Ind.	Imperf. Ind.	Pret. Ind.	Plup. Ind.	Fut. Ind.
fazer	faço	fazia	fiz	fizera	farei
(to do, make)	fazes	fazias	fizeste	fizeras	farás
fazendo	faz	fazia	fêz	fizera	fará
feito	fazemos	fazíamos	fizemos	fizéramos	faremos
	fazeis	fazíeis	fizestes	fizéreis	fareis
	fazem	faziam	fizeram	fizeram	farão
haver	hei	havia	houve	houvera	haverei
(to have)	hás	havias	houveste	houveras	haverás
havendo	há	havia	houve	houvera	haverá
havido	havemos	havíamos	houvemos	houvéramos	haveremos
	haveis	havíeis	houvestes	houvéreis	havereis
	hão	haviam	houveram	houveram	haverão
ir	vou	ia	fui	fôra	irei
(to go)	vais	ias	foste	foras	irás
indo	vai	ia	foi	fôra	irá
ido	vamos	íamos	fomos	fôramos	iremos
	ides	íeis	fostes	fôreis	ireis
	vão	iam	foram	foram	irão
ler	leio	lia	li	lera	lerei
(to read)	lês	lias	leste	leras	lerás
lendo	lê	lia	leu	lera	lerá
lido	lemos	líamos	lemos	lêramos	leremos
	ledes	líeis	lestes	lêreis	lereis
	lêem	liam	leram	leram	lerão
medir	meço	media	medi	medira	medirei
(to measure)	medes	medias	mediste	mediras	medirás
medindo	mede	media	mediu	medira	medirá
medido	medimos	medíamos	medimos	medíramos	mediremos
	medis	medíeis	medistes	medíreis	medireis
	medem	mediam	mediram	mediram	medirão
ouvir	ouço	ouvia	ouví	ouvira	ouvirei
(to hear)	ouves	ouvias	ouviste	ouviras	ouvirás
ouvindo	ouve	ouvia	ouviu	ouvira	ouvirá
ouvido	ouvimos	ouvíamos	ouvimos	ouvíramos	ouviremos
	ouvis	ouvíeis	ouvistes	ouvíreis	ouvireis
	ouvem	ouviam	ouviram	ouviram	ouvirão

Pres. Cond.	Imper.	Pres. Subj.	Imperf. Subj.	Fut. Subj.	Pers. Infin.
faria		faça	fizesse	fizer	fazer
farias	faze	faças	fizesses	fizeres	fazeres
faria		faça	fizesse	fizer	fazer
faríamos		façamos	fizéssemos	fizermos	fazermos
faríeis	fazei	façais	fizésseis	fizerdes	fazerdes
fariam		façam	fizessem	fizerem	fazerem
haveria		haja	houvesse	houver	haver
haverias	há	hajas	houvesses	houveres	haveres
haveria		haja	houvesse	houver	haver
haveríamos		hajamos	houvéssemos	houvermos	havermos
haveríeis	havei	hajais	houvésseis	houverdes	haverdes
haveriam		hajam	houvessem	houverem	haverem
iria		vá	fôsse	fôr	ir
irias	vai	vás	fôsses	fores	ires
iria		vá	fôsse	fôr	ir
iríamos		vamos	fôssemos	formos	irmos
iríeis	ide	vades	fôsseis	fordes	irdes
iriam		vão	fôssem	forem	irem
leria		leia	lesse	ler	ler
lerias	lê	leias	lesses	leres	leres
leria		leia	lesse	ler	ler
leríamos		leiamos	lêssemos	lermos	lermos
leríeis	lede	leiais	lêsseis	lerdes	lerdes
leriam		leiam	lessem	lerem	lerem
mediria		meça	medisse	medir	medir
medirias	mede	meças	medisses	medires	medires
mediria		meça	medisse	medir	medir
mediríamos		meçamos	medíssemos	medirmos	medirmos
mediríeis	medi	meçais	medísseis	medirdes	medirdes
mediriam		meçam	medissem	medirem	medirem
ouviria		ouça	ouvisse	ouvir	ouvir
ouvirias	ouve	ouças	ouvisses	ouvires	ouvires
ouviria		ouça	ouvisse	ouvir	ouvir
ouviríamos		ouçamos	ouvíssemos	ouvirmos	ouvirmos
ouviríeis	ouvi	ouçais	ouvísseis	ouvirdes	ouvirdes
ouviriam		ouçam	ouvissem	ouvirem	ouvirem

Infin. and Part.	Pres. Ind.	Imperf. Ind.	Pret. Ind.	Plup. Ind.	Fut. Ind.
pedir	peço	pedia	pedi	pedira	pedirei
(to ask)	pedes	pedias	pediste	pediras	pedirás
pedindo	pede	pedia	pediu	pedira	pedirá
pedido	pedimos	pedíamos	pedimos	pedíramos	pediremos
	pedis	pedíeis	pedistes	pedíreis	pedireis
	pedem	pediam	pediram	pediram	pedirão
perder	perco	perdia	perdi	perdera	perderei
(to lose)	perdes	perdias	perdeste	perderas	perderás
perdendo	perde	perdia	perdeu	perdera	perderá
perdido	perdemos	perdíamos	perdemos	perdêramos	perderemos
	perdeis	perdíeis	perdestes	perdêreis	perdereis
	perdem	perdiam	perderam	perderam	perderão
poder	posso	podia	pude	pudera	poderei
(to be able)	podes	podias	pudeste	puderas	poderás
podendo	pode	podia	pôde	pudera	poderá
podido	podemos	podíamos	pudemos	pudéramos	poderemos
	podeis	podíeis	pudestes	pudéreis	podereis
	podem	podiam	puderam	puderam	poderão
pôr	ponho	punha	pus	pusera	porei
(to put)	pões	punhas	puseste	puseras	porás
pondo	põe	punha	pôs	pusera	porá
posto	pomos	púnhamos	pusemos	puséramos	poremos
	pondes	púnheis	pusestes	puséreis	poreis
	põem	punham	puseram	puseram	porão
querer	quero	queria	quis	quisera	quererei
(to wish, want)	queres	querias	quiseste	quiseras	quererás
	quer	queria	quis	quisera	quererá
querendo	queremos	queríamos	quisemos	quiséramos	quereremos
querido	quereis	queríeis	quisestes	quiséreis	querereis
	querem	queriam	quiseram	quiseram	quererão
sair	saio	saía	saí	saíra	sairei
(to go out)	sais	saías	saíste	saíras	sairás
saindo	sai	saía	saíu	saíra	sairá
saido	saímos	saíamos	saímos	saíramos	sairemos
	saís	saíeis	saístes	saíreis	saireis
	saem	saíam	saíram	saíram	sairão

Pres. Cond.	Imper.	Pres. Subj.	Imperf. Subj.	Fut. Subj.	Pers. Infin.
pediria		peça	pedisse	pedir	pedir
pedirias	pede	peças	pedisses	pedires	pedires
pediria		peça	pedisse	pedir	pedir
pediríamos		peçamos	pedíssemos	pedirmos	pedirmos
pediríeis	pedi	peçais	pedísseis	pedirdes	pedirdes
pediriam		peçam	pedissem	pedirem	pedirem
perderia		perca	perdesse	perder	perder
perderias	perde	percas	perdesses	perderes	perderes
perderia		perca	perdesse	perder	perder
perderíamos		percamos	perdêssemos	perdermos	perdermos
perderíeis	perdei	percais	perdêsseis	perderdes	perderdes
perderiam		percam	perdessem	perderem	perderem
poderia		possa	pudesse	puder	poder
poderias	pode	possas	pudesses	puderes	poderes
poderia		possa	pudesse	puder	poder
poderíamos		possamos	pudéssemos	pudermos	podermos
poderíeis	podei	possais	pudésseis	puderdes	poderdes
poderiam		possam	pudessem	puderem	poderem
poria		ponha	pusesse	puser	pôr
porias	põe	ponhas	pusesses	puseres	pores
poria		ponha	pusesse	puser	pôr
poríamos		ponhamos	puséssemos	pusermos	pormos
poríeis	ponde	ponhais	pusésseis	puserdes	pordes
poriam		ponham	pusessem	puserem	porem
quereria		queira	quisesse	quiser	querer
quererias	quer	queiras	quisesses	quiseres	quereres
quereria		queira	quisesse	quiser	querer
quereríamos		queiramos	quiséssemos	quisermos	querermos
quereríeis	querei	queirais	quisésseis	quiserdes	quererdes
quereriam		queiram	quisessem	quiserem	quererem
sairia		saia	saísse	sair	sair
sairias	sai	saias	saísses	saires	saires
sairia		saia	saísse	sair	sair
sairíamos		saiamos	saíssemos	sairmos	sairmos
sairíeis	saí	saiais	saísseis	sairdes	sairdes
sairiam		saiam	saíssem	sairem	sairem

Infin. and Part.	Pres. Ind.	Imperf. Ind.	Pret. Ind.	Plup. Ind.	Fut. Ind.
saber	sei	sabia	soube	soubera	saberei
(to know)	sabes	sabias	soubeste	souberas	saberás
sabendo	sabe	sabia	soube	soubera	saberá
sabido	sabemos	sabíamos	soubemos	soubéramos	saberemos
	sabeis	sabíeis	soubestes	soubéreis	sabereis
	sabem	sabiam	souberam	souberam	saberão
ser	sou	era	fui	fôra	serei
(to be)	és	eras	foste	foras	serás
sendo	é	era	foi	fôra	será
sido	somos	éramos	fomos	fôramos	seremos
	sois	éreis	fostes	fôreis	sereis
	são	eram	foram	foram	serão
ter	tenho	tinha	tive	tivera	terei
(to have)	tens	tinhas	tiveste	tiveras	terás
tendo	tem	tinha	teve	tivera	terá
tido	temos	tínhamos	tivemos	tivéramos	teremos
	tendes	tínheis	tivestes	tivéreis	tereis
	têm	tinham	tiveram	tiveram	terão
trazer	trago	trazia	trouxe	trouxera	trarei
(to bring)	trazes	trazias	trouxeste	trouxeras	trarás
trazendo	traz	trazia	trouxe	trouxera	trará
trazido	trazemos	trazíamos	trouxemos	trouxéramos	traremos
	trazeis	trazíeis	trouxestes	trouxéreis	trareis
	trazem	traziam	trouxeram	trouxeram	trarão
ver	vejo	via	vi	vira	verei
(to see)	vês	vias	viste	viras	verás
vendo	vê	via	viu	vira	verá
visto	vemos	víamos	vimos	víramos	veremos
	vêdes	víeis	vistes	víreis	vereis
	vêem	viam	viram	viram	verão
vir	venho	vinha	vim	viera	virei
(to come)	vens	vinhas	vieste	vieras	virás
vindo	vem	vinha	veio	viera	virá
vindo	vimos	vínhamos	viemos	viéramos	viremos
	vindes	vínheis	viestes	viéreis	vireis
	vêm	vinham	vieram	vieram	virão

Pres. Cond.	Imper.	Pres. Subj.	Imperf. Subj.	Fut. Subj.	Pres. Infin.
saberia		saiba	soubesse	souber	saber
saberias	sabe	saibas	soubesses	souberes	saberes
saberia		saiba	soubesse	souber	saber
saberíamos		saibamos	soubéssemos	soubermos	sabermos
saberíeis	sabei	saibais	soubésseis	souberdes	saberdes
saberiam		saibam	soubessem	souberem	saberem
seria		seja	fôsse	fôr	ser
serias	sê	sejas	fôsses	fores	seres
seria		seja	fôsse	fôr	ser
seríamos		sejamos	fôssemos	formos	sermos
seríeis	sêde	sejais	fôsseis	fordes	serdes
seriam		sejam	fôssem	forem	serem
teria		tenha	tivesse	tiver	ter
terias	tem	tenhas	tivesses	tiveres	teres
teria		tenha	tivesse	tiver	ter
teríamos		tenhamos	tivéssemos	tivermos	termos
teríeis	tende	tenhais	tivésseis	tiverdes	terdes
teriam		tenham	tivessem	tiverem	terem
traria		traga	trouxesse	trouxer	trazer
trarias	traze	tragas	trouxesses	trouxeres	trazeres
traria		traga	trouxesse	trouxer	trazer
traríamos		tragamos	trouxéssemos	trouxermos	trazermos
traríeis	trazei	tragais	trouxésseis	trouxerdes	trazerdes
trariam		tragam	trouxessem	trouxerem	trazerem
veria		veja	visse	vir	ver
verias	vê	vejas	visses	vires	veres
veria		veja	visse	vir	ver
veríamos		vejamos	víssemos	virmos	vermos
veríeis	vêde	vejais	vísseis	virdes	verdes
veriam		vejam	vissem	virem	verem
viria		venha	viesse	vier	vir
virias	vem	venhas	viesses	vieres	vires
viria		venha	viesse	vier	vir
viríamos		venhamos	viéssemos	viermos	virmos
viríeis	vinde	venhais	viésseis	vierdes	virdes
viriam		venham	viessem	vierem	virem

Vocabulary

PORTUGUESE-ENGLISH

A

a [ɐ] at, to; the; her, it
à [a] to the, at the
o **abacate** [ɐbɐ'kati] avocado
o **abacaxi** [ɐbɐkɐ'ʃi] pineapple
abaixo [ɐ'baiʃu] down
abandonar [ɐbẽⁿdo'nar] to give up, abandon
abastado, -a [ɐbɐs'tadu] well off, well-to-do
o **abatimento** [ɐbɐti'mẽⁿtu] reduction
o **abdomen** [ɐb'domẽ(ĩ)] abdomen
aberto, -a [ɐ'bɛrtu] opened, open
aborrecer [ɐborre'ser] to annoy
abraçar [ɐbrɐ'sar] to hug
o **abril** [ɐ'brɨł] April
abrir [ɐ'brir] to open; — **conta** open an account; — **a bôca** open one's mouth, yawn; —**-se com** open one's heart to
abundante [ɐbũ'ⁿdẽⁿti] abundant
acabar [ɐkɐ'bar] to finish; — **de** + *infin.* have just
aceitar [ɐsei'tar] to accept
acender [ɐsẽ'ⁿder] to light, turn on the light
acertar o relógio [ɐser'tar–urre'lɔʒju] to set the clock
achar [ɐ'ʃar] to find, think
acima [a'simɐ] above
acompanhar [ɐkõⁿpɐ'ɲar] to accompany, go with, come with
aconselhar [ɐkõse'ʎar] to advise, counsel
acontecer [ɐkõⁿte'ser] to happen
o **acontecimento** [ɐkõⁿtesi'mẽⁿtu] event
acordar [ɐkor'dar] to wake up
acostumar(se) [ɐkostu'mar(–si)] to get used to
o **açougue** [ɐ'so(u)gi] meat market
o **açougueiro** [ɐso'ge(i)ru] butcher
acreditar [ɐkredi'tar] to believe
o **açúcar** [ɐ'sukɐr] sugar
acusar [ɐku'zar] to accuse
adequado, -a [ɐde'kwadu] adequate
o **adeus** [ɐ'deus] good-bye
adiantar [ɐdjẽ'ⁿtar] to advance; gain time (*clock*)
adiante [ɐ'djẽⁿti] ahead
adiar [ɐ'djar] to postpone
adivinhar [ɐdivi'ɲar] to guess
o **adjetivo** [ɐdʒe'tivu] adjective
a **admiração** [ɐdmirɐ'sẽũ] admiration
admirar [ɐdmi'rar] to admire; —**-se de** be surprised at
a **admissão** [ɐdmi'sẽũ] admission; **o exame de —**, entrance examination
admitir [ɐdmi'tir] to admit, permit
adoecer [ɐdwe'ser] to become sick
adorar [ɐdo'rar] to adore
adquirir [ɐdki'rir] to acquire, get
o **advogado** [ɐdvo'gadu] lawyer
o **aeródromo** [ɐɛ'rɔdromu] airdrome
o **aeroplano** [ɐɛro'plɐnu] airplane
o **aeroporto** [ɐɛro'portu] airport
a **afeição** [ɐfe(i)'sẽũ] affection
afim de que [ɐ'fĩ–ⁿdi–ke] in order that
afogar(se) [ɐfo'gar(–si)] to drown
a **agilidade** [ɐʒili'dadi] agility
agitar [ɐʒi'tar] to shake

347

agora [ɐ'gɔrɐ] now; — **mesmo** right now
o **agôsto** [ɐ'gostu] August
agradar [ɐgrɐ'dar] to please, suit
agradável [ɐgrɐ'davɛɫ] agreeable, pleasant
agradecer [ɐgrɐde'ser] to thank, appreciate
a **água** ['agwɐ] water
agüentar [ɐgwẽ'ⁿtar] to stand, endure
aí [ɐ'i] there
ainda [ɐ'ĩⁿdɐ] yet, still; — **que** though; — **mesmo** even if
ajudar [ɐʒu'dar] to help
o **álbum** ['aɫbum] album
alegrar-se [ɐle'grar-si] to feel happy
alegre [ɐ'lɛgri] happy, cheerful
a **alegria** [ɐle'griɐ] joy
além de [ɐ'lẽ-ⁿdi] besides; **além disso** besides this, moreover
alemão, alemã [ɐle'mẽũ, ɐle'mẽ] German; o **alemão** German
a **alface** [aɫ'fasi] lettuce
o **alfaiate** [aɫfɐ'jati] tailor
a **Alfândega** [aɫ'fẽⁿdegɐ] Custom House; **alfândega** import duties
algo ['aɫgu] something, anything
o **algodão** [aɫgo'dẽũ] cotton
alguém [aɫ'gẽ(ĩ)] somebody, someone, anyone
algum, –uma [aɫ'gũ, aɫ'gumɐ] some, any, a few, several; no, not, any; **alguma coisa** something, anything; **coisa alguma** nothing, not anything; — **dia** some day
ali [ɐ'li] there
aliás [ɐ'ljas] rather
almoçar [aɫmo'sar] to have lunch, lunch
o **almôço** [aɫ'mosu] lunch
alto, –a ['aɫtu] tall, high
a **altura** [aɫ'turɐ] height
a **aluna** [ɐ'lunɐ] student

o **aluno** [ɐ'lunu] student
amanhã [ɐmɐ'ɲẽ] tomorrow; **até** —, see you tomorrow; **depois de** —, day after tomorrow
amarelo, –a [ɐmɐ'rɛlu] yellow
amável [ɐ'mavɛɫ] pleasant, amiable
o **Amazonas** [ɐmɐ'zonɐs] Amazon
ambos, –as ['ẽmbus] both
a **ameixa** [ɐ'me(i)ʃɐ] plum
a menos que [ɐ-'menus-ke] unless
a **América** [ɐ'mɛrikɐ] America; — **do Norte** North America; — **do Sul** South America
americano, –a [ɐmeri'kẽnu] American
a **amiga** [ɐ'migɐ] friend
o **amigo** [ɐ'migu] friend
o **amor** [ɐ'mor] love
amplo, –a ['ẽmplu] large
a **análise** [ɐ'nalizi] analysis
o **anão** [ɐ'nẽũ] dwarf
a não ser que [ɐ-'nẽũ-'ser-ke] unless
o **andar** [ɐ'ⁿdar] floor
andar [ẽ'ⁿdar] to walk, go; take a walk; — **de automóvel, de bicicleta,** *etc.* to ride in an automobile, on a bicycle, *etc.*
o **anel** [ɐ'nɛɫ] ring
o **animal** [ɐni'maɫ] animal
animar [ɐni'mar] to encourage
o **aniversário** [ɐniver'sarju] anniversary, birthday
o **ano** ['ɐnu] year; — **letivo** school year; — **bissexto** leap year
antes ['ẽⁿtis] before, formerly; — **de** before
antigamente [ẽⁿtigɐ'mẽⁿti] formerly
antigo, –a [ẽⁿ'tigu] antique, old
anualmente [ɐnwaɫ'mẽⁿti] yearly
anunciar [ɐnũ'sjar] to announce
o **anúncio** [ɐ'nũsju] advertisement, "ad"
ao, aos [au, aus] to the

VOCABULARY

apagar a luz [ɐpɐ'gar–ɐ–'lus] to put out the light
apanhar [ɐpɐ'ɲar] to catch, take, seize
o **aparador** [ɐpɐrɐ'dor] sideboard
aparar [ɐpɐ'rar] to trim
apareça! [ɐpɐ'resɐ] come again!
aparecer [ɐpɐre'ser] to appear, show up
o **aparelho** [ɐpɐ'reʎu] apparatus, set
a **aparência** [ɐpɐ'rẽsjɐ] appearance
o **apartamento** [ɐpɐrtɐ'mẽntu] apartment, suite
o **apelido** [ɐpe'lidu] nickname
apenas [ɐ'penɐs] hardly, only
apertado, –a [ɐper'tadu] tight
apertar [ɐper'tar] to tighten
apesar de [ɐpe'zar–di] in spite of
apinhado, –a [ɐpi'ɲadu] crowded
aplaudir [ɐplɑu'dir] to applaud
apoiar [ɐpo'jar] to support
após [ɐ'pɔs] after
apreciado, –a [ɐpre'sjadu] liked, appreciated
apreciar [ɐpre'sjar] to appreciate
aprender [ɐprẽ'nder] to learn
apresentar [ɐprezẽ'ntar] to present, show, introduce
apressar [ɐpre'sar] to hurry
aprontar [ɐprõ'ntar] to get ready
aprovar [ɐpro'var] to approve of
aproveitar [ɐprove(i)'tar] to profit; take advantage of; make use of
aproximar-se [ɐprosi'mar–si] to approach
aquela, –as [ɐ'kɛlɐ] that, that one, the former; those
àquela, –as [a'kɛlɐ] to that, to that one, to the former; to those
aquêle, –es [ɐ'keli] that, that one, the former; those
àquêle, –es [a'keli] to that, to that one, to the former; to those

aqui [ɐ'ki] here; **por —**, this way
aquilo [ɐ'kilu] that, that thing
àquilo [a'kilu] to that, to that thing
o **ar** ['ar] air
a **Argentina** [ɐrʒẽ'ntinɐ] Argentina
o **armário** [ɐr'marju] wardrobe, closet, cupboard
o **armazém** [ɐrmɐ'zẽ(ĩ)] warehouse
o **arquiteto** [ɐrki'tetu] architect
o **arranha-céu** [ɐr'rɐɲɐ–'sɛu] skyscraper
arranjar [ɐrrẽ'ʒar] to arrange
arregalar os olhos [ɐrregɐ'lar–uz–'ɔʎus] to open the eyes wide
arrepender-se [ɐrrepẽ'nder-si] to repent
o **arroz** [ɐ'rros] rice
arrumar [ɐrru'mar] to arrange
a **arte** ['arti] art
o **artigo** [ɐr'tigu] article
a **árvore** ['arvori] tree
as [ɐs] the; them; those
às [as] to the
a **asa** ['azɐ] wing; handle
a **Asia** ['azjɐ] Asia
o **asilo** [ɐ'zilu] orphanage
assim [ɐ'sĩ] thus, in this way; **— como** as well as; **— que** as soon as
assinar [ɐsi'nar] to sign
assinatura [ɐsinɐ'turɐ] signature
assistir [ɐsis'tir] to attend, see
o **assunto** [ɐ'sũntu] matter, affair
até [ɐ'tɛ] as far as, up to, till, until, even; **— que** until
a **atenção** [ɐtẽ'sẽũ] attention; **prestar —**, to pay attention
atender [ɐtẽ'nder] to take care of; grant (*request*); answer (*phone*)
a **atitude** [ɐti'tudi] attitude
ativo, –a [ɐ'tivu] active, energetic
o **Atlântico** [ɐt'lẽntiku] Atlantic
o **ato** ['atu] act

o ator [ɐ'tor] actor
atrair [ɐtrɐ'ir] to attract
atrás [ɐ'tras] behind; — de behind
atrasado, -a [ɐtrɐ'sadu] late
atrasar [ɐtrɐ'sar] to retard, delay
atravessar [ɐtrɐve'sar] to cross
a atriz [ɐ'tris] actress
a atuação [ɐtwɐ'sẽũ] acting
a audição [audi'sẽũ] hearing
a aula ['aulɐ] class
aumentar [aumẽ'ⁿtar] to increase
o aumento [au'mẽⁿtu] increase
o automóvel [auto'mɔvɛł] automobile
o autor [au'tor] author
a avenida [ɐve'nidɐ] avenue
a aviação [ɐvjɐ'sẽũ] aviation
o avião [ɐ'vjẽũ] airplane; por —, by plane; de —, by plane
avisar [ɐvi'zar] to advise, let know
avistar [ɐvis'tar] to sight, see at a distance
o avô [ɐ'vo] grandfather
a avó [ɐ'vɔ] grandmother
os avós [ɐ'vɔs] grandparents
o azeite [a'zejti] oil
azul [ɐ'zʊł] blue

B

o bacalhau [bɐkɐ'ʎau] codfish
a bagagem [bɐ'gaʒẽ(ĩ)] baggage
a baía [bɐ'iɐ] bay
o baile ['baili] dance
o bairro ['bairru] district, neighborhood
baixo, -a ['ba(i)ʃu] low, short
a bala ['balɐ] candy; bullet
o balcão [bał'kẽũ] counter; balcony
o banco ['bãⁿku] bench, bank
a bandeira [bẽ'ⁿde(i)rɐ] flag
banhar(se) [bɐ'ɲar(-si)] to bathe
a banheira [bɐ'ɲe(i)rɐ] bathtub
o banheiro [bɐ'ɲe(i)ru] bathroom

o banquete [bẽ'ⁿketi] banquet
barato, -a [bɐ'ratu] cheap, inexpensive
a barba ['barbɐ] beard; fazer a —, to shave
o barbeiro [bɐr'be(i)ru] barber, barbershop
barulhento, -a [bɐru'ʎeⁿtu] noisy
o barulho [bɐ'ruʎu] noise
a base ['bazi] base
bastante [bɐs'tẽⁿti] enough, sufficient
bastar [bɐs'tar] to be enough
a batata [bɐ'tatɐ] potato
bater [bɐ'ter] to knock, beat, slam; spank; — palmas applaud
o « baton » [bɐ'tõ] lipstick
beber [be'ber] to drink
beijar [bei'ʒar] to kiss
o beijo ['beiʒu] kiss
a beleza [be'lezɐ] beauty
belo, -a ['bɛlu, 'bɛlɐ] beautiful
bem ['bẽ(ĩ)] well; está —, very well, all right; — direitinho quite well; — feito, -a well made; all right
berrar [be'rrar] to moo; shout
a bezerra [bi'zerrɐ] calf
o bezerro [bi'zerru] bull calf
a biblioteca [bibljo'tɛkɐ] library
a bicicleta [bisi'klɛtɐ] bicycle; de —, on a bicycle, by bicycle
o bife ['bifi] steak
o bigode [bi'gɔdi] moustache
o bilhão [bi'ʎẽũ] billion
o bilhete [bi'ʎeti] ticket, note; — de ida e volta round-trip ticket
a bilheteria [biʎete'riɐ] ticket window
bissexto (ano) [bi'sestu ('ɐnu)] leap year
a blusa ['bluzɐ] blouse
boa ['boɐ] adj. f. good, nice
a bôca ['bokɐ] mouth
bocejar [bose'ʒar] to yawn
o boi ['boi] ox

VOCABULARY

a **bola** ['bɔlɐ] ball
o **bôlo** ['bolu] cake
a **bôlsa** ['bolsɐ] purse
o **bôlso** ['bolsu] pocket
  bom ['bõ] *adj. m.* good, nice; — **humor** good disposition, good humor, good mood
o **bombeiro** [bõ'ᵐbe(i)ru] plumber; fireman
a **bondade** [bõ'ⁿdadi] kindness
o **bonde** ['bõⁿdi] streetcar; **de —,** by streetcar
  bondoso, -a [bõ'ⁿdozu, bõ'ⁿdɔzɐ] kind
a **boneca** [bo'nɛkɐ] doll
  bonito, -a [bo'nitu] pretty
a **borboleta** [burbu'letɐ] butterfly
o **bordo** ['bɔrdu] board; **a —,** on board
a **borracha** [bo'rraʃɐ] rubber, eraser
  botar [bo'tar] to put
o **braço** ['brasu] arm
  branco, -a ['brẽᵘku] white
o **Brasil** [brɐ'zɪł] Brazil
  brasileiro, -a [brɐzi'leiru] Brazilian
  breve ['brɛvi] soon, in a short time
a **briga** ['brigɐ] fight
  brigar [bri'gar] to fight
  brilhante [bri'ʎẽⁿti] brilliant, bright
o **brilhante** [bri'ʎẽⁿti] diamond
a **brilhantina** [briʎẽ'ⁿtinɐ] brilliantine
  brilhar [bri'ʎar] to shine
  brincar [brĩ'ᵑkar] to play, joke
o **brinco** ['brĩᵑku] earring
o **broche** ['brɔʃi] brooch
o **burro** ['burru] ass

C

cá ['ka] here
a **cabeça** [kɐ'besɐ] head
o **cabeleireiro** [kɐbele're(i)ru] hairdresser
o **cabelo** [kɐ'belu] hair
  caber [kɐ'ber] to fit, be contained in
a **cabine** [kɐ'bini] compartment (*train, ship*)
o **cabo** ['kabu] handle, supporter, holder
a **cabra** ['kabrɐ] nanny goat
o **cabrito** [kɐ'britu] kid
o **cacau** [kɐ'kau] cocoa
o **cachorro** [kɐ'ʃorru] dog
o **caçula** [kɐ'sulɐ] youngest of the family
  cada ['kadɐ] each, every; — **um** each one; — **qual** each one
a **cadeia** [kɐ'dejɐ] jail
a **cadeira** [kɐ'de(i)rɐ] chair
o **caderno** [kɐ'dɛrnu] notebook
o **café** [kɐ'fɛ] coffee
  cair [kɐ'ir] to fall
o **cais** ['kais] dock, pier
a **caixa** ['ka(i)ʃɐ] box
o **caixeiro** [kɐ(i)'ʃe(i)ru] clerk, attendant, salesman
a **calçada** [kał'sadɐ] sidewalk
o **calçado** [kał'sadu] shoes, footwear
as **calças** ['kałsɐs] pants, panties
o **calor** [kɐ'lor] heat; **fazer —,** to be hot, be warm
  calvo, -a ['kałvu] bald
a **cama** ['kɐmɐ] bed; **estar de —,** to be in bed
a **Câmara dos Deputados** ['kɐmɐrɐ–duz–depu'tadus] House of Representatives, Congress
o **camarão** [kɐmɐ'rẽũ] shrimp
o **camarote** [kɐmɐ'rɔti] box (*theater*); compartment (*ship*)
o **camelo** [kɐ'melu] camel
o **caminhão** [kɐmi'ɲẽũ] truck
o **caminho** [kɐ'miɲu] road, way; **a** (*or* **em**) — **para** on the way to
a **camisa** [kɐ'mizɐ] shirt
a **camiseta** [kɐmi'zetɐ] undershirt

a camisola [kɐmi'zɔlɐ] nightgown
a campainha [kɐᵐpɐ'iɲɐ] doorbell, bell
o campo ['kẽᵐpu] field, country
o canal [kɐ'naɫ] canal
a caneta [kɐ'netɐ] pen, penholder; — tinteiro fountain pen
o canivete [kɐni'vɛti] penknife
a canja ['kẽʒɐ] chicken soup
cansado, -a [kẽ'sadu] tired, worn out
cansar [kẽ'sar] to tire
cantar [kẽ'ⁿtar] to sing
o canto ['kẽⁿtu] song; corner
o cão ['kẽũ] dog
a capa de borracha ['kapɐ–di–bo-'rraʃɐ] raincoat
capaz [kɐ'pas] able, capable
a capital [kɐpi'taɫ] capital
o capote [kɐ'pɔti] coat
a cara ['karɐ] face; — raspada clean-shaven face
careca [kɐ'rɛkɐ] bald
a carga ['kargɐ] cargo
a caridade [kɐri'dadi] charity
carioca [kɐ'rjɔkɐ] native of Rio de Janeiro
a carne ['karni] meat
o carneiro [kɐr'ne(i)ru] ram
caro, -a ['karu] expensive, dear; beloved
o carpinteiro [kɐrpĩ'ⁿte(i)ru] carpenter
carregado, –a [kɐrre'gadu] loaded
o carregador [kɐrregɐ'dor] porter
carregar [kɐrre'gar] to load; carry
a carreira [kɐ'rre(i)rɐ] career; às —s running
o carro ['karru] car, automobile
a carroça [kɐ'rrɔsɐ] wagon; cart
a carta ['kartɐ] letter
o cartão [kɐr'tẽũ] card
a carteira [kɐr'te(i)rɐ] writing desk; wallet
o carvão [kɐr'vẽũ] coal

a casa ['kazɐ] house; em —, at home; — de apartamentos apartment house
a casaca [kɐ'zakɐ] dress coat
casado, -a [kɐ'zadu] married
o casamento [kɐzɐ'mẽⁿtu] marriage
casar-se [kɐ'zar–si] to marry
o caso ['kazu] story; case
castanho, -a [kɐs'tɐɲu] brown
católico, -a [kɐ'tɔliku] catholic
catorze [kɐ'tɔrzi] fourteen
a causa ['kauzɐ] cause; por — de on account of
a cavalariça [kɐvɐlɐ'risɐ] horse stable
o cavalo [kɐ'valu] horse
cedo ['sedu] soon
a ceia ['seiɐ] supper
celebrar [sele'brar] to celebrate
célebre ['sɛlebri] famous
cem ['sẽ(ĩ)] a hundred
o cemitério [semi'tɛrju] cemetery
o cenário [se'narju] scenery, stage setting
cento ['sẽⁿtu] hundred
o centro ['sẽⁿtru] center
cêrca de ['serkɐ–di] about
cercado, -a [ser'kadu] surrounded
a cereja [se'reʒɐ] cherry
a certeza [ser'tezɐ] certainty; com —, certainly, surely
certo, -a ['sɛrtu] certain, particular; sure of oneself; está —, all right; na certa for certain
a cerveja [ser'veʒɐ] beer
a cesta ['sestɐ] basket
o céu ['sɛu] sky
o chá ['ʃa] tea
chamar [ʃɐ'mar] to call
o chão ['ʃẽũ] ground
a chapeleira [ʃɐpe'le(i)rɐ] hatmaker
o chapeleiro [ʃɐpe'le(i)ru] hatmaker
o chapéu [ʃɐ'pɛu] hat

a **chave** ['ʃavi] key
a **chegada** [ʃe'gadɐ] arrival
chegar [ʃe'gar] to arrive, come; be enough; fit in; amount to; go as far as
cheio, –a ['ʃeju] full, crowded; **— de vontades** spoiled
o **cheque** ['ʃɛki] check
chi! ['ʃi] gee!
a **chícara** ['ʃikɐrɐ] cup
o **chinelo** [ʃi'nelu] slipper
o **chiqueiro** [ʃi'ke(i)ru] pigsty
o **chocolate** [ʃoko'lati] chocolate
o **chofer** [ʃo'fɛr] driver
o **chope** ['ʃopi] beer on tap
chover [ʃo'ver] to rain
a **chuva** ['ʃuvɐ] rain
o **chuveiro** [ʃu've(i)ru] shower
a **cidade** [si'dadi] city; **na —,** downtown; **ir à —,** to go downtown
a **ciência** ['sjẽsjɐ] science
científico –a [sjẽ'ⁿtifiku] scientific
a **cigarreira** [sigɐ'rre(i)rɐ] cigarette case
o **cigarro** [si'garru] cigarette
a **cima** ['simɐ] top; **em — de** on top of; **por — de** over
o **cinema** [si'nemɐ] movies
cinqüenta [sĩ'ⁿkwẽⁿtɐ] fifty
a **cinta** ['sĩⁿtɐ] girdle
o **cinto** ['sĩⁿtu] belt
a **cintura** [sĩ'ⁿturɐ] waist
o **cirurgião** [sirur'ʒjẽũ] surgeon
civil [si'vił] civil
claro, –a ['klaru] clear; fair
a **classe** ['klasi] class
clássico, –a ['klasiku] classical
o **cliente** ['kljẽⁿti] client
o **clima** ['klimɐ] climate
o **clube** ['klubi] club
coberto, –a [ko'bɛrtu] covered
o **cobertor** [kober'tor] blanket
a **cobra** ['kɔbrɐ] snake
cobrar [ko'brar] to charge; collect, receive
cobrir [ko'brir] to cover

a **coisa** ['ko(i)zɐ] thing
coitado, –a [koi'tadu] poor thing, miserable, poor
o **colar** [ko'lar] necklace
o **colarinho** [kolɐ'riɲu] collar
a **colcha** ['koɫʃɐ] bedspread
o **colchão** [koɫ'ʃẽũ] mattress
o (a) **colega** [ko'lɛgɐ] colleague; schoolfellow
o **colégio** [ko'lɛʒju] school
o **colête** [ko'leti] vest
a **colher** [ko'ʎer, ku'ʎer] spoon
colocado, –a [kolo'kadu] placed
colocar [kolo'kar] to place
com [kõ–] with
a **combinação** [kõᵐbinɐ'sẽũ] slip
começar [kome'sar] to begin, start
o **comentário** [komẽ'ⁿtarju] commentary
o (a) **comentarista** [komẽⁿtɐ'ristɐ] commentator
comer [ko'mer] to eat
o **comércio** [ko'mɛrsju] commerce, business
a **comida** [ko'midɐ] food
comigo [ko'migu] with me
como ['komu] how? as; since; like; **— o quê** very much; a lot of; **— sempre** as always
cômodo, –a ['komodu] comfortable
a **compota** [kõ'pɔtɐ] compote, canned fruit
o **complemento** [kõᵐple'mẽⁿtu] complement, supplement
completamente [kõ'ᵐplɛtɐ-'mẽⁿti] completely
completo, –a [kõ'ᵐplɛtu] complete
a **compra** ['kõᵐprɐ] purchase; **fazer —s** to shop; **— a prestações** installment purchase
comprar [kõ'ᵐprar] to buy
compreender [kõpreẽ'ⁿder] to understand
comprido, –a [kõ'pridu] long

compulsório, -a [kõpʊɫ'sɔrju] compulsory
comum [ko'mũ] common
comunicar [komuni'kar] to communicate
concordar [kõkor'dar] to agree
a **condição** [kõⁿdi'sẽũ] condition
a **confeitaria** [kõfe(i)tɐ'riɐ] candy shop
o **confeiteiro** [kõfe(i)'te(i)ru] confectioner
conforme [kõ'fɔrmi] it depends; according to
confortável [kõfor'tavɛɫ] comfortable
conhecer [koɲe'ser] to know, be acquainted with
conosco [ko'nosku] with us
conseguir [kõse'gir] to succeed, accomplish, obtain
o **conselho** [kõ'seʎu] advice
consentir [kõsẽ'ⁿtir] to allow, consent
consertar [kõser'tar] to repair, fix, mend
o **consêrto** [kõ'sertu] repairs, mending
construir [kõs'truir] to construct, build
consultar [kõsʊɫ'tar] to consult
o **consultório** [kõsʊɫ'tɔrju] office (*doctor's*)
consumir [kõsu'mir] to consume
a **conta** ['kõⁿtɐ] bill, account; **tomar — de** to take care of
contanto que [kõ'ⁿtẽⁿtu-ke] provided that, so long as
contar [kõ'ⁿtar] to tell; count; intend; **— com** count on
contente [kõ'ⁿtẽⁿti] gay, ⌠glad, happy; **estar —**, to be happy *or* glad
contigo [kõ'ⁿtigu] with you
continuar [kõⁿti'nwar] to continue; **— a** keep on; **— + *gerund*** keep on
contra ['kõⁿtrɐ] against

contrário [kõ'ⁿtrarju] contrary; **ao —**, on the contrary
contribuir [kõⁿtri'bwir] to contribute
conveniente [kõve'njẽⁿti] convenient
a **conversa** [kõ'vɛrsɐ] conversation
conversar [kõver'sar] to converse
a **convidada** [kõvi'dadɐ] guest
o **convidado** [kõvi'dadu] guest
convidar [kõvi'dar] to invite
o **convite** [kõ'viti] invitation
convosco [kõ'vosku] with you
a **copa** ['kɔpɐ] breakfast nook
a **cópia** ['kɔpjɐ] copy
o **copo** ['kɔpu] glass
a **côr** ['kor] color; **—-de-rosa** pink; **de —**, colored, in colors
o **coração** [korɐ'sẽũ] heart
o **corpo** ['korpu], *pl.* ['kɔrpus] body; **— docente** faculty (*college*); **Corpo de Bombeiros** Fire Department, firemen
o **correio** [ko'rreju] mail; post office; **pelo —**, by mail
correr [ko'rrer] to run
corresponder [korrespõ'ⁿder] to correspond
correto, -a [ko'rretu] correct
a **corrida** [ko'rridɐ] race
corrigir [korri'ʒir] to correct
cortar [kor'tar] to cut; **— o cabelo** have a haircut
o **corte de cabelo** ['kɔrti–di–kɐ-'belu] haircut
cortês [kor'tes] polite, courteous
a **cortina** [kor'tinɐ] curtain
a **costa** ['kɔstɐ] coast
as **costas** ['kɔstɐs] back (*person's*)
o **costume** [kos'tumi] custom, habit
costurar [kostu'rar] to sew
a **costureira** [kostu're(i)rɐ] dressmaker
a **couve-flor** ['kovi-'flor] cauliflower
a **cozinha** [ko'ziɲɐ] kitchen

a **cozinheira** [kozi'ɲe(i)rɐ] cook
o **creme** ['krɛmi] cream; **— de pele** cold cream
o **crepúsculo** [kre'puskulu] twilight, dusk
crer ['krer] to believe, think
crescer [kre'ser] to grow
crescido, -a [kre'sidu] grown
crespo, -a ['krespu] curly
a **criada** ['krjadɐ] maid
o **criado** ['krjadu] servant
a **criança** ['krjẽsɐ] child
o **cruzeiro** [kru'ze(i)ru] *Brazilian monetary unit*
as **cuecas** ['kwɛkɐs] man's shorts
o **cuidado** [kwi'dadu] care; **—!** look out! be careful!
cuidadosamente [kwidɐ'dozɐ'mẽnti] carefully
cuidadoso, -a [kwidɐ'dozu, kwidɐ'dɔzɐ] careful
cujo, -a ['kuʒu] whose
cumprimentar [kũmprimẽ'ntar] to greet
curioso, -a [ku'rjozu, ku'rjɔzɐ] curious
o **curral** [ku'rraɫ] barnyard
o **currículo** [ku'rrikulu] curriculum
curto, -a ['kurtu] short
a **curva** ['kurvɐ] curve
custar [kus'tar] to cost

D

D. (dona) ['donɐ] Miss, Mrs., lady
da [dɐ] from, of
daí a pouco [dɐ'i-ɐ-'po(u)ku] within a short while
dansar [dẽ'sar] to dance
daquela, -as [dɐ'kɛlɐ] from (of) that, from (of) those
daquele, -es [dɐ'keli] from (of) that, from (of) those
daqui [dɐ'ki] from here; **— a uma semana** a week from now
daquilo [dɐ'kilu] from (of) that
dar ['dar] to give; **— para face;** be gifted for; **— volta por** take a look around; **— fiança** give security; **— um pulo** jump
das [dɐs-] from (of) the
a **data** ['datɐ] date
de [di-] of, from, in, with, by
debaixo de [di'ba(i)ʃu-di] below
decidir [desi'dir] to decide
décimo, -a ['dɛsimu] tenth
a **decisão** [desi'zẽũ] decision
o **dedo** ['dedu] finger
o **defeito** [de'feitu] defect
definitivo, -a [defini'tivu] definitive
deitar(se) [dei'tar(-si)] to go to bed; lie
deixar [de(i)'ʃar] to allow, let, permit; **— de** stop, give up, fail to
dela, -as ['dɛlɐ] from (of) her *or* it
dêle, -es ['deli] from (of) him *or* it
delicado, -a [deli'kadu] delicate
a **delícia** [de'lisjɐ] delight; **é uma —,** it is something really wonderful
demais [di'mais] too much, too; **os, as —,** the others, the rest
a **demora** [de'mɔrɐ] delay
demorar [demo'rar] to delay, linger
o **dente** ['dẽnti] tooth
o **dentista** [dẽ'ntistɐ] dentist
dentro ['dẽntru] inside; **— de** inside; **— em pouco** in a short while
depender [depẽ'nder] to depend
depois [de'pois] then, afterward; **— que** after; **— de amanhã** the day after tomorrow
depositar [depozi'tar] to deposit
depressa [di'prɛsɐ] quickly, rapidly; **vamos —,** let's hurry
o **deputado** [depu'tadu] congressman

descansar [deskẽ'sar] to rest
descarregar [deskɐrre'gar] to unload
descer [de'ser] to go down
a **desculpa** [dis'kuɫpɐ] excuse
desculpar [diskuɫ'par] to excuse
desde que ['dezdi-ke-] since; from the moment that
desejar [deze'ʒar] to wish, desire
desembarcar [dezẽᵐbɐr'kar] to disembark
o **deserto** [de'zɛrtu] desert
desligar [dezli'gar] to turn off (*the radio*)
desnecessário, -a [deznese'sarju] unnecessary
despachar [despɐ'ʃar] to ship; send
despedir-se [despe'dir-si] to say good-bye
a **despensa** [des'pẽsɐ] pantry; storage
o **despertador** [despertɐ'dor] alarm clock
despir [des'pir] to undress
dessa, -as ['dɛsɐ] of (from) that *or* those
dêsse, -es ['desi] of (from) that *or* those
desta, -as ['dɛstɐ] of (from) this *or* these
dêste, -es ['desti] of (from) this *or* these
o **Deus** ['deus] God
devagar [divɐ'gar] slowly
dever [de'ver] to have to, must, ought; owe
dez ['dɛs] ten
dezembro [de'zẽᵐbru] December
dezenove [dezi'nɔvi] nineteen
dezesseis [deze'seis] sixteen
dezessete [deze'sɛti] seventeen
dezoito [de'zoitu] eighteen
o **dia** ['diɐ] day; **— de semana** week day; **— dos anos** birthday; **— útil** work day; **meio —,** noon, midday

diante de ['djɐ̃ⁿti-di-] in front of
diário, -a ['djarju] daily; **o diário** daily paper
a **diferença** [dife'rẽsɐ] difference
diferente [dife'rẽⁿti] different
difícil [di'fisɪɫ] difficult
a **dimensão** [dimẽ'sẽũ] dimension
o **diminutivo** [diminu'tivu] diminutive
o **dinheiro** [di'ɲe(i)ru] money
direito, -a [di'reitu] right; **fazer —,** to do well
o **direito** [di'reitu] law
o **diretor** [dire'tor] director
dirigir [diri'ʒir] to drive (*automobile*); administer
o **disco** ['disku] record
a **discussão** [disku'sẽũ] discussion
discutir [disku'tir] to discuss
dispor [dis'por] to dispose
disso ['disu] of (from) that
disto ['distu] of (from) this
a **distração** [distrɐ'sẽũ] slip of the mind; amusement
distribuir [distri'bwir] to distribute
o **Distrito Federal** [dis'tritu-fede-'raɫ] Federal District
diversos, -as [di'vɛrsus] various, several
divertir-se [diver'tir-si] to amuse oneself, have a good time
dizer [di'zer] to say
do [du-] of (from) the
dobrar [do'brar] to double; turn over
o **doce** ['dosi] sweet; **os doces** sweets
doente ['dwẽⁿti] sick
dois ['dois] two
o **dólar** ['dɔlar] dollar
o **dom** ['dõ] gift, talent
Dona (D.) ['donɐ] Miss, Mrs., lady
a **dor** ['dor] sorrow; **— de cabeça** headache

dormir [dor'mir] to sleep
dos [dus-] of (from) the
o **doutor** [do(u)'tor] doctor
doze ['dozi] twelve
duas ['duɐs] two (*f.*)
dum, duma [dũ-, dumɐ-] of (from) a
duns, dumas [dũs-, dumɐs-] of (from) some
durante [du'rẽⁿti] during
duro, -a ['duru] hard
duzentos, -as [du'zẽⁿtus] two hundred
a **dúzia** ['duzjɐ] dozen; **meia —,** half dozen

E

e [i] and
a **echarpe** [e'ʃarpi] scarf (*woman*)
o **edifício** [edi'fisju] building
a **educação** [edukɐ'sẽũ] education, good manners
educado, -a [edu'kadu] educated, well-bred
educar [edu'kar] to bring up
ela ['elɐ] she, it; her *or* it (*after prep.*)
elas ['elɐs] they; them (*after prep.*)
êle ['eli] he, it; him *or* it (*after prep.*)
o **elefante** [ele'fẽⁿti] elephant
elegante [ele'gẽⁿti] elegant, smart, well-dressed
o **elenco** [e'lẽᵑku] cast (*theater*)
êles ['elis] they; them (*after prep.*)
o **elevador** [elevɐ'dor] elevator
em [ẽ-] in, on; **— baixo** under, below; **— cima** on, above; **— geral** generally, in general; **— volta de** around
embarcar [ẽmbɐr'kar] to embark
embora [ẽ'mbɔrɐ] although; **ir —,** to go away

embrulhar [ẽmbru'ʎar] to wrap up
o **embrulho** [ẽ'mbruʎu] package, parcel
o **emigrante** [emi'grãⁿti] emigrant
a **emissão** [emi'sẽũ] transmission
o **empregado** (a **empregada**) [ẽmpre'gadu] employee
emprestar [ẽmpres'tar] to lend
empurrar [ẽmpu'rrar] to push
o **encanamento** [ẽᵑkɐnɐ'mẽⁿtu] plumbing, piping
encher [ẽ'ʃer] to fill
a **encomenda** [ẽᵑko'mẽⁿdɐ] order; package
encomendar [ẽᵑkomẽ'ⁿdar] to order
encontrar [ẽᵑkõ'ⁿtrar] to find; meet
o **enderêço** [ẽⁿde'resu] address
enérgico, -a [e'nɛrʒiku] strict, firm
o **engenheiro** [ẽʒe'ɲe(i)ru] engineer
engraçadinho, -a [ẽᵑgrɐsɐ'diɲu] cute
engraçado, -a [ẽᵑgrɐ'sadu] funny; humorous
enorme [e'nɔrmi] enormous, huge
enquanto (que) [ẽ'ᵑkwẽⁿtu(-ke)] as long as, while, whereas
o **enrêdo** [ẽ'rredu] plot (*of play*)
ensaboar [ẽsɐ'bwar] to lather
ensinar [ẽsi'nar] to teach
então [ẽ'ⁿtẽũ] then, at the time
entender [ẽⁿtẽ'ⁿder] to understand
a **entrada** [ẽ'ⁿtradɐ] entrance; ticket (*theater, movies, etc.*)
entrar [ẽ'ⁿtrar] to go in, come in, enter
entre ['ẽⁿtri-] between, among
a **entrega** [ẽ'ⁿtregɐ] delivery
entregar [ẽⁿtre'gar] to deliver; leave; hand
o **envelope** [ẽve'lɔpi] envelope

enxaguar [ẽʃɐ'gwar] to rinse
o **enxoval** [ẽʃo'vaɫ] trousseau
errado [e'rradu] wrong
a **ervilha** [er'viʎɐ] pea
a **escada** [es'kadɐ] stairs
a **escola** [es'kɔlɐ] school; — **de Belas Artes** Fine Arts School; — **de Direito** Law School; — **particular** private school; — **primária** elementary school; — **professional** vocational school; — **pública** public school; — **secundária** secondary school
a **escolha** [es'koʎɐ] choice, selection
escolher [esko'ʎer] to select, choose, pick out
a **escôva** [es'kovɐ] brush; — **de cabelos** hairbrush; — **de dentes** toothbrush; — **de roupas** clothesbrush; — **de unhas** nailbrush
escovar [esko'var] to brush
escrever [eskre'ver] to write
escrito, -a [es'kritu] written
o **escritor** [eskri'tor] writer
o **escritório** [eskri'tɔrju] office
o **escultor** [eskuɫ'tor] sculptor
escuro, -a [es'kuru] dark
escutar [esku'tar] to listen
esfregar [esfre'gar] to rub
esguio, -a [ez'giu] slender
o **espaço** [es'pasu] space
espaçoso, -a [espɐ'sozu, espɐ-'sɔzɐ] spacious
a **Espanha** [es'pɐɲɐ] Spain
espanhol, -a [espɐ'ɲɔɫ] Spanish; o **espanhol** Spanish
o **espanto** [es'pẽⁿtu] astonishment, wonder
o **espêlho** [es'peʎu] mirror
esperar [espe'rar] to wait for; expect
esperto, -a [es'pɛrtu] lively, smart
o **espetáculo** [espe'takulu] sight; performance

o **espinafre** [espi'nafri] spinach
o **esporte** [es'pɔrti] sport
espreguiçar-se [espregi'sar-si] to stretch out one's arms
a **espuma** [es'pumɐ] foam; lather
esquecer-(se) [eske'ser(-si)] to forget
a **esquerda** [es'kerdɐ] left
a **esquina** [es'kinɐ] corner; — **da rua** street corner
essa, -as ['ɛsɐ] that, that one; those
êsse, -es ['esi] that, that one; those
esta, -as ['ɛstɐ] this, this one; these
a **estação** [estɐ'sẽũ] station; — **emissora** transmitting station
o **estado** [es'tadu] state; condition
os **Estados Unidos** [es'taduz-u'nidus] United States
a **estante** [es'tẽⁿti] shelf; — **de livros** bookshelf
estar [es'tar] to be; — **com fome** (**sêde, sono, frio,** etc.) be hungry (thirsty, sleepy, cold, etc.); — **certo, -a** be right; — **em casa** be (at) home; — **com pressa** be in a hurry; — **com vontade de** feel like; — **fora** be out; — **na hora de** be time for; — **situado, -a** be situated
a **estática** [es'tatikɐ] static
êste, -es ['esti] this, this one, the latter; these
estender [estẽ'ⁿder] to spread
o **estilo** [es'tilu] style
o **estoque** [es'tɔki] stock
a **estrada** [es'trada] road; — **de ferro** railroad
o **estrangeiro (a estrangeira)** [es-trɐ̃'ʒe(i)ru] foreigner
estrear [estre'jar] to do or use or be shown for the first time
a **estréia** [es'trejɐ] première, first time
estreito, -a [es'tre(i)tu] narrow

a **estrêla** [es'trelɐ] star
o **estudante** [estu'dẽⁿti] student
estudar [estu'dar] to study
estudioso, -a [estu'djozu, estu-'djozɐ] studious
o **estudo** [es'tudu] study
eu [eu] I
Europa [eu'rɔpɐ] Europe
o **exame** [e'zɐmi] examination; — **de admissão** entrance examination
examinar [ezɐmi'nar] to examine
a **exclamação** [esklɐmɐ'sẽũ] exclamation
o **exército** [e'zɛrsitu] army
explicar [espli'kar] to explain
a **exportação** [esportɐ'sẽũ] export
exportar [espor'tar] to export
exterior [este'rjor] exterior
exterminar [estermi'nar] to exterminate

F

a **fábrica** ['fabrikɐ] factory
a **faca** ['fakɐ] knife
fácil ['fasɪł] easy
a **facilidade** [fɐsili'dadi] facility
falar [fɐ'lar] to speak; — **ao rádio** broadcast
a **falta** ['fałtɐ] error; loss; failure
faltar [fał'tar] to miss, lack
a **família** [fɐ'miljɐ] family
o **farmacêutico** [fɐrmɐ'seutiku] druggist
a **farmâcia** [fɐr'masjɐ] pharmacy
o **favor** [fɐ'vor] favor; **por —,** please
favoràvelmente [fɐvo'ravɛł-'mẽⁿti] favorably
a **fazenda** [fɐ'zẽⁿdɐ] farm; material, cloth
o **fazendeiro** [fɐzẽⁿde(i)ru] farmer
fazer [fɐ'zer] to do, make; — **a barba** shave; — **as unhas** manicure *or* have a manicure;

— **compras** shop; — **exame** give *or* take an examination; — **feio (bonito,** *etc.***)** make a bad (good, *etc.*) impression; — **questão de** make a point of; — **um bom negócio** do a good business, drive a bargain; — **um empréstimo** make a loan; — **um seguro** take insurance; **não faz mal** never mind
fechar [fe'ʃar] to close; — **uma conta** close an account; — **negócio** close a deal
o **feijão** [fe(i)ʒẽũ] bean
feio, -a ['feju] ugly
o **feitio** [fei'tɪu] style
feito, -a ['feitu] made, done
feliz [fe'lis] happy, lucky
felizmente ['feliz-'mẽⁿti] fortunately
a **fêmea** ['femjɐ] female
o **feriado** [fe'rjadu] holiday
as **férias** ['fɛrjɐs] vacation
o **ferro** ['fɛrru] iron; **passar a —,** to iron, press
ferver [fer'ver] to boil
a **festa** ['fɛstɐ] party, celebration
o **fevereiro** [feve're(i)ru] February
ficar [fi'kar] to remain, stay; be; turn out; become; — **bem fit** *(clothes)*; — **para outro dia** make it another day
a **fila** ['filɐ] line *(waiting)*; row
a **filha** ['fiʎɐ] daughter
o **filho** ['fiʎu] son; **os filhos** the children
o **fim** ['fĩ] end
Finados (Dia de) [('diɐ-di-) fi'nadus] All Souls' Day
finalmente [fi'nał-'mẽⁿti] finally
fino, -a ['finu] refined; fine; polite
fiscalizar [fiskɐli'zar] to supervise
a **fita** ['fitɐ] ribbon; movie
a **flor** ['flor] flower
o **fogão** [fo'gẽũ] stove

o **fogo** ['fogu], *pl.* ['fɔgus] fire
a **fôlha** ['foʎɐ] leaf
a **folhagem** [fo'ʎaʒẽ(ĩ)] foliage
a **fome** ['fomi] hunger; **estar com —**, to be hungry; **ter —**, be hungry
fora ['fɔrɐ] outside
formar-se [for'mar–si] to graduate
formidável [formi'davɛɫ] formidable; wonderful
a **formiga** [for'migɐ] ant
o **formigueiro** [formi'ge(i)ru] anthill
fornecer [forne'ser] to supply, furnish
forte ['fɔrti] strong; great
a **fortuna** [for'tunɐ] fortune
o **fóssil** ['fɔsɪɫ] fossil
fraco, –a ['fraku] weak
francês, –esa [frẽ'ses] French; o **francês** French
a **franga** ['frẽᵑgɐ] spring chicken
o **frango** ['frẽᵑgu] spring chicken
o **freguês** [fre'ges] customer
a **freguesa** [fre'gezɐ] customer
a **frente** ['frẽⁿti] front; **em — de** in front of
a **freqüência** [fre'kwẽsjɐ] attendance; frequency; **com —**, frequently
freqüentar [frekwẽⁿtar] to attend
fresco, –a ['fresku] fresh; cool
o **frete** ['freti] freight
frio, –a ['frɪu] cold; **estar com —**, to be cold; **ter —**, be cold
a **frisa** ['frizɐ] box (*theater*)
a **fronha** ['froɲɐ] pillowcase
a **fruta** ['frutɐ] fruit
o **fubá** [fu'ba] corn meal
fugir [fu'ʒir] to flee
fumar [fu'mar] to smoke
o **fumo** ['fumu] tobacco
a **função** [fũ'sẽũ] function
o **funcionário** [fũsjo'narju] clerk; **— público** civil-service employee

fundado, –a [fũ'dadu] founded
o **funil** [fu'nɪɫ] funnel
o **furacão** [furɐ'kẽũ] hurricane
futuro, –a [fu'turu] future; **o —**, the future

G

o **gado** ['gadu] cattle
o **galã** [gɐ'lẽ] leading man, male star
a **galeria** [gɐle'riɐ] gallery
o **galho** ['gaʎu] branch
a **galinha** [gɐ'liɲɐ] chicken
o **galinheiro** [gɐli'ɲe(i)ru] chicken house
o **galo** ['galu] rooster
a **galocha** [gɐ'lɔʃɐ] galosh
ganhar [gɐ'nar] to earn; gain
o **ganso** ['gẽsu] goose
a **garage** [gɐ'raʒi] garage
o «**garçon**» [gɐr'sõ] waiter
o **garfo** ['garfu] fork
a **garganta** [gɐr'gẽⁿtɐ] throat
o **garoto, –a** [gɐ'rotu] kid
a **garrafa** [gɐ'rrafɐ] bottle
gastar [gɐs'tar] to spend
o **gato** ['gatu] cat
o **gênio** ['ʒenju] temperament, disposition
o **genro** ['ʒẽru] son-in-law
a **gente** ['ʒẽⁿti] people, persons; we
geral [ʒe'raɫ] general
geralmente [ʒe'raɫ–'mẽⁿti] generally
a **gilete** [ʒi'lɛti] safety razor
a **girafa** [ʒi'rafɐ] giraffe
gordo, –a ['gordu] fat, stout
a **gorjeta** [gor'ʒetɐ] tip
gostar de [gos'tar–di] to like
gostoso, –a [gos'tozu, gos'tɔzɐ] tasty, savory
a **graça** ['grasɐ] grace
grande ['grẽⁿdi] big, large; great
o **grão** ['grẽũ] grain
gratuito, –a [grɐ'tʊitu] free
a **gravata** [grɐ'vatɐ] necktie

VOCABULARY

o **grilo** ['grilu] cricket
gritar [gri'tar] to shout
a **gritaria** [gritɐ'riɐ] shouting
o **guarda-chuva** ['gwardɐ-'ʃuvɐ] umbrella
o **guardanapo** ['gwardɐ-'napu] napkin
o **guarda-roupa** ['gwardɐ-'rro(u)pɐ] closet; costumes, costuming
a **guerra** ['gerrɐ] war
o **guichê** [gi'ʃe] ticket window

H

há ['a] ago; **não — de quê** don't mention it
o **habitante** [ɐbi'tẽnti] inhabitant
o **hábito** ['abitu] habit, custom
haver [ɐ'ver] to have; be
a **história** [is'tɔrjɐ] history; story
hoje ['oʒi] today; **de — a oito dias** a week from today
o **homem** ['ɔmẽ(ĩ)] man
a **hora** ['orɐ] hour; o'clock; time; **— certa** right time; **que —s são?** what time is it? **a que —s?** at what time?
o **horário** [o'rarju] schedule; timetable
a **horta** ['ɔrtɐ] vegetable garden
o **hóspede** ['ɔspedi] guest
o **hospital** [ospi'taɫ] hospital
o **hotel** [o'tɛɫ] hotel

I

a **ida** ['idɐ] going; **bilhete de — e volta** round-trip ticket
a **idade** [i'dadi] age
a **idéia** [i'dɛjɐ] idea; **de —s largas** foresighted; of big ideas
o **idioma** [i'djomɐ] language
a **igreja** [i'greʒɐ] church
igual [i'gwaɫ] equal; like
a **imagem** [i'maʒẽ(ĩ)] image
a **imaginação** [imɐʒinɐ'sẽũ] imagination

imediatamente [ime'djatɐ-'mẽnti] immediately, right away
imenso, -a [i'mẽsu] huge
o **imperador** [ĩmperɐ'dor] emperor
a **importação** [ĩmportɐ'sẽũ] import
a **importância** [ĩmpor'tẽsjɐ] importance
importante [ĩmpor'tẽnti] important
importar [ĩmpor'tar] to import
impossível [ĩmpo'sivɛɫ] impossible
o **incêndio** [ĩ'sẽdju] fire
a **indústria** [ĩ'ndustrjɐ] industry; **— agrícola** agricultural industry
a **infância** [ĩ'fẽsjɐ] childhood
infeliz [ĩfe'lis] miserable, unhappy
inferior [ĩfe'rjɔr] inferior
a **informação** [ĩformɐ'sẽũ] information
inglês, -esa [ĩ'ŋgles] English; **o inglês** English
o **inseto** [ĩ'sɛtu] insect
a **instrução** [ĩstru'sẽũ] education, instruction
instruir [ĩs'trwir] to educate; instruct
o **instrumento** [ĩstru'mẽntu] instrument
inteiro, -a [ĩ'nte(i)ru] entire
a **inteligência** [ĩnteli'ʒẽsjɐ] intelligence
inteligente [ĩnteli'ʒẽnti] intelligent
interessante [ĩntere'sẽnti] interesting
interior [ĩnte'rjɔr] interior
interrogar [ĩnterro'gar] to question
interromper [ĩnterrõ'mper] to interrupt
o **intervalo** [ĩnter'valu] intermission
inventar [ĩvẽ'ntar] to invent
o **inverno** [ĩ'vɛrnu] winter

ir ['ir] to go; — ao estrangeiro go abroad; — para bordo go on board
a irmã [ir'mẽ] sister
o irmão [ir'mẽũ] brother
a irradiação [irrɐdjɐ'sẽũ] broadcast
irradiar [irrɐ'djar] to broadcast
isso ['isu] that, that thing; por —, for this reason; por — é que that's why
isto ['istu] this, this thing

J

já ['ʒa] already
o janeiro [ʒɐ'ne(i)ru] January
a janela [ʒɐ'nɛlɐ] window
jantar [ʒẽ'ⁿtar] vb. to dine; o —, noun dinner
a jaqueta [ʒɐ'ketɐ] jacket
o jardim [ʒɐr'dĩ] garden; — zoológico zoological garden, zoo
o jardineiro [ʒɐrdi'ne(i)ru] gardener
o jeito ['ʒe(i)tu] skill, aptness
o joalheiro [ʒwa'ʎe(i)ru] jeweler
o joelho ['ʒweʎu] knee
jogar [ʒo'gar] to play; roll (boat)
o jôgo ['ʒogu] game; play; rolling (boat)
a jóia ['ʒɔjɐ] piece of jewelry; — fantasia costume jewelry
o jornal [ʒor'naɫ] newspaper
o jornaleiro [ʒornɐ'le(i)ru] newspaper deliverer
o jornalista [ʒornɐ'listɐ] journalist
o jovem ['ʒovẽ(ĩ)] young
o juiz ['ʒwis] judge
o julho ['ʒuʎu] July
o jumento [ʒu'mẽⁿtu] ass
o junho ['ʒuɲu] June
junto ['ʒũⁿtu] adv. near
juntos, -as ['ʒũⁿtus] together
justamente ['ʒustɐ-'mẽⁿti] just; justly
justo, -a ['ʒustu] just; tight

L

lá ['la] there; — em baixo down there
a lã ['lẽ] wool
o lado ['ladu] side; do —, on the side
o lago ['lagu] lake
a lâmpada ['lẽᵐpɐdɐ] bulb; lamp
o lápis ['lapis] pencil
a laranja [lɐ'rẽʒɐ] orange
largo, -a ['largu] wide; o —, the square
a lavadeira [lɐvɐ'de(i)rɐ] laundress
lavar [lɐ'var] to wash; — a cabeça have a shampoo
o leão ['ljẽũ] lion
o legume [le'gumi] vegetable
a lei ['lei] law
o leite ['leiti] milk
o leiteiro [lei'te(i)ru] milkman
a leiteria [leite'riɐ] dairy store
lembrar-se [lẽ'ᵐbrar-si] to remember; remind
o lenço ['lẽsu] handkerchief
o lençol [lẽ'sɔɫ] sheet
a leoa ['ljoɐ] lioness
ler ['ler] to read
a letra ['letrɐ] letter (alphabet)
levado, -a [le'vadu] mischievous
levantar [levẽ'ⁿtar] to rise, lift; —-se get up
levar [le'var] to carry (away), take (away), bring; — uma peça (fita, etc.) show a play (film, etc.); — tempo take long
leve ['lɛvi] light
lhe [ʎe] to him, to her, to it, to you
lhes [ʎes] to them, to you
a lição [li'sẽũ] lesson
a licença [li'sẽsɐ] permission; com —, excuse me
ligar [li'gar] to link, connect; — o rádio turn on the radio
ligeiro, -a [li'ʒe(i)ru] light; fast
o limão [li'mẽũ] lemon

VOCABULARY

limpar [lĭ'ᵐpar] to clean
limpo, -a ['lĭᵐpu] clean
lindo, -a ['lĭⁿdu] beautiful
a língua ['lĭᵑgwɐ] tongue
liso, -a ['lizu] smooth
a lista ['listɐ] list
a livraria [livrɐ'riɐ] bookstore
o livro ['livro] book; — de português (inglês, *etc.*) Portuguese book (*English book, etc.*)
o lobo ['lobu] wolf
a loção [lo'sẽũ] lotion, hair tonic
a locomotiva [lokomo'tivɐ] locomotive
o locutor [loku'tor] speaker
logo ['lɔgu] immediately, right away; soon; — que as soon as
a loja ['lɔʒɐ] shop
longe ['lõʒi] far; ao —, in the distance
longo, -a ['lõᵑgu] long; ao — de along
a lotação [lotɐ'sẽũ] capacity (*theater, stadium, etc.*)
a louça ['lo(u)sɐ] china
louco, -a ['lo(u)ku] crazy; — por crazy about
louro, -a ['lo(u)ru] blond
a lua ['luɐ] moon
o lugar [lu'gar] place; space, room; seat
a luta ['lutɐ] fight
a luvaria [luvɐ'riɐ] glove shop
as luvas ['luvɐs] gloves
a luz ['lus] light

M

má ['ma] bad (*f.*)
a maçã [mɐ'sẽ] apple
o macaco [mɐ'kaku] monkey
macio, -a [mɐ'sıu] soft
a madrugada [mɐdru'gadɐ] dawn
a mãe ['mẽĩ] mother
magro, -a ['magru] thin
o maio ['maju] May
maior [mɐ'jɔr] bigger, larger

mais ['mais] more; plus; — do que more than; — ou menos more or less
mal ['mał] badly; hardly; o —, the evil
a mala ['malɐ] bag; trunk; fazer as —s to pack
a mamãe [mɐ'mẽĩ] mother, mamma
mandar [mẽ'ⁿdar] to send; order, command; — entregar deliver, have delivered
a maneira [mɐ'ne(i)rɐ] manner, way; de — que so that, in order that
a manhã [mɐ'ɲẽ] morning; de —, in the morning; da —, A.M.
a manteiga [mẽ'ⁿteigɐ] butter
a mão ['mẽũ] hand
o mapa ['mapɐ] map
a máquina ['makinɐ] machine
a maquinária [mɐki'narjɐ] machinery
o mar ['mar] sea; por —, by sea
maravilhoso, -a [mɐrɐvi'ʎozu, mɐrɐvi'ʎɔzɐ] wonderful
a marca ['markɐ] mark
marcar [mɐr'kar] to mark; register; set; make (*appointment*)
o março ['marsu] March
o marfim [mɐr'fĩ] ivory
o marido [mɐ'ridu] husband
marrom [mɐ'rrõ] brown
mas ['mas] but
matar [mɐ'tar] to kill
o mate ['mati] maté (*Brazilian tea*)
a matéria [mɐ'tɛrjɐ] matter; — prima raw material
mau, má ['mɑu, 'ma] bad
máximo, -a ['masimu] maximum; no —, at the most
me [mi] me, to me, myself
a medicina [medi'sinɐ] medicine
o médico ['mediku] doctor
a medida [me'didɐ] measure; à — que as (*followed by progressive idea*)

medir [me'dir] to measure
o **Mediterrâneo** [medite'rrɐnju] Mediterranean
o **mêdo** ['medu] fear; **ter —**, to be afraid; **estar com —**, be afraid
a **meia** ['mejɐ] stocking
a **meiguice** [me(i)'gisi] tenderness
meio, -a ['meju] half; **o meiodia** noon, midday; **a meia noite** midnight; **meia hora** half an hour
melhor [me'ʎɔr] better; **bem —**, much better
a **memória** [me'mɔrjɐ] memory
a **menina** [me'ninɐ] girl
o **menino** [me'ninu] boy
menor [me'nɔr] smaller
menos ['menus] less; **— (do) que** less than; **por — que** no matter how little
mensal [mẽ'saɫ] monthly
mentir [mẽ'ⁿtir] to lie
o **menu** [me'nu] menu
o **mercado** [mer'kadu] market
merecer [mere'ser] to deserve
a **merenda** [me'rẽⁿdɐ] snack (*between lunch and dinner*)
o **mês** ['mes] month
a **mesa** ['mezɐ] table; **— de cabeceira** night table
mesmo, -a ['mezmu] same; self; even; **— que** even if; **é —**, that's it
a **metade** [me'tadi] half
o **metal** [me'taɫ] metal
meter [me'ter] to put; **—-se com** interfere with
o **método** ['mɛtodu] method
o **metro** ['mɛtru] meter
meu, meus ['meu] my; (o) **meu, (os) meus** mine; my; **meu Deus!** my goodness!
mil ['mɪɫ] thousand
o **milhão** [mi'ʎẽũ] million
o **milho** ['miʎu] maize
militar [mili'tar] military
mim ['mĩ] me (*after prep.*)

o **mineral** [mine'raɫ] mineral
minha, minhas ['miɲɐ] my; (a) **minha, (as) minhas** mine; my
o **ministério** [minis'tɛrju] ministry
o **minuto** [mi'nutu] minute
a **moça** ['mosɐ] young lady, young girl
a **mocinha** [mo'siɲɐ] very young girl
a **moda** ['mɔdɐ] style, fashion; **à — antiga** in the old-fashioned way
o **modêlo** [mo'delu] model
moderno, -a [mo'dɛrnu] modern
o **modo** ['mɔdu] mode, manner, way; **de — que** so that
o **môlho** ['moʎu] sauce
o **momento** [mo'mẽⁿtu] moment
a **montanha** [mõ'ⁿtɐɲɐ] mountain
montar [mõ'ⁿtar] to mount; **— a cavalo** ride horseback
o **monte** ['mõⁿti] hill
o **monumento** [monu'mẽⁿtu] monument
moral [mo'raɫ] moral
o **morango** [mo'rẽⁿgu] strawberry
morar [mo'rar] to live, reside, dwell
moreno, -a [mo'renu] dark, brunette
morno, -a ['mornu, 'mɔrnɐ] lukewarm
morrer [mo'rrer] to die
a **morte** ['mɔrti] death
a **môsca** ['moskɐ] fly
o **mosquito** [mos'kitu] mosquito
mostrar [mos'trar] to show
o **motor** [mo'tor] motor
os **móveis** ['mɔveis] furniture
o **móvel** ['mɔvɛɫ] piece of furniture
mover [mo'ver] to move
o **movimento** [movi'mẽⁿtu] movement
a **mudança** [mu'dẽsɐ] change
mudar [mu'dar] to move; change
muito ['mũĩⁿtu] *adv.* much, very, greatly, very much, a lot

muito, -a ['mũĩⁿtu] *adj.* much, a great deal of, great
muitos, -as ['mũĩⁿtus] many
a **mulher** [mu'ʎer] woman; wife
a **mulheraça** [muʎe'rasɐ] big woman
o **mundo** ['mũⁿdu] world; **todo o —**, everybody
o **muro** ['muru] wall
o **músculo** ['muskulu] muscle
o **museu** [mu'zeu] museum
o **músico** ['muziku] musician

N

na [nɐ-] in the
a **nação** [nɐ'sẽũ] nation
nacional [nɐsjo'naɫ] national
nada ['nadɐ] nothing; at all
nadar [nɐ'dar] to swim
não ['nẽũ] not; **pois —**, yes, of course, certainly; **— faz mal** never mind
naquela, -s [nɐ'kɛlɐ] in (on) that, those
naquele, -s [nɐ'keli] in (on) that, those
naquilo [nɐ'kilu] in (on) that
o **nariz** [nɐ'ris] nose
nas [nɐs-] in the
nascer [nɐ'ser] to be born
o **Natal** [nɐ'taɫ] Christmas
natural [nɐtu'raɫ] natural
naturalmente [nɐtu'raɫ-'mẽⁿti] naturally
a **navalha** [nɐ'vaʎɐ] razor
o **navio** [nɐ'vɪu] ship, boat
necessário, -a [nese'sarju] necessary; **ser —**, to be necessary
o **negociante** [nego'sjẽⁿti] businessman; merchant
o **negócio** [ne'gɔsju] affair, business, transaction
negro, -a ['negru] *adj.* black; *noun* Negro
nela ['nɛlɐ] in (on) her (it)
nelas ['nɛlɐs] in (on) them

nêle ['neli] in (on) him (it)
nêles ['nelis] in (on) them
nem ['nẽ] nor; **— ... —**, neither ... nor; **— que** not even if
nenhum, -uma [ne'ɲũ, ne'ɲumɐ] none, no one, not any, not anyone, no
o **nervo** ['nervu] nerve
nervoso, -a [ner'vozu, ner'vɔzɐ] nervous
nessa, -as ['nɛsɐ] in (on) that (those)
nesse, -es ['nesi] in (on) that (those)
nesta, -as ['nɛstɐ] in (on) this (these)
neste, -es ['nesti] in (on) this (these)
a **neta** ['nɛtɐ] granddaughter
o **neto** ['nɛtu] grandson
ninguém [nĩ'ᵑgẽ(ĩ)] no one, nobody
nisso ['nisu] in (on) that
nisto ['nistu] in (on) this
no [nu-] in the, on the
a **noite** ['noiti] night; **de —**, in the evening; **à —**, in the evening, at night; **a — passada** last night
o **noivado** [noi'vadu] engagement (*to be married*)
o **noivo** ['noivu] fiancé, bridegroom
o **nome** ['nomi] name
nono ['nonu] ninth
o **norte** ['nɔrti] north
nos [nus] us, to us; in the
nós ['nɔs] we; us (*after prep.*)
nosso, -a ['nɔsu] our; ours
a **nota** ['nɔtɐ] bill
a **notícia** [no'tisjɐ] news
o **noturno** [no'turnu] night train
novamente ['nɔvɐ-'mẽⁿti] again
nove ['nɔvi] nine; **—centos, -as** nine hundred
o **novembro** [no'vẽᵐbru] November
noventa [no'vẽⁿtɐ] ninety

novo, -a ['novu, 'nɔvɐ] new; recent; young; **de —**, again
num, numa [nũ-, numɐ-] in (on) a
numas [numɐs-] in (on) some
o **número** ['numeru] number
nunca ['nũkɐ] never; ever
nuns [nũs-] in (on) some

O

o ['u] the; him, it, you; that; my, your, his, her, our, their
obrigado, -a [obri'gadu] thanks; obliged
obrigar [obri'gar] to oblige, compel
a **observação** [observɐ'sẽũ] observation
obter [ob'ter] to obtain
os **óculos** ['ɔkulus] eyeglasses
odiar [o'djar] to hate
o **oeste** ['wɛsti] west
oferecer [ofere'ser] to offer
oficial [ofi'sjał] *adj.* official; *noun* officer
o **ofício** [o'fisju] craft
oitavo, -a [oi'tavu] eighth
oitenta [oi'tẽⁿtɐ] eighty
oito ['oitu] eight; **—centos, -as** eight hundred
o **óleo** ['ɔlju] oil
olhar [o'ʎar] to look at; see; look
o **ôlho** ['oʎu], *pl.* ['ɔʎus] eye
o **ombro** ['õmbru] shoulder
a **onda** ['õⁿdɐ] wave; **— curta** short wave; **— longa** long wave
onde ['õⁿdi] where; **— quer que** wherever
a **ondulação permanente** [õⁿdulɐ-'sẽũ–permɐ'nẽⁿti] permanent wave
o **ônibus** ['onibus] bus; **de —**, by bus
ontem ['õⁿtẽ(ĩ)] yesterday

onze ['õzi] eleven
a **operação** [operɐ'sẽũ] operation
o **operário** [ope'rarju] worker
a **opinião** [opi'njẽũ] opinion
opor-se [o'por–si] to oppose
ora! ['orɐ] now; **— essa!** what a question, of course!
o **orador** [orɐ'dor] speaker
a **ordem** ['ɔrdẽ(ĩ)] order; **em —**, in order; **às suas ordens** at your service
ordenar [orde'nar] to order, command
o **órfão** ['ɔrfẽũ] orphan
organizar [orgɐni'zar] to organize
orgulhoso, -a [orgu'ʎozu, orgu-'ʎɔzɐ] proud
a **origem** [o'riʒẽ(ĩ)] origin
os ['us] the; you; those; my, your, his, her, our, their
o **osso** ['osu], *pl.* ['ɔsus] bone
ótimo, -a ['ɔtimu] excellent
ou ['o] or, either ... or; **— antes** or rather
o **ouro** ['o(u)ru] gold
o **outono** [o(u)'tonu] autumn, fall
outro, -a ['o(u)tru] other, another; **outra vez** again; another time
outrora [o(u)'trorɐ] formerly
o **outubro** [o(u)'tubru] October
o **ouvido** [o(u)'vidu] ear
o **ouvinte** [o(u)'vĩⁿti] listener
ouvir [o(u)'vir] to hear
o **ôvo** ['ovu], *pl.* ['ɔvus] egg

P

a **pá** ['pa] shovel
pacato, -a [pɐ'katu] quiet, pacific, calm
a **paciência** [pɐ'sjẽsjɐ] patience
o **Pacífico** [pɐ'sifiku] Pacific (Ocean)
o **pacote** [pɐ'kɔti] package
a **padaria** [pɐdɐ'riɐ] bakery
o **padeiro** [pɐ'de(i)ru] baker

o **padrão** [pɐ'drẽũ] standard
pagar [pɐ'gar] to pay
a **página** ['paʒinɐ] page
o **pai** ['pai] father; **os —s** parents
o **país** [pɐ'is] country
a **palavra** [pɐ'lavrɐ] word
o **palco** ['paɫku] stage
o **paletó** [pale'tɔ] coat; jacket
a **palha** ['paʎɐ] straw
pálido, -a ['palidu] pale
a **panela** [pɐ'nɛlɐ] pot, pan
o **pano** ['pɐnu] cloth, material
o **pão** ['pẽũ] bread
o **papagaio** [pɐpɐ'gaju] parrot
o **papel** [pɐ'pɛɫ] paper
o **par** ['par] pair; **— de sapatos** pair of shoes
para ['parɐ–] for, to, toward, for the purpose of, in order to, in order that, in order for; **— que** so that
os **parabéns** [pɐrɐ'bẽ(ĩ)s] congratulations
a **parada** [pɐ'rɐdɐ] stop
parar [pɐ'rar] to stop
parecer [pɐre'ser] to seem, appear
parecido, -a [pɐre'sidu] alike
a **parede** [pɐ'redi] wall
o **parente** [pɐ'rẽⁿti] relation, relative
o **parque** ['parki] park
a **parte** ['parti] part; party; **em tôda a —,** everywhere
partir [pɐr'tir] to leave
o **passageiro** [pɐsɐ'ʒe(i)ru] passenger
a **passagem** [pɐ'saʒẽ(ĩ)] passage, fare; **— de ida e volta** round-trip ticket
o **passaporte** [pɐsɐ'pɔrti] passport
passar [pɐ'sar] to pass; press; assign; spend time; **— o exame** pass the examination
o **passarinho** [pɐsɐ'riɲu] bird
passear [pɐ'sjar] to take a walk, stroll

o **passo** ['pasu] step; **ao — que** while
a **pasta** ['pastɐ] paste; brief case; **— de dentes** tooth paste
pastar [pɐs'tar] to graze
o **pasto** ['pastu] pasture
o **pato** ['patu] duck
o **patrão** [pɐ'trẽũ] master, boss
o **pau** ['pau] wood, stick
o **paul** [pɐ'uɫ] swamp
a **paz** ['ɲas] peace
o **pé** ['pɛ] foot; **a —,** on foot
a **peça** ['pɛsɐ] part; play; **pregar uma —,** to play a trick or practical joke
o **pedaço** [pe'dasu] piece
pedir [pe'dir] to ask, request, ask for; seek; **— hora** ask for a (professional) appointment
a **pedra** ['pedra] stone
o **pedreiro** [pe'dre(i)ru] mason
pegar [pe'gar] to catch; seize
o «**peignoir**» [pe'ɲwa(r)] house-coat
o **peito** ['peitu] chest; breast
o **peixe** ['pe(i)ʃi] fish
pela, —s ['pelɐ–] by, through, for the; **— noitinha** at twilight
a **pele** ['pɛli] skin
pelo, —s ['pelu–] by, through, for the
pena ['penɐ] pen; pity; **que —!** what a pity!
pendurar [pẽⁿdu'rar] to hang (clothes)
pensar [pẽ'sar] to think, imagine; intend; **— em** think of
o **pente** ['pẽⁿti] comb
o **penteado** [pẽ'ⁿtjadu] hairdo
pentear [pẽ'ⁿtjar] to comb (hair)
pequeno, -a [pi'kenu] small, little
a **pera** ['perɐ] pear
perante [pe'rẽⁿti] before
perceber [perse'ber] to notice, perceive

perder [per'der] to lose; **a — de vista** as far as eyes can see
perfeitamente [per'feitɐ-'mẽⁿti] right, certainly
perfeito, -a [per'feitu] perfect
o **perfume** [per'fumi] perfume
perguntar [pergũ'ⁿtar] to ask
perigoso, -a [peri'gozu, peri'gɔzɐ] dangerous
permanecer [permɐne'ser] to remain
permitir [permi'tir] to allow, let, permit
a **perna** ['pɛrnɐ] leg
a **pérola** ['pɛrolɐ] pearl
a **perspectiva** [perspek'tivɐ] prospects; perspective
pertencer [pertẽ'ser] to belong
perto ['pertu] near
perturbar [pertur'bar] to disturb
o **perú** [pi'ru] turkey
pesado, -a [pe'zadu] heavy
pescar [pes'kar] to fish
o **pescoço** [pes'kosu] neck
o **pêso** ['pezu] weight
o **pêssego** ['pesegu] peach
a **pessoa** [pe'soɐ] person
as **pestanas** [pes'tɐnɐs] eyelashes
a **pia** ['piɐ] sink
o **piano** ['pjɐnu] piano
piar ['pjar] to peep
o **pijama** [pi'ʒɐmɐ] pajama
o **pincel** [pĩ'sɛl] brush
pintado, -a [pĩ'ⁿtadu] painted
pintar [pĩ'ⁿtar] to paint
o **pinto** ['pĩⁿtu] chick
o **pintor** [pĩ'ⁿtor] painter
a **pintura** [pĩ'ⁿturɐ] painting
pior ['pjɔr] worse
o **pires** ['piris] saucer
pisar [pi'zar] to step; **— em** step on
a **planta** ['plẽⁿtɐ] plant
plantar [plẽ'ⁿtar] to plant
a **platéia** [plɐ'tɛjɐ] audience (*theater*)
o **pneumático** [pnɛu'matiku] tire

o **pó** ['pɔ] powder; **— de arroz** face powder
pobre ['pɔbri] poor; unhappy
poder [po'der] to be able, can
poderoso, -a [pode'rozu, pode-'rɔzɐ] powerful
pois ['pois] so; since; **— bem** well (*conclusively*); **— não** yes, of course; **— sim** yes, maybe; **— que** because
a **polícia** [po'lisjɐ] police
a **poltrona** [pol'tronɐ] armchair
o **pomar** [po'mar] orchard
a **ponte** ['põⁿti] bridge
o **ponteiro** [põ'ⁿte(i)ru] hand (of watch)
o **ponto** ['põⁿtu] point; **em —**, exactly, on the dot
pontudo, -a [põ'ⁿtudu] in point
a **população** [populɐ'sẽũ] population
popular [popu'lar] popular
por [por-] by, through, for, because of, in exchange for, for the sake of; **— atacado** by wholesale; **— enquanto** so far; for the moment; **— isso mesmo** just because of that; **— mais que** much as
pôr ['por] to put; **— abaixo** put down
a **porca** ['pɔrkɐ] sow
a **porção** [por'sẽũ] portion; **uma — de** a lot of
o **porco** ['porku] pig
porque [por'ke] because; **por que?** *or* **porque?** why? **porquê** (*isolated or final in sentence*) why; **o porquê** reason
a **porta** ['pɔrtɐ] door
o **portão** [por'tẽũ] gate
o **pôrto** ['portu] port
português, -esa [portu'ges] Portuguese; **o português** Portuguese
a **posição** [pozi'sẽũ] position
possível [po'sivɛl] possible

VOCABULARY

possuir [po'swir] to possess
pôsto que ['postu-ke-] although; granting that
pouco, -a ['po(u)ku] little, few; **por —que** however little; **um — (de)** a little (of); **um —,** a bit, a little
o **povo** ['povu] people
a **praça** ['prasɐ] square, plaza
a **praia** ['prajɐ] beach
a **prateleira** [prɐte'le(i)rɐ] shelf
o **prato** ['pratu] dish
o **prazer** [prɐ'zer] pleasure; **com muito —,** with great pleasure; **muito —,** it's a great pleasure
precioso, -a [pre'sjozu, pre'sjɔzɐ] precious
precisar (de) [presi'zar(-di-)] to need; must
o **preço** ['presu] price
o **preconceito** [prekõ'seitu] prejudice
o **prédio** ['prɛdju] building
o **prefeito** [pre'feitu] mayor
a **prefeitura** [prefei'turɐ] municipality
preferido, -a [prefe'ridu] favorite
preferir [prefe'rir] to prefer
a **preguiça** [pre'gisɐ] laziness
preguiçoso, -a [pregi'sozu, pregi'sɔzɐ] lazy
o **prêmio** ['premju] prize
preparar [prepɐ'rar] to prepare; **—-se** get ready
o **presente** [pre'zẽti] the present
a **pressa** ['prɛsɐ] hurry; **com —,** in a hurry; **estar com —,** to be in a hurry
pretender [pretẽ'nder] to intend to
prêto, -a ['pretu] black
a **prima** ['primɐ] cousin
a **primavera** [primɐ'verɐ] spring
o **primo** ['primu] cousin
procurar [proku'rar] to look up; look for; try
o **produto** [pro'dutu] product

produzir [produ'zir] to produce
o **professor** [profe'sor] professor
a **profissão** [profi'sẽũ] profession; **— liberal** liberal career
profundo, -a [pro'fũndu] deep
o **programa** [pro'grɐmɐ] program
o **progresso** [pro'gresu] progress
proibir [proi'bir] to forbid, prohibit
o **projeto** [pro'ʒetu] project
prometer [prome'ter] to promise
a **promoção** [promo'sẽũ] promotion
pronto ['prõntu] **—!** waiting! ready
a **propaganda** [propɐ'gẽndɐ] propaganda; advertising
o **propósito** [pro'pɔzitu] purpose; **a —,** by the way; **de —,** on purpose
próprio, -a ['prɔprju] proper; typical; itself, own
prosa ['prɔzɐ] proud, conceited
protestar [protes'tar] to protest
a **prova** ['prɔvɐ] proof
provar [pro'var] to prove; try on
próximo, -a ['prɔsimu] next, near
prudente [pru'dẽnti] prudent
publicar [publi'kar] to publish
o **público** ['publiku] public
pular [pu'lar] to jump; leap
o **pulmão** [puɫ'mẽũ] lung
a **pulseira** [puɫ'se(i)rɐ] bracelet
o **pulso** ['puɫsu] pulse
puxar [pu'ʃar] to pull

Q

quadrado, -a [kwɐ'dradu] square
o **quadro** ['kwadru] frame; **— negro** blackboard
qual ['kwaɫ], **quais** [kwais] what, what? which, which? **o, a qual, os, as quais,** who, whom, which, that
a **qualidade** [kwɐli'dadi] quality

qualquer [kwɑłˈkɛr], **quaisquer** [kwaisˈkɛr] any; whoever; whatever; **qualquer um, uma** anyone
quando [ˈkwẽⁿdu] when, when?
a **quantia** [kwẽˈⁿtiɐ] quantity, amount; sum (*money*)
quanto, -a, -os, -as [ˈkwẽⁿtu] all who (whom), all that; how many; —, how much; **tanto** —, as much (many); **— antes** as soon as possible
quarenta [kwɐˈrẽⁿtɐ] forty
o **quarteirão** [kwɐrte(i)ˈrẽũ] block (*street*)
o **quarto** [ˈkwartu] room
quarto, -a [ˈkwartu] fourth; — **de hora** a quarter of an hour
quase [ˈkwazi] almost
quatorze [k(w)ɐˈtorzi] fourteen
quatro [ˈkwatru] four; **—centos** four hundred
que [ˈke] (*in the sentence*), **quê** [ˈke] (*isolated or final in the sentence*) what? because; what a; who, whom, which, that, what; **o, a, os, as —**, who, whom, which, that, what
quebrar [keˈbrar] to break
o **queixo** [ˈke(i)ʃu] chin
quem [ˈkẽ(ĩ)] who, who? whom, whom? whoever; **de —**, whose? **— quer** whoever, whomever
quente [ˈkẽⁿti] hot, warm
querer [keˈrer] to wish, want, desire; **— dizer** mean
a **questão** [kesˈtẽũ] question
quieto, -a [ˈkjɛtu] quiet
o **quilo** [ˈkilu] kilo
o **quilômetro** [kiˈlometru] kilometer
quinhentos, -as [kiˈɲẽⁿtus] five hundred
quinze [ˈkĩzi] fifteen
a **quitanda** [kiˈtẽⁿdɐ] fruit and vegetable store
o **quitandeiro** [kitẽˈⁿde(i)ru] fruit and vegetable seller

R

a **rã** [ˈrrẽ] frog
a **raça** [ˈrrasɐ] race; **de —**, thoroughbred
o **rádio** [ˈrradju] radio
a **rainha** [rrɐˈiɲɐ] queen
o **rapaz** [rrɐˈpas] young man
rápidamente [ˈrrapidɐ-ˈmẽⁿti] swiftly, quickly
rápido, -a [ˈrrapidu] fast
a **raposa** [rrɐˈpozɐ] fox
raso, -a [ˈrrazu] shallow
raspar [rrɐsˈpar] to cut off; **— à maquina** cut with the clippers
a **razão** [rrɐˈzẽũ] reason; **ter —**, to be right; **não ter —**, be wrong
realmente [ˈrrjɑł-ˈmẽⁿti] really
o **rebanho** [rreˈbɐɲu] flock of sheep
receber [rreseˈber] to receive
receitar [rreseiˈtar] to prescribe
reclamar [rreklɐˈmar] to complain; protest
recomeçar [rrekomeˈsar] to begin *or* start again
reconhecer [rrekoɲeˈser] to recognize
o **recreio** [rreˈkreju] recreation; recess (*school*)
o **recurso** [rreˈkursu] resource
a **rêde** [ˈrredi] net
redondo, -a [rreˈdõⁿdu] round
a **refeição** [rrefeiˈsẽũ] meal
a **regra** [ˈrregrɐ] rule
o **rei** [ˈrrei] king
a **religião** [rreliˈʒjẽũ] religion
o **relógio** [rreˈlɔʒju] watch
o **remédio** [rreˈmɛdju] medicine
repente [rreˈpẽⁿti]: **de —**, suddenly
repetir [rrepeˈtir] to repeat
o **repouso** [rreˈpo(u)zu] rest
a **representação** [rreprezẽⁿtɐˈsẽũ] acting; performance
representar [rreprezẽˈⁿtar] to perform, play (*drama*); act

VOCABULARY

reprovar [rrepro'var] to disapprove; fail (*examination*)
resolver [rrezoɫ'ver] to decide; solve; straighten out
a **respiração** [rrespirɐ'sẽũ] breathing
responder [rrespõ'ⁿder] to answer
a **responsabilidade** [rrespõsɐbili-'dadi] responsibility
a **resposta** [rres'pɔstɐ] answer
o **restaurante** [rrestɑu'rẽⁿti] restaurant
o **resultado** [rrezuɫ'tadu] result
o **retrato** [rre'tratu] picture; **tirar um —,** to take a picture
a **reunião** [rrju'njẽũ] gathering, reunion
reunir [rrju'nir] to assemble; meet
a **revista** [rre'vistɐ] magazine
rico, –a ['rriku] rich, wealthy
o **rio** ['rrɪu] river
a **riqueza** [rri'kezɐ] wealth
rir ['rrir] to laugh
a **roça** ['rrɔsɐ] clearing (*land*)
a **roda** ['rrɔdɐ] wheel
o **rosbife** [rroz'bifi] roast beef
o **rosto** ['rrostu] face
o **roubo** ['rro(u)bu] theft, robbery
o «**rouge**» ['rruʒi] rouge
a **roupa** ['rro(u)pɐ] clothes, clothing; **— de banho** bathing suit; **— branca** lingerie; **— sob medida** clothes made to order; **— feita** ready-made clothes
o **roupão** [rro'pẽũ] robe
roxo, –a ['rroʃu] purple
a **rua** ['rruɐ] street

S

o **sábado** ['sabɐdu] Saturday
o **sabão** [sɐ'bẽũ] soap
saber [sɐ'ber] to know; find out; **— de cor** know by heart
sàbiamente['sabjɐ–'mẽⁿti]wisely
sábio, –a ['sabju] learned, wise
o **sabonete** [sɐbo'neti] face soap
sacudir [sɐku'dir] to shake
a **saia** ['sajɐ] skirt
sair [sɐ'ir] to go out (of); leave
o **sal** ['saɫ] salt
a **sala** ['salɐ] room, parlor; **— de aula** classroom; **— de estar** living room; **— de jantar** dining room; **— de visitas** drawing room
o **salão** [sɐ'lẽũ] parlor; **— de beleza** beauty parlor
saltar [sɑɫ'tar] to jump; **— do bonde** (ônibus, *etc.*) get off the streetcar (bus, *etc.*)
o **sangue** ['sẽⁿgi] blood
o **sapateiro** [sɐpɐ'te(i)ru] shoemaker
o **sapato**[sɐ'patu]shoe; **par de —s,** pair of shoes
o **sapo** ['sapu] toad
o **sarampo** [sɐ'rẽᵐpu] measles
a **satisfação** [sɐtisfɐ'sẽũ] satisfaction
satisfeito, –a [sɐtis'feitu] happy, satisfied
a **saúde** [sɐ'udi] health
se [si] *pron.* himself, herself, itself, yourself, themselves, yourselves; to *or* for himself, herself, itself, yourself, themselves, yourselves
se [si] *conj.* if, in case that; **— bem que** although
o **secador** [sekɐ'dor] drier
a **seção** [se'sẽũ] section
secar [se'kar] to dry
o **século** ['sekulu] century
a **sêda** ['sedɐ] silk
a **sêde** ['sedi] thirst; **ter —,** to be thirsty; **estar com —,** be thirsty
seguinte [se'gĩⁿti] following; **o dia —,** next day
seguir [se'gir] to follow
segundo, –a [se'gũⁿdu] second; **o —,** the second

segundo [se'gũⁿdu] (*prep.*) according to, according as, as
segurar [segu'rar] to hold
seis ['seis] six; **—centos, -as** six hundred
sem ['sẽ-] without; **— que** without, unless
a **semana** [se'mɐnɐ] week
a **semente** [se'mẽⁿti] seed
sempre ['sẽᵐpri] always; **— que** whenever
o **Senado** [se'nadu] Senate
o **senador** [senɐ'dor] senator
senão [se'nɐ̃ũ] if only, if not
o **senhor** [si'ɲor] Mr.; gentleman; you
a **senhora** [si'ɲɔrɐ] Mrs.; lady; you
a **senhorita** [siɲo'ritɐ] Miss
sentado, -a [sẽ'ⁿtadu] seated
sentar [sẽ'ⁿtar] to sit
sentar-se [sẽ'ⁿtar-si] to sit (down, up) (oneself)
o **sentimento** [sẽⁿti'mẽⁿtu] sentiment
sentir [sẽ'ⁿtir] to feel; be sorry; **—-se** feel
separado, -a [sepɐ'radu] separate
ser ['ser] to be; **— louco por** be crazy about; **a não — que** unless
o **sermão** [ser'mɐ̃ũ] sermon
o **serviço** [ser'visu] service
servir [ser'vir] to serve
a **sessão** [se'sɐ̃ũ] session
sessenta [se'sẽⁿtɐ] sixty
o **setembro** [se'tẽᵐbru] September
setenta [se'tẽⁿtɐ] seventy
sétimo, -a ['sɛtimu] seventh
seu, seus ['seu] his, her, its, their, your; **o seu, os seus** his, her(s), its, their(s), your(s)
a **sexta-feira** ['sestɐ-'feirɐ] Friday
sim ['sĩ] yes; **pois —,** yes, maybe
simpático, -a [sĩ'ᵐpatiku] charming, pleasant
simples ['sĩᵐplis] simple, easy; mere; plain; **—mente** simply

o **sinal** [si'nał] sign; signal
sintonizar [sĩⁿtoni'zar] to tune
situado, -a [si'twadu] situated
o «**smoking**» [es'mokĩʒ] tuxedo
só ['sɔ] only, alone; **— se** only if
sob [sob-] under
a **sobrancelha** [sobrɐ̃'seʎɐ] eyebrow
sôbre ['sobri-] on, upon, above, about
a **sobremesa** [sobri'mezɐ] dessert
o **sobretudo** [sobri'tudu] overcoat; *adv.* principally
a **sobrinha** [so'briɲɐ] niece
o **sobrinho** [so'briɲu] nephew
o **sofá** [so'fa] sofa
a **sogra** ['sɔgrɐ] mother-in-law
o **sogro** ['sogru] father-in-law
o **sol** ['sɔł] sun
a **solteira** [soł'te(i)rɐ] single woman
o **solteirão** [sołte(i)'rɐ̃ũ] bachelor
o **solteiro** [soł'te(i)ru] single man
a **solteirona** [sołte(i)'ronɐ] spinster, old maid
o **som** ['sõ] sound
a **soma** ['somɐ] sum
sòmente ['sɔ-'mẽⁿti] only; **— se** only if
sonhar (com) [so'ɲar(-kõ-)] to dream (of)
o **sono** ['sonu] sleep; **ter —,** to be sleepy; **estar com —,** be sleepy
a **sopa** ['sopɐ] soup
o **sorriso** [so'rrizu] smile
a **sorte** ['sɔrti] luck; **ter —,** to be lucky; **estar com —,** be lucky
o **sotaque** [so'taki] accent (*language*)
Sr. [si'ɲor] Mr.
Sra. [si'ɲɔrɐ] Mrs.
Srta. [siɲo'ritɐ] Miss
sua, suas ['suɐ] his, her, its, your, their; **a sua, as suas** his, her(s), its, your(s), their(s)
subir [su'bir] to go up, ascend

o subúrbio [su'burbju] suburb
o sucesso [su'sɛsu] success
o suco ['suku] juice
suficiente [sufi'sjẽⁿti] sufficient
sujo, -a ['suʒu] dirty
superior [supe'rjɔr] superior
o suplemento [suple'mẽⁿtu] supplement; — musical musical supplement
suportar [supor'tar] to bear
sustentar [sustẽ'ⁿtar] to maintain, support; sustain

T

tal, tais ['tał, 'tais] such, such a, like; que —? how about it?
o talher [tɐ'ʎer] cover (fork, spoon, knife)
talvez [tał'ves] perhaps, maybe
o tamanho [tɐ'mɐɲu] size
também [tɐ̃'ᵐbẽ(ĩ)] also
tanto, -a, -os, -as ['tẽⁿtu] as (so) much (many); — como as well as; — ... quanto as much (many); um —, a bit, a little
tão ['tẽũ] so; —... como as ... as; —... quanto as ... as
o tapête [tɐ'peti] carpet, rug
tardar [tɐr'dar] to take long
a tarde ['tardi] afternoon
a tartaruga [tɐrtɐ'rugɐ] turtle
o táxi ['taksi] taxi
te [ti] you, to you, yourself
o teatro ['tjatru] theater
o tecido [te'sidu] cloth
técnico, -a ['tɛkniku] technical
telefonar [telefo'nar] to telephone
o telefone [tele'foni] telephone
o telegrama [tele'grɐmɐ] telegram
a telha ['teʎɐ] tile
o telhado [te'ʎadu] roof
o tempo ['tẽᵐpu] time; weather; a —, in time; — de calor hot weather, hot season

a temporada [tẽᵐpo'radɐ] season (theater, opera, etc.)
tentar [tẽ'ⁿtar] to try
ter ['ter] to have; — pressa be in a hurry; — que have to; — de must; — raiva be angry; — sêde (fome, frio, etc.) be thirsty (hungry, cold, etc.); — vontade de feel like; — ... anos be ... years old
a têrça-feira ['tersɐ–'feirɐ] Tuesday
terceiro, -a [ter'se(i)ru] third
terminar [termi'nar] to finish; end
o terno ['ternu] suit (man)
a terra ['tɛrrɐ] earth
o terreno [te'rrenu] land; ground, plot
a tesoura [te'zo(u)rɐ] scissors
a testa ['testɐ] forehead
o teto ['tɛtu] ceiling
teu, teus ['teu] your; o teu, os teus yours; your
ti ['ti] (after preposition) you
a tia ['tiɐ] aunt
o tigre ['tigri] tiger
a tinta ['tĩⁿtɐ] ink
o tinteiro [tĩ'ⁿte(i)ru] inkwell
o tio ['tɪu] uncle
tirar [ti'rar] to take off; take; — dinheiro do banco draw money from the bank; — leite milk (cow)
a toalha ['twaʎɐ] towel; — de banho bath towel; — de mão hand towel; — de mesa tablecloth; — de rosto face towel
tocar [to'kar] to ring (phone, bell); play (piano)
tôda, tôdas ['todɐ] all; each; every; the whole
todo, todos ['todu] all; each; every; the whole; — o mundo everybody
o tôldo ['tołdu] awning
a tolice [to'lisi] foolishness, silliness

tomar [to'mar] to take; pick up; — **assinatura** take a subscription; — **banho** take a bath
o **tomate** [to'mati] tomato
tonto, -a ['tõntu] dizzy
tornar-se [tor'nar-si] to become
a **torneira** [tor'ne(i)rɐ] faucet
a **torrada** [to'rradɐ] toast
o **touro** ['to(u)ru] bull
o **trabalhador** [trɐbɐʎɐ'dor] worker
trabalhar [trɐbɐ'ʎar] to work
o **transeunte** [trɐ̃'zjũnti] pedestrian, passer-by
transportar [trɐ̃spor'tar] to transport
tratado, -a [trɐ'tadu] treated
tratar [trɐ'tar] to treat; — **de** work on, deal with, talk about; treat of; take care of
o **travesseiro** [trɐve'se(i)ru] pillow
trazer [trɐ'zer] to bring; — **informado, -a** keep informed
o **trem** ['trẽ(ĩ)] train; **de** —, by train
três ['tres] three
treze ['trezi] thirteen
trezentos, -as [tre'zẽntus] three hundred
o **trilho** ['triʎu] rail
trinta ['trĩntɐ] thirty
triste ['tristi] unhappy, sad
tu ['tu] you
tua, tuas ['tuɐ] your; **a tua, as tuas** your(s)
tudo ['tudu] everything; — **quanto** all that, everything that

U

ùltimamente ['ʊltimɐ-'mẽnti] lately
último, -a ['ʊltimu] last
um, umas ['ũ, 'umɐs] some, a few
úmido, -a ['umidu] humid
a **unha** ['uɲɐ] fingernail

único, -a ['uniku] only
unir [u'nir] unite
a **universidade** [universi'dadi] university
uns ['ũs] some, a few
o **urso** ['ursu] bear
usar [u'zar] to use; wear (*clothes, etc.*)
o **uso** ['uzu] custom
útil ['utɪɫ] useful
a **uva** ['uvɐ] grape

V

a **vaca** ['vakɐ] cow
o **vagão** [vɐ'gɐ̃ũ] car (*train*)
a **vaidade** [vɐi'dadi] vanity
valer [vɐ'ler] to be worth; — **a pena** be worth
o **valor** [vɐ'lor] value
vamos ['vɐmus] + *infin.* let's ... + *infin.*
o **vapor** [vɐ'por] steam; boat
o **vaqueiro** [vɐ'ke(i)ru] cowboy
a **varanda** [vɐ'rẽndɐ] veranda, porch
o **varejo** [vɐ'reʒu] retail; **a** —, at retail
variado, -a [vɐ'rjadu] varied
vários, -as ['varjus] several, some; various, miscellaneous
o **veado** ['vjadu] deer
velho, -a ['vɛʎu] old
a **venda** ['vẽndɐ] sale; grocery store; **à** —, on sale
vender [vẽ'nder] to sell
o **vento** ['vẽntu] wind
ver ['ver] to see
o **verão** [ve'rɐ̃ũ] summer
a **verdade** [ver'dadi] truth; **é** —, that's it, that's right; **de** —, really, real
verdadeiro, -a [verdɐ'de(i)ru] true; truthful
verde ['verdi] green
a **vergonha** [ver'goɲɐ] shame; **que** —! what a shame!

vermelho, -a [ver'meʎu] red
o verniz [ver'nis] enamel, polish
o vestido [ves'tidu] dress; — de baile evening dress; — de rua street dress
o vestígio [ves'tiʒju] trace
vestir [ves'tir] to dress; —-se dress (oneself)
a vez ['ves] time; em — de instead of; uma — que once that; tôdas as vezes que whenever; as often as; de — em quando from time to time
a viagem ['vjaʒẽ(ĩ)] trip
o viajante [vjɐ'ʒẽⁿti] traveler
a vida ['vidɐ] life
o vinho ['viɲu] wine
vinte ['vĩⁿti] twenty
o vintém [vĩ'ⁿtẽ(ĩ)] *(equivalent to half a cent)*; sem um —, penniless
vir ['vir] to come; proceed; — a come to; happen to
a visita [vi'zitɐ] visit
visitar [vizi'tar] to visit
a vista ['vistɐ] view; sight; à —, at sight

visto, -a ['vistu] seen; — que seeing that
a vitrina [vi'trinɐ] shop window
a viúva ['vjuvɐ] widow
o viúvo ['vjuvu] widower
viver [vi'ver] to live
vivo, -a ['vivu] bright; alive
o vizinho (a vizinha) [vi'ziɲu] neighbor
você, vocês [vo'se] you
a volta ['vɔɫtɐ] return, turn; de —, on one's return
voltar [voɫ'tɐr] to come back, return
a vontade [võ'ⁿtadi] will
vós [vɔs] you
vos [vos-] you, to you
vosso ['vɔsu] your; o vosso, a vossa, os vossos, as vossas your(s)
a voz ['vɔs] voice

Z

zangar-se [zẽ'ⁿgar-si] to get angry
a zêbra ['zebrɐ] zebra

Vocabulary

ENGLISH-PORTUGUESE

A

a um, uma
abandon abandonar
abdomen o abdomen
able capaz; **be —, can** poder
about cêrca de, sôbre, acerca
above sôbre, acima, em cima
abroad no estrangeiro, ao estrangeiro
accent o sotaque
accept aceitar
accident o acidente
accompany acompanhar
accomplish conseguir
according conforme
account a conta
accuse acusar
acquire adquirir
act o ato; *vb.* representar
acting a representação, **a atuação**
active ativo, –a
actor o ator
actress a atriz
address o enderêço
adequate adequado, –a
adjective o adjetivo
administer administrar, **dirigir**
admiration a admiração
admire admirar
admission a admissão
admit admitir
adore adorar
advance adiantar
advertisement o anúncio
advice o conselho, o aviso
advise aconselhar
affair o negócio, o assunto
affection a afeição
after depois, depois que, **após**
afternoon a tarde; **during the —,** de tarde; **in the —,** de tarde; **good —,** boa tarde
afterward depois
again de novo, novamente
against contra
age a idade
agility a agilidade
ago (*time*) atrás
agree concordar; **climate agrees with** dar-se bem com o clima
agreeable agradável
ahead adiante
air o ar; **—drome** o aeródromo; **—plane** o aeroplano; **—port** o aeroporto
album o álbum
alike parecido, –a
alive vivo, –a
all todo, tôda, todos, tôdas; tudo; **at —,** nada
All Souls' Day o dia de Finados
allow deixar, permitir; consentir
almost quase
alone só
already já
also também
although embora, conquanto
always sempre
amazement o espanto, o assombro
America a América; **North —,** a América do Norte; **South —,** a América do Sul
American americano, –a
amiable amável
among entre
amount a quantidade, a quantia
amuse divertir; **— oneself** divertir-se
amusement a distração
analysis a análise
and e
angry zangado, –a; **get —,** zangar-se
animal o animal

anniversary o aniversário, o dia dos anos
announce anunciar
annoy aborrecer
another outro, –a; **one** —, um ao outro (uma à outra, *etc.*)
answer responder, atender (*phone*)
ant a formiga; — **hill** o formigueiro
antique antigo, –a
any qualquer, quaisquer; algum, alguma, alguns, algumas; —**body** alguém, qualquer um, uma, ninguém; —**one** alguém, qualquer um, uma; —**thing** coisa alguma, qualquer coisa, nada
apartment o apartamento; — **house** a casa de apartamentos
apparatus o aparêlho
appear aparecer, parecer
appearance a aparência
applaud aplaudir, bater palmas
apple a maçã
appointment o encontro; **to make an** —, marcar hora
appreciate agradecer, apreciar
approach aproximar-se
approve aprovar
April o abril
aptness o jeito
architect o arquiteto
Argentina a Argentina
arm o braço
armchair a poltrona
army o exército
around em volta, por volta de
arrange arrumar, arranjar
arrival a chegada
arrive chegar
art a arte
article o artigo
artist o artista
as como, conforme, segundo; — **far** —, até; — ... —, tanto ... quanto, tão ... quanto; — **soon** —, assim que, logo que
ascend subir

ask perguntar; — **for** pedir
asleep: be —, estar dormindo
ass o jumento
assemble reunir
assign passar, marcar
astonishment o espanto
at a
Atlantic o Atlântico
attend assistir, freqüentar
attendance a freqüência
attention a atenção; **pay** —, prestar atenção
attitude a atitude
audience a platéia, o público
August o agôsto
aunt a tia
author o autor
automobile o automóvel
autumn o outono
avenue a avenida
aviation a aviação
avocado o abacate
awning o tôldo

B

bachelor o solteiro, o solteirão
back as costas; (*behind*) atrás
bad mau, má
bad o mal; —**ly** mal
baggage a bagagem
baker o padeiro
bakery a padaria
balcony a sacada, o balcão
bald careca, calvo, –a
ball a bola
banana a banana
bank o banco
banquet o banquete
barber o barbeiro
barbershop o barbeiro
barnyard o curral
base a base
basket a cesta, o cesto
bath o banho, o banheiro
bathe tomar banho, banhar
bathrobe o roupão, o « peignoir »

bathroom o banheiro
bathtub a banheira
bay a baía
be estar, ser, haver
beach a praia
bean o feijão
bear o urso; *vb.* suportar, agüentar
beard a barba
beat bater
beautiful belo, –a, lindo, –a
beauty a beleza; — **shop** o salão de beleza
because porque
become tornar-se, ficar
becoming: to be —, ficar bem
bed a cama; **go to —,** ir para a cama, deitar-se
bedroom o quarto de dormir
bedspread a colcha
beer a cerveja; — **on tap** o chope
before antes, diante
begin começar; — **again** recomeçar
behind atrás, atrás de
believe acreditar, crer
bell a campainha
belong pertencer
beloved caro, –a
below abaixo de, em baixo de, abaixo
belt o cinto
bench o banco
berth o leito
besides além de; — **this** além disto
best melhor, mais
better melhor, mais
between entre
bicycle a bicicleta
big grande
bigger maior
bill a nota, a conta
billion o bilhão
bird o pássaro, o passarinho
birthday o aniversário, o dia dos anos
black preto, –a
blackboard o quadro negro
blade a gilete
blanket o cobertor

block o quarteirão
blond louro, –a
blood o sangue
blouse a blusa
blue azul
board o bordo; **on —,** a bordo
boat o navio, o bote, o vapor
body o corpo
boil ferver
bone o osso, *pl.* os ossos
book o livro
bookshelf a estante de livros
bookstore a livraria
born: be —, nascer
boss o patrão
both ambos, –as
bottle a garrafa
box a caixa, o camarote (*theater*)
boy o menino
bracelet a pulseira
branch o galho
Brazil o Brasil
Brazilian o brasileiro, a brasileira
bread o pão
break quebrar
breakfast o café da manhã; — **nook** a copa
breast o peito
breathing a respiração
bride a noiva
bridegroom o noivo
bridge a ponte
brief case a pasta
bright vivo, –a, claro, –a
brilliant brilhante
brilliantine a brilhantina
bring trazer, levar; — **up** educar, criar
broadcast a irradiação; *vb.* irradiar, falar ao rádio
brooch o broche
brother o irmão; —**-in-law** o cunhado
brown marrom, castanho, –a
brunette moreno, –a
brush o pincel, a escôva; **shaving —,** a escôva de barba; *vb.* escovar

build construir, edificar
building o prédio, o edifício
bulb a lâmpada
bull o touro; **breeding** ——, o touro reprodutor
bull calf o bezerro
bullet a bala
bus o ônibus; — **stop** a parada de ônibus
business o negócio; —**man** o negociante, o comerciante
but mas
butcher o açougueiro
butter a manteiga
butterfly a borboleta
buy comprar
by por, de; até

C

café o café
cake o bôlo
calf o bezerro
call chamar; **be called** chamar-se
camel o camelo
can *see* **able**
can a lata
candy a bala, o bombom; — **shop** a confeitaria
canned fruits a compota
capable capaz
capacity a capacidade, a lotação (*theater*)
capital a capital, o capital
car o carro, o automóvel, o vagão
card o cartão, a ficha
care o cuidado; —**fully** cuidadosamente
career a carreira, a profissão; **liberal** —, a profissão liberal
cargo a carga
carpenter o carpinteiro
carpet o tapête
carry carregar, trazer, levar
case o caso, a história, o fato
cast o elenco (*theater*)
cat o gato

catch apanhar, pegar
catholic católico, –a
cattle o gado
cauliflower a couve-flor
cause a causa
ceiling o teto
celebrate celebrar
celebration a festa, a celebração
cemetery o cemitério
center o centro
century o século
certain certo, –a
certainly com certeza, naturalmente
certainty a certeza
chair a cadeira
change a mudança; *vb.* mudar
charge cobrar
charity a caridade
charming simpático, encantador
chart a carroça
cheap barato, –a
check o cheque
cheerful alegre
chemist o químico
cherry a cereja
chest o peito
chick o pinto
chicken a galinha; — **soup** a canja; — **house** o galinheiro; **spring** —, o frango
child a criança
childhood a infância
children as crianças, os filhos
chin o queixo
china a louça
chocolate o chocolate
choice a escolha
choose escolher
Christmas o Natal
church a igreja
cigarette o cigarro; — **case** a cigarreira
city a cidade; — **hall** a prefeitura
civil civil; —-**service employee** o funcionário público
class a classe, a aula
classical clássico, –a

classroom a sala de aula
clean limpo, −a
clear claro, −a
clearing land a roça
clerk o funcionário; (*counter*) o caixeiro
client o cliente
climate o clima
clock o relógio
close fechar
closet o armário embutido, o guarda-roupa
cloth o tecido, o pano
clothes a roupa; **ready-made** —, roupa feita; — **made to order** roupa mandada fazer
clothesbrush a escôva de roupa
clothing a roupa
club o clube
coal o carvão
coast a costa
coat o capote, o paletó; **sport** —, o casaco de esporte
cocoa o cacau
codfish o bacalhau
coffee o café
cold o frio; *adj.* frio, −a; — **cream,** o creme
collar o colarinho
colleague o colega
collect cobrar, receber
college a escola superior
color a côr
comb o pente; *vb.* pentear
come vir, chegar; — **again!** apareça! — **back** voltar
comedy a comédia; **musical** —, a revista
comfortable confortável
command mandar, comandar
commentary o comentário
commentator o comentarista
commerce o comércio
common comum
communicate comunicar
communication a comunicação
compartment a cabine (*train*)

compel obrigar
complain reclamar
complement o complemento
complete completo, −a
completely completamente
compote a compota
compulsory compulsório, −a
conceited prosa
condition o estado, a condição
confectioner o confeiteiro
confectionery a confeitaria
congratulations os parabens
Congress o Congresso
congressman o deputado, o congressista
connect ligar
consent consentir
construct construir
consult consultar
consume consumir
continue continuar
contrary contrário, −a; **on the** —, ao contrário
contribute contribuir
convenient conveniente
conversation a conversação, a conversa
converse conversar
cook o cozinheiro, a cozinheira; *vb.* cozinhar
cool fresco, −a
copy a cópia
corn o milho; — **meal** a farinha de milho
corner o canto, a esquina; **street** —, a esquina da rua
correct correto, −a; *vb.* corrigir
correspond corresponder
cost custar
costumes o guarda-roupa (*theater*)
cotton o algodão
counsel aconselhar
count contar
counter o balcão
country o campo, o país
course o curso

cousin o primo, a prima
cover o talher; *vb.* cobrir
covered coberto, –a
cow a vaca
cowboy o vaqueiro
craft o ofício
crazy louco, –a; **be — about** ser louco (–a) por
cream o creme
cricket o grilo
cross atravessar
crowded apinhado, –a, cheio, –a
cup a chícara
cupboard o armário
curious curioso, –a
curly crespo, –a
curriculum o currículo
curtain a cortina
curve a curva
custom a alfândega; **Custom House** a Alfândega; **the —**, o costume, o uso, o hábito
customer o freguês, a freguesa
cut cortar
cute engraçadinho, –a

D

daily *adj.* diário, –a; *adv.* diàriamente; **— paper** o diário
dairy a leiteria
dance a dansa; *vb.* dansar
dangerous perigoso, –a
dark escuro, –a, moreno, –a
date a data
daughter a filha; **—-in-law** a nora
dawn a madrugada
day o dia
dear caro, –a
death a morte
December o dezembro
decide decidir, resolver
decision a decisão
deep profundo, –a
deer o veado
defect o defeito
definitive definitivo, –a

delay a demora; *vb.* demorar, atrasar
delicate delicado, –a
delicious delicioso, –a
delight a delícia
deliver entregar
delivery a entrega
dentist o dentista
depend depender
deposit o depósito
desert o deserto
deserve merecer
desire o desejo; *vb.* desejar, querer
desk a carteira
dessert a sobremesa
devote dedicar
diamond o diamante
die morrer
difference a diferença
different diferente
difficult difícil
dimension a dimensão
diminutive o diminutivo
dine jantar
dining room a sala de jantar
dinner o jantar
director o diretor
disapprove reprovar
discount o desconto
discuss discutir
discussion a discussão
disembark desembarcar
dish o prato
dispose dispor
disposition a disposição, o gênio; **good —**, bom humor
distribute distribuir
district o distrito, o bairro
disturb perturbar
dizzy tonto, –a
do fazer
doctor o médico, o doutor
dog o cachorro, o cão
doll a boneca
dollar o dólar
domestic nacional
donkey o burro

door a porta
doorbell a campainha
double dobrar
doubt duvidar
down abaixo
downtown cidade, à cidade, na cidade, pela cidade
dozen a dúzia
draw desenhar, tirar
drawing room a sala de visitas
dream o sonho; *vb.* sonhar
dress o vestido; **street** —, o vestido de rua; **evening** —, o vestido de baile; *vb.* vestir
dress coat a casaca
dressmaker a costureira
drier o secador
drink beber
drive dirigir
driver o chofer
drown afogar
druggist o farmacêutico
drugstore a farmácia
dry secar
dryer o secador
duck o pato
during durante
dusk o crepúsculo
dwarf o anão

E

each cada, todo, tôda; **— one** cada um, uma, cada qual; **— other** um ao outro
ear a orelha
early cedo
earn ganhar
earring o brinco
earth a terra
easy fácil
eat comer
economical econômico, –a
educate instruir, educar
educated instruido, –a, educado, –a
education a educação, a instrução
egg o ovo, *pl.* os ovos

eight oito
eighteen dezoito
either ... or ou ... ou
elegant elegante
elementary elementar; **— education** a educação primária
elephant o elefante
elevator o elevador
eleven onze
embark embarcar
emigrant o emigrante
emperor o imperador
employee o empregado, a empregada
enamel o verniz
end o fim; *vb.* terminar, acabar
endure agüentar
energetic ativo, –a
engage contratar; **be engaged** estar (ficar) noivo, –a
engagement o noivado
engineer o engenheiro
English o inglês; *adj.* inglês, –esa
enormous enorme
enough suficiente, bastante; **to be —**, chegar
enter entrar
enthusiasm o entusiasmo; *vb.* entusiasmar, animar
entire inteiro, –a
entrance a entrada
envelope o envelope
equal igual
eraser a borracha, o apagador
error a falta, o êrro
Europe a Europa
even mesmo, até
evening a noite
event o acontecimento
ever nunca, sempre
every cada, todo, tôda; **— one** cada qual, cada um
everybody todo o mundo
everything tudo
everywhere em tôda a parte, em todo o lugar
exactly exatamente

examination o exame; **entrance —**, o exame de admissão
examine examinar
excellent excelente, ótimo, –a
exclamation a exclamação
excuse a desculpa; *vb.* desculpar
expect esperar
expensive caro, –a
export a exportação; *vb.* exportar
express expresso, –a
exterior exterior
exterminate exterminar
eye o ôlho (*pl.* os olhos)
eyebrow a sobrancelha
eyeglasses os óculos
eyelashes as pestanas

F

face o rosto, a cara; *vb.* dar para; **clean-shaven —**, a cara raspada
face powder o pó de arroz
face soap o sabonete
facility a facilidade
fact o fato, a informação
factory a fábrica, a usina
faculty a faculdade; o corpo docente
fail (*examination*) reprovar
failure o fracasso, a falta
fair claro, –a, justo, –a, regular, médio, –a
fall a queda; o outono; *vb.* cair; **— asleep** adormecer, pegar no sono
family a família
famous famoso, –a, célebre
far longe
farm a fazenda
farmer o fazendeiro
fashion a moda
fast rápido, –a, ligeiro, –a; adiantado, –a
fat gordo, –a
father o pai; **—–in-law** o sogro
faucet a torneira
favor o favor; **—ably** favoràvelmente

favorite preferido, –a
fear mêdo
feather a pena
February o fevereiro
Federal District o Distrito Federal
Federal Government o Govêrno Federal
feed alimentar, dar comida
feel sentir; **— happy** alegrar-se; **— like** ter vontade de, estar com vontade de
female fêmea
few poucos, poucas; **a —**, alguns, algumas; uns, umas
fewer menos
fiancé o noivo
field o campo
fifteen quinze
fifth quinto, –a
fifty cinqüenta
fight a luta, a briga; *vb.* brigar, lutar
fill encher
finally finalmente
find achar, encontrar; **— out** saber, descobrir
fine fino, –a, bonito, –a
finger o dedo
fingernail a unha
finish acabar, terminar
fire o fogo (*pl.* os fogos), o incêndio
Fire Department (**firemen**) o Corpo de Bombeiros
firm a firma; *adj.* firme, enérgico, –a
first primeiro, –a
fish o peixe; *vb.* pescar
fit caber, ficar bem
five cinco; **— hundred** quinhentos
fix consertar
flag a bandeira
flee fugir
flocks (*of sheep*) os rebanhos de carneiro
floor o andar, o chão
flower a flor
fly a môsca; *vb.* voar
foam a espuma; *vb.* espumar

foliage a folhagem
follow seguir
following seguinte
food a comida
foolishness a tolice
foot o pé; **on** —, a pé
footwear o calçado
forbid proibir
forehead a testa
foreign estrangeiro, –a
foreigner o estrangeiro, a estrangeira
forget esquecer
fork o garfo
formerly antigamente, outrora, antes
formidable formidável
fortunately felizmente
fortune a fortuna
forty quarenta
fossil o fóssil
founded fundado, –a
fountain pen a caneta-tinteiro
four quatro; — **hundred** quatrocentos
fourteen catorze *or* quatorze
fox a raposa
frame o quadro
free livre, gratuito, –a
freight o frete
French o francês; *adj.* francês, –esa
frequency a freqüencia
frequently frequentemente
fresh fresco, –a
Friday a sexta-feira
friend o amigo, a amiga
frog a rã
from de
front frente; **in** — **of** em frente de, diante de
fruit a fruta; — **store** a quitanda; — **seller** o quitandeiro
full cheio, cheia
function a função
funnel o funil
funny engraçado, –a
furnish fornecer
furniture os móveis
future o futuro; *adj.* futuro, –a

G

gain ganhar; — **time** (*clock*) adiantar
gallery a galeria (*theater*)
galosh a galocha
gamble jogar
game o jôgo
garage a garage
garden o jardim; **zoological** —, o jardim zoológico
gardener o jardineiro
gate o portão
gathering a reunião
gay contente, alegre
gee! chi!
general o general; *adj.* geral; —**ly** geralmente
gentleman o senhor
German o alemão; *adj.* alemão, alemã
get obter, adquirir; — **up** levantar-se; — **used to** acostumar-se; — **ready** aprontar; — **along** dar-se bem; — **off** descer
gift o presente, o dom
gifted: be —, dar para
giraffe a girafa
girdle a cinta
girl a menina
give dar; — **up** deixar, abandonar, desistir
glad contente; **be** —, estar contente
glass o copo
glasses os óculos
glove shop a luvaria
gloves as luvas
go ir, andar; — **with** acompanhar; — **up** subir
God Deus
gold o ouro
golden de ouro
good bom, boa
good-bye adeus

**goodness: my —! **meu Deus!
goose o ganso
government o govêrno
grace a graça
gracefulness a graça
grade a nota; o ano escolar
graduate formado, -a; *vb.* formar-se
grain o grão
granddaughter a neta
grandfather o avô
grandmother a avó
grandparents os avós
grandson o neto
grant conceder, atender (*request*)
granting that pôsto que
grape a uva
gray cinzento, -a
graze pastar
great grande, forte, muito, -a; **— deal** muito
green verde
greet cumprimentar
grocery a venda
groomed: well —, bem tratado, -a
ground o chão, a terra
grow crescer; **grown** crescido, -a; **grown-up** crescido, -a
guess adivinhar
guest o convidado, o hóspede

H

habit o hábito, o costume
hair o cabelo
hairbrush a escôva de cabelos
haircut o corte de cabelo
hairdo o penteado
hairdresser o cabeleireiro
half meio, meia; a metade
hand a mão; *vb.* passar, entregar
handkerchief o lenço
handle a asa (*cup*), o cabo
hang pendurar (*clothes*)
happen acontecer
happy feliz, contente, satisfeito, alegre
hard duro, -a, pesado, -a
hardly apenas, mal
hat o chapéu
hatmaker o chapeleiro
hate detestar, odiar
have ter, haver; **— to** ter que, dever; **— on** usar, estar com
he êle
head a cabeça
headache a dor de cabeça
health a saúde
hear ouvir
hearing a audição
heart o coração
heat o calor
heavy pesado, -a
height a altura
help ajudar
her a, la, na; o seu, os seus; a sua, as suas; **to —,** lhe, ela (*after preposition*); **with —,** consigo, com ela
here cá, aquí
herself se, sí
high alto, -a, elevado, -a
hill o monte
him o, êle, lo, lhe; **with —,** consigo, com êle
his o seu, os seus; a sua, as suas
history a história
hold segurar
holder o cabo
holiday as férias
home casa, lar; **at —,** em casa
hope a esperança; *vb.* esperar
horse o cavalo; **— stable** a cavalariça
horseback: (ride) on —, (andar) a cavalo
hospital o hospital
hot quente
hotel o hotel
hour a hora
house a casa; **apartment —,** a casa de apartamentos
housecoat o « peignoir »
House of Representatives a Câmara dos Deputados

how como; **— many** quanto, quanta, quantos, quantas
however porém, contudo; **—... it may be** por... que seja
hug abraçar
huge enorme, imenso, −a
human humano, −a
humid úmido, −a
humorous engraçado, −a
hundred cem, cento
hunger a fome
hungry: be —, estar com fome
hurricane o furacão
hurry a pressa; **be in a —**, estar com pressa; *vb.* apressar
hurt machucar, ferir
husband o marido

insurance o seguro
intelligence a inteligência
intelligent inteligente
intend contar, pretender
interesting interessante
interfere interferir, meter-se
interior interior
intermission o intervalo
interrupt interromper
introduce apresentar
invent inventar
invention a invenção
invitation o convite
invite convidar
iron o ferro
it êle, ela; o, a; lo, la; no, na
Italian o italiano; *adj.* italiano, −a
ivory o marfim

I

I eu
ice o gêlo, o sorvete; **— cream** o sorvete
idea a idéia
image a imagem
imagination a imaginação
immediately imediatamente, logo
immigrant o emigrante
import a importação; *vb.* importar
importance a importância
impossible impossível
increase o aumento; *vb.* aumentar
Indian o indio; indígeno, −a
industry a indústria
inexpensive barato, −a
inferior inferior
information a informação
inhabitant o habitante
ink a tinta
inkwell o tinteiro
insect o inseto
inside dentro
inspect inspecionar
inspected inspecionado, −a
installment: — plan a prestações
instruction a instrução
instrument o instrumento

J

jacket o paletó, a jaqueta
jail a prisão, a cadeia
January o janeiro
jeweler o joalheiro
jewelry as joias
joke a pilhéria, a brincadeira; *vb.* brincar, pilheriar
journalist o jornalista
joy a alegria
judge o juiz
juice o suco
July o julho
jump saltar, pular
June o junho
just justo, −a; **have —**, acabar de
justly justamente

K

keep guardar; **— on** continuar
key a chave
kid o garoto, a garota; o cabrito; *vb.* brincar, caçoar
kill matar
kilo o quilo

kilometer o quilômetro
kind a espécie; *adj.* bondoso, -a
kindness a bondade
king o rei
kiss o beijo; *vb.* beijar
kitchen a cozinha
kitten o gatinho
knee o joelho
knife a faca
knock bater
know saber, conhecer

L

lack a falta; *vb.* faltar
lady a senhora; **young —,** a moça
lake o lago
lamp a lâmpada
land o terreno, a terra; **cleared —,** a roça
language a língua, o idioma
large amplo, -a, grande
larger maior
last último, -a; **— one** último, -a; **— week** a semana passada
late atrasado, -a, tarde, falecido, -a; *adv.* ùltimamente
lather a espuma; *vb.* ensaboar
laugh rir
laundress a lavadeira
law a lei, o direito
lawyer o advogado
lay botar, pôr
laziness a preguiça
lazy preguiçoso, -a
leaf a fôlha
leap pular, saltar
leap year o ano bissexto
learn aprender, saber
learned sábio, -a, culto, -a
leave sair, deixar, partir
left a esquerda; *adj.* esquerdo, -a
leg a perna
lemon o limão
lend emprestar
less menos
lesson a lição

let deixar, consentir; **—'s +** *verb* vamos...
letter a carta, a letra
lettuce a alface
library a biblioteca
lie mentir
lie down deitar-se; **lie on** deitar-se em, sôbre
life a vida
lift levantar
light a luz; *adj.* ligeiro, -a, leve, claro, -a; **—s going on and off** as luzes acendendo e apagando; *vb.* acender
like igual; *vb.* gostar de; **— best** gostar mais
liked apreciado, -a, querido, -a
line a linha, a fila
linger demorar
link ligar
lion o leão
lioness a leoa
lipstick o «baton»
list a lista
listen escutar
listener o ouvinte
little pequeno, -a, pouco, -a; **a —,** um pouco
live viver, morar
living room a sala de estar
load carregar
loaded carregado, -a
loan o empréstimo
locomotive a locomotiva
long longo, -a, comprido, -a
look o olhar; *vb.* olhar; **— for** procurar; **— down** fazer pouco
lose perder
loss a perda, a falta
lot: **a —,** uma porção; muito, -a, -os, -as
lotion a loção
love o amor; *vb.* amar
lovely bonito, -a, lindo, -a
low baixo, -a
luck a sorte
lucky feliz

lukewarm morno, -a
lunch o almôço; **to have —**, almoçar
lung o pulmão

M

machine a máquina
machinery a maquinária
made feito, -a
magazine a revista
maid a criada
mail o correio, as cartas
maintain sustentar
maize o milho
make fazer; (*appointment*) marcar; **— a point of** fazer questão de; **— up** fazer as pazes
man o homem; **young —**, o rapaz; **leading —**, o galã
manger a mangedoura
mango a manga
manicure *vb.* fazer as unhas
manicurist a manicura
manner a maneira
many muitos, -as; **as — as** tantos, -as . . . quanto
map o mapa
March o março
mark a marca
market o mercado
marriage o casamento
married casado, -a
marry casar-se com
mason o pedreiro
master o mestre, o patrão
maté o mate (*tea*)
material o tecido, a fazenda, o pano, o material
matter a matéria, o assunto; **what is the —?** o que é que há?
mattress o colchão
maximum o máximo
May o maio
mayor o prefeito
me me, mim
meal a refeição

mean querer dizer, significar
means o meio
measles o sarampo
measure a medida; *vb.* medir
meat a carne
meat market o açougue
medicine a medicina, o remédio
Mediterranean o Mediterrâneo
meet encontrar, reunir; **—** (*at station*) esperar
melon o melão
memory a memória
mend consertar, remendar
mending o consêrto, o remendo
menu o menu
merchandise a mercadoria
merchant o negociante
mere simples, mero, -a
metal o metal
meter o metro
method o método
microphone o microfone
middle o meio, os meiados
midnight a meia-noite
might . . . talvez (+ *verb in subj.*)
military militar
milk o leite; *vb.* tirar leite
milkman o leiteiro
million o milhão
mine o meu, a minha, os meus, as minhas; **a . . . of —**, um, uma . . . meu, minha
mineral o mineral
minister o ministro
ministry o ministério
minute o minuto
miscellaneous vários, -as, diferentes, diversos, -as
mischievous levado, -a, travesso, -a
miserable miserável, infeliz
miss faltar, sentir falta; perder
Miss Senhorita
Mister Senhor
model o modêlo
modern moderno, -a
moment o momento
Monday a segunda-feira

money o dinheiro
monkey o macaco
month o mês
monthly mensalmente
monument o monumento
moo berrar
moon a lua
moral moral
more mais; — **or less** mais ou menos
moreover além disso, ainda mais
morning a manhã
mosquito o mosquito
mother a mãe
mother-in-law a sogra
motion o movimento
motor o motor
mount montar
mountain a montanha
moustache o bigode
mouth a bôca
move o movimento; *vb.* mover
movement o movimento
movie a fita, o cinema
Mrs. Senhora, Dona
much muito, muita, muitos, muitas; **how —,** quanto; **too —,** demais
municipality a municipalidade, a prefeitura
muscle o músculo
museum o museu
music a música
musician a musicista, o músico
must dever, precisar
my meu, minha, meus, minhas
myself me, eu próprio, -a

N

nail a unha; o prego
nailbrush a escôva de unhas
name o nome
nanny goat a cabra
napkin o guardanapo
narrow estreito, -a
nation a nação
national nacional
natural natural
near perto, junto, próximo
necessary necessário, -a
neck o pescoço
necklace o colar
necktie a gravata
need precisar
neighbor o vizinho, a vizinha
neighborhood o bairro, a vizinhança
neither nem; — ... **nor** nem ... nem; — **one** nem um dêles, nem uma delas
nephew o sobrinho
nerve o nervo
nervous nervoso, -a
net a rede
network a rede (*radio*)
never nunca; — **mind** não faz mal
new novo, -a
New Year o Ano Novo
news a notícia
newsboy o jornaleiro
newspaper o jornal
next próximo, -a; — **week** a semana que vem; — **day** o dia seguinte
nice bom, bonito, -a, agradável
nickname o apelido
niece a sobrinha
night a noite; — **table** a mesa de cabeceira; **last —,** a noite passada, ontem à noite
nightgown a camisola
nine nove
nineteen dezenove
ninety noventa
ninth nono, -a
no não; nenhum, nenhuma, nenhuns, nenhumas; algum, alguma, alguns, algumas
nobody ningúem
noise o barulho
noisy barulhento, -a
none nenhum, nenhuma
noon o meio-dia
nor nem; **neither ... —,** nem ... nem
north o norte

nose o nariz
not não; — **only** não sòmente, não só
note o bilhete
notebook o caderno
nothing nada, coisa alguma
notice perceber
November o novembro
now agora; **right —,** agora mesmo
number o número

O

oblige obrigar
obliged obrigado, –a
observation a observação
obtain obter, conseguir
ocean o oceano
o'clock a hora
October outubro
of de; — **the** do, da, dos, das
offer oferecer
office o escritório, o consultório (*doctor's*)
officer o oficial
official o oficial; *adj*. oficial
oil o óleo, o azeite
old velho, –a, antigo, –a
on sôbre
once uma vez; — **in a while** de vez em quando
one um, uma
only único, –a; *adv.* sòmente, só, apenas
open aberto –a; *vb.* abrir; — **an account** abrir uma conta; — **the mouth** abrir a bôca; — **the eyes wide** arregalar os olhos
opened aberto, –a
opera a ópera; — **season** a temporada lírica
operation a operação
opinion a opinião
opportunity a ocasião, a oportunidade
oppose opor-se
or ou

orange a laranja
orchard o pomar
orchestra a platéia
order a ordem, a encomenda; *vb.* mandar, comandar, ordenar, encomendar; **in — that** para que
organize organizar
origin a origem
orphan o órfão, a órfã
orphanage o asilo
other outro, outra
ought ter que, dever
our nosso, nossa, nossos, nossas
ours o nosso, a nossa, os nossos, as nossas
ourselves nos, nós
outside fora
over por cima de, em cima de; — **there** là
overcoat o sobretudo
owe dever
own próprio, própria
owner o proprietário, o dono, a dona
ox o boi

P

package o embrulho, a encomenda, o pacote
Pacific o Pacífico
paint pintar; **painted** pintado, –a
painter o pintor
painting a pintura
pair o par
pajama o pijama
pale pálido, –a
pan a panela
panties as calças (*woman's*)
pantry a despensa, a copa
pants as calças
paper o papel
parcel o embrulho
parents os pais
park o parque
parlor o salão; **beauty —,** o salão de beleza

parrot o papagaio
part a parte, a peça (*theater*)
particular particular, certo, -a
party a festa
pass passar
passage a passagem
passenger o passageiro
passers(-by) os transeuntes
passport o passaporte
paste a pasta
pasture o pasto
patience a paciência
pattern o padrão
pay o pagamento; *vb.* pagar; — **attention** prestar atenção
pea a ervilha
peace a paz
peach o pêssego
pear a pera
pearl a pérola
pedestrian o transeunte
peep piar
pen a caneta, a pena
pencil o lápis
penholder a caneta
penknife o canivete
penny o centavo
people o povo, a gente; as pessoas
perceive perceber
perfect perfeito, -a; —**ly** perfeitamente
performance a representação, o espetáculo
perfume o perfume
perhaps talvez
permanent a permanente
permission a licença
permit permitir, deixar, admitir
person a pessoa
perspective a perspectiva
pharmacy a farmácia
piano o piano
pick out escolher
picture o retrato; **to take a —**, tirar um retrato
piece o pedaço, a peça

pier o cais
pig o porco
pigsty o chiqueiro
pillow o travesseiro
pillowcase a fronha
pin o broche, o alfinete
pineapple o abacaxi
pink côr-de-rosa
piping o encanamento
pity a piedade, a pena; **what a —!** que pena!
place o lugar; *vb.* colocar, botar, pôr
plain simples, liso, -a
plant a planta; *vb.* plantar
play o jôgo; a peça; *vb.* brincar, jogar, tocar (*piano, etc.*), representar (*theater*)
pleasant agradável, amável, simpático
please faz favor, agradar
pleasure o prazer
plot o enrêdo; **ground —**, o terreno, o lote
plum a ameixa
plumber o bombeiro
plumbing o encanamento
pocket o bôlso
point a ponta
police a polícia
polish o verniz; *vb.* envernizar, polir
polite cortês, fino, -a, delicado, -a
poor pobre
popular popular
population a população
porch a varanda
port o porto
porter o carregador
portion a porção
Portuguese o português; *adj.* português, -esa
position a posição
possess possuir
possible possível
post office o correio
postpone adiar

pot a panela
potato a batata
powder o pó; **face —,** o pó de arroz
powerful poderoso, –a
precious precioso, –a
prefer preferir
prejudice o preconceito
première a estréia
prepare preparar
prescribe receitar
present o presente; *vb.* apresentar
president o presidente
press passar (a ferro)
pretend fingir, pretender
pretty bonito, –a
price o preço
principal o diretor (*school*); *adj.* principal
principally principalmente
private particular
prize o prêmio
produce produzir
product o produto
production a produção
profession a profissão
professor o professor, a professora (escola superior)
profit o lucro; *vb.* aproveitar
program o programa
progress o progresso
prohibit proibir
project o projeto, a emprêsa
promise a promessa; *vb.* prometer
promotion a promoção
pronunciation a pronúncia
proof a prova
propaganda a propaganda
proper próprio, –a
prospect a perspectiva, a probabilidade
protest o protesto; *vb.* protestar
proud prosa, orgulhoso, –a
prove provar
provided that contanto que
prudent prudente
publish publicar
pull puxar
pulse o pulso
pupil o aluno, a aluna
purchase a compra
purple roxo, –a
purpose propósito; **on —,** de propósito
purse a bôlsa
push empurrar
put botar, pôr; **— out the light** apagar a luz

Q

quality a qualidade
quantity a quantidade, a quantia
quarrel brigar
quarter o quarto; **a — to ...** (o'clock) um quarto para ...
queen a rainha
question a questão, a pergunta; *vb.* interrogar, perguntar, impugnar
quick rápido, –a
quickly depressa, ràpidamente
quiet quieto, –a, pacato, –a, tranqüilo, –a, sossegado, –a

R

race a raça, a corrida
radio o rádio
rail o trilho
railroad a estrada de ferro
rain a chuva; *vb.* chover
raincoat a capa de borracha
ram o carneiro
rare: — steak o bife mal passado
rather aliás, um tanto
raw material a matéria prima
razor a navalha; **electric —,** a máquina
read ler
ready pronto, –a
real real, verdadeiro, –a
realize dar-se conta, perceber
really verdadeiramente, realmente
reason a razão
receive receber

recent recente, novo, −a
recess o recreio (*school*)
recognize reconhecer
record o disco; *vb.* registrar
recreation o recreio, a distração
red vermelho, −a, encarnado, −a
reduction a redução, o abatimento
refined fino, −a
register marcar, registrar
relation o parente
relative o parente
religion a religião
remain permanecer, ficar
remember lembrar, lembrar-se, recordar
remind lembrar
repair o consêrto; *vb.* consertar, reparar
repeat repetir
repent arrepender, arrepender-se
request pedir, requerer
resource o recurso
responsibility a responsabilidade
rest o repouso; *vb.* descansar
restaurant o restaurante
result o resultado
retail o varejo; **at —,** a varejo
retard atrasar
return a volta
reunion a reunião
ribbon a fita
rice o arroz
rich rico, −a
ride (*automobile, etc.*) andar de (automóvel, *etc.*)
right o direito; *adj.* direito, −a; **all —,** está bem, está certo; **— away** imediatamente, logo; **be —,** ter razão
ring o anel; *vb.* tocar, soar
rinse enxaguar
rise levantar
river o rio
road o caminho, a estrada
roast beef o rosbife
robbery o roubo
robe o roupão

rock jogar (*ship*)
rôle o papel (*theater*)
roll jogar (*boat*)
rolling o jôgo (*boat*)
roof o telhado
room o quarto, a sala
rooster o galo
rouge o «rouge»
round redondo, −a; **— trip** (viagem de) ida e volta
row a fila
rub esfregar
rubber a borracha
rubbers as galochas
rug o tapête
rule a regra
run correr

S

sad triste
sale a venda; **on —,** à venda
salt o sal
same mesmo, −a
satisfaction a satisfação
Saturday o sábado
sauce o môlho
saucer o pires
savory gostoso, −a, saboroso, −a
say dizer
scarf a echarpe (*woman's*)
scenario o cenário
scenery o cenário
schedule o horário
scholarship a bolsa
school a escola; **public —,** a escola pública; **private —,** a escola particular; **elementary —,** a escola primária; **secondary —,** a escola secundária; **vocational —,** a escola profissional; **Law —,** a Escola de Direito; **Fine Arts —,** a Escola de Belas Artes
schoolfellow o colega
science a ciência
scientific científico, −a
scissors a tesoura

sculptor o escultor
sea o mar
season a estação, a temporada
seat a cadeira; o lugar
seated sentado, –a; **be —** sentar-se
second o segundo; *adj.* segundo, –a
section a seção; (*of city*) o bairro
see ver; **— at a distance** avistar
seed a semente
seem parecer
seize apanhar, apoderar-se, pegar, apreender
select escolher, selecionar
selected escolhido, –a, selecionado, –a
selection a escolha
sell vender
Senate o Senado
senator o senador
send mandar, despachar
sentiment o sentimento
separate separado, –a
September o setembro
sermon o sermão
servant o criado, a criada
serve servir
service o serviço
session a sessão
set o aparelho; *vb.* marcar; **— the clock** acertar o relógio; **— the table** pôr a mesa
seven sete
seventeen dezessete
seventh sétimo, –a
seventy setenta
several vários, várias; alguns, algumas; diversos, diversas; diferentes
sew costurar, coser
shake sacudir, agitar
shallow raso, –a
shame a vergonha
sharp agudo, –a, aguçado, –a; ... (**o'clock**) **—,** ... (horas) em ponto
shave fazer a barba; **— off** raspar
she ela

sheep o carneiro; **flock of —,** o rebanho
sheet o lençol
shelf a estante, a prateleira
shine brilhar
ship o navio; *vb.* despachar
shirt a camisa
shoe o sapato; **— store** a loja de calçados
shoemaker o sapateiro
shop a loja; *vb.* fazer compras
short curto, –a, baixo, –a
shorter mais curto, –a
shorts (*man's*) as cuecas
shoulder o ombro
shout berrar, gritar
shouting a gritaria
shovel a pá
show o espetáculo; *vb.* mostrar; **— up** aparecer
shower o chuveiro, a chuva rápida
shrimp o camarão
sick doente
side o lado
sideboard o aparador
sidewalk a calçada
sight o espetáculo, a vista; *vb.* avistar
sign assinar
signature a assinatura
silk a seda
silliness a tolice
silverware os talheres
simple simples
since desde que
sing cantar
singer o cantor, a cantora
sink a pia
sister a irmã; **—-in-law** a cunhada
sit sentar, sentar-se
situated situado, –a
six seis; **— hundred** seiscentos
sixteen dezesseis
sixty sessenta
size o tamanho
skill o jeito
skin a pele

skirt a saia
sky o céu
skyscraper o arranha-céu
slam bater (*door*)
sleep o sono; *vb.* dormir
sleepy: be —, estar com sono
slender magro, –a, fino, –a, esguio, –a
slim esguio, –a, fino, –a
slip a combinação, a distração; *vb.* escorregar, meter-se em
slipper o chinelo
slowly devagar
small pequeno, –a; **—er** menor
smart elegante, esperto, –a
smile o sorriso
smoke fumar
smooth liso, –a, suave
snack a merenda
snake a cobra
so tão, pois
soap o sabão; **toilet —,** o sabonete; **shaving —,** o sabão de barba
sock a meia
sofa o sofá
soft macio, –a
solve resolver
some algum, alguma, alguns, algumas; uns, umas; vários, várias; **—body** alguém; **—one** alguém; **—thing** alguma coisa, algo; **—times** às vezes
son o filho; **—-in-law** o genro
song o canto, a canção
soon breve, cedo
sorrow a pena, a dor
sorry: be —, sentir
sound o som
soup a sopa
sow a porca
sow semear
space o espaço, o lugar
spacious espaçoso, –a
Spain a Espanha
Spanish o espanhol; *adj.* espanhol, espanhola
spank bater
speak falar

speaker o locutor
speech o discurso
spend gastar; passar (*time*)
spinach o espinafre
spinster a solteirona
spite: in — of apesar de
spoiled estragado, –a, cheio, –a de vontades
spoon a colher
sport o esporte
spot: beauty —, o sinal de beleza
spread estender
spring a primavera
spring chicken o frango, a franga
square o largo, a praça; *adj.* quadrado, –a
stable a cavalariça
stage o palco
stair a escada
stand agüentar
standard o padrão
star a estrêla; **male —,** o galã (*theater*)
start começar
state o estado
stateroom o camarote
static a estática
station a estação; **transmitting —,** a estação transmissora
stay ficar, permanecer
steak o bife
steam o vapor
step o passo; *vb.* pisar
stick o pau
still ainda
stock o estoque
stocking a meia
stone a pedra
stop a parada; *vb.* parar, deixar de
story a história
stout gordo, –a, forte
stove o fogão
straight liso, –a
straw a palha
strawberry o morango
street a rua
streetcar o bonde

stretch estender, esticar; — **out one's arms** espreguiçar-se
strict enérgico, -a
stroll passear
strong forte
student o estudante, o aluno, a aluna
studious estudioso, -a
study o estudo; *vb.* estudar
style a moda, o estilo, o feitio
suburb o subúrbio
succeed conseguir, ter sucesso
success o sucesso
such tal, tais
suddenly de repente, sùbitamente
sufficient bastante, suficiente
sugar o açucar
Sugar Loaf o Pão de Açúcar
suit o terno, o costume; **bathing —,** a roupa de banho, o « maillot »
sum a soma, a quantia
summer o verão
sun o sol
Sunday o domingo
superior superior
supervise fiscalizar
supper a ceia
supplement o suplemento; **musical —,** o suplemento musical
supply fornecer
support o cabo, o suporte; *vb.* sustentar, apoiar
surely seguramente, com certeza
surgeon o cirurgião
surprise surpreender; **be —d** admirar-se
surrounded cercado, -a
sustain sustentar
swamp o paul
sweet doce
swiftly ràpidamente
swim nadar

T

table a mesa
tablecloth a toalha de mesa
tailor o alfaiate
tails a casaca
take apanhar, tomar; **— long** tardar, demorar; **— away** levar; **— off** tirar; **— advantage** aproveitar; **— a walk** dar um passeio; **— care** cuidar
talent o talento, o dom
talk falar
tall alto, -a
tasty gostoso, -a, saboroso, -a
taxi o taxi
tea o chá
teach ensinar
teacher o professor, a professora
technical técnico, -a
telegram o telegrama; *vb.* telegrafar
telephone o telefone; *vb.* telefonar
tell dizer, contar
temperament o temperamento, o gênio
ten dez
tenderness a meiguice
tenth décimo, -a
thank agradecer; **— you** obrigado, -a
that êsse, essa; aquêle, aquela; isso; aquilo; o, a, os, as que; o, a qual; os, as quais
the o, a, os, as
theater o teatro
theft o roubo
their seu, sua, seus, suas
theirs o seu, a sua, os seus, as suas
them os, as, êles, elas; (*after verbs*) los, las; nos, nas
themselves se, si (*after prep.*)
then então, depois
there aí, lá, ali; **— is, — are** há
these êstes, estas
they êles, elas
thin magro, -a, fino, -a
thing a coisa; **poor —!** coitado, -a!
think pensar, achar, crer
third terceiro, -a
thirst a sêde

VOCABULARY

thirsty: be —, ter sêde, estar com sêde
thirteen treze
thirty trinta
this êste, esta, isto
thoroughbred puro sangue
those êsses, essas; aquêles, aquelas
though pôsto que, ainda que
thousand mil
three três; **— hundred** trezentos
throat a garganta
through através de, por; **— the** pelo, pela, pelos, pelas
throw atirar; **— away** jogar fora
Thursday a quinta-feira
thus assim
ticket o bilhete; **round-trip —,** o bilhete de ida e volta; **— window** a bilheteria; **— office** a bilheteria
tie o laço, a gravata
tiger o tigre
tight apertado, -a
tighten apertar
tile a telha
till até, até que
time o tempo, a hora, a vez; **what — is it?** que horas são? **in —,** a tempo; **it is — to** são horas de; **long —,** muito tempo
timetable o horário
tip a gorjeta
tire o pneumático; *vb.* cansar
tired cansado, -a
tissue o tecido
to a, para; **— the** ao, à, aos, às
toad o sapo
toast a torrada
tobacco o fumo
today hoje; **from — on** de hoje em diante
together juntos, -as
tomato o tomate
tomorrow amanhã; **day after —,** depois de amanhã
tongue a língua
tonight hoje à noite
too demais, muito; também

tooth o dente
toothbrush a escôva de dentes
top o cimo, em cima, a cima; **on — of** em cima de; **from the — of** de cima de
tourist o turista
toward para
towel a toalha; **bath —,** a toalha de banho; **hand —,** a toalha de mão; **face —,** a toalha de rosto
town a cidade
trace o vestígio, o traço
track o trilho
train o trem
transaction a transação, o negócio
translation a tradução
transmission a emissão, a transmissão
transport transportar
transportation o transporte
travel viajar
traveler o viajante
treat tratar
treated tratado, -a
tree a árvore
trim aparar
trip a viagem
trolley o bonde
trousers as calças
trousseau o enxoval
truck o caminhão
true verdadeiro, -a; **it is —,** é verdade
trunk a mala
truth a verdade
truthful verdadeiro, -a
try experimentar, provar, procurar, tentar
tub a banheira
Tuesday a terça-feira
tuition a mensalidade escolar
tune sintonizar, ligar (*radio*)
turkey o peru
turn virar, dobrar, ficar; **— off** desligar; **— on** ligar
turtle a tartaruga
tuxedo o « smoking »

twelve doze
twentieth vigésimo, –a
twenty vinte
twilight o crepúsculo
two dois

U

ugly feio, –a
umbrella o guarda-chuva
uncle o tio
under sob, em baixo, debaixo
undershirt a camiseta
understand entender, compreender
underwear a roupa de baixo, a roupa branca
undress despir
unhappy infeliz
unite unir
United States os Estados Unidos
university a universidade
unless a não ser que, a menos que
unload descarregar
unnecessary desnecessário, –a
until até, até que
up to até
upon sôbre, em cima
us nós, nos; **with** —, conosco
use usar
useful útil
usher o moço dos programas, o vagalume

V

vacation as férias
value o valor
varied variado, –a
various vários, –as, diversos, –as
vegetable o legume; — **garden** a horta; — **store** a quitanda
veranda a varanda
verb o verbo
very *adv.* muito; *adj.* mesmo, –a
vest o colête
vestige o vestígio
veterinarian o veterinário
view a vista
visit a visita; *vb.* visitar
voice a voz
voyage a viagem

W

wagon o vagão, a carroça
waist a cintura
wait esperar
waiter o «garçon»
wake up acordar
walk andar; **take a** —, passear, dar uma volta
wall o muro, a parede
wallet a carteira
want querer, desejar
war a guerra
wardrobe o guarda-roupa, o armário
warehouse o armazém, o depósito
warm quente
wash lavar
watch o relógio; **hand of** —, o ponteiro; *vb.* vigiar
water a água
wave a onda
way o caminho, a estrada, o modo, a maneira
weak fraco, –a
wealth a fortuna, a riqueza
wealthy rico, –a
weather o tempo
Wednesday a quarta-feira
week a semana
weekday o dia de semana
weight o peso
well bem; **very** —, está bem, está certo, muito bem; — **off,** —**-to-do** abastado, –a
west o oeste
what que, o que; qual, quais
wheel a roda
when quando, se; —**ever** sempre que, tôdas as vezes que
where onde; —**ever** onde quer que
whereas enquanto
whether se
which qual, quais; que; o, a, os, as que; o qual, os quais, a qual, as quais

while ao passo que
white branco, −a
who quem; que; o, a, os, as que; o qual, os quais, a qual, as quais
whole todo, tôda
wholesale a venda por atacado
whom quem; que; o, a, os, as que; o qual, os quais, a qual, as quais
whose de quem, cujo, −a
why porque (*conj.*), porquê (*final and subst.*); —? por que? *or* porque? (*introd. a question*); por quê? (*used alone and in final*)
wide largo, −a, amplo, −a
widow a viúva
widower o viúvo
wife a mulher, a espôsa
will a vontade, o testamento
willingly de bom grado
wind o vento
window a janela; **shop—**, a vitrina
wine o vinho
wing a asa
winter o inverno
wise prudente, sábio
wisely sàbiamente
wish desejar, querer
with com
without sem
wolf o lobo
woman a mulher
wonder o espanto, a maravilha
wonderful maravilhoso, −a
wood a madeira, o pau, a mata
wool a lã
word a palavra
work o trabalho; *vb.* trabalhar
workday o dia útil
worker o trabalhador
world o mundo
worn usado, −a; **— out** cansado, −a
worse pior

worth: be **—**, valer; **—-while** valer a pena
wrap up embrulhar
write escrever
writer o escritor
written escrito, −a
wrong errado, −a

Y

yawn bocejar, abrir a bôca
year o ano; **school —**, o ano letivo; **leap —**, o ano bissexto
yearly anualmente
yellow amarelo, −a
yes sim
yesterday ontém; **day before —**, ante-ontém
yet ainda, já
you tu, ti, (*after prep.*) te; você, vocês; o senhor, a senhora, os senhores, as senhoras; o, a, os, as; lo, la, los, las; no, na, nos, nas; vós, vos; a gente; **with —**, contigo, consigo, convosco; com você, com vocês; com o senhor, com a senhora, com os senhores, com as senhoras
young novo, −a, jovem; **—er** mais jovem, mais moço, −a, menor
your, yours o teu, os teus, a tua, as tuas; o vosso, a vossa, os vossos, as vossas; o seu, a sua, os seus, as suas
yourself te, se; você mesmo, −a; o senhor mesmo, a senhora mesma
yourselves vos, se; vocês mesmos, vocês mesmas; os senhores mesmos, as senhoras mesmas
youth a juventude, a mocidade

Z

zebra a zêbra

Index

Numbers refer to sections unless otherwise indicated.

address: forms of, 6
adjectives: feminine, 43; plural, 44; agreement, 45; position, 46
adverbs, 161
algo, 92c
alguém, 92b
algum, 92a
aprender, 28
articles, 1, 2; contraction with prepositions, 13, 33, 47; special uses of the definite article, 50; omission of the indefinite article, 51
atrair, 157
augmentative and diminutive endings: meaning, 103; form, 104

caber, 134; idiomatic expressions with, p. 263
cada, 100
cair, 115
–**car:** verbs ending in, 118a
–**çar:** verbs ending in, 118b
chegar: forms of, 89, 118a; uses of, 91
cobrir, 62
commands: *see* imperative
comparatives, 20; of equality, 21
conditional, 88; conditional perfect, 151; conditional sentences, 149
conjugations of verbs in Portuguese, 18; first conjugation, 17, 18; second conjugation, 28; third conjugation, 32
conjunctions governing the subjunctive, 155
conosco, 57
conseguir, 118c
consentir, 140
consigo, 57
construir, 139
consumir, 147
contigo, 57

contraction of articles and prepositions, 13, 33, 47
convosco, 57
correr, 135

dar, 59; idiomatic expressions with, pp. 108, 118, 119
days of the week, p. 50
demonstratives, 26; contraction with prepositions, 27
descobrir, 122, 139
despedir-se, 140
despir, 106
diminutive and augmentative endings: meaning, 103; form, 104
dirigir, 136; idiomatic expressions with, p. 263
dispor, 36
distribuir, 146
divertir-se, 152
dizer, 58, 73
dormir, 61

–**ear:** verbs ending in, 117
estar and **ser:** forms of, 9; uses of ser, 10; uses of **estar,** 11; uses of **estar** and **ser** combined, 12
estrear, 154
exclamatory words, 110

falar: present indicative and progressive form of, 17
fazer, 74
ficar: forms of, 89, 118a; uses of, 90; idiomatic expressions with, p. 172
future indicative, 71
future perfect, 150

–**gar:** verbs ending in, 118a, 148 (note)
gender of nouns, 8
gente, 53
–**ger:** verbs ending in, 136

-gir: verbs ending in, 136, 153
-guir: verbs ending in, 118c

haver: present indicative, 14; uses of, 14; preterite, 48

-iar: verbs ending in, 117
imperative: forms of, 137; uses of, 138
imperfect indicative, 77; of irregular verbs, 78; uses of, 79
imperfect subjunctive: form, 120; uses, 121
indefinite adjectives and pronouns, 83, 84, 92, 95, 100
infinitives: types of, 126; forms of the personal infinitive, 126; uses of personal infinitive, 127; infinitive for the English present participle, 128; used as substantive, 129; dependent infinitives, 160
interrogative form, 4
interrogative words, 16, 76
ir, 48; uses of ir and vir, 49

ligar: idiomatic expressions with, p. 321
ler, 125

medir, 107
months of the year, 24
muito, 95c

negative adjectives and pronouns, 93
negative form, **7**
nenhum, 93a
ninguém, 93c
nouns: plural of, 3; gender, 8; formation of plural, 15
numbers: cardinal, 25, 30; ordinal, 35

ouvir, 85

para and por, 82
participle: form of the present, 19; form of the past, 97; past participles used as adjectives, 162

passive voice, 158; reflexive for the passive, 159
pedir, 108
pegar: idiomatic expressions with, pp. 126, 190
perder, 115
perfect indicative, 101; uses of, 102
personal pronouns: forms used as subjects, 53; uses of subject pronouns, 54; position of subject pronouns, 55; object pronouns, 56; uses of object pronouns, 57; combined forms, 63; changes in the object pronoun forms when following the verb, 64; position of object pronouns, 65, 66; object pronouns with the future, 72; contraction with prepositions, 39
pluperfect indicative, 96; compound pluperfect, 98; use of pluperfect, 99
plural of nouns, 3, 15
poder, 80
por: contraction with articles, 47; uses of por and para, 82
pôr, 36, 48
possessive adjectives and pronouns, 37; omission of the articles with, 38; use of possessives, 41
pouco, 95d
preferir, 115
prepositions: contraction with articles, 13, 33, 47; contraction with pronouns, 39
present indicative, 17
present participles, 19, 145
preterite indicative, 42, 48
progressive forms of verbs, 17
pronouns: *see* personal, possessive, etc.

qualquer, 100f
quanto, 100a; tanto quanto, 100b; quanto antes, 100c
que: relative pronoun, 67; exclamatory, 110b
querer, 60

INDEX

reflexive construction, 141; uses of, 142; reciprocity of action, 143; impersonal reflexive, 144; reflexive for the passive, 159
relative pronouns: forms and uses, 68; **que,** 67

saber, 81
sacudir, 156
sair, 130
seasons of the year, 29
sentir, 86; idiomatic expressions with, pp. 161, 162
ser and **estar**: present indicative, 9; uses of, 10, 11, 12
servir: forms of, 109; meanings, 111
seu, sua, *etc.:* substitutes of, 40
subir, 124
subjunctive: forms of, 112; uses of present subjunctive, 113, 116; relative clauses, 114; imperfect tense, 120; uses of imperfect subjunctive, 121; future subjunctive, 122; uses of future subjunctive, 123; compound tenses, 131; uses of perfect subjunctives, 132; sequence of tenses, 133; conjunctions governing the subjunctive, 155
superlatives, 20; absolute, 23

tanto, 95e
ter, 5; idiomatic expressions with, pp. 29, 30
than: before numerals, 22
time: expressions of, 34
trazer, 75
tu, 57 (note)
tudo, 84

valer, 119
verbs: radical-changing, 31; orthographic changes in, 89, 94, 117, 118, 136, 148, 153
ver, 87
vestir, 105
vir, 48; uses of **vir** and **ir,** 49; **vir** with a present participle, 52
voltar, 70
vós, 57 (note)

whose, 69